보육정책론

김진욱 · 박유정 · 이미애 · 윤소정 공저

CHILDCARE POLICY

양서원

| 머리말 |

최근 정부는 정책수립 전 과정에 국민 참여를 확대하기 위해 다양한 국민 참여 방식을 기획하고 중앙부처 · 지방자치단체에 전파하여 국민 참여를 적극적으로 추진하고 있다. 이는 모바일, 인터넷, SNS 등 ICT 기술의 발전에 따라 정책수요자가 더욱 쉽게 행정에 참여할 수 있는 새로운 소통창구를 열어줌으로써 여러 사람이 생각을 모아 공공 문제에 관해 개선방안을 제안하고 정책 · 행정으로 실현하고자 하는 것이다.

보육정책 수립과정에서도 다양한 참여 방안들이 마련되었으나 주로 학회나 연합회 중심으로 참여가 이루어지고 있는 실정이다. 아동과 보육관련 학과 학생, 예비보육교사, 보육교사 등의 입장에서는 좋은 교사, 좋은 보육에 대한 고민이 중심이 되어 아직까지 보육정책은 거리가 먼 듯하다. 보육정책의 중요성을 인식하고 일상에서 경험한 보육문제에 대해 함께 개선방안을 모색해 보고 다양한 소통창구를 통해 제안해본다는 측면에서는 여전히 아쉬움이 있다.

이에 본서는 보육현장에서 경험을 쌓은 저자들이 모여 아동과 보육관련 학과 학생, 예비교사, 보육교사에게 보육정책이란 무엇이며, 어떻게 만들어지고, 어떤 기준으로 평가될 수 있는가에 대한 전반적인 이해를 촉진하고자 하였다. 또한 '읽어보기'와 '살펴보기'를 통해 보육정책의 실제 현황들을 파악하고 '해보기'를 통해 다양한 이슈에 대해 적절한 대안을 모색해 보는 방식으로 내용을 구성하였다. 그러나 본서는 정책전문가가 아닌 저자들이 보육정책 현장경험을 바탕으로 보육현장 전문가의 시각으로 집필하였다는 점에서 부족함이 많음을 솔직히 인정하고 지속적인 수정과 보완의 기회를 갖고자 한다.

본서는 모두 6부 14장으로 구성되어 있으며 구체적인 내용은 다음과 같다.

제1부에서는 보육정책에 대한 기초적인 내용을 다루면서 보육정책에 대한 이해를 돕고자 하였다. 1장 보육정책의 이해에서는 이미 알고 있다고 생각해서 지나치기 쉬운 '보육이란 무엇인가?'라는 개념에서 출발해서 보육정책의 개념까지 확장하여 제시하였다. 이러한 보육정책이 어떤 사회적 맥락에서 대두되게 되었는지를 알아보고 현재 보육정책의 기능과 특징 및 영역 등에 대해 전반적으로 살펴볼 수 있도록 내용을 구성하였다. 2장 보육정책의 이론과 관점에서는 보육문제의 원인과 보육정책 본질에 대해 상이한 이론적 관점은 무엇인지, 복지국가의 유형별로 보육에 대한 관점은 어떤 차이가 있는지를 비교하여 살펴볼 수 있도록 제시하였다.

제2부에서는 한국 보육정책의 역사와 정책의 발전과정 및 보육제도의 변화과정에 대해 제시하였다. 3장 보육의 역사적 흐름 1에서는 해방 이전 한국보육사업의 시작 단계에서부터 2004년 이전까지 보육정책의 흐름을 살펴보았다. 4장 보육의 역사적 흐름 2에서는 2004년 영유아보육법 개정으로 국가 보육계획수립이 의무화됨으로써 시작되었던 제1, 2, 3차 중장기보육 기본계획을 중심으로 추진경과, 비전, 정책과제 등을 제시하고 종합 · 비교할 수 있도록 구성하였다.

제3부에서는 보육정책과정에 대해 다루었다. 5장 보육정책 의제설정 및 결정에서는 의제설정 및 결정단계는 어떤 과정을 거쳐 진행이 되며 이 과정에 영향을 미치는 요인에는 어떤 것이 있는지를 제시하였다. 6장 보육정책 집행 및 평가에서는 보육정책의 집행과정과 정책평가 기준 및 모형 등의 내용으로 구성하였다.

제4부에서는 보육정책 실행의 시스템에 대해 살펴보았다. 7장 보육법규에서는 아동복지법, 영유아보육법 등 보육정책의 근간이 되는 법이 제정된 시대적 상황과 요구를 살펴보고 법과 하위법령의 내용을 제시하였다. 8장 보육행정에서는 중앙정부와 지방자치단체로부터 보육현장까지 보육서비스가 전달되는 체계와 주요업무에 대해서 살펴보았다.

제5부에서는 보육정책의 현황에 대해 다루었다. 구체적으로 9장 어린이집 설치에서는 설치 전 컨설팅, 설치, 인가단계 과정의 관련 내용들로 구성하였다. 10장 어린이집 운영에서는 영유아보육법에 규정되어 있는 어린이집 운영기준과 보육사업안내지침, 평가인증지표 등을 제시하였다. 11장 보육인력에서는 보육인력의 자격 및 배치기준, 처우 등을 제시하였고, 12장 보육재정에서는 가정과 어린이집에 대한 지원사업을 중심으로 살펴보았다.

마지막 제6부에서는 보육정책을 분석해보고 대안을 모색해 보고자 하였다. 13장 보육정책분석 및 대안형성 1에서는 자유주의, 보수주의, 시민주의를 대표하는 국가를 각각 두 나라씩 선정하여 보육정책을 살펴보고 어떤 차이가 있는지를 알아보았다. 14장 보육정책분석 및 대안형성 2에서는 유보통합, 표준보육비용 등 한국 보육정책의 주용 쟁점에 대해 분석해 보고 토론을 통해 적절한 대안을 모색해 보는 내용으로 구성하였다.

본서를 통해 보육정책의 기초적인 내용을 이해하고 보육정책의 의제설정, 결정, 집행, 평가의 과정에 참여하는 작은 실천을 통해 더 나은 보육환경을 만들고자 하는 학생, 예비교사, 보육현장의 교사들에게 도움이 되기를 기대한다. 끝으로 이 책의 출간에 많은 도움을 주신 양서원 관계자분들에게 깊은 감사를 드린다.

2019년 3월
저자 일동

| 목 차 |

1부 보육정책의 기초

2부 보육정책의 역사

3부 보육정책과정

4부 보육정책 시스템

5부 보육정책 현황

6부 보육정책 실제와 미래

Part I

보육정책의 기초

제1장

보육정책의 이해

1 보육의 개념과 특징

1) 보육의 개념

보육은 관점에 따라 다양하게 정의되어 왔다. 표준국어대사전은 '어린아이들을 돌보아 기름'으로, 우리나라 영유아보육법 제2조는 '영유아를 건강하고 안전하게 보호 · 양육하고 영유아의 발달특성에 맞는 교육을 제공하는 어린이집 및 가정양육 지원에 관한 사회복지 서비스'로 보육을 정의하고 있다.

이순형 외(2016)는 출생 초기에 해당하는 신생아기의 보육은 필요한 영양을 제공하고 목욕을 시키는 등 위생적 돌봄을 제공하며 쉽게 잠들 수 있게 하는 돌봄을 제공하는 것에 국한되지만, 점차 영아가 주변 사람과의 상호작용 욕구와 환경 탐색의 욕구를 보이면서 그에 맞게 지적 자극을 제공하고 언어를 지도하며 자연 탐색을 돕는 교육활동이 보육에 포함된다고 하였다. 이는 보육의 핵심이 아동의 발달적 욕구를 충족시키는 데 있다고 보는 입장으로, 아동의 발달시기와 욕구에 따라 보육의 성격이 달라질 수 있음을 지적한 것이다.

Decker & Decker(2001)는 아동이 생태체계 내에 속한 존재임을 고려해, 보육이란 '부모와 가족, 지역사회에 대한 체계적 접근을 통해 생태체계에 속해 있는 아동의 욕구를 충족시키는 것'이라고 하였다. 동시에, 보육은 '모든 아동을 위해 문화적 · 발달적으로 적합하고 부모의 참여와 가족의 협력을 포함하는, 아동과 부모 모두의 건강에 주의를 기울이는 서비스'를 뜻한다고 하였다.

보육을 더 광범위한 복지서비스로 정의하는 시각도 있다. 김진이(2000)는 사회복지 관점에서 보육은 아동의 발달적 욕구를 충족시키는 것은 물론 아동의 최적의 성장과 발달을 위해 가족과 지역사회 등 관련 주체에 이르기까지 폭넓게 접근하고, 또한 사회적 역할과 기대에 반응하는 폭넓은 서비스를 제공해야 한다고 보았다. 조성연(2004)은 현대적 보육이 '장애아를 포함한 모든 영유아 및 12세 미만의 학령기 아동, 가족, 지역사회를 대상으로 하는 아동복지, 여성복지, 가정복지, 지역사회복지의 포괄적 서비스로 인식된다고 했다.

이와 같이 다양한 정의를 볼 때, 보육의 개념에는 보호와 양육, 교육, 그리고 복지의 요소가 모두 포함됨을 알 수 있다.

한편, 보육의 개념은 시대를 따라 변화해 왔다. 전통적인 보육 개념은 빈민구제와 여성노동력 확보를 위해 저소득층 영유아, 취업모의 자녀를 대상으로 선별적으로 제공되는 시설 수용 보호가 핵심이었다. 그러나 현대에 와서 보육 개념은 보편적 보육 개념으로서 모든 아동의 전인적 발달을 도모하기 위해 가정과 사회가 책임을 공유하고 협력하는 사회연대 차원으로 변화하고 있다.

읽어보기

연구논문 엿보기

이 연구는 국공립과 민간 보육시설의 장 29명을 대상으로 초점집단면접을 사용해 보육시설 운영자의 입장에서 바라보는 보육 본질의 의미를 고찰하고자 했다. 연구 결과, 보육시설장이 바라보는 운영과정에서의 보육 본질의 의미는 다음과 같았다.

첫째, 사랑을 기반으로 한 일상적 양육과 아동의 신체적 보호
둘째, 교육의 역할과 기능(교육의 내용과 방법에 대해서는 다양한 의견 존재)
셋째, 가정 지원의 의미(부모에게 아동양육에 대한 정보 제공, 부모역할의 협력기능 제공, 부모역할 및 개인문제 상담)
넷째, 지역사회의 자원을 활용하고 지역사회를 위해 봉사
다섯째, 보육시설 종사자의 복지

출처: 양영아, 서영숙(2005). 보육시설장이 바라보는 보육시설 운영과정에서의 보육 본질의 의미. *열린유아교육연구*, 10(3), 57-78.

2) 보육의 특징(기능)

보육의 특징은 다차원적이고 복합적인 기능을 수행한다는 것이다. 보육에 접근할 때는 이러한 복합적 기능을 인식하는 것이 필요하다.

첫째, 영유아에게 보호와 안전, 영양과 보건을 제공하는 기능을 수행하고, 정서 및 사회활동과 발달적으로 적합한 교육경험을 제공하는 기능

둘째, 빈곤 또는 위기에 있는 영유아 및 가족에게 교육적 기회를 보상하고 문제와 갈등을 해결해주는 기능

셋째, 과외활동, 정서적 지원, 정보 제공과 의뢰의 기능

넷째, 지역주민의 가족복지에 기여하는 기능

다섯째, 부모교육과 부모참여 기회를 제공하는 장으로서 역할

여섯째, 지역사회의 자원을 활용하는 지역사회 교류서비스로서의 기능

종합하면, 현대 사회에서 보육은 영유아의 요구와 가족의 요구, 그리고 지역사회와 국가적 요구를 포괄하여 아동의 발달을 지원한다고 할 수 있다.

2 정책의 개념 및 특징

1) 정책의 개념

정책이라는 용어 역시 여러 학자들에 의해 다양하게 정의되어 왔다. Easton(1965)은 '사회를 위한 가치의 권위적인 분배, 그리고 이러한 가치가 분배되는 기제'로 정책을 정의해, 정책의 규범적 특성을 강조했다. Dror(1971)는 '인지된 사회문제를 해결하기 위해 정부가 취하는 행동 또는 결정'으로, Harman(1984)은 '의도하거나 희망하는 목표를 성취하기 위한 일련의 의도적 활동 과정'으로 정책을 규정했다. 이러한 정의는 정책이 문제 해결과 목

표 성취를 지향하는 특성을 지님을 강조한다.

정책은 여러 행동 조치와 사건을 가져오는 일련의 목표 및 선택으로 구성된다(Lasswell, 1951, 1971). 정책은 '정부와 그 대표자가 할 수 있는 것과 할 수 없는 것을 정해 주는 원칙, 계획, 절차, 행동 과정(principles, plans, procedures, and courses of action)'을 가리키며, 실질적으로는 입법부의 의원, 행정부의 장, 기관의 관료가 선택해서 나타난 최종 결과를 말한다고 볼 수 있다(Dear, 1995). 그런가 하면 Dye(2011)는 '정부가 하거나 하지 않겠다고 선택한 모든 것'이 정책이라고 보았고, Cibulka(1995)도 '정부의 공식적인 입법뿐 아니라 관행과 같은 비공식적인 것도 정책에 포함되며, 정부가 아무런 행동을 취하지 않는 것도 정책으로 볼 수 있다'고 했다.

이와 같은 여러 정의를 분석, 종합하여 Fowler(2009)는 '공공정책은 정치 체제가 공공문제를 해결하는 역동적이고 가치 내재적인 과정'이며, '정부가 표명한 의도와 공식적인 법안 제정뿐만 아니라 정부의 일관된 행동 및 무행동(inaction) 형태도 정책에 포함된다'고 하였다.

한편, 정책의 개념을 협의의 정책 개념과 광의의 정책 개념으로 나누어 보는 시각이 있다. 김익균(2001)에 따르면, 먼저 협의의 정책 개념은 목적 내지 목표의 선택과 설정으로 사용되는 경우가 많다. 정책을 지속적인 계획, 장래의 의사결정의 지침, 특정 프로그램이나 입법을 뒷받침하는 핵심원리로 개념화하거나 행동의 방향이나 계획의 기초가 되는 결정과 선택으로 규정하는 것은 협의의 정책 개념에 해당한다고 볼 수 있다. 반면에 광의의 정책 개념은 일정한 목표를 달성하기 위해 행해지는 여러 수단의 효율적 · 효과적 이용을 위한 방도의 선택으로 사용되는 경우가 많다. 목적뿐만 아니라, 변동하는 상황 및 수단과 관련된 실천, 행동을 의미하는 것으로 정책을 개념화하는 것은 광의의 정책 개념에 해당한다고 볼 수 있다.

2) 정책의 특징

앞에서 정책은 규범적 특성과 문제해결 지향성을 지닌다는 점을 제시했다. 그 외 정책이 가지는 몇 가지 특징을 살펴보면 다음과 같다.

첫째, 정책은 정치적 과정의 특징을 지닌다. R. Titmuss(1974)에 따르면, 사회정책은 기본적으로 서로 모순된 정치목적이나 정치목표 간 선택의 문제와 그와 같은 목적이나 목표의 형성과정을 다룬다. 다른 학자들도 정책은 '경쟁하는 이해관계에 의해 모든 단계마다 힘들게 도달하는 타협안'으로 경쟁의 산물이라고 한 바 있다(Taylor, Rizvi, Lingard, & Henry, 1997). Cooper, Fusarelli, & Randall(2014)은 '요구, 목표, 의도가 일련의 법과 정책, 프로그램으로 전환되고, 이들이 다시 자원 분배, 행동과 결과에 영향을 미치며, 평가, 개혁과 새로운 정책의 토대가 되는 정치적 과정'으로 정책을 보는 것이 유용하다고 하였다. 즉, 원하는 바가 무엇이고, 어떻게 문제를 정의하고, 어떤 목표 및 프로그램을 고려하고 채택하며, 결과에 대한 평가, 그리고 필요하다면 어떤 새로운 개혁과 정책이 필요한지를 결정하는 것 등 정책 정의의 모든 측면에 정치적 과정이 영향을 미친다.

둘째, 정책은 특정한 사회적 상황 하에서 형성되는 '상황성'의 특징을 가진다. 즉, 사회변동 과정이나 동태적 상황에 매우 민감하다(김익균, 2001).

셋째, 정책은 문제해결을 위해 여러 학문이 통합적으로 접근해야 하는, 학문 간 경계 초월적 성격을 갖는다. 오늘날의 거의 모든 사회문제는 복잡한 양상을 지니고 있으며 그 해결을 위해서는 다양한 분야의 전문가의 협력이 필요하다. 정책학자들은 목표의 명확화, 과거 추세의 검토, 상황의 분석, 미래 예측, 각종 대안의 고찰 및 평가 선택 등의 지적 활동에 친숙해야 한다(김익균, 2001).

넷째, 정책은 가치 창조를 포함한 조직적 독창성, 카리스마, 가치 판단과 같은 초합리적 과정이나 심층 동기부여와 같은 비합리적인 과정도 활용한다(김익균, 2001).

다섯째, 정책은 정부가 시민에 대해 책임이 있다는 인식을 실행에 옮기는 역할을 한다(김익균, 2001).

여섯째, 정책에는 사회적 가치, 이데올로기, 세계관이 반영되어 있다(Titmuss, 1974; Tice & Perkins, 2002).

일곱째, 정책과 관련된 원칙, 계획, 절차, 행동 과정은 법령에 들어가 있고, 관련된 법을 통해 해석되며, 기관의 규정에서 상세히 설명되고, 사법적 판결로 지지된다(Dear, 1995).

3 보육정책

1) 보육정책의 개념

보육정책이라는 용어가 우리나라에서 보편적으로 사용된 것은 비교적 최근의 일이다. 보육정책의 정의는 앞서 살펴본 '보육'과 '정책'의 개념 정의를 바탕으로 내릴 수 있다. 아동에게 발달적 · 문화적으로 적합하고 아동과 부모 모두의 건강에 주의를 기울이는 아동, 가족, 지역사회 대상 서비스 실시에 있어서 여러 행동과 사건들을 가져오는 일련의 목표 및 선택으로 정의해 볼 수 있다.

김익균 외(2014)에 따르면, 보육정책은 영유아와 가정이 도움을 필요로 할 때 국가가 조직적으로 개입하는 것으로서, 보호와 교육을 합리적으로 조화시켜 영유아가 건전한 사회성원으로 성장할 수 있도록 돕고자 하는 서비스 실시에 있어서 여러 행동과 사건들을 가져오는 일련의 목표 및 선택이다. 또한 영유아보육법에 기초해 강진옥(2008)은 취학전 영유아(만 0-5세)의 심신보호와 교육을 통하여 건강한 사회성원을 육성하고 보호자의 사회적, 정서적 활동을 원활하게 함으로써 가정복지의 증진에 기여하기 위해 마련된 일체의 정부의 목표와 이를 달성하기 위한 정책수단과 관련된 지침을 뜻한다고 하였다. 한편 김호순(2007)은 만 12세 이하의 아동까지도 포함하여 주로 낮 동안 부모가 사회활동이나 건강상의 문제로 직접 아동을 양육할 수 없을 경우, 보육시설에서 부모를 대신하여 보육교사가 아동을 보호하고 교육하는 기능을 수행하도록 정책을 수립하고 제도를 마련하여 예산 및 행정지원을 하는 정책이라고 하였다.

2) 보육정책의 특징

보육정책은 다른 정책처럼 사회변동에 따라 변화하고, 그 시대의 가치와 이념에 의한 영향을 받는다. 또한, 사회 내의 한정된 자원으로 미충족 상태로 존재하는 욕구를 해결하기 위한 정책으로서 합리성과 효율성, 효과성을 중시한다.

다른 정책과 구별되는 보육정책의 특징은 무엇일까? 첫째, 보육욕구와 보육환경이 급속히 변화하고 있기 때문에 다른 정책에 비해 보육정책은 더욱 빠른 속도로 변화하는 특징이 있다. 하지만, 국외에서 보육제공에 관한 정책은 최소한의 변화만을 보인 정책 영역으로 언급되기도 했다. Ruggie(1884)는 2차 세계대전 동안 여성들이 노동시장에 의도적으로 통합되며 보육시설의 확장이 일어났으나 전쟁 후에는 다시 기혼여성이 노동시장에서 나가 가정으로 돌아가도록 적극 권유되었음을 지적하였다. 그에 따르면 영국은 기혼여성의 노동시장 참여 증가에도 불구하고 유럽에서 가장 낮은 보육제공을 보였고 다른 대부분의 유럽국가가 보육시설을 확대하는 동안 영국 내의 보육시설은 오히려 감소했다.

둘째, 보육정책은 상대적으로 이익집단의 힘이 약한 특징을 가진다. 즉, 다른 정책에 비해 정책의 결과물인 보육서비스를 누리는 대상집단의 이익집단화가 약하다. 마지막으로, 보육은 경제적 · 화폐적 계량화가 어렵고 수치화해 측정하기가 어렵다. 때문에 보육정책은 정책목표가 모호하고 내용 및 효과 포착이 어려운 정책이라는 특징이 있다.

3) 보육정책의 대두 배경

앞에서 정책은 상황성의 특징을 갖는다고 하였다. 그렇다면 보육정책은 어떤 사회변동 및 상황 속에서 대두되었을까? 김익균(2001)은 보육정책이 대두하게 된 배경으로, 산업화에 따른 핵가족화, 여성의 사회참여 증가, 가치관 변화, 보편적 아동복지의 강화, 아동에 대한 서비스의 증가를 들었다.

(1) 산업화에 따른 핵가족화

생산이 토지에 의존하고 가족의 공동노동이 중요했던 농업사회에서는 대가족 구조가 가장 효율적인 가족구조였다. 그러나 상공업이 발달하고 사회가 산업화되면서 사람들의 주거지와 생산지가 분리되었고, 이동이 편리한 독립적인 생활기반으로서 소규모 가족이 더 적합하게 되었다. 따라서 주된 가족구조가 부모-자녀 중심의 핵가족 형태로 변하게 되었다. 이러한 현상은 가족 및 친족 간의 상호 영향력과 유대를 감소시켰고 자녀양육에서 부모 이외의 조부모나 그 외의 가족 구성원의 도움을 받는 것을 어렵게 만들었다.

(2) 여성의 사회참여 증가

산업사회는 경기가 호황을 이룰 때 부족한 노동력을 여성의 노동력으로 보충했다. 또한, 여성들의 직업을 통한 자아실현 욕구도 점차 커졌다. 이 두 가지로 인해 취업모의 수가 증가했다. 과거, 취업모의 주요 유형이 저소득층, 별거가족, 실직가정 등에 주로 한정되었던 것이 현대사회에서는 대다수 여성이 사회참여를 하고 있는 실정이다. 따라서 취업모를 위한 대책으로서 보육욕구가 늘어나게 되었고, 국가는 국민의 보육욕구를 충족시킬 수 있는 다양한 보육정책을 개발해야 하게 되었다.

(3) 가치관 변화

산업사회의 결과, 자녀양육에 대한 기본적인 시각이 변화해 자녀를 꼭 가정에서 부모가 양육해야 한다거나 자녀양육을 위해서는 부모가 직업을 포기해야 한다고 생각하는 경향이 줄어들었다.

(4) 보편적 아동복지의 강화

과거에는 아동에 대한 복지정책이 주로 선별적으로 이루어졌지만, 현대사회에서는 아동복지정책은 다른 사회복지정책보다도 보편주의에 입각하여 정책을 실시해야 한다는 시각이 힘을 얻고 있다.

(5) 아동에 대한 서비스의 증가

아동에 대한 서비스는 지지적 서비스, 보충적 서비스, 대리적 서비스로 분류할 수 있는데, 이 중에서 지지적 서비스와 보충적 서비스가 상대적으로 증가하고 있다. 지지적 서비스는 아동의 요구가 가정에서 잘 해결될 수 있도록 부모의 양육능력을 지원해 주는 서비스이다. 보충적 서비스는 부모의 보호와 양육의 질이 부적절하거나 제약을 받을 때 이를 보충할 수 있도록 사회가 일정 부분을 책임지고 지원하는 서비스이다. 보충적 서비스는 아동이 가정에서 생활하는 것과 같은 역할을 사회가 책임지고 지원하는 서비스이다. 국가가 이러한 서비스를 효과적으로 실천하기 위해 보육정책이 필요성하게 되었다.

4) 보육정책의 기능

우리나라 현행 영유아보육법 제1조는 보육정책의 목적을 '영유아를 심신의 보호와 건전한 교육을 통하여 건강한 사회성원으로 육성함과 아울러 보호자의 경제적 · 사회적 활동을 원활하게 하여 가정복지증진에 기여하는 것'이라고 제시하고 있다. 보육정책이 사회에서 수행하는 다양한 기능을 보다 자세히 살펴보면 다음과 같다(김익균 외, 2014).

(1) 예방적 기능

보육정책은 사회발전이나 경제개발의 역기능 현상에 대처하는 기능을 한다. 가령, 부모가 직장에 나감으로써 아동에 대한 질 높은 돌봄이 어려울 때 이로 인해 발달에 부정적 영향이 일어나지 않도록 예방한다. 아동의 심신 발달에 위험할 수 있는 경제적 · 사회적 · 심리적 · 기타 환경적인 장애로부터 아동을 보호하고 그들의 건전한 발육을 위해 모든 가능한 시설과 기회를 제공한다.

(2) 광범위한 아동복지의 기능

낮 동안 보호자가 가정에서 아동을 양육할 수 없거나 아동이 장애를 가지고 있을 때, 가정환경에 결함이 있을 때, 혹은 거주 지역의 환경이 아동의 건강한 성장에 부적절한 요인을 가지고 있을 때 가정을 대신해 아동을 보호하는 기능을 수행함으로써 아동복지 증진을 촉진하는 기능을 한다. 보호의 내용에는 가정에서 제공되는 기본적인 안정감, 위험물로부터의 보호, 건강관리, 영양관리, 적절한 성장기회의 제공 등이 포함되며, 이는 어린이집 종사자와의 따뜻한 인간관계에서 행해지고, 신체적 보호뿐만 아니라, 정서적 · 사회적 발달에 중추적 역할을 하게 된다.

(3) 초기교육의 기능

보육사업과 아동복지의 보편주의 이념에 따라, 의도적이고 체계적으로 아동의 정신적 · 신체적 발달을 촉진시킬 수 있는 바람직한 경험이나 활동이 포함된 교육적 프로그램의 제공을 통해 아동 초기교육 효과를 도모하는 기능을 한다.

(4) 가족복지의 기능

부모역할 수행에 어려움이 있는 가정에 대해 자녀교육, 일반교양, 육아상담서비스와 지역사회 자원의 적절한 활용방법을 제공함으로써, 부모의 기능 회복 촉진과 아동의 원만한 성장을 도모하여 가족복지를 증진시킨다.

(5) 장애아동 및 특수아동을 위한 기능

정상발달 아동뿐만 아니라 정서, 심신, 행동장애 등 특수한 문제를 지닌 아동들에게도 그들의 욕구에 맞는 다양하고 개별적인 프로그램을 개발하고 지원함으로써 결핍환경의 아동을 위한 보상적 교육기능 및 특수문제 아동의 건전한 신체 · 정서적 성장발달을 돕는 좋은 서비스 기능을 담당한다.

(6) 지역사회 복지증진의 기능

아동을 매개로 하여 지역주민들이 협동할 수 있는 장으로서 어린이집을 개방하여 지역

사회 주민의 조직력을 강화하고, 나아가 지역사회의 경제적 · 사회적 발달을 위한 제반 사업 추진을 원활하게 함으로써 지역사회 복지증진을 도모할 수 있다.

5) 보육정책의 영역

김익균 외(2014)는 정부가 추진 중인 보육사업의 영역에 따라 보육정책을 다음과 같이 분류하였다.

(1) 보육인력

보육인력과 관련된 영역, 즉 보육인력의 전문성 확보이다.

- 필요성: 보육인력의 자격관리는 보육교사가 일정한 수준의 전문성을 갖추고 이 전문성을 유지하며 발전시켜 나갈 수 있도록 하는 데 그 필요성이 있다. 보육의 질 관련 구성변수로는 물리적 환경 및 어린이집의 운영 변수와 더불어 보육교사의 배경이 중요한 변수이다. 보육교사 및 원장에 따라 보육서비스의 질에 차이가 있기 때문에, 보육서비스 질 향상을 위해서는 교사, 원장 등 보육인력의 전문성 향상이 반드시 필요하다.
- 예: 육아종합지원센터에서 보육교직원 상담 및 교육, 대체교사 지원 및 관리를 하는 것도 보육인력 영역에서의 보육정책이라고 할 수 있다.

(2) 보육재정

보육비용에 대한 정부 재정의 지원 정도는 그 나라가 가진 보육정책의 원칙에 따라 달라진다.

- 필요성: 보육재정과 보육의 공공성은 밀접한 관계를 갖는다. 공보육은 부모 부담을 줄임과 동시에 서비스의 질적 수준을 높임으로써, 출산 수준 유지와 더불어 높은 여성 취업률 유지에 중요한 역할을 한다.
- 예: **영유아 보육료**(소득과 무관하게 전 계층에 대해, 어린이집을 이용하는 만 0~5세 영유아에게 영

유아 보육료 지원), **가정양육수당**(소득과 무관하게 전 계층에 대해, 어린이집, 유치원, 종일제 아이돌봄 서비스를 이용하지 않는 84개월 미만 아동에게 지원)

(3) 보육법규

보육과 관계된 법에 관한 정책 영역이다.

- 필요성: 보육을 필요로 하는 아동의 요구에 대응하는 각종 대책을 제공하는 근거가 된다.
- 예: 영유아보육법. 영유아보육법의 목적은 영유아를 심신의 보호와 건전한 교육을 통해 건강한 사회성원으로 육성함과 아울러 보호자의 경제적사회적 활동을 원활하게 하여 가정복지 증진에 기여함을 목적으로 한다(동법 제1조). 과거에는 보육을 부모의 근로나 질병 등 가정양육이 적절하지 못할 때 일시적으로 제공되는 서비스로 간주되었지만, 개정 영유아보육법에서는 공보육과 보육대상의 보편주의를 강조하고 있다.

(4) 보육서비스

보육서비스 및 프로그램에 관한 정책 영역이다. 각 프로그램의 개발 배경과 목적이 있고, 프로그램 실시 대상이 있으며, 프로그램의 내용, 사업 범주를 포함한다.

- 예: 표준보육과정, 만 3-5세 연령별 누리과정을 개발하고 실시하도록 한 정책은 보육서비스 영역에 해당한다. 또한, 시간제보육, 시간연장형 보육서비스를 제공하는 것, 육아종합지원센터를 운영하여 부모 대상의 양육 상담, 부모교육, 영유아 프로그램을 제공하는 것 역시 보육서비스 영역과 관련된 정책이다.

6) 보육정책의 분석요소

보육정책의 분석을 위해서는 사회복지정책 분석모델을 적용해 볼 수 있다. 사회복지정책은 어떤 급여가 누구에게, 어떻게 전달되며, 재정지원은 어떻게 이루어지는가를 선택하는 과정의 산물로 파악된다. 따라서 이를 보육정책 분석에 적용하면, 첫째, 급여를 제공받는 보육시설과 보육대상, 둘째, 대상자가 받는 보육서비스, 셋째, 행정체계의 구조와 기능(전달체계, 행정체계), 마지막으로 보육예산과 아동보육료 지원에 대해 분석할 수 있다.

해보기

▣ 우리는 보육정책을 왜 알아야 하는지 토의해 보자.

▣ 우리 사회에서 누가 보육정책에 관심을 가져야 하는지에 대해 토의해 보자.

참고문헌

강진옥(2008). 보육정책의 발전방안에 관한 연구. 조선대학교 정책대학원 석사논문.

김익균(2001). 보육행정과 정책의 정형화를 위한 연구. 한국보육학회지 1(1), 11-33.

김익균, 이만수, 이창수(2014). 보육정책론. 한국보육교사교육연합회 편집. 양서원.

김진이(2000). 포괄적 보육프로그램의 모형 개발. 한국영유아보육학, 22, 113-136.

김호순(2007). 보육정책의 공공성과 투명성 제고방안. 여성가족부.

조성연, 이정희, 김온기, 황혜정, 나유미, 박진재, 송혜린, 임연진, 나종혜, 권연희(2004). 영유아 보육론. 학지사.

Cibulka, J. G. (1999). Ideological lenses for interpreting political and economic changes affecting schooling. In J. Murphy & K. Seashore Louis (Eds.), *Handbook of Research on Educational Administration* (2nd ed., pp. 163-182). San Francisco: Jossey-Bass.

Cooper, B. S., Fusarelli, L. D., & Randall, E. V. (2014). 좋은 정책 좋은 학교: 이론과 적용(가신현, 김병모, 박종필, 양성관, 엄준용, 이준희 공역). 아카데미프레스.

Dear, R. B. (1995). Social Welfare Policy. In *Encyclopedia of Social Work*(19th ed). edited by J. L. Edwards et al., Washington D. C.: NASW Press.

Decker, C. A., & Decker, J. R. (2001). *Planning and Administering Early Childhood Programs*. Upper Saddle River, NJ. Prentice Hall.

Dror, Y. (1971). *Design for policy sciences*. New York: American Elsevier.

Dye, T. R. (2011). *Understanding public policy* (13th ed.). NY: Longman.

Easton, D. (1965). *A framework for political analysis*. Englewood Cliffs, NJ: Prentice Hall.

Fowler, F. C. (2009). *Policy studies for educational leaders: An introduction.* Boston: Allyn & Bacon/Pearson.

Harman, G. (1984). Conceptual and theoretical issues. In J. R. Hough (Ed.), *Educational policy: An international survey* (pp. 13-29). London: Croom Helm.

Lasswell, H. (1951). The policy orientation. In D. Lerner & H. Lasswell (Eds.), The policy sciences (pp. 3-15). Stanford, CA: Stanford University Press.

Lasswell, H. (1971). *A Pre-view of Policy Research*. Newbury Park, CA: Sage.

Taylor, S., Rizvi, F., Lingard, B., & Henry, M. (1997). Educational policy and the politics of change. London: Routledge.

Tice, C. J. & Perkins, K. (2002). *The Faces of Social Policy: A Strengths Perspective*. Pacific Grove, CA: Brook/Cole.

Titmuss, R. (1974). *Social Policy: An Introduction*. London: Allen & Unwin.

제2장
보육정책 이론과 관점

이 장에서는 서로 다른 보육정책의 기저에 있는 이론 및 관점, 보육정책에 대한 접근방식의 차이를 알아본다.

1 보육문제에 대한 이론적 관점

보육문제는 왜 발생하는지, 보육정책의 본질은 무엇인지에 대한 상이한 이론적 관점으로 여기에서는 자유주의적 관점과 맑스주의적 관점을 살펴본다.

1) 자유주의적 관점

개인의 자유와 권리를 보호하고 증대시키고자 하는 자유주의(liberalism)에서 바람직한 국가 모습은 국가의 개입이 최소화된 야경국가이다. 이 관점에서 국가의 역할은 시장의 기본 원리를 유지시키는 것이며, 국가 활동은 시장의 역기능으로 인해 생긴 분배의 불균형, 불평등의 사회적 여건을 보상하기 위해 고안된다(김익균, 2001).

자유주의 관점은 가족을 자율성과 자유를 지닌 사적 영역(private sector)이자 아동양육의 1차적 영역(primary sphere for rearing children)으로 본다. 또한, 이 관점은 가족 내에서 남성은 생계 부양의 역할(bread-earner)을, 여성은 가사와 양육의 역할을 담당한다는 전통적 관점에 기초한다. 사적 영역인 가정에서 일어나는 일(family matters)에 대해서는 비개입(non-intervention)의 원칙을 따른다(Siim, 2000).

자유주의 관점에서 국가 활동이 시장기능의 실패를 보상하기 위해 고안되는 것처럼, 가족에 대한 국가의 개입도 가족기능의 실패가 발생했을 경우 이를 보상하기 위해 고안된다. 즉, 보육정책에 있어서 제한되고 소극적인 국가개입을 표방한다.

구체적으로, 양육이라는 주된 임무를 수행하는 데 실패한 일부 가족에게만 국가개입의 필요성이 있다고 본다. 그 결과, 중류층의 보육욕구는 공적 영역에서 제외되고 사적 영역으로 취급되며, 보편적 보육을 제공하지 않는 것이 공익을 위한 것이라고 본다. 국가는 특별히 급박한 상황에, 복지에 의존하는 취약한 계층의 취업모에게만 보육 제공을 보장하고, 복지에 의존하지 않는 취업모는 공보육 혜택에서 제외한다(Ruggie, 1984).

달리 말하면, 자유주의 관점에서는 복지혜택을 받는 대상을 정상(normalcy)에서 벗어난 대상으로 특정화시킨다. 적절한 수입을 가진 남편, 가사를 담당하는 아내, 건강한 자녀로 이루어진 가족을 정상적인 가족 상태로 여기고, 그와 다른 것은 틀리거나 비정상적인 것, 병리로 여긴다. 그러면서도 국가의 개입이 필요한 상황 자체를 변화시키려는 시도는 하지 않는다.

자유주의적 관점의 예로 Alfred Kadushin의 아동복지 모델을 들 수 있다. Kadushin에 따르면, 아동 양육은 부모의 책임이며, 만약 부모의 모든 책임이 최소한으로 잘 작동한다면 국가의 개입이 불필요하다. 또한, 그는 부모가 자신들의 책임을 수행하는 데 실패하는 여러 상황을 제시하고, 아동복지체계는 부모가 그들의 책임을 다할 수 있도록 지지적이고 보완적인 서비스를 제공하는 것이며 그것이 불가능할 때는 아동에게 부모의 돌봄 대신 다른 돌봄을 제공하는 것이라고 하였다. 이러한 아동복지 모델에서 아동복지 서비스는 주로 보통의 사회적 제공이 아동의 요구를 충족시키지 못할 때 제공된다. 최소의 사회적 서비스를 지향하는 이러한 입장은 위기를 예방하는 능동적 입장이라기보다는 사후대처적이고 반응적이며 위기 지향적인 특징이 있다. 즉, 가족 기능이 무너졌을 경우에 초점을 맞춘다고 볼 수 있다(Kadushin & Martin, 1988).

이러한 자유주의적 관점 및 모델에서 보육사업(day care)은 부모의 보호가 부적절하거나 제한될 경우 이에 대한 보상을 하기 위해 주어지는 잔여적이고 보완적인 성격의 서비스에 해당한다. 이러한 보완서비스는 가족제도 내에서 부모의 역할을 국가가 부분적으로 분담하는 것을 말하며, 대부분 취업모가 이용하고 있어 직장에서 일하는 동안 어머니가 담당하지 못하는 부분을 떠맡는다. 또한, 정신적 · 육체적 · 정서적 장애로 정상적인 활동을 할 수 없는 아동에게 전문적인 특수치료를 하기도 하고 부모와 자녀 간의 관계가 불안정할 때 일시적인 도움을 주기도 하는 등 자녀에 대한 부모의 관리능력을 강화하고 자녀들이 집에서 지낼 수 있는 가능성을 증대시키면서 긴장과 모순을 감소시키는 역할을 한다.

요약하면, 자유주의적 관점에 따른 보육정책은 가족의 육아문제를 가족의 사적인 경제적 기능과 성별분업에 의해 여성들이 떠맡는다는 것을 전제로 하고, 그것이 손실된 경우에 한해 손실된 부분을 보완하는 것으로 국가의 개입을 최소화한다. 이러한 관점의 보육사업은 현상을 정당화하고 그 범위 내에서 정책 실시과정 상의 문제점, 개선방안을 제시하고 실현 가능한 현실적 대안을 모색하는 데 주안점을 둔다. 때문에, 사회구조적인 측면과 관련하여 보육문제의 본질을 파악하는 데는 한계를 지닌다(김익균, 2001). 자유주의적 관점에서는 정부 권력의 반대편에 있는 '자율적 가족'의 이상을 파괴하지 않고 어떻게 양육의 질을 감독할지, 어떻게 보육을 공익(public interest)으로 만들 수 있는지의 문제를 해결하기가 어렵다(Dingwall et al., 1983; Parton에서 재인용).

2) 맑스주의적 관점

맑스주의적 관점은 자본주의 사회에서 사회정책의 기원과 본질을 자본의 구성요소 중 하나인 가변자본, 즉 '노동력' 보존의 필요성으로 설명한다. 자본주의 생산양식은 개별자본간의 경쟁을 초래하고, 경쟁은 개별자본의 과도한 노동력 착취를 낳는다. 이러한 착취는 노동력 자체의 파괴를 가져와 장기적인 자본의 이익을 해치기 때문에 노동력의 소멸을 막아야 할 필요성이 제기되고, 그 결과 사회정책이 발달된다는 것이다. 이 관점에서 보육정책은 노동력 재생산의 어려움을 극복하기 위해 실시되는 여러 정책 중 하나로 여겨진다.

맑스주의 관점에서 자본주의 사회는 자본이 계속 축적됨에 따라 여성노동을 임금노동화하고 기혼여성을 가정에서 직장으로 끌어내게 된다. 이는 노동력 재생산에 필수불가결한 가사와 육아노동을 더 이상 여성이 해결 · 담당하지 못하게 한다. 동시에 자본주의 사회의 이면에는 여성의 역할이 본래 가정에 있다는 전통적인 성역할 분담에 기초한 원칙이 관철되어 있다. 따라서 결국 여성은 육아에 대한 책임과 노동력으로서 자본의 요구에 동시에 부응해야 하는 이중의 책임을 짊어진 채 노동을 계속하게 된다. 여기서 노동력을 확대하고 출생률을 증대시킬 필요성과 육아 및 가정 내 봉사를 위한 안정된 조건을 유지해야 할 필요성, 그리고 여성노동 사이에 모순이 발생하게 된다. 이러한 여성역할의 이중성이라는 모순적 측면을 국가정책을 통해 해결하고자 하는 시도 중, 자녀의 사회적 부양을 정책적으로 보장하려는 정책화의 결과가 바로 보육정책이다.

맑스주의 관점에 따르면, 보육정책은 사회정책, 사회복지사업의 형태로 만들어지지만, 실제로는 수익자 부담의 원칙을 전제로 재수탈의 구조를 띄고 있다. 즉, 노동자 세대는 국가가 실시하는 보육서비스의 대금을 자신의 세금으로 지불한다. 본래 보육정책이 노동자의 확보를 목적으로 하므로 그 비용을 자본이 부담하지 않으면 안 되지만, 실제로는 아동을 맡기는 노동자 세대에게 보육료로서 책임이 전가되고 있는 것이다.

이러한 맑스주의적 관점은 보육정책의 형성과 발전, 본질과 기능, 성격을 설명하는 데 자유주의적 관점보다 더 설득력을 갖는다(김익균, 2001). 그러나 맑스주의적 관점에서는 보육정책이 노동자와 자본가의 갈등을 숨기고 자본가의 이득을 위한 부담을 노동자에게 전가하는 것이기 때문에 바람직하지 않은 것으로 여겨진다는 점이 있다.

2 보육정책에 대한 접근방식

보육에 대한 정책을 추진함에 있어 다양한 접근방식을 취할 수 있다. 실제로 세계 여러 국가에서 서로 다른 접근방식으로 보육정책을 추진하고 있다. 또한, 한 국가 내에서도 보육정책에 대한 접근방식이 달라 다양한 보육정책 대안을 내놓는 것을 볼 수 있다.

1) 저소득층 복지적 접근

'기본적 보육' 관점으로도 불리는 저소득층 복지적 접근에서는 보육정책의 궁극적 목적을 저소득 가정의 복지 증진에 둔다. 보육서비스 제공을 통해 소득이 낮은 가정의 여성이 취업을 할 수 있도록 하고, 그 결과 가정의 소득이 증대될 수 있도록 하는 것이다. 이 접근에서 보육서비스는 저소득층 아동이 방치되는 것을 방지하기 위한 것으로 구빈차원의 선별적 서비스의 특징을 갖게 된다. 즉, 중산층 이상의 보육수요는 사적인 지원망에 전적으로 의존하게 된다.

2) 노동 및 가족 정책적 접근

이 접근에서는 사회의 노동력 부족 또는 과잉공급 문제를 해결하는 한 가지 수단으로 보육정책을 추진한다. 경제가 호황을 이루어 많은 일자리가 창출되고 그로 인해 노동력이 많이 필요한 상황에서는 국가가 강력한 보육정책을 추진해서 기혼여성을 노동시장으로 이끌고, 경기가 둔화되어 일자리가 감소하고 노동력이 과잉 공급되면 국가가 다시 가정에서의 보육을 강조하는 정책을 추진해 여성을 가족으로 돌아가도록 유도하는 것이다. 실제로, 산업화 이후 노동력 수요가 증대된 상황에서 기혼여성의 노동시장 참여 증가는 국가나 사회가 자녀양육을 지원해야 한다는 인식을 높였고, 이는 보육정책 실시의 강한 동기가 되었다.

3) 여성복지적 접근

이 접근에서는 보육정책 추진의 목적을 여성의 복지를 실현하는 데 둔다. 즉, 여성의 사회참여 욕구와 자아실현 욕구가 증가하면서 이를 충족시키고 여성의 삶의 질을 향상시킬 필요가 있는데, 어린 자녀가 있거나 출산을 완료하지 않은 여성은 경제활동에 많은 제약을 받는다. 즉, 자녀양육에 대한 사회적 지원이 여성의 경제활동 여부를 결정하는 데 유의미한 영향을 미친다. 따라서 이 입장에서는 경제활동 참여를 통한 여성의 자아실현을 위해서는 자녀의 양육을 사회가 지원하는 보육서비스 제공이 필수적이라고 본다.

4) 아동의 권리적 관점

보육정책에 대한 아동의 권리적 관점은 아동 중심의 관점이면서 보편적 보육 관점으로도 불린다. 1989년 11월 20일 유엔총회에서 만장일치로 채택된 아동권리협약(Convention on the Rights of the Child: CRC)과 더불어 아동의 발달권, 아동의 이익 최우선, 차별금지 등의 아동의 권리 및 원칙에 기초해, 모든 아동이 자신의 개성을 발달시키고 자아실현을 위해 고르게 보호받고 교육받을 수 있는 기회를 누려야 한다고 본다. 따라서 이 접근에서 보육은 아동의 보편적 권리로서, 국가는 보육정책을 통해 모든 아동이 보육의 기회를 공평하게 가지고 각자의 개성에 따라 다양한 보육을 받을 수 있도록 해야 한다고 본다.

해보기

- ▣ 인터넷에서 유엔아동권리협약을 찾아서 읽어보자. 그 중 보육이 아동의 권리라는 관점의 기초가 되는 내용을 찾아보자.
- ▣ 앞서 살펴본 보육정책에 대한 접근방식에 따라 보육정책의 대상 설정의 기준이 어떻게 다를지 논의해 보자.

출처: 유니세프 홈페이지 (https://www.unicef.or.kr)

3 복지국가 유형별 보육에 대한 관점

복지국가의 유형을 나누는 방법에는 여러 가지가 있으나, Esping-Anderson(1990)은 '복지자본주의의 세 가지 세계(The Three Worlds of Welfare Capitalism)'라는 책에서 서구 복지국가를 자유주의 복지국가(liberal welfare-state regime), 보수주의 복지국가(conservative welfare-state regime), 사회민주주의 복지국가(welfare-state of social democracy)의 세 유형으로 나누었다. 여기서는 Esping-Anderson이 제시한 복지국가의 유형에 따라 보육에 대한 관점이 어떻게 다른지를 살펴본다.

1) 자유주의 복지국가에서의 보육

자유주의 복지국가의 특징을 살펴보면, 복지 혜택이 주로 저소득, 노동 계층, 국가의 복지혜택에 의존해야만 살아갈 수 있는 사람을 대상으로 주어진다. 수혜 자격 조건이 엄격하고, 수혜를 받는 대상에 종종 복지수혜자라는 낙인(stigma)이 존재한다. 복지혜택은 최소한이거나 매우 낮은 정도여서 개인이 국가의 복지혜택에 기대기보다 시장(market)으로 나갈 것이 간접적으로 촉진된다. 수혜자 내에서는 동등하게 빈곤하고, 수혜자가 아닌 대다수 사람들은 시장에서 계층화된 복지를 구매한다. 즉, 국가는 국민에 대한 복지서비스 역할에 소극적이며 복지제도의 소득 재분배 효과가 낮다. 또한, 완전고용을 위한 정책이 없다. 미국은 자유주의 복지국가의 대표적인 예이다.

자유주의 복지국가에서 보육의 동기는 어디까지나 개인적 차원의 관심에 있다. 즉, 개인이 보육의 필요와 관심을 느끼기 때문에 아동보육을 하게 되는 것이다. 따라서 보육의 책임은 전적으로 부모에게 있다.

자유주의 복지국가는 빈곤계층만을 대상으로 국가가 보육을 제공한다. 빈곤계층만이 경제활동을 하기 위해 보육서비스를 꼭 필요로 한다고 보기 때문이다. 그 외 중류층 이상은 개인의 필요와 관심에 따라 시중에 있는 보육서비스(예 가사도우미, 보모, 영유아 보육프로그램을 운영하는 사적 기관의 서비스)를 구매한다.

2) 보수주의 복지국가에서의 보육

보수주의 복지국가는 조합주의 복지국가(welfare state of corporatism)로도 불린다. 이 유형의 국가는 자유주의 복지국가처럼 시장의 효율성과 상품화가 뚜렷하지 않으며, 취약계층에 대한 임시급여와 국가의 복지 부담을 확대하였다. 국가가 복지를 제공하기 때문에 사적 보험(private insurance)의 역할은 크지 않다. 보수주의 복지국가는 계층과 지위, 직업에 따라 다른 종류의 복지급여 및 권리를 부여하며, 이는 사회적 지위의 차이가 지속되도록 한다. 즉, 복지제도로 인한 소득재분배 효과는 미미한 수준이다.

보수주의 복지국가에서는 보육에 있어서 가족이 중심적 역할을 하고 시장은 한계를 지니고 있으며 국가는 보조적 역할을 한다. 전통적인 가족의 모습을 보존하고자 하고 가족대상의 혜택을 통해 가정에서 어머니 역할(motherhood)이 제대로 수행되도록 격려한다. 그 결과, 보육시설은 상대적으로 덜 발달해 있다.

일반적으로 비취업모는 사회보험에서 제외된다. 국가는 가족이 구성원에게 서비스하는 능력이 없어졌을 때에만 개입한다. 연대의 진원과 지배적인 연대양식이 가족과 친족, 국가주의이다. Esping-Anderson(1990)에 따르면 독일, 일본, 프랑스, 이탈리아가 주로 이 유형에 속한다.

3) 사회민주주의 복지국가에서의 보육

사민주의 복지국가라고도 하는 사회민주주의 복지국가는 보편주의(universalism) 원리와 사회적 권리의 탈상품화(de-commodification)가 중산층에까지 확대된 나라들이다. 이들은 최저생활 이상의 평등을 추구하는데, 즉 중산층이 누리는 높은 수준의 서비스와 혜택을 평등하게 누리는 복지국가를 추구한다. 노동자에게 더 나은 조건에 있는 사람이 누리는 것과 같은 수준의 권리에의 전적인 참여를 보장함으로써 평등을 제공한다. 손으로 일하는 기술직 노동자도 사무직 노동자, 공무원과 동일한 수준의 권리를 누린다. 모든 계층이 하나의 보편적 보험 하에 통합되어 모두가 국가로부터 혜택을 받고 모두가 국가에 의존하며 모두가 이를 위해 지불할 의무를 느낀다.

사회민주주의 복지국가는 가족과 시장의 역할은 한계가 있으며 국가의 역할이 중심이 된다. 보육 등 전통적인 돌봄 영역 또한 사회서비스화하여 국가가 제공한다. 즉, 가족이 스스로를 도울 능력이 없어질 때까지 기다리기보다는, 국가가 적극적으로 아동, 노인, 장애인을 돌보는 책임을 맡는다. 이는 국가가 가족의 필요에 부응하는 서비스를 제공한다는 의미뿐만 아니라 여성이 가사보다 일을 택할 수 있도록 한다는 의미를 가진다. 개인이 최대한 가족에 의존하지 않고 가족이 없이도 살아갈 수 있는 독립성을 갖는 것이 이상(ideal)으로 여겨진다.

요컨대 사회민주주의 복지국가는 보편주의 원칙에 따라 복지급여가 취약계층뿐만 아니라 중간계층까지 포섭하고, 복지의 재분배적 기능이 높다. 탈상품화가 정도가 매우 높고, 가족책임이 상대적으로 낮다. 복지국가를 위한 국가의 역할을 매우 적극적으로 보고 보편적 복지를 실현하고자 한다. 스웨덴, 덴마크 등이 이러한 국가에 해당한다.

해보기

■ 1980년대, 1990년대부터 세계에 큰 영향을 미치기 시작한 신자유주의 (neo-liberalism) 흐름에 대해 조사해 보자(학술 논문, 도서, 영상, 신문기사 등 이용).

■ Press 등(2018)의 연구논문 pp. 5-7을 읽고, 신자유주의가 보육 및 유아기 교육에 미칠 수 있는 긍정적 영향과 부정적 영향에 대해 토론해 보자.

Contemporary Issues in EARLY CHILDHOOD

Special Issue: Interrogating Belonging in the Early Years

Contemporary Issues in Early Childhood 1–12
© The Author(s) 2018
Reprints and permissions: sagepub.co.uk/journalsPermissions.nav
DOI: 10.1177/1463949118781909
ciec.sagepub.com
SAGE

Can we belong in a neo-liberal world? Neo-liberalism in early childhood education and care policy in Australia and New Zealand

Frances Press
Charles Sturt University, Australia

Christine Woodrow
Western Sydney University, Australia

Helen Logan
Charles Sturt University, Australia

Linda Mitchell
University of Waikato, New Zealand

Abstract
Since the 1990s, neo-liberal economics has profoundly altered the nature and delivery of early childhood education and care in both Australia and New Zealand through the creation of childcare markets. Accompanying the rise of the market has been a discourse of childcare as a commodity – a commodity marketed and sold to its consumers (read parents) as a private benefit. The stratifying impact of neo-liberalism in education policy has been argued by numerous scholars of education. Arguably, in both Australia and New Zealand, early childhood education and care is more commodified and subject to the market than any other area of education. Thus, the authors consider whether early childhood education and care has shifted away from being understood as a social good, a site for social cohesion and democratic practice – all of which the authors consider to be implicated in a conceptualisation of belonging appropriate to the project of early childhood education and care. This article considers the impact of neo-liberal policies on early childhood education and care in Australia and New Zealand, especially in relation to understandings and manifestations of 'belonging'. The authors trace the impact of neo-liberalism in early childhood education and care policy and examine the ways in which the discourse of

Corresponding author:
Frances Press, Charles Sturt University, Panorama Avenue, Bathurst, NSW 2795, Australia.
Email: fpress@csu.edu.au

■ 보육(childcare)이 여러 급의 상품으로 만들어지고(3개 국어를 가르치는 보육프로그램, 고급 보육프로그램, 중저가 보육프로그램 등), 브랜딩과 마케팅의 대상이 되며(예 Bright horizons, Learning care group) 개인의 사익으로서 사고 팔 수 있는 것일 때, 긍정적인 측면과 부정적인 측면은 무엇이라고 생각하는지 이유와 근거를 들어 토론해 보자.

참고문헌

김익균(2001). 보육행정론. 양서원.

Esping-Anderson, G. (1990). *The Three Worlds of Welfare Capitalism*. Polity Press.

Kadushin, A., and Martin, J. A. (1988). *Child Welfare Services*. 4th Ed. Macmillan.

Parton, N. (1998). Risk, advanced liberalism and child welfare: The need to rediscover uncertainty and ambiguity. *The British Journal of Social Work, 28*(1), 5-27.

Ruggie, M. (1984). *The State and Working Women*. Princeton.

Press, F., Woodrow, C., Logan, H., & Mitchell, L. (2018). Can we belong in a neo-liberal world? Neo-liberalism in early childhood education and care policy in Australia and New Zealand. *Contemporary Issues in Early Childhood*, 1-12.

Siim, B. (2000). *Gender and Citizenship: Politics and Agency in France, Britain, and Denmark*. Cambridge University Press.

참고자료

유니세프(https://www.unicef.or.kr)

Part II

보육정책의 역사

제3장

보육의 역사적 흐름 1

서구의 보육정책은 산업화에 따른 자본주의 발달로 여성노동력의 사회참여가 이루어진 18세기 이후부터 본격적으로 시작되었다. 문헌상 최초의 어린이집은 프랑스의 Jean Frédéric Oberlin 목사가 1767년에 농촌지역에서 일하는 여성의 자녀들을 돌보아 주기 위해 세운 주간탁아소이다(Cahan, 1989). 영국에서는 1816년에 Robert Owen이 스코틀랜드의 New Lanark 방직공장 내에 유아학교(infant school)를 설립해 여성노동자가 일하는 동안 자녀에게 돌봄과 교육을 제공했다(Cahan, 1989). 미국 최초의 탁아소(day nursery)는 1838년 보스턴에 Joseph Hale이 선원가족 중 부인이 취업한 경우와 미망인 가정의 자녀를 위해 보육서비스를 제공한 것이었다(Clark-Stewart, 1993).

이 장에서는 우리나라 보육사업의 역사와 보육제도 및 정책의 발전과정에 대해 알아본다. 구체적으로, 해방 이전 시기, 해방 이후 1960년까지의 시기, 1961-1981년의 어린이집 시기, 1982-1987년까지의 유아교육진흥법 시기, 1988년 이후 보육사업의 정비기, 1991-2003년까지의 영유아보육법 초기 시기로 나누어서 시기별 보육사업과 제도, 정책의 특징을 살펴본다.

1 해방 이전 시기

삼국시대에는 형식적 보육기관이라고 할 만한 것이 없었고 고려시대에는 7~8세 아동을 위한 지방 학교인 향교와 소수의 서당이 유아기 아동을 위한 교육을 제공했다. 조선시대에는 서당이 형식적 유아교육기관 역할을 했다. 그러나 삼국시대부터 조선시대까지 아동보육은 주로 비형식적 가정보육이 주를 이루었다고 할 수 있다(이순형 외, 2016).

한편, 조선시대 정조(1783) 때 제정된 자휼전칙(걸식 아동을 구제하기 위한 법칙을 담은 책)은 흉년을 당해 굶주리거나 유기된 4~10세의 행걸아에게 의복과 의료를 제공하고 매일 정해진 분량의 쌀과 간장, 미역을 지급하고, 3세 이하의 유기아에게는 유모를 정해 젖을 먹이고 유모나 거두어 기른 사람에게도 정해진 분량의 쌀과 간장, 미역을 지급하도록 하는 등 부모나 친척 등 의지할 곳을 찾을 때까지 구호하고 자녀나 심부름꾼이 없는 사람들로 하여금 이들을 수양하게 했다(곽효문, 2001). 그러나 이는 보육사업이라기보다 유기 및 부랑걸식아동의 최소한의 생명연장을 돕는 구휼사업에 가까웠다.

우리나라에서 탁아의 의미를 가진 보육사업은 1920년대 빈민아동 구제사업의 일환으로서 처음 등장했다고 알려져 있다. 1921년 미국의 선교사 Myers가 서울에 설립한 태화여사관(현재 명칭 '태화기독교사회복지관')에서 빈민아동 혹은 무산아동을 위한 탁아프로그램을 개설하면서 시작되었다고 한다. 즉, 태화여자관에서는 상대적으로 부유한 가정의 아동이 월사금을 내고 다니는 태화유치원을 운영했는데, 1925년에 유치원의 놀이터를 거리의 소외계층 아동들에게 오후에 무료로 개방하면서 무산아동사업이 시작됐다. 이후 1940년에는 1일 탁아소 사업을 시작했다(기독교타임즈, 2015).

1926년 부산의 공생탁아소, 대구의 은총탁아소가 설치 · 운영되며 본격적으로 탁아시설이 생기기 시작했다. 부산공생원은 일본인 사찰에서 운영한 사회사업 시설로, 영세한 사회하층 조선인을 상대로 보육과 여성교육 사업을 실시했다. 탁아부(공생탁아소)에서는 노동자 등의 3-6세 자녀를 하루 5전의 탁아료를 받고 낮 동안 보육했다. 이처럼 일제는 사회 하층 조선인을 대상으로 한 탁아와 보육 등 복지사업을 실시했으나, 실제 목적은 종교를 이용해 식민 통치에 부담이 되는 위험요소를 순화하고 폭발력을 제거하는 데 있었다(부산역사문화대전).

출처: 태화복지재단 홈페이지(http://m.taiwhafound.org/story/96)

그림 3-1 1930년대 태화기독교사회복지관 무산아동운동장. 놀이터 한쪽에 미끄럼틀이 보인다.

일제가 식민지 조선에 설치한 탁아소는 도시에 설치·운영한 상설탁아소와 농촌에서 농번기에만 일시적으로 운영한 계절탁아소, 두 유형이 있었다(이윤진, 2003, 2006). 일제의 식민지 조선 공업화정책에 따라 도시에 생겨난 공단지역에 거주하는 빈민층 기혼여성의 상당수는 열악한 환경의 공장에서 임금노동자로 일하거나 행상을 나가 생계를 이어나갔다. 상설탁아소는 이들의 자녀양육문제를 해결하기 위해 생겨난 곳이었다. 탁아소 환경은 1933년 기준으로 탁아소 한 곳에서 수용하는 아이들의 숫자는 50명인데 비해 돌보는 사람은 1-2명으로 열악했다.

초기 상설탁아소의 설립 주체자는 개인이나 종교기관이었다. 예로, 1933년 화광교원이라는 불교계에서 설립한 동대문 탁아소, 1938년에 기독교 감리교에서 운영한 평양탁아소가 있었다. 그러나 1930년대 후반부터 빈민층 기혼 여성의 노동력 동원의 필요성이 더욱 커지자 일제는 공설탁아소 설치 사업을 적극적으로 추진했다. 1939년 총독부 사회복지연합회의 통계를 보면, 전국에 435명의 아동이 조선총독부 내무국 사회과의 관할 하의 11개 보육시설에 있었다고 한다(이윤진, 2006).

한편, 농번기 탁아소는 1930년대 초반에 등장했고 상설탁아소보다 훨씬 더 많았다(이윤진, 2003). 일제의 농촌수탈로 농촌지역의 노동력이 많이 필요했고, 부족한 노동력을 기혼 여성 농민의 노동력으로 보충하기 위해 운영됐다. 즉, 농촌지역 기혼여성이 노동력 동원 대상자가 되면서 1933년부터 급증했다. 고정된 장소에서 매일 운영된 도시 상설탁아소와 달리, 농번기 탁아소는 작업장소 근처 야외에서 아동들을 모아놓고 돌보았고, 대부분 공동작업장소에 따라 옮겨지는 이동식이었다. 보모(保姆) 역할은 마을유지 부인들, 주변 학교의 학생이나 여선생, 나이 많은 할아버지 할머니 등 생산에 직접 참여하지 않은 마을 사람 누구나 할 수 있었고 또한 해야 했다(이윤진, 2003). 농번기 탁아사업은 일제 말기에 더욱 강력하게 추진되었다. 중일전쟁 후 일본 국내의 쌀 수요 증가와 전쟁 수행에 필요한 군량미 확보를 위해 일제는 미곡증산계획을 강행하여 농촌의 부인노동을 조직적으로 징발할 필요성이 더욱 절실했기 때문이다.

한편, 탁아사업은 인보관 프로그램의 하나로 실시되기도 했다. 본래 인보사업, 인보관 운동(settlement house movement)이란 사람들이 인도주의적 차원에서 자신이 맡은 해당지구에 직접 들어가 빈민과 함께 생활하며 이들의 생활상태, 지역사회문제를 상세히 알아내고 개선, 개혁하는 사회사업이다. 일제는 이러한 인보사업의 일환으로 방면제도를 만들었다. 도시를 구획으로 나누어 각각에 일본인 또는 친일 인물을 파견해 관리・감독하는 제도를 만든 것이다. 1937년에서 1947년 사이에 서울에 서부, 용강, 성동, 영등포 4개의 인보관이 설치되어 이 곳에서 요보호자에 대한 보호구제사업을 담당했다. 일제의 인보관 사업은 인도주의 정신의 구현보다 식민지 사회 안정과 질서유지를 위한 영세민층 생활 감독이 주목적이었다.

읽어보기

1927년 6월 24일자 동아일보 석간 03면에 실린 다음의 글에는 탁아소 설치가 마치 여성의 자아실현과 독립적 인결을 위한 것으로 포장되어 있으나 실제로는 일제의 여성노동력 필요에 따른 것이었다.

탁아소를 설치하라

一人一話
託兒所를 設置하라
劉英俊

그림 3-2

나는 항상 우리 가정부인들이 직업을 가지기를 주장합니다.
한 가정의 경제를 위하여서나 또는 여자의 독립적인 인격을 위하여서나 어느 편으로 보던지 가정부인의 직업이 필요합니다...(중략)...그런데 가정부인의 직업을 가지는 문제에는 어린아이문제가 관련되게 됩니다. 여하히 직업을 가지려 하여도 어린아이를 가진 부인은 몸을 뺄 수 없습니다. 대개 보면 우리 가정부인들은 어린 아이에게 매여달리는 것으로써 천직같이 압니다. 그런 가정부인으로 하여금 직업을 가지게 하려면 우선 탁아소가 발달되어야 합니다. 즉 모든 가정의 어린 아이를 맡아가지고 그 어머니로 하여금 마음놓고 직업에 종사할 수 있도록 하는 것이 필요합니다. 우리사회에서는 지금 도처에서 유치원설치가 고조됩니다. 그러면서도 탁아소 설치에 뜻을 두는 사람은 아직 별로 보이지 않습니다. 유치원이라는 것은 잘 사는 집 아이들을 위한 것이니 더 말할 것도 없습니다마는 탁아소만은 대다수의 가정부인을 위하여 절대로 필요한 것입니다. 그리고 설비비용으로 말하여도 탁아소가 유치원보다 그다지 더 들지도 않습니다. 우리는 탁아소의 필요와 가정부인 직업의 필요를 기회있는 대로 주장하여야 하겠습니다. 그래서 일방으로는 여자는 그 남편의 부속물이니 따로 직업을 가질 필요가 없다는 구관념을 타파하는 동시에 여자에게 자립할 기회를 제공하도록 노력하여야 하겠습니다. 그런데 탁아소 설치에 대해서 혹은 말하기를 그와 같이 탁아소에서 어린 아이를 기르면 가정에서 기르는 것보다 어린이에게 해롭겠다고 하지마는 각국에서 보는 사실에 있어서는 그와 정반대로 성적이 퍽 양호합니다.

2 해방 이후 1960년까지의 시기

1945년 해방 이후 정치적 불안정과 혼란 속에서 보육시설 지도 및 통제에 대한 확고한 정부 방침이 없었고 그 결과 보육사업은 여전히 임시구빈적 성격을 벗어나지 못했다. 그러나 대한민국정부 수립 후 1년이 넘게 지난 1949년 11월 25일 동아일보에 실린 기사를 보면 이듬해 봄부터 정부가 부녀보호사업 확충을 추진할 계획이었음을 알 수 있다. 기사에는 여러 부녀보호사업 중 하나로 탁아사업이 제시되었는데, 이에 대해 '여성으로 하여금 안심하고 직장에 취무케 하며 또한 아동의 건전한 보육과 보호를 하기 위하여 국립탁아소 1개와 지방탁아소 6개, 그리고 농번기에 있어서 농촌부인들을 위한 계절탁아소를 10개소에 설치한다'고 나와 있다.

1950년 한국전쟁 발발은 수많은 전쟁고아와 기아를 발생시켰다. 따라서 급격히 늘어난 전쟁고아를 수용하기 위한 시설을 마련하는 것이 급선무였다. 전쟁 전에 설립된 시설(예 마산의 인애원)과 전쟁 중에 피난민이 집중된 지역에 설립된 시설들(예 부산의 시립탁아소)에서 고아와 기아, 미아를 수용하고 보살폈다. 또한, 외국 원조 기관에 의해서도 탁아사업이 펼쳐졌는데, 영연방아동구호재단, 스웨덴아동구호연맹은 부산에서 극빈층 아동을 위한 무료시설로 요즘의 방과후 교실의 전신이라 할 수 있는 탁아소를 운영한 것이 그 예이다(부산역사문화대전: 사회 구호에서 시작된 부산 복지, 최학림).

1952년 10월에는 전쟁고아 수용시설들을 비롯한 각종 구호시설을 합리적으로 지도·감독할 필요에 의해 '후생시설운영요령'이 제정되었다. 이 요령에서 탁아소는 '직장을 가진 부모의 자녀를 일시, 또는 일정기간 위탁보육하는 시설'로 규정되었다. 그러나 주로 빈민층 자녀를 단순히 보호해주는 목적으로 설립된 당시 탁아시설들은 실제로는 고아원과 큰 차이가 없었다.

요컨대 이 시기까지 우리나라 보육사업은 특별한 법적 근거를 지니지 못한 채 '후생시설 운영요령'에 근거하여 운영되었고(국가기록원, 보육시설정책), 해방 이후 수적으로 크게 증가했으나 임시구호적 성격을 벗지 못했다. 그럼에도 아동복리가 사회적 책임이라는 인식이 본격화된 시기로서 국가 및 국내외 민간단체가 고아, 기아, 부랑아를 위한 시설을 설립해 보호하고자 했던 시기라는 의의가 있다.

출처: 국가기록원

그림 3-3 전쟁고아 소녀들이 중앙 카톨릭 고아원에서 점심을 먹고 있다.

출처: 국가기록원

그림 3-4 한국전쟁 고아

3 1961-1981년 어린이집 시기

이 시기는 1961년 아동복리법이 제정 공포된 이후부터 1981년 유아교육진흥법에 따라 어린이집이 유아교육기관으로 흡수되기 이전까지의 시기를 말한다.

1) 아동복리법 제정

1961년 12월 30일 아동복리법의 제정으로 처음으로 탁아에 대한 법적 근거가 생겼고 국가적 차원의 보육정책이 시작되었다. 즉, 국가가 본격적으로 보육사업에 개입하기 시작하여 우리나라 보육정책의 역사가 시작되었다(김남식, 2009).

아동복리법 시행령 제2조에서는 탁아소를 '보호자가 근로 또는 질병으로 인하여 양육하여야 할 아동을 보호할 능력이 없을 경우에 보호자의 위탁을 받아 그 아동을 입소시켜 보호함을 목적으로 하는 시설'로 규정했다. 당시 보육의 개념은 보편적 보육개념이기보다 부모가 역할을 하지 못하는 경우의 위탁과 보호를 목적으로 하는 잔여적 · 보충적 사회사업의 성격이 컸다고 볼 수 있다(김남식, 2009).

아동복리법은 탁아소를 법정 아동복지시설로 인정하고 아동복리시설의 유형, 아동복리 행정종사자, 아동복리시설의 설립주체, 보조금 지원 근거, 보육시설의 설치기준, 종사자 배치기준, 보육시간, 보호내용 등을 구체적으로 규정했다. 즉, 정부의 지도와 감독을 받는 사업으로서 보육서비스가 행해지게 되었다.

1960년대는 탁아 수요가 더욱 늘어났다. 전쟁 후 인구가 급격히 증가한 데다, 1960년대 후반에 추진된 경제개발 5개년 계획으로 도시화 · 산업화가 진행되고 여성 취업이 확대되었기 때문이다.

늘어난 탁아 수요에 비해 부족한 보육시설 문제를 해결하기 위해 당시 보건사회부는 1차(1967-1971년), 2차(1972-1976년), 3차(1977-1981년)로 이루어진 탁아시설증설계획을 수립했다. 나아가 1968년 3월에는 아동복리법 시행령에 근거한 '미인가탁아시설임시조치령'

을 공포해 법인체만 설치·운영할 수 있었던 탁아시설을 민간에서도 설립할 수 있도록 해, 시설 인가를 받지 못했던 무허가 혹은 소규모 시설들이 한시적으로 인가를 받아 보육시설을 운영하게 되었다(김남식, 2009; 김의영, 1997; 홍인혜, 2006). 이러한 변화는 시설의 양적 팽창을 가져와 1968년 전국 292개소의 보육시설에 25,443명의 보육아동이 있었고, 1977년에는 보육시설이 600개소를 넘었다. 또한 이 시기에는 탁아소의 명칭을 '어린이집'으로 고쳐 부르도록 권장되었고, 주로 외국 원조에 의존하던 이들 시설에 대해 정부의 지원이 시작되었다.

그러나 보육시설의 양적 팽창의 이면에는 시설 환경, 교사 자격 등 보육시설의 질적 수준에서의 부작용과 폐단이 있었다. 이에 따라 보건사회부는 1977년 2월 사회복지사업법 시행규칙을 개정해 다시 어린이집의 법인화를 촉구였하고, 그와 동시에 미인가탁아시설 임시조치령을 폐지했다(박정문, 2000). 이는 어린이집의 양적 팽창을 둔화시켰다.

1970년대 후반 취업모와 입소대상 아동은 빠르게 증가했다. 보건사회부는 1978년 4월 '탁아시설운영개선안'을 발표해 어린이집 입소대상을 빈곤층, 농어촌 지역 등 요보호 아동에서 일반가정 아동으로 확대하고, 수익자 부담의 원칙으로 보육료를 7,000원까지 받을 수 있게 했다. 탁아대상 아동의 20%는 무료 혜택을 받았지만 이는 전체 저소득가정 아동의 17%에 불과했다. 따라서 이 정책은 시대의 요구의 부응하는 정책이면서도, 동시에 빈곤계층 아동의 건전한 성장을 도모하고 경제적 어려움을 완화한다는 탁아의 목적이 퇴색되고 중산층 위주의 수익자 부담원칙에 입각하여 운영되는 시설로 탁아시설의 성격이 변화하는 계기가 되었다(주정일, 1990). 또한, 탁아시설이 단순히 아동을 보호하는 곳이라는 차원을 넘어 교육도 가능하다는 인식을 확산시킨 면이 있다.

한편, 농촌에서는 농촌진흥청 산하의 농번기 탁아소가 운영되었다. 농촌 여성의 농업 참여로 농번기에 영유아 돌봄이 중요 문제가 되자 1960년경 자생적으로 생겨난 농번기 타가소는 1963년부터 농촌진흥청의 관장을 받았다. 1967년에는 전국에 1,959개소가 있었고, 보모에 대한 훈련이 시작되어 마을 내 일손이 적은 부녀회원이 부모교육을 받고 탁아소를 운영했다(조복희 외, 2012). 제주도에서는 1963년부터 농번기 탁아소가 운영되기 시작했는데, 당시의 보육교사의 모습을 신문기사에서 찾아볼 수 있다(제주특별자치도보육시설연합회, 제주특별자치도보육정보센터, 2009).

1980년 11월 문교부의 유아교육확대계획 발표와 동시에 농촌진흥청은 농번기탁아소 명칭을 농번기유아원으로 변경했다. 같은 해 12월 내무부에서는 새마을 사업의 일환으로 도시 저소득층과 농어촌 부모의 자녀를 대상으로 새마을협동유아원을 신설해 시범 운영하기 시작했다. 새마을협동유아원은 지역 실정에 따라 2-3세 영아반과 4-8세 유아반으로 운영하고 1일 4-5시간을 원칙으로 했다. 따라서 이 시기에는 동일연령대의 유아들을 대상으로 교육기능과 복지기능을 하는 기관들이 문교부 산하의 유치원, 보건사회부 산하의 어린이집, 농촌진흥청 산하의 농번기유아원, 내무부 산하의 새마을협동유아원으로 다원화되어있어, 근거법령, 시설기준, 제도 및 교사, 교육내용 등이 통일성이 결여된 문제점이 있었다(홍인혜, 2006). 또한, 1981년 4월 아동복리법이 아동복지법으로 전면 개정됨에 따라 법인이 아니어도 무료 탁아시설을 신고만으로 설치 · 운영할 수 있게 되었다.

읽어보기

출처: 제주특별자치도보육시설연합회, 제주특별자치도보육정보센터(2009).

그림 3-5 1970년 제주 어린이집의 모습

1970년 제주도 노형동에서는 동장의 집에서 보모 2명이 50여명의 아동에게 문을 잠가놓고 제자리걸음이나 노래를 가르치고, 국수를 삶아주는 등의 식사를 제공하였다. 그렇지만 싫증이 난 4,5명의 아동이 문을 떼고 도망가서 찾는데 애를 먹는다는 기사를 볼 수 있다. 당시의 보육교사는 주로 자원봉사자나 생활개선구락부 회원이었는데, 별다른 교육 없이 무보수로 봉사하는 경우가 많았다. 제주신문에 소개된 보육교사의 일과는 아동에게 세수하기를 익혀주고, 진흙으로 공작물을 만들기를 지도하고 변보는 일을 뒷바라지 하는 고된 일로 표현되고 있다. 또한 낮 1시부터 3시까지 낮잠 시간이었고 간식으로 찐빵을 나눠주는 등의 보호와 영양을 포함한 신체적 돌봄이 중심이 되었음을 알 수 있다.

4 1982-1990년 유아교육진흥법 시기(새마을유아원 시기)

1980년대는 여성의 사회참여가 증가하고 가족구조가 핵가족화 되어 보육수요가 더 높아진 시기였다. 높아진 보육수요에 비해 공급이 부족해 보육이 사회문제로 대두되기 시작했다.

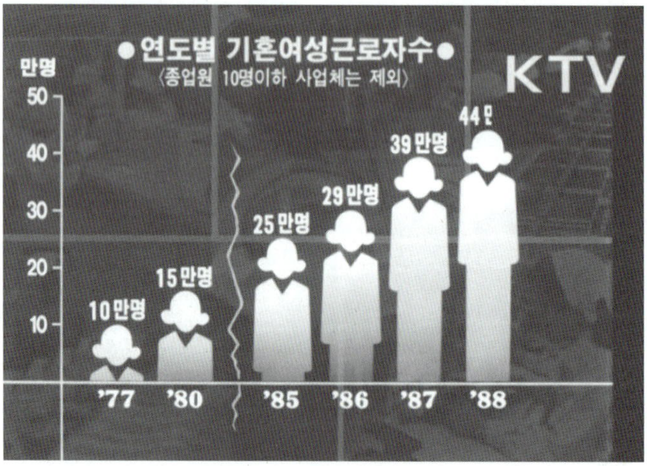

출처: 대한뉴스 제 1810호-기혼여성의 사회 참여와 직장탁아
https://www.youtube.com/watch?v=q5xOKPAR-PM

그림 3-6 70~80년대 기혼여성의 사회참여 증가

읽어보기

사회문제로서의 보육

사회문제(social issue)는 기존의 사회구조에 역기능을 일으키는 변동요인에 대해 적절한 대처가 이루어지지 못하면서 발생한다. 변동과 사회적응 간의 속도차가 클수록 그 여파는 더욱 크다. 개인주의의 확산, 핵가족화, 여성의 사회진출 확대 등의 변동요인은 반드시 부정적인 결과만을 가져오는 현상은 아니나, 전통적 가족 기능의 약화를 가져온 것은 사실이다. 아동에 대한 가정 내 돌봄 기능 저하 및 가족성원간 연대의식 약화 등으로 인해 아동양육환경이 급격히 변화했다. 동시에 공동체적 부양의식도 결여되어 있었다. 그 결과, 양육의 문제는 사회적 문제로 확산되었다. 여성의 사회진출이 확대되었지만 양육이 다시 경력단절을 유발하고 생산활동에의 참여를 제약하는 것이다.
이에 따라 우리 사회는 양육의 사회문제화에 공동으로 대처할 필요성을 절실히 인식하기 시작했다. 양육은 여성의 생산활동에의 참여 측면에서뿐 아니라, 아동의 원활한 발달을 도모하고 사회성을 함양해 차세대를 키워내는 과업이라는 측면에서도 매우 중요한 의미를 갖는다. 따라서 지금까지 가족 내지 부모에만 국한하던 양육의 책임을 이제는 사회와 국가가 함께 함으로써 공적 지원과 개입의 정당성을 부여하고 사회적 돌봄 기능을 강화하는 '공보육'의 필요성이 대두하였다. 이를 통해 아동발달의 권리에 대한 사회적 인식 제고는 물론이고, 가족복지 및 지원관점에서의 국가적 책무의 명확화와 공공성 강화로 양육 기능 내실화를 도모하기 시작했다(이경준, 전대성, 김지영, 손은경, 2017).

1) 1982-1987년: 새마을유아원 시기

이 시기는 제5공화국 출범과 함께 복지사회건설과 교육혁신이 국정지표로 정해짐에 따라 유아교육이 정부의 주요 개혁 시책 중 하나로 채택되었던 시기이다. 1982년 1월 대통령의 지시에 따라 유아교육진흥종합계획이 수립되고 아동복지법 시행령을 개정하여 보육시설의 설치 근거가 삭제되었으며 같은 해 유아교육진흥법이 제정됨에 따라 우리나라 보육사업이 큰 변화를 겪었다.

먼저 이 시기에는 유아를 위한 다양한 시설이 일원화되었다. 보건사회부가 관장하던 어린이집 691개소, 농촌진흥청에서 관장하던 392개소의 농번기 탁아소, 내무부가 1981년 이래 새마을사업의 일환으로 설립・운영하던 새마을협동유아원 263개소 등 유치원을 제외한 모든 시설이 '새마을유아원'이라는 명칭으로 통합 일원화되어 내무부에서 관장하기 시작하였다. 이로써 우리나라에는 공인된 탁아시설이 없어지고 유치원과 새마을유아원만이 유아교육기관으로 존재하게 되었다. 이에 따라, 정부가 시도한 유아교육진흥 계획은 법제도상 문교부 관장의 유치원과 내무부 관장의 새마을 유아원으로 이원화되어 추진되게 되었다.

새마을 유아원의 설립 취지는 유아교육 기회의 확대, 아동복지 향상, 유아교육기관의 탁아적, 보육적 기능 보완 내지 강화, 유아교육의 질적 향상, 지역사회 개발 등이었다. 보육사업의 주무부처가 보건사회부에서 내무부로 이관되었지만 행정력과 재정동원 능력이 강한 내무부에서 설치 운영과 행정 지도를 담당하고, 장학지도나 교사양성, 교재개발 등은 교육부(당시 문교부)에서, 보건위생 및 의료 지원은 보건사회부에서 분담했다. 한편, 사단법인 '새세대 육영회'가 발족되어 교재 교구를 개발하여 새마을 유아원에 보급했다.

이와 같이 당시에는 유치원과 보육시설의 주무부서가 내무부로 일원화되었지만 여전히 아동의 보호와 교육은 새마을 유아원과 유치원으로 이원화되어 있었고, 보육시설과 유치원은 서로 다른 개념으로 이해되었다. 또한, 법적인 측면에서 보육사업이 유아교육진흥법에 근거를 두게 됨으로 인해 유아교육의 틀 안에 보육이 포함되고 아동의 보호와 양육의 측면은 퇴색되었다(김종해, 백선희, 이미정, 이원영, 임재택, 2005).

새롭게 출범한 새마을 유아원은 양적 확대에도 불구하고 증가하는 보육수요를 충족시키기에 부족했다. 뿐만 아니라, 설립취지와 달리 종일제보다 반일제로 운영되는 경우가 많았고, 기능적 측면에서 유치원과 뚜렷한 차이가 없어서 저소득층 맞벌이 부부의 보육부담을 덜어주는 데는 한계가 있었다. 아울러 영아보육의 기피, 정부의 재정 지원 감소 등으로 무료 입소 아동의 회피 현상이 증가해서 새마을 유아원의 보육 기능은 더욱 축소되었다.

한편 한국여성개발원은 이러한 시설에도 맡길 수 없는 영아 혹은 장애아동을 맡을 수 있는 가정탁아제도 정착에 착안하여 1984년에 연구보고서를 내놓고 이를 근거로 1985년 탁아모를 시범훈련 배출하여 가정탁아를 개설 운영하도록 유도하였다.

읽어보기

우리나라에서는 한국여성개발원에서 1985년에서 1986년에 걸쳐 가정탁아모를 양성하기 위한 프로그램을 실시하였다. 당시에 양성 교육의 내용은 유아 건강 및 영양관리, 영유아 질환 및 응급처치, 부모 기술 상담, 탁아 이론과 실제, 놀이지도 방법 등으로 구성되어 있었다. 특히 음악에 맞춰 율동을 하는 어린이 체조교육, 연극놀이, 현장실습 등이 강조되었다. 프로그램의 내용에서 보듯이 과거에 교육내용의 주를 이루던 신체적 안전이나 영양 외에 영유아의 정서 발달이나 성격 형성에 긍정적 영향을 주는 연극, 율동 등의 놀이 지도와 대화법 등이 포함된 것을 알 수 있다. 제주도에서 탁아모 교육을 담당하던 간사는 '탁아모는 적성에 맞아야 하고 아이들을 좋아하지 않고는 할 수 없다.'(제주특별자치도보육시설연합회, 제주특별자치도 보육정보센터, 2009)라고 하여 당시에 요구되는 보육교사의 역할이 기본적으로 사랑과 따뜻한 보살핌을 주는 것으로 여겨졌다는 것을 알 수 있다.

2) 1988-1990년

새마을유아원이 보육수요를 충족시키지 못하자 적극적인 조치가 나타나기 시작했다. 1987년 노동부에서 '남녀고용평등법'을 제정한 후, 직장탁아제를 도입하였다. 1989년까지 3개소의 시범탁아소와 12개소의 직장탁아소가 설치되었다. 공단 지역을 중심으로 직장탁아시설이 생겨났다. 또한, 서울시에서는 1988년 저소득층 밀집 지역 33곳에 88탁아소('88시립탁아원') 140개소를 새마을유아원에 병설 또는 따로 신설하여 운영하기 시작했다. 이와 별노로, 법적 근거 없이 민간에 의해 운영되며 저소득층 지역에 자생적으로 생겨난 지역탁아소가 있었고 이들이 지역사회탁아소연합회(지탁연)를 결성하기도 하였다(지역사회탁아소연합회, 1992). 1989년 9월에 보건사회부는 아동복지법 시행령을 개정하여 1982년에 삭제되었던 탁아시설의 설치 운영 근거를 부활시켰으며, 1990년 1월에는 아동복지법 시행규칙을 개정해 탁아시설의 설치기준과 운영방법을 규정하여 대대적인 탁아사업의 확충계획을 마련했다.

그러나 이것으로도 보육수요 증가를 감당하기에는 역부족이었다. 개정된 아동복지법 시행령에는 시설 설치의 주체가 법인으로 한정되는 등의 제약요인이 있었다. 또, 내무부, 노동부, 교육부, 보건복지부 등으로 다원화되어 있는 탁아사업의 관장 부서는 효율적인 사업 추진에 걸림돌이라는 여론이 있었다. 이에 보호와 교육을 포괄하는 보육사업을 위한 별도의 독립된 법을 제정하기에 이르렀고, 1990년 12월에 정기국회에서 영유아보육법이 통과됨으로써 보건사회부로 그 주관부서가 일원화되었다. 1990년 11월 새마을 유아원을 1993년까지 교육법에 의한 유치원이나 보육시설로 전환하도록 합의하였다(김남식, 2009).

5 1991–2003년 영유아보육법 초기

1) 1991-1994년: 보육정책 준비기

급증하는 보육수요와 보육을 위한 독립적인 법이 필요하다는 인식의 증가에 따라 1991년 1월 영유아보육법이 제정되었다. 이로써 보육시설의 급속한 확대와 체계화가 시작되어 우리나라 보육사업은 새로운 전기를 맞이한다(한국보육지원학회, 2015).

우선, 영유아보육법 제정으로 아동복지법, 유아교육진흥법, 남녀고용평등법으로 다원화되어 있던 보육관련 법이 일원화되었고 보건복지부, 내무부, 문교부, 노동부로 분산되었던 주관부서가 보건복지부로 통합되었다. 기존의 새마을유아원은 1993년까지 유치원이나 보육시설로 전환되도록 해 취학전 아동을 위한 기관에 대해 유치원-보육시설의 이원화체계가 확립되었다.

다음으로, 영유아보육법에 의해 '탁아'라는 용어가 '보육'으로 대체되었고, 보육시설의 종류도 국공립, 민간, 직장, 가정 등으로 규정, 분류되어 기존의 민간 보육시설과 놀이방이 법정시설에 포함되었다(전광현, 손덕기, 이숙영, 2006). 즉, 어린이집 설치주체가 국가, 지방자치단체, 법인, 개인으로 확대되었다.

또한 영유아보육법은 영유아의 건전한 보호 및 교육, 보호자의 경제적 · 사회적 활동의 지원을 통한 가정복지 증진 외에 영유아 양육을 사회적으로 책임진다는 인식 하에 국가와 기업주가 보육비용을 부담하도록 의무화한 점에서 중요하다. 뿐만 아니라 국가의 재정 부담, 보육교사 자격, 보육정보센터 설치 등이 언급되어 이전에 비해 한층 발전된 법령의 모습이었다.

한편, 당시에 정부가 공포한 신경제 5개년계획(1993-1997년)은 자유주의적 복지모델을 표방했다. 즉, '일정 수준 이하의 소득계층에 대해서는 국가 책임 하에 무료 또는 실비로 기본서비스를 제공하고, 그 이상의 소득계층은 수익자 부담원칙 하에 복지욕구의 우선순위에 따라 다양한 서비스를 이용할 수 있는 방향으로 추진한다'(정혜선, 2003)는 내용이었다. 이는 보육정책에서 보육시설 확충계획을 실시하되 운영방안은 시장중심주의와 가족주의를 반영하는 보육정책을 야기했다(오화영; 2006).

요컨대 영유아보육법의 제정과 공포는 수익자 부담원칙을 표방한 제한점이 있었으나, 영유아 보육정책을 본격적으로 활성화할 수 있는 법적 근거를 마련한 중요 의의가 있었다.

2) 1995-1997년: 보육정책의 전기

이 시기는 보육시설의 양적 확대 치중으로 보육의 질 향상은 미흡했던 시기라 할 수 있다. 1995년 5월 영유아보육법 시행령이 개정되면서 여성 근로자 300명 이상 고용사업장의 경우 직장 내 보육시설 설치가 의무화되었고, 이를 통해 정부는 계속되는 보육 수요 증가와 보육시설 부족 문제를 해결하고자 하였다. 또한 이 시기에는 보육시설 확충 3개년 계획이 수립, 추진되었다. 이러한 정책의 결과로 보육시설은 양적으로 크게 팽창했다. 당초 계획은 3년 동안 1조 3천억 원의 정부재정을 투입해 영유아 65만 명을 보육할 수 있도록 7,590개소의 시설을 확충하는 것이었으나 실제로는 8,928개소가 확충되었다. 보육시설의 수는 3개년 계획 실시 전인 1994년 6,088개소에서 1997년에는 15,016개소로 증가하였고 보육아동 수가 1994년 192,000명에서 1997년 493,000명으로 증가했다.

그러나 양적 성장 중심의 보육정책은 몇 가지 한계를 드러냈다. 우선, 양적 팽창은 주로 민간보육시설 팽창에 의해 이끌어진 것이어서(공공 보육시설 53.1% 확충, 민간 보육시설 237.8% 확충) 보육의 과도한 민간시설 의존을 불러왔고 이는 다시 보육의 질적 저하 문제를 야기했다. 둘째, 보육수요에 대한 정확한 조사 없이 시설 확충 정책을 추진하였기 때문에 보육시설의 지역별 불균형 현상이 나타났다. 셋째, 보육교사 양성제도 및 처우의 개선, 공개채용, 보수교육 강화 등 보육시설 교직원 관리지원 체계와 다양한 보육 프로그램의 지속적 개발 보급 등 보육의 질적 향상을 위한 방안도 마련되었지만, 보육교사의 양성수급 관리 측면, 보육 프로그램, 교재교구의 연구 개발, 보육시설 운영관리 측면에서 실제로는 거의 발전이 없었다. 넷째, 영아보육, 장애아전담보육 시설이 절대적으로 부족해 다양한 서비스가 이루어지지 못했다(김종해 외, 2005).

3) 1998-2003년: 보육정책의 후기

이 시기는 보육의 양적 확대에 치중하여 생긴 문제점을 개선하고 보육의 질적 수준을 제고하는 데 목적을 둔 보육정책이 시행됐다. 종사자의 자질 향상, 우수 프로그램 개발 보급, 보육시설 운영 개선, 다양한 보육서비스 제공 등이 계획, 추진되었다.

보건복지부 내에 보육업무를 담당하는 보육과가 신설되었고, 1998년에는 장애아전담 보육시설의 강화, 민간보육시설 교재·교구비 지원 강화가 이루어졌다. 또한 정부는 보육료 특별 소득공제를 신설하고 연말정산 시 보육료 특별 소득공제액을 100만 원까지 확대 실시하는 한편, 저소득층 보육료 39억 원을 추가 지원했다. 1999년에는 영유아보육법을 개정하여 보육시설 설치 절차를 인가제에서 신고제로 전환하였다.

다음으로 2001년에는 보육사업 중장기 종합발전계획(2001. 12)이 발표되고, 만 5세아 무상보육 대상지역이 농어촌 및 준 농어촌 지역까지 확대되었다. 또한, 지역 실정에 맞게 보육료 징수를 차등화하도록 하는 등 시설 운영의 자율성을 확대했다. 2002년 3월에는 보육 관련 3개 부처인 보건복지부, 노동부, 여성가족부가 공동으로 보육의 공공성 확립, 보육 대상 유형의 다양화, 보육서비스의 질적 수준 향상을 제시한 보육사업 활성화 방안을 발표하였다.

요컨대 이 시기는 보육서비스의 향상을 목표로 한 정책이 시행되고 공보육의 활성화에 대한 요구가 높아져 공보육이 국가적 이슈로 제기되었다는 점에서 의의가 있다. 그러나 많은 부분에서 여전히 보육수요자의 요구에 부응하지 못한 점이 있었다(김종해 외, 2005).

즉, 영아, 야간, 휴일 등 다양한 보육수요에 아직 부응하지 못했고 보육현장과 질적 수준 등에 대한 관리감독체계의 미흡의 문제가 여전히 남아 있었다. 또한, 보육시설 설치가 인가제에서 신고제로 전환됨으로써 보육공급의 구조가 더욱 민간 위주로 고착되었다는 비판을 받았다(김종해 외, 2005).

참고문헌

곽효문(2001). 조선조 자휼전칙의 복지행정사적 의의. 행정논총 39(3), 53-70.

국가기록원. 보육시설정책.

김남식(2009). 우리나라 보육정책 변천과정에 관한 연구: 공보육 논의를 중심으로. 21세기사회복지연구, 6(1), 1-15.

김의영(1997). 아동보육론. 동문사.

김종해, 백선희, 이미정, 이원영, 임재택(2005). 한국 유아교육, 보육 관련법과 제도의 역사와 미래. 한국유아교육학회 2005년 추계 학술대회 자료집: 한국유아교육과 보육의 자리매김, 37-103.

박정문(2000). 아동복지와 보육사업의 이해. 보육사.

오화영(2006). 영유아 보육제도 도입과정에 관한 담론분석: 젠더정치(Gender politics)의 관점에서. 서강대학교 대학원 박사학위 논문.

이경준, 전대성, 김지영, 손은경(2017). 보육학개론. 동문사.

이순형 외(2016). 보육학개론. 학지사.

이윤진(2003). 일제 식민지 탁아사업을 통해 본 국가의 여성관. 아시아여성연구, 42, 301-340.

이윤진(2006). 일제하 유아보육사 연구. 혜안.

전광현, 손덕기, 이숙영(2006). 24시간 보육시설 실태조사 및 정책방안 연구. 여성가족부.

정혜선(2003). 환경변화에 따른 보육정책변동에 관한 연구. 숙명여자대학교 대학원 박사학위논문.

제주특별자치도보육시설연합회, 제주특별자치도보육정보센터(2009). 제주보육 50년사. 제주특별자치도보육시설연합회.

조복희, 강희경, 김현지, 양연숙, 이영환, 이주연 외 (2012). 보육학개론. 교육과학사.

주정일(1991). 한국탁아사업의 어제, 오늘, 내일. 전국탁아세미나.

지역사회탁아소연합회 탁아정책연구부(1992). 탁아정책연구 자료집 1. 한국보육교사회.

한국보육지원학회(2015). 보육백서. 정민사.

홍인혜(2006). 영유아보육 및 유아교육 정책 변천에 관한 연구. 성신여자대학교 대학원 박사학위논문.

Cahan, E. D. (1989). *Past caring: A history of U.S. preschool care and education for the poor, 1820-1965*. National Center for Children in Poverty. Columbia University.

Clark-Stewart, A. (1993). Daycare. Harvard University Press.

참고자료

기독교타임즈(2015). 섬김과 나눔으로 우리 이웃의 희망이 되겠습니다. (2015년 4월 14일자 기사) http://www.kmctimes.com/news/articleView.html?idxno=40000

대한뉴스 제 1810호-기혼여성의 사회 참여와 직장탁아https://www.youtube.com/watch?v=q5xOKPAR-PM
부산역사문화대전. 부산공생원. http://busan.grandculture.net/Contents/Index?local=busan
부산역사문화대전. 사회 구호에서 시작된 부산 복지. http://busan.grandculture.net/Contents/Index?local=busan

제4장

보육의 역사적 흐름 2

우리나라의 보육사업은 1921년 서울 태화기독사회단이 구빈적 성격의 탁아프로그램을 개발하여 시작되었으나 1961년 아동복리법의 제정으로 구빈적 사업에서 아동복리 증진을 위한 사업으로 변화되었다. 1991년에는 영유아보육법 제정으로 단순 '탁아'에서 보호와 교육을 통합한 '보육'사업으로 확대·발전되었으며, 2004년 1월 영유아보육법 개정으로 국가 보육계획수립이 의무화됨으로써 보육서비스의 질적 수준 향상과 보육의 공공성 강화를 꾀할 수 있는 획기적인 계기가 마련되었다. 2002년 출범한 참여정부는 보육을 국정과제로 삼고 정부조직법을 개정하여 2004년 6월 보육의 주요 업무를 여성가족부로 이관하였다.

1 제1차 중장기보육 기본계획(새싹플랜, '06-'08)

참여정부 출범 후 2004년에는 정부조직법이 개정되면서 영유아보육 사업이 보건복지부에서 여성가족부로 이관되었다. 여성가족부 내에는 보육정책국이 생기고, 보육정책국 하에 보육지원과와 보육기획과가 신설되었다. 보육정책 추진을 위한 구조가 새로 정비되면서 보다 높은 차원의 정책을 구체화할 수 있는 기반이 마련되었다(서문희 외, 2009).

한편, 2004년 6월 보육업무의 주무부서가 여성가족부로 이관된 이후 해당 조직이 보다 확대되었고 이후 보육예산 또한 매년 2천억 원씩 증액되었다. 예산이 증액되면서 보육료 지원 아동의 수도 13만 명이 증가하게 되었다. 그러나 보육예산 확대에도 불구하고 부모들이 느끼는 육아부담률은 높았고, 국민들이 체감하는 보육서비스의 수준은 미흡한 것으로 평가되었다. 이 밖에도 출산율의 저하, 여성의 경제활동에 대한 사회적 지원의 미흡, 믿고 맡길 수 있는 보육시설 부족 등의 문제가 대두되었다. 이러한 보육현황들을 해결하고자 정부에서는 제1차 중장기보육계획(새싹플랜)을 계획하였고 저소득층 위주의 지원에서 벗어나 지원 대상을 중산층까지 확대하고 공급자 중심의 정책에서 수요자 중심의 정책으로 전환하는 체계를 구축하고자 하였다(여성가족부, 2006).

1) 제1차 중장기보육 기본계획 수립 추진 경과

제1차 중장기보육 기본계획은 영유아보육법 제11조 및 영유아보육시행령 제19조에 수립 근거를 두고 있으며 보육계획의 수립 및 시행에 대한 내용을 담고 있다. 영유아보육법 제11조는 '여성가족부장관(現 보건복지부장관), 시・도지사 및 시・군・구청장은 보육사업의 원활한 추진을 위하여 여성가족부장관의 경우에는 중앙보육정책위원회, 그 밖의 경우에는 각 지방보육정책위원회의 심의를 거쳐 보육시설 수급계획 등을 포함한 보육계획을 수립・시행하여야 함'을 내용으로 하고 있다. 영유아보육시행령 제19조에는 보육계획 수립 시 ① 보육사업의 기본방향 ② 보육시설의 설치 및 수급 ③ 보육시설 종사자 ④ 보육시설 운영 및 평가 ⑤ 보육비용 ⑥ 그 밖의 영유아 보육에 필요한 사항을 포함하고 있어야 함을 밝히고 있으며, 5년마다 보육계획을 수립, 매년 2월말까지 연도별 시행계획을 수립해야 함이 명시되어 있다(여성가족부, 2006).

제1차 중장기보육 기본계획 '새싹플랜'은 1년간의 보육 전문가들의 토론과 공청회를 통해 보육현장의 의견을 수렴하고 관계부처 간 협의를 거쳐 향후 5년간(06-10년)의 보육 공공성 강화를 위해 추진할 주요 정책과제들을 담았다. 제1차 중장기보육 기본계획의 추진 경과는 다음의 〈표 4-1〉과 같다.

표 4-1 제1차 중장기보육 기본계획 추진 경과

2005.5-7월	보육계획 시안 마련 및 관계부처 의견수렴
2005.7.22.	중앙보육정책위원회 회의
2006.2.16.	공청회 개최
2006.3.20.	중앙보육정책위원회 심의 · 의결
2006.3.30.	당정 협의

출처: 여성가족부(2006). 제1차 중장기보육계획(2006-2010). 재구성.

2) 제1차 중장기보육 기본계획 비전 및 정책과제

(1) 비전

제1차 중장기보육 기본계획(새싹플랜)은 '함께 키우는 건강한 아동'을 비전으로 삼고 있으며 민간 위주로 보육서비스가 제공되고 있다는 점, 보육서비스 수준과 다양성이 수요자를 만족시키지 못하고 있다는 점을 극복하고자 '보육의 공공성 강화'와 '양질의 보육서비스 제공'이라는 정책목표를 제시하였다.

(2) 5개 정책분야 20개 정책과제

새싹플랜의 정책목표를 달성하기 위해 정부는 5개의 정책분야와 그에 따른 20개의 주요 정책과제를 발표하였다. 5개의 정책분야는 공보육 기반 조성, 부모의 육아부담 경감, 다양한 보육서비스 제공, 아동 중심의 보육환경 조성, 보육서비스 관리체계 강화이며 20개 주요 정책과제는 여성가족부가 주관부처가 되어 9개 부처(기획예산처, 노동부, 보건복지부, 농림부 등) 및 지차체의 협조로 추진하도록 하였다.

제1차 중장기보육계획의 비전, 목표, 5개 정책분야 및 20개 정책과제를 정리하면 다음 〈표 4-2〉와 같다.

표 4-2 제1차 중장기보육 기본계획 주요 내용

비전		함께 키우는 건강한 아동
정책목표		• 보육의 공공성 강화 • 양질의 보육서비스 제공
정책분야		정책과제 내용
1	공보육 기반조성	▸ 중장기 수급계획에 따른 보육시설 확충 ▸ 국공립 보육시설 확충 ▸ 기본보조금 제도 도입
2	부모 육아부담 경감	▸ 보육비용 지원 확대 ▸ 영아보육 활성화 ▸ 취업 부모에 대한 지원 강화
3	다양한 보육서비스 제공	▸ 보육시설 이용시간 다양화 ▸ 장애아 보육 활성화 ▸ 농어촌 보육서비스 확대 ▸ 방과후 보육프로그램 활성화 ▸ 포괄적 보육서비스 등 활성화
4	아동 중심의 보육환경 조성	▸ 보육시설 환경 개선 ▸ 건강 · 영양 · 안전관리 강화 ▸ 보육인력 전문성 제고 및 처우 개선 ▸ 표준보육과정 개발 · 보급
5	보육서비스 관리체계 강화	▸ 보육시설 평가인증시스템 구축 ▸ 보육행정시스템 구축 ▸ 지자체 보육정책 활성화 ▸ 지역사회 참여 및 시설운영 투명성 제고 ▸ 보육사업 추진관련 인프라 확충

출처: 여성가족부(2006). 제1차 중장기보육계획(2006-2010).

① 공보육 기반조성

보육의 공공성 강화를 위해 국공립 보육시설을 2005년 1,352개소에서 2010년에는 2,700개소로 확충하는 것을 목표로 하고 있다. 또한 전체 보육아동의 70%가 이용하는 민간보육시설의 수준을 개선하고자 민간시설의 보육서비스 향상을 위한 비용을 정부가 기본보조금 형태로 지원하는 내용을 담고 있다.

② 부모 육아부담 경감

그동안 만 5세 미만 저소득층 영유아에게 지원하던 차등보육료의 대상을 중산층까지 확대하였다. 저소득층의 경우 보육료의 전액을 지원하고, 이외 계층은 소득 수준에 따라 지원 비율을 달리하여 보육료를 지원하도록 하였다.

③ 다양한 보육서비스 제공

부모의 취업 여부와 근로형태 · 지역별 · 아동특성별로 다양한 보육수요를 충족시키기 위해 시간연장형 보육교사 지원을 매년 1천 명 이상 확대하였으며, 보육시설 중 일부를 시간제 보육시설로 지정하고자 하였다. 또한 장애아 전담보육시설을 매년 10개소씩 확충하고 장애아 통합보육시설을 매년 확대 지정하는 방식을 통해 장애아동의 보육시설 접근성을 제고하고자 하였다.

④ 아동 중심의 보육환경 조성

표준화된 보육과정의 미비로 인해 시설에 따라 운영프로그램의 수준차가 발생하는 문제를 해결하고 양질의 보육을 제공하기 위해 표준보육과정을 법제화하였다.

⑤ 보육서비스 관리체계 강화

보육시설 수의 증가에 비해 시설을 관리하고 감독하기 위한 제도적 장치는 미흡한 상황이었다. 정부는 보육시설의 서비스 수준을 체계적으로 관리 감독하고 나아가 영유아에게 질 높은 보육서비스를 제공하기 위한 방법으로 평가인증시스템을 구축하였다.

참여정부의 제1차 중장기보육 기본계획(새싹플랜)은 우리나라 최초의 '보육' 중장기계획으로, 보육에 대해 체계적이고 세부적인 지도를 마련했다는 점에서 큰 의의를 지닌다. 또한 국가적 차원에서 공보육에 대한 중요성을 인지하고 그에 대한 보육정책 지원 계획을 구체적으로 수립한 점은 매우 긍정적으로 평가된다(이정원 외, 2017). 새싹플랜으로 인해 보육정보센터 및 보육자격사무국이 설치되는 등 보육인프라가 확충되었고 평가인증제 도입, 보육담당 공무원 확대 등으로 인해 보육행정력이 강화되었다. 또한 표준보육과정 개발, 보육인력의 자격강화 등으로 인해 보육의 전문성이 강화되었는데 이러한 내용들은 모두 OECD에서 제안하는 정책 방향과 일치하는 정책이었다고 평가할 수 있다(이미화 외, 2012). 또한 한편, 참여정부 출범 이후 2004년에 최초로 전국 차원의 보육실태조사가 실시되었고, 이러한 내용을 기초로 2006년 정부는 중장기보육계획을 수립할 수 있었다. 이후 보육실태조사는 3년마다 시행되도록 하였고, 국가계획의 경우 5년마다 수립될 수 있도록 하였다. 이러한 내용을 바탕으로 볼 때 참여정부가 보육정책에 있어 체계적인 기틀을 마련하는 데 큰 역할을 하였다고 볼 수 있다(장하진 외, 2018).

2 제1차 중장기보육 기본계획 보완(아이사랑플랜, '09-'12)

아이사랑플랜(2009-2012)은 2008년 이명박 정부 출범 이후 추진된 정책명으로, 우리나라 최초의 중장기 보육계획이었던 제1차 중장기보육 기본계획(새싹플랜 '06-'10)이 추진되던 중 새 정부가 들어서게 됨에 따라 새 정부의 공약 및 국정철학에 부합하는 보육정책 방향을 추진하고자 기존의 새싹플랜을 보완 · 수정하여 마련된 것이다. 아이사랑플랜은 이명박 정부의 '능동적 복지'를 구현하기 위해 보육에 대한 국가적 책임을 강화하고 수요자 중심의 보육정책으로 새롭게 개편한 보육계획이다. 이를 추진하기 위해 2008년 3월에는 보육업무의 주무부서가 여성가족부에서 보건복지가족부로 이관되었다(보건복지가족부, 2009).

1) 제1차 기본계획 보완 추진 경과

아이사랑플랜은 영유아보육법 제11조와 영유아보육법시행령 제19조에 수립 근거를 두고 있다. 보건복지가족부 장관, 시 · 도지사 및 시 · 군 · 구청장은 보육계획을 5년마다 수립하고, 매년 시행계획을 수립한다는 조항에 근거하여 09년 시행계획을 마련하였다(보건복지가족부, 2009).

아이사랑플랜의 추진 경과는 다음 〈표 4-3〉과 같다.

표 4-3 아이사랑플랜 추진 경과

2008. 4-5월	보육전문가, 지자체가 참여한 T/F 운영을 통해 보육료 확대, 전자바우처, 양육수당 등 주요쟁점 논의
2008. 6-7월	권역별 정책설명회 진행. 새정부 보육정책방향에 대한 보육시설, 시민단체, 지자체 의견수렴을 위해 사전 설명회를 개최
09년 예산확보	08년 대비 20.7% 증가한 17,104억 원 확보
2008. 12. 19	영유아보육법 개정을 통해 양육수당, 보육바우처 등 신규제도 근거 마련
2008. 12. 26	아이사랑플랜에 대한 공청회 개최. 보육시설, 학계 · 전문가, 보육교사, 부모 등 대상으로 의견수렴
2009. 3월	아이사랑플랜 09년 시행계획 수립

출처: 보건복지가족부(2009). 아이사랑플랜(2009-2012).

2) 제1차 기본계획에서 보완된 비전 및 정책과제

(1) 비전

아이사랑플랜은 참여정부의 공보육에서 진일보한 국가책임보육으로의 발전을 꾀하려 했다. 아이사랑플랜은 '아이와 부모가 행복한 세상'을 비전으로 삼고 영유아 중심, 국가책임제 보육, 신뢰구축의 3대 전략을 제시하였다.

(2) 6개 정책분야 12개 정책과제

아이사랑플랜은 6대 추진 과제와 그에 따른 12개의 주요 정책 과제를 발표하였다. 6대 추진 과제는 부모의 비용부담 완화, 수요자 맞춤 지원, 보육시설 질 제고 및 균형배치, 보육인력 전문성 제고, 전달체계 효율화, 보육사업 지원체계 구축이다. 아이사랑플랜의 비전, 전략, 추진 과제 및 정책 과제를 정리하면 〈표 4-4〉와 같다.

표 4-4 아이사랑플랜 주요 내용

비전		아이와 부모가 행복한 세상
전략		• 영유아 중심, 국가책임제 보육, 신뢰 회복
추진과제		정책과제 내용
1	부모의 비용부담완화	▸보육시설 이용시: 보육료 전액 지원 확대 ▸시설 미이용시: 양육수당 지원
2	수요자 맞춤 지원	▸다문화, 장애아동 등 아동의 개별 특성 고려 강화 ▸맞벌이, 한부모, 장애부모 등 보호자의 특성 고려
3	보육시설 질 제고 및 균형 배치	▸집 근처에서 안심하고 맡길 수 있는 시설 확충 ▸양질의 프로그램과 안전하고 쾌적한 보육환경 제공
4	보육인력 전문성 제고	▸자긍심을 가질 수 있도록 자격관리와 상응한 처우 ▸보육에만 전념할 수 있는 근무환경 마련
5	전달체계 효율화	▸부모는 보육서비스를 빠르고 쉽게 이용 ▸보육시설과 지자체는 간편한 행정처리
6	보육사업 지원체계 구축	▸보육정책을 뒷받침하는 정책연구 강화 ▸부모의 정책 및 시설 참여 활성화

출처: 보건가족복지부(2009). 아이사랑플랜(2009-2012).

① 부모의 비용부담 완화

보육료 전액지원 대상이 차상위 이하 가구 및 만 5세아 일부(도시근로자 평균소득 100% 이하)에 불과하였는데, 0-4세 보육료 전액지원 대상을 2012년까지 보육시설 이용 영유아 가구의 80%까지 단계적으로 확대하고자 하였다. 또한 만 5세아의 경우 무상보육료 지원대상을 단계적으로 확대하여 2011년에는 모든 만 5세아에 대해 무상보육료를 지원하는 방안을 추진하고자 하였다.

한편, 보육시설을 이용하는 아동의 경우 기본보조금, 차등보육료 등을 지원받는 데 비해 시설 미이용 아동의 경우 지원이 없어 형평성의 문제가 발생하였다. 따라서 양육부담의 경감 및 지원의 형평성을 높이기 위해 시설 미이용 아동에게 '양육수당'을 지원하고자 하였다. 처음 지원 대상은 보육시설 및 유치원을 이용하지 않는 차상위 이하 0-1세 아동에게 월 10만원을 제공하는 것으로 시작하였다. 2009년 양육수당 도입 이후 지원 대상 및 지원 금액을 단계적으로 확대하고자 하였다.

② 전달체계 효율화

기존의 시설지원 방식의 보육료 지원은 부모의 수혜 체감도가 높지 않고 보육료 신청, 지급 등의 과정이 복잡하다는 지적이 있었다. 이에 정부는 i - 사랑카드(보육 전자바우처)를 도입하여 부모의 보육서비스 이용의 편리성을 제고하고, 수요자 중심의 보육서비스 전달체계를 구축하여 부모에게 직접 보육료를 지원하고자 하였다.

이명박 정부의 보육정책 중 주목할 만한 부분은 0-2세 영아 및 만 5세아 무상보육에 대한 부분이다. 2012년부터 만 0-2세와 만 5세 아동에게 무상보육을 실시하였다. 이는 부모의 입장에서 자녀 양육비용에 대한 부담을 완화하는 데 도움을 주었다는 평가를 받을 수 있지만 또 다른 측면들에서는 부작용을 낳은 정책이었다. 만 0-2세 영아 무상보육으로 인해 오히려 영아의 시설 보육 의존을 심화시켰다는 지적을 받았으며, 지원 확대가 단기간에 이뤄졌기에 지자체에서는 무상보육을 위한 예산 마련에 큰 재정적 어려움을 겪기도 하였다. 결과적으로 지원 대상 확대 위주의 보육정책은 국민들에게 무상보육의 의미, 지원 수준의 적정성에 대한 사회적 공감 부족을 낳게 되었다(보건복지부, 2013).

3 제2차 중장기보육 기본계획('13-'17)

박근혜 정부 출범 이후 제2차 중장기보육 기본계획(2013-2017)이 마련되었다. 제2차 중장기보육 계획은 아이사랑플랜('09-'12)의 성과와 한계를 토대로 내용을 수정 · 보완하였으며, 공급자 중심의 양적 확충보다 수요자인 아동의 건전한 발달과 부모의 선택권을 높이는 맞춤형 지원 형식에 주안점을 두었다(보건복지부, 2013).

1) 제2차 중장기보육 기본계획 비전 및 정책과제

(1) 비전

제2차 중장기보육 기본계획의 비전은 '아이는 행복하고 부모는 안심할 수 있는 세상'이며, 이러한 비전하에 아이의 건강한 성장과 발달에 최우선, 보육에 대한 국가의 책임 실현, 참여와 신뢰의 보육 생태계 조성이라는 3대 전략을 제시하였다.

(2) 6개 정책분야 14개 정책과제

제2차 중장기보육 기본계획은 6대 추진과제와 그에 따른 14개의 주요 정책과제를 제시하였다. 6대 추진과제는 부모의 보육 · 양육 부담 경감, 수요자 맞춤형 보육 · 양육 지원, 공공성 확대와 품질 관리 강화, 양질의 안심 보육 여건 조성, 신뢰가 있고 투명한 보육 생

표 4-5 제2차 중장기보육 기본계획 주요 내용

비전		아이는 행복하고 부모는 안심할 수 있는 세상
전략		• 아이의 건강한 성장 발달·국가 책임 실현·참여와 신뢰 증진
추진과제		정책과제 내용
1	부모의 보육·양육 부담 경감	▸0-5세 보육료·양육수당 전 계층 지원 ▸보육료 적정화 및 부모 추가비용 경감
2	수요자 맞춤형 보육·양육 지원	▸아동과 가족 특성별 맞춤형 지원 ▸장애아·다문화 영유아 맞춤형 지원
3	공공성 확대와 품질 관리 강화	▸믿고 맡길 수 있는 어린이집 확대 ▸서비스 질 관리 강화 및 진입·퇴출 등 연계
4	양질의 안심 보육 여건 조성	▸보육 인력의 역량 지원 강화 및 처우 개선 ▸영유아의 발달에 적합한 질 높은 보육프로그램 제공 ▸아이가 안전한 보육 환경 기반 마련
5	신뢰가 있고 투명한 보육 생태계 구축	▸참여·정보공개·신뢰 등 민관 협력 기반 조성 ▸효율적·체계적인 보육 3.0 관리시스템 구축
6	보육서비스 재정 및 전달체계 개선	▸체감도 높은 보육·양육지원 전달체계 강화 ▸중앙·지방 간 보육 재정의 합리적 분담 ▸바람직한 한국형 유보통합 추진방안 검토

출처: 보건복지부(2012). 제2차 중장기보육 기본계획(2013-2017).

태계 구축, 보육서비스 재정 및 전달체계 개선이다. 제2차 중장기보육 기본계획의 비전, 전략, 추진과제 및 정책과제를 정리하면 〈표 4-5〉와 같다.

① 부모의 보육·양육 부담 경감

소득수준에 관계없이 만 0-5세 전 연령에 보육료 및 양육수당을 지원하도록 하였는데, 이에 영유아 1명당 부모의 월 평균 보육비용이 12년 20.9만 원에서 15년 12.2만 원으로 41% 감소된 것으로 조사되었다(보건복지부, 2017).

② 수요자 맞춤형 보육·양육 지원

만 0-5세 보육 · 양육제도의 합리적인 개편이라는 측면에서 종일제 중심 무상보육의 문제점으로 지적되었던 어린이집 초과 수요, 취업모 등 실수요층의 이용 불편 초래 등을 해결하고자, 전업주부 · 맞벌이 · 시간 선택제 취업모 등 다양한 보육수요를 반영한 맞춤형 보육지원체계를 마련하고자 하였다. 실제 이러한 맞춤형 보육은 2016년 도입되어 현재까지 시행되고 있다.

③ 보육서비스 재정 및 전달체계 개선

2012년 만 5세 누리과정 도입, 2013년 만 3, 4세까지 누리과정이 확대됨에 따라 어린이집 및 유치원의 장점을 살리고 단점은 해소하는 방향으로 유아교육과 보육의 통합 추진에 대한 필요성이 제기되었다. 이에 박근혜 정부는 유보통합 추진위원회를 만들어 유보통합 추진방안에 대해 논의하는 등 한국형 유보통합을 추진하는 데 적극적인 노력을 기울였다.

박근혜 정부는 제2차 중장기보육 기본계획에서 가계 부담 완화, 미래 인적자원 투자 등 보육에 대한 국가 책임제를 실현하고자 하였다. 제2차 중장기보육 계획 중 전 소득계층 무상보육의 실시는 이러한 내용을 실현하는 데 적합한 정책이었다고 볼 수 있다. 그러나 무상보육과 맞춤형 보육이라는 두 정책은 수요자의 입장에서 보았을 때 상당히 혼란스러운 정책이었다. 무상보육이 시행된 이후 등장한 맞춤형 보육에서는 맞벌이와 전업주부라는 조건에 따라 어린이집 이용시간이 달라지는데, 이러한 부분이 정책 수요자들에게는 무상보육이라는 보육정책 방향에 대한 혼동을 가져오게 한 것으로 볼 수 있다(이정원 외, 2017).

4 제3차 중장기보육 기본계획('18-'22)

문재인 정부 출범 이후 2017년 12월 27일 제3차 중장기보육 기본계획이 발표되었다. 제3차 중장기보육 계획은 정부의 보육서비스 지원에 대한 부모의 체감도를 높이기 위해 '보육 · 양육에 대한 사회적 책임 강화'를 실현하고자 하였다. 그동안의 보육 기본계획이 보육서비스 공급 확충 및 무상보육 확대에 초점을 맞추었다면 제3차 계획은 '보육의 공공성 강화'와 '보육서비스 품질 향상'을 강화하는 데 중점을 두었다(보건복지부, 2017).

1) 제3차 중장기보육 기본계획 수립 경과

제3차 중장기보육 기본계획은 실태조사 및 만족도조사 진행, 계획 수립을 위한 정책연구, 보육전문가들의 의견 수렴, 중앙보육정책위원회 심의 · 확정의 단계를 거쳐 수립되었다. 보다 구체적인 수립 경과에 대한 내용은 다음 〈표 4-6〉과 같다.

표 4-6 제3차 중장기보육 기본계획 수립 경과

실태조사 및 만족도조사를 통한 현황 파악	2017. 5-6월	육아정책연구소 '보육 중장기 발전방안 전문가 · 대국민조사'
	2017. 10-12월	어린이집 이용자 만족도조사 및 부모대상 수요조사
계획수립을 위한 정책연구	2017. 7-12월	보육환경에 대한 전문적 분석과 기존 기본계획 추진 실적 평가를 위한 정책연구
보육전문가 의견 수렴	2017. 9-10월	보육정책 분야별 평가 및 향후 추진과제 도출을 위해 보육전문가들을 중심으로 17회의 '보육정책 발전포럼' 운영
	2017. 11. 27	전문가 · 학계 대상 공청회 및 토론회
중앙보육정책위원회 심의 · 확정	2017. 12월 초	관계부처 회람 및 의견 수렴
	2017. 12. 27	중앙보육정책위원회 심의

출처: 보건복지부(2017). 제3차 중장기보육 기본계획(2018-2022).

2) 제3차 중장기보육 기본계획 비전 및 정책과제

(1) 비전

제3차 중장기보육 기본계획은 '영유아의 행복한 성장을 위해 함께하는 사회'를 비전으로 삼고 있으며, 보육·양육에 대한 사회적 책임을 확대하기 위해 우수한 보육서비스 제공, 어린이집의 공공성과 신뢰 증진, 부모의 양육역량 강화에 중점을 두고 있다.

(2) 4개 정책분야 17개 정책과제

제3차 중장기보육 기본계획은 '보육·양육에 대한 사회적 책임 강화' 실현을 위해 4개의 정책분야와 그에 따른 17개 정책과제를 제시하고 있다. 4대 정책분야로는 보육의 공공성 강화, 보육 체계 개편, 보육서비스 품질향상, 부모 양육지원 확대가 있다. 제3차 중장기보육 기본계획의 비전, 정책분야 및 정책과제를 정리하면 〈표 4-7〉과 같다.

표 4-7 제3차 중장기보육 기본계획 주요 내용

비전		영유아의 행복한 성장을 위해 함께하는 사회	
국정과제		• 보육·양육에 대한 사회적 책임 강화	
정책분야		정책과제 내용	
1	보육의 공공성 강화	▸국공립 이용률 40%로 확대 ▸직장어린이집 활성화	▸국공립 운영의 공공성 강화 ▸어린이집 운영의 건전성 제고
2	보육 체계 개편	▸어린이집 이용 및 지원체계 개선 ▸표준보육비용 산정 및 적정 보육료 지원 ▸보육과정 개편	
3	보육서비스 품질향상	▸보육교사 전문성 강화 ▸영유아 보육환경 개선	▸보육교사 적정 처우 보장 ▸상시적 품질관리 강화
4	부모 양육지원 확대	▸부모의 양육역량 강화 지원 ▸시간제 보육 서비스 확대 ▸취약보육 지원 개선	

출처: 보건복지부(2012). 제2차 중장기보육 기본계획(2013-2017).

① 보육의 공공성 강화

우리나라의 국공립 보육시설 비율은 OECD 국가와 비교했을 때 매우 낮은 수준이다. 2017년 국공립어린이집 이용률은 13%로 조사되었는데, 정부는 2022년까지 국공립어린이집 이용률을 40%로 확대할 방침이다(보건복지부, 2017). 정부의 국공립어린이집 확충 방안은 보육의 공공성 제고를 위한 수요자의 요구 중 국공립에 대한 요구가 매우 높았다는 점을 고려한 것으로 보인다(이정원, 2018).

② 보육 체계 개편

어린이집 보육 지원 체계 개선 추진방안으로 국가가 기본으로 보장하는 '표준보육시간제'를 도입한다. 어린이집 이용 현황, 보육교사의 8시간 근로여건 보장 등을 고려하여 보육시간, 운영시간, 이용시간 간 개념을 구분할 방침이다. 부모의 필요에 맞춰 어린이집을 이용할 수 있도록 표준보육시간을 도입하고, 표준보육시간을 기준으로 이용시간의 다원화(예 6시간, 8시간, 10시간, 12시간)를 추진한다. 보육과정 개편을 살펴보면, 현재(18년 기준) 누리과정을 '유아 놀이 중심'으로 교육과정을 개편할 예정이다.

③ 보육서비스 품질 향상

영유아 보육환경 개선에 대한 방안으로 교사와 아동, 아동 간 상호작용이 보다 효과적으로 이루어질 수 있도록 교사 대 아동 비율 기준의 개편안을 마련하고자 한다. 또한 부모의 일상적 참여를 보장하고 개방적으로 운영되는 '열린어린이집'을 전체 어린이집의 15% 이상으로 확산시키고자 한다. 정부는 열린어린이집 지정 시 자율적인 운영 보장과 인센티브를 제공하는 방식으로 열린어린이집 참여를 유도할 계획이다.

④ 부모 양육 지원 확대

부모의 양육역량 강화 지원 방침으로 부모양육 수준별, 자녀 발달상황에 따른 다양한 부모교육 프로그램을 개발하고, 부모교육 커리큘럼을 체계화할 계획이다. 또한 가정양육 가구의 단기적 · 일시적 보육시설 이용을 지원하기 위해 시간제 보육반을 점진적으로 확대해 나갈 계획이다.

⑤ 아동수당

문재인 정부는 2018년 9월 아동수당제도를 시행하였다. 아동수당은 '아동의 건강한 성장 환경을 조성하여 아동의 기본적 권리와 복지 증진에 기여를 위해 도입'하였음을 추진배경으로 제시하고 있다. 아동수당은 만 6세 미만(0-71개월) 아동에게 월 10만 원씩 지급하며, 2018년 기준으로는 소득수준 하위 90%(2인 이상 전체 가구 기준)의 아동에게 수당이 지급되고 있다(아동수당 홈페이지). 그러나 2019년 1월부터는 아동수당법 개정안을 바탕으로 소득수준과 관계없이 만 6세 미만(생후 0-71개월) 자녀를 둔 전국 모든 가정에 아동수당이 지급될 예정이다.

문재인 정부는 100대 국정과제 중 하나로 '사회서비스 공공인프라 구축과 일자리 확충'을 포함하였다. 이 국정과제는 사회서비스공단을 설립해 공공사회서비스 일자리 창출 및 사회서비스 제공인력의 처우를 개선하고자 하는 내용을 담고 있다(국정기획자문위원회, 2017). 사회서비스 공단 설립과 관련해서 주목할 만한 점은 문재인 정부가 사회서비스공단에서 제공되는 사회서비스 내용 안에 '보육'을 포함하겠다고 언급한 부분이다. 정부는 사회서비스 공단에서 공공어린이집을 운영하고 직접 보육교사들을 고용하겠다는 내용을 표명하였는데, 이는 그동안의 보육서비스 전달체계를 총체적으로 개편하는 부분과도 연결되기에 본격적인 내용 추진 이전에 신중한 검토가 요구된다(이정원 외, 2017).

사회서비스공단에서 국공립보육교사를 관리하는 부분은 그들의 처우와 서비스의 질적 측면에서 개선이 이루어질 수 있다는 점에서는 긍정적이라 할 수 있다. 그러나 국정과제에서 유아교육과 보육의 격차를 해소하겠다고 밝혔음에도 불구하고, 정작 사회서비스공단 내용에는 유아교육은 제외되고 보육만이 포함되어 있다는 점은 우려스러운 부분이다. 이는 국정과제에서 밝혔던 유아교육과 보육의 격차를 줄이려는 정책의 방향성과 엇갈리는 부분으로 사회서비스 공단 내 '보육'을 포함하는 부분에 대해서는 정부의 세밀한 검토가 이뤄져야 할 것으로 보여진다(이정원, 2018).

'문재인 정부 국정운영 5개년 계획'에 포함되어 있는 100대 국정과제 중 보육과 관련된 국정과제에 대한 내용은 다음 〈표 4-8〉과 같다.

표 4-8 문재인 정부 국정과제 속 보육관련 내용

목표	관련 전략	관련 국정과제 및 주요내용
더불어 잘 사는 경제	1. 소득 주도 성장을 위한 일자리 경제	17. 사회서비스 공공인프라 구축과 일자리 확충 (목표) 생애주기별 사회서비스 확대 및 공공인프라 확충을 통한 양질의 일자리 창출 (내용) 사회서비스 일자리 34만 개 창출, 사회서비스 공단 설립을 통해 공공사회서비스 일자리 창출 및 사회서비스 제공인력 처우 개선(국공립어린이집 포함) 사회서비스 제공인력 보수 인상, 근로시간 단축 등 처우 개선을 통해 사회서비스의 안정적 제공 및 품질 향상
내 삶을 책임지는 국가	2. 국가가 책임지는 보육과 교육	48. 미래세대 투자를 통한 저출산 극복 (목표) 결혼 · 출산 · 양육 친화적인 사회시스템으로 전환 (내용) 보육 · 양육지원 강화(매년 어린이집 대폭 확충하여 '22년 국공립 어린이집 이용률 40% 달성)
		49. 유아에서 대학까지 교육의 공공성 강화 (목표) 누리과정 지원예산 등에 대한 국가 책임 확대 (내용) '18년 어린이집 누리과정 전액 국고지원, 국공립 유치원 취합률 확대('22년 40%) 유치원과 어린이집 격차 완화(교사, 교육프로그램, 교육시설의 질 균등화)

출처: 이정원(2018). 문재인 정부 보육·유아교육 정책의 이슈와 쟁점. 재구성.

읽어보기

[내년 1월부턴 소득수준 관계없이 모든 가정에 아동수당 전망]

늦어도 내년 1월부터는 소득수준에 관계없이 만 6세 미만 자녀를 둔 전국 모든 가정에 아동수당이 지급될 전망이다. 더불어민주당과 정부, 청와대는 4일 국회에서 고위당정청 회의를 열고 이러한 내용을 담은 아동수당법 개정안을 이번 정기국회에서 통과시키기로 의견을 모았다.

민주당 홍익표 수석대변인은 연합뉴스와의 통화에서 "정기국회에서 아동수당법을 개정, 소득 상위 10% 가정에도 아동수당을 지급하도록 할 방침"이라며 "지급 시기는 내년 1월부터가 될 것"이라고 전했다. 홍 수석대변인은 "당정청은 설사 개정안 통과가 내년으로 미뤄지더라도 지급 시기를 2019년 1월로 소급적용하는 내용을 법안에 담기로 했다"며 "자유한국당도 최근

아동수당의 보편적 지급에 동의한 만큼 어렵지 않게 합의할 수 있을 것"이라고 말했다.

아동수당은 양육에 따른 가정의 경제적 부담을 줄이고 아동 복지를 증진하기 위한 것으로, 정부는 만 0–5세 자녀를 둔 가정에 아동 1인당 월 10만 원을 지급한다. 다만 현행법상 아동수당은 소득 하위 90%에만 주게 돼 있다.

여당인 민주당은 올해 3월 아동수당법 제정에 앞서 작년 말 국회 예산안 심사 당시 100% 지급을 주장했으나, '선별적 복지'를 주장하는 야권의 반발에 부딪혀 결국 소득 상위 10%는 지급대상에서 빠졌다. 지급 시기 역시 한국당 등 야당은 6월 지방선거 이후를 주장, 당초보다 수개월 늦춰졌다.

보건복지부는 지난 9월 아동수당을 처음 지급한 데 이어 지난달 24일 209만 2천 명에게 2차분을 지급한 바 있다. (이후 생략)

출처: 연합뉴스. 2018. 11. 04.
http://www.yonhapnews.co.kr/bulletin/2018/11/04/0200000000AKR20181104036400001.HTML?input=1195m

해보기

■ 2019년 소득수준과 관계없이 만 6세 미만의 모든 아동에게 아동수당을 지급하기로 하였다. 아동수당 정책에 대한 나의 생각(찬반)을 정리해보고, 왜 그렇게 생각하는지 그 이유에 대해서도 이야기 나누어보자.

5 중장기보육 기본계획 종합 비교

영유아보육법 제11조에 보육계획 수립 및 시행이 명시된 이후 우리나라는 체계적인 중장기보육 계획을 수립해나가기 시작했다. 2006년 '새싹플랜'이라는 제1차 중장기보육 기본계획을 시작으로 현재는 제3차 중장기보육 기본계획이 시행 중에 있다.

현재까지 진행되어 온 우리나라 중장기보육 계획의 내용을 간략하게 정리하면 다음과 같다(보건복지부, 2017).

① 제1차 중장기보육 기본계획(새싹플랜, '06-'08)

우리나라 최초의 중장기보육 기본계획(당초 '06-'10을 목표로 수립)으로 보육업무의 여성가족부 소관 시기에 수립되었다. 새싹플랜은 여성의 사회진출 증가에 발맞춰 보육서비스 공급에 중점을 두었으며 '함께 키우는 건강한 아동'을 비전으로 삼았다.

② 제1차 중장기보육 기본계획 보완(아이사랑플랜, '09-'12)

다시 보육업무의 주무부서가 여성가족부에서 보건복지부로 이관된 이후 새정부(이명박 정부)의 국정철학에 맞춰 기존 새싹플랜 계획을 수정 · 보완하여 중장기보육 계획을 재수립하였다. 보육에 대한 국가 책임을 강조하고 보육서비스를 '영유아' 중심으로 설정하며 '아이와 부모가 행복한 세상'을 비전으로 설정하였다.

③ 제2차 중장기보육 기본계획('13-'17)

전 소득계층 무상보육을 도입하였고 보육서비스의 질 강화에 중점을 두었다. '아이는 행복하고 부모는 안심할 수 있는 세상'을 비전으로 삼았다.

④ 제3차 중장기보육 기본계획('18-'22)

보육 · 양육에 대해 사회적 책임을 보다 강화하며 공공성 제고와 보육서비스 질 강화에 중점을 두었다. '영유아의 행복한 성장을 위해 함께하는 사회'를 비전으로 두고 있다.

제1차 중장기보육 기본계획에서부터 제3차 중장기보육 기본계획에 이르기까지 우리나라 중장기보육 계획에 대한 주요 내용 및 특징을 비교하면 다음 〈표 4-9〉와 같다.

표 4-9 중장기보육 계획의 비교

구분	새싹플랜 ('06-'10)	아이사랑플랜 ('09-'12)	제2차 중장기 기본계획 ('13-'17)	제3차 중장기 기본계획 ('18-'22)
기본방향	• 국공립 보육시설 확대 • 정부 재정 분담 강화 • 부모의 육아부담 경감 • 다양한 수요맞춤형 보육서비스 제공 • 아동 중심 보육환경 조성	• 부모의 비용부담 완화 • 수요자 맞춤 지원 • 보육시설 질 제고 및 균형 배치 • 보육인력 전문성 제고 • 전달체계 효율화 • 보육사업 지원체계 구축	• 아이의 건강한 성장 발달 우선시 • 보육 국가 책임 실현 • 참여와 신뢰의 보육 생태계 조성	• 우수한 보육서비스 제공 • 어린이집 공공성과 신뢰 증진 • 부모의 양육역량 강화
보육료지원	• 소득별 차등보육료 지원 • 기본보조금제도 도입	• 보육료 지원 확대 • 양육수당 지원 • 국공립어린이집 확대	• 0-5세 전 소득계층 보육료 및 양육수당 지원 • 보육료 적정화: 표준보육비용 계측 • 공공형 어린이집 지속적 확대	• 아동수당 지급 • 표준보육비용 재계측
일가정양립	• 입소 시 취업모 우선 배려 • 시간연장보육 확대	• 어린이집 입소 시 비정규직 근로자 차별 완화 • 시간연장보육 강화	• 맞벌이와 홑벌이 보육시간 차등화 : 맞춤형 보육 실시	• 표준보육시간제 도입 • 시간제보육반 제공 확대
전달체계	• 국가자격증 제도 도입 • 보육담당 공무원 확충 및 보육행정시스템 전산화	• 안전공제회 설립 • 인건비 지원과 연계한 서비스 계약제 도입 검토 • 보육진흥원 설립하여 보육교직원 자격 관리	• 육아종합지원센터 전국적 확산	• 행정시스템 간 연계 및 DW 구축 : 각종 정보의 통합으로 어린이집 관련 정보 one-stop 관리

출처: 이정원 외(2017). 2018-2022 보육중장기 발전방안연구.

참고문헌

국정기획자문위원회(2017). 문재인정부 국정운영 5개년 계획.

보건복지부(2013). 제2차 중장기보육 기본계획(2013-2017).

보건복지부(2017). 제3차 중장기보육 기본계획(2018-2022).

보건복지부(2017). 2017.12월 27일자 보도자료.

보건복지가족부(2009). 아이사랑플랜 2009~2012. 보건복지가족부.

서문희, 안재진, 유희정, 이세일(2009). 보육정책 개편방안 연구 -영유아보육법을 중심으로-. 보건복지부·육아정책개발센터.

여성가족부(2006). 새싹플랜 - 제1차 중장기보육계획(2006~2010) -. 여성가족부.

여성가족부(2006). 보도자료 7월 26일자.

이미화, 여종일, 엄지원(2012). 2013-2017 보육 중장기 발전방안. 육아정책연구소.

이정원, 이윤진, 김희수(2017). 2018-2022 보육중장기 발전방안연구. 육아정책연구소.

이정원(2018). 문재인 정부 보육·유아교육 정책의 이슈와 쟁점. 한국사회복지정책학회 춘추계학술대회 자료.

장하진, 이옥, 백선희(2018). 한국의 보육정책. 공동체.

참고자료

아동수당홈페이지

http://ihappy.or.kr/info/detail.php.

연합뉴스. 2018. 11. 04.

http://www.yonhapnews.co.kr/bulletin/2018/11/04/0200000000AKR20181104036400001.HTML?input=1195m

Part III

보육정책과정

제5장
보육정책 의제설정 및 결정

이 장에서는 보육정책이 어떤 과정을 통해 형성되는지에 대해 알아보고자 한다. 보육정책 의제설정 및 결정에 대한 개념을 알아보고 의제설정 및 결정 단계는 어떤 과정을 거쳐 진행되는지, 의제설정 및 결정에 영향을 미치는 요인에는 어떤 것들이 있는지 등에 대해 살펴보도록 하자.

살펴보기

■ **정책과정의 흐름을 살펴보자.**

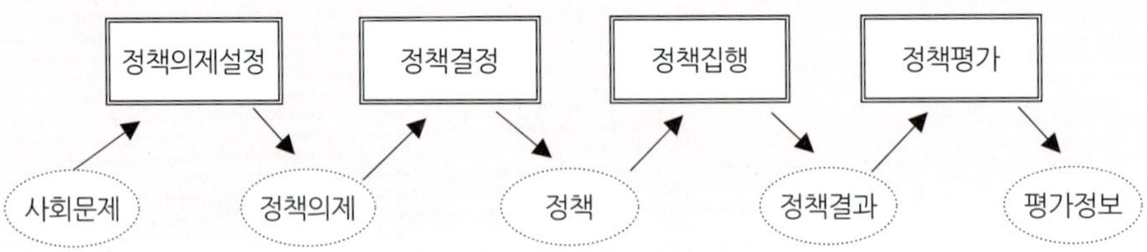

출처: 한석태(2017). 정책학개론. 재구성.

1 보육정책 의제설정

1) 보육정책 의제설정 개념 및 특징

(1) 정책의제설정 개념

우리가 살아가고 있는 사회에는 늘 여러 문제가 발생하며, 문제에 대한 해결 요구 또한 끊임없이 나타나곤 한다. 여러 사회 문제들 중 어떤 문제는 정부의 관심을 받게 되어 정책의제로 다뤄지지만 어떤 문제는 정부의 관심과는 거리가 먼 것으로 여겨져 정책의제로 연결되지 못한다(한석태, 2017).

사회문제란 문제의 발생 원인이나 그 피해가 직·간접적으로 사회와 관련이 있는 것으로, 한 개인이 해결할 수 없으며 국가나 사회 등 집단적인 차원에서 해결이 요구되는 문제를 의미한다(이수천 외, 2011).

그렇다면 정책의제(policy agenda)란 무엇일까? 정책의제란 정부가 관심을 보이고 있는 사회문제 중 해결방안의 검토를 위해 공식적으로 채택한 사회문제를 의미한다. 즉, 정책의제는 정부에서 공식적인 안건으로 다루어지는 정책문제라고 볼 수 있다(한석태, 2017). 나아가 정책의제설정이란 정부가 사회문제의 정책적 해결을 위해 사회문제를 정책문제로 선택하는 과정 또는 행위를 뜻한다(정정길, 1998).

(2) 정책의제설정 특징

정책의제설정은 정책이 만들어지는 과정의 가장 첫 번째 단계라 할 수 있다. 정책의제설정은 다음과 같은 특징을 지닌다(정일환, 2000).

첫째, 정책의제 설정과정은 정책과정에 참여하는 정치적 세력들이 처음으로 등장하는 단계이다. 보육정책의 경우 다양하게 존재하는 보육문제에 대해 해결책을 요구하는 과정에서 처음으로 보육관련 집단이나 개인이 등장하게 된다.

둘째, 정책의제 설정과정은 민주적 정치참여의 성격을 지니고 있다. 어떤 보육문제가 발생했을 때 그 문제를 인지하고 그에 대한 해결방안을 요구하거나 찾아가는 과정에서 집단적 사고과정이 일어나거나 합리적 의사결정이 나타난다. 즉, 정책의제 설정과정은 누군가에 의해 독단적으로 결정되는 과정이 아닌 구성원들이 특정 문제에 대해 다양한 의견을 주고받으며 양보하고 타협하는 과정이라 할 수 있다.

셋째, 정책의제 설정단계에서는 정책 결정단계에서 고려해야 할 정책대안들이 제시되기도 한다. 보육정책문제를 선정하는 데 있어서도 특정 보육문제가 정책의제로 선정되었을 때 발생하게 될 긍정적 · 부정적 파급효과와 다양한 측면의 실현 가능성을 고려해야 하기에 여러 가지 정책대안들을 살펴보고 비교하게 된다.

넷째, 정책의제 설정단계는 어떤 집단이 의제설정을 주도하는지 그 양상에 따라 이후 정책결정, 정책집행, 정책평가에 해당하는 정책 과정에 많은 영향을 미치게 된다. 특정 보육문제를 둘러싸고 여러 집단들 간의 투쟁은 정책의제 설정뿐 아니라 이후 정책과정에도 직 · 간접적으로 영향을 미치게 된다.

보육정책 의제설정에서 무엇보다 중요한 점은 어떤 정책이 채택되기 위해서는 문제와 관련된 요구 사항들이 정책을 결정하는 결정권자들의 관심영역에 진입해야 한다는 점이다. 관련 집단들이 아무리 중요한 보육문제라고 강조하더라도 보육정책 결정권자들의 관심밖에 있으면 이는 무의미한 것이다. 즉, 관련 집단들의 정책요구가 정책의제로 전환되지 않으면 이는 결국 정책화에 실패하게 되는 것이다.

2) 보육정책 의제설정 과정

많은 학자들이 자신의 견해를 바탕으로 정책의제 설정과정을 소개하였으나 여기서는 Cobb & Elder(1972)가 제시한 내용을 바탕으로 살펴보고자 한다. Cobb & Elder(1972)가 제시한 정책의제 설정과정은 사회문제(social problem), 사회적 쟁점(social issue), 공중의제(public agenda), 정부의제(governmental agenda) 크게 4단계로 구성되어 있다. Cobb & Elder(1972)가 제시한 과정을 그림으로 제시하면 [그림 5-1]과 같다.

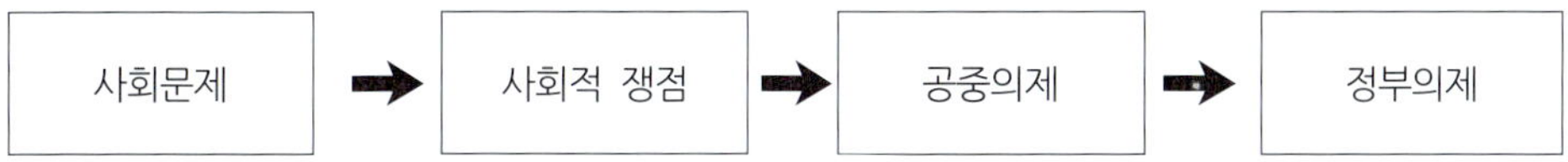

출처: 정일환(2000). 교육정책론.

그림 5-1 Cobb & Elder의 정책의제 설정과정

(1) 사회문제

의제설정 과정의 가장 첫 번째 단계는 사회문제이다. 보육정책 분야에서 사회문제(social problem)란 보육의 목적이나 이념과 괴리가 있는 보육실제 또는 관심 받지 못하고 있는 것들이 해당되며, 보육관련 집단이나 수혜집단, 나아가 국민들의 불만사항이나 요구사항이 있는 것을 의미한다(정일환, 2000). 보육관련 사회문제의 예로는 어린이집에서 발생한 아동학대 발생 문제를 예로 들 수 있다.

(2) 사회적 쟁점

사회적 쟁점(social issue)이란 문제의 성격이나 해결방법에 대해 집단 간 가치관이나 이해관계 등에 따라 의견일치를 보기 어려운 사회문제로, 집단 간 논쟁의 대상이 되는 문제를 뜻한다(정정길, 1998). 아동학대 예방을 위한 해결책을 두고 학부모들의 경우 어린이집 CCTV 설치를 의무화하자는 의견이 있었던 반면, 교직원들의 경우 CCTV 설치 의무화에 반대한다는 의견을 보인 문제를 사회적 쟁점의 예로 들 수 있다.

(3) 공중의제

공중의제(public agenda)란 일반대중에게 주목 받을 만한 가치가 있고 문제의 중요성이 높으며, 정부가 개입하여 문제해결을 하는 것이 정당한 것으로 보는 사회문제를 의미한다. 사회적 쟁점이 공중의제로 형성되려면 쟁점에 대해 보다 많은 사람들이 관심을 가져야 하고, 무엇보다 이 문제의 해결책을 정부가 나서서 강구할 필요가 있다는 여론이 형성되어야 한다. 아동학대 예방을 목적으로 많은 학부모들이 어린이집 CCTV 설치 의무화에

대한 직접적인 시위, 인터넷 포털사이트를 통한 서명운동 등 정부에 쟁점에 대해 강력하게 알리려 하며, 연일 신문이나 뉴스 등 많은 언론에서 어린이집 CCTV 설치 의무화에 대한 이슈를 던졌던 과정을 공중의제 확산의 예로 들 수 있다.

(4) 정부의제

정부의제(governmental agenda)란 공식의제로도 불리며 정부의 공식적인 의사결정에 따라 문제해결을 위해 심각하게 고려하기로 명백히 밝힌 문제를 말한다(Cobb & Elder, 1972). 예를 들어, 정부가 아동학대 방지에 대해 많은 국민들의 요구를 받아들이고, CCTV 설치 의무화 등 아동학대 방지를 위한 다양한 대책 마련을 위해 검토를 진행하겠다고 발표한 경우가 이에 속한다.

일반적으로 정책의제 설정과정은 앞서 언급한 것처럼 크게 4단계를 거친다. 그러나 경우에 따라 정책의제 설정은 다양한 단계로 형성된 과정을 거친다. 정정길(1998)은 정책의제 설정을 총 4개의 유형으로 나누어 [그림 5-2]와 같이 제시하였다.

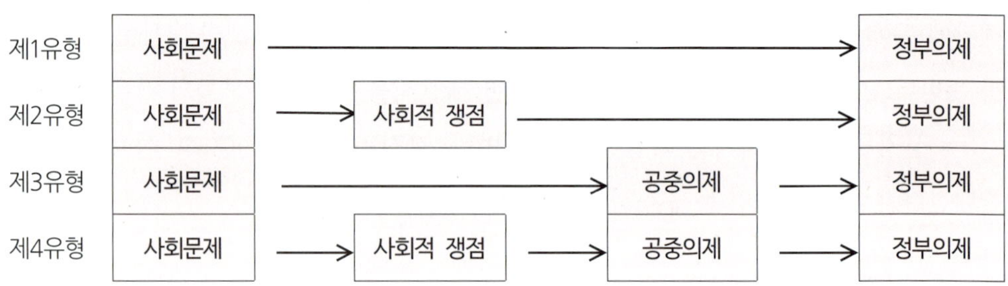

출처: 정일환(2000). 교육정책론. 재인용.

그림 5-2 정책의제 설정과정 유형

각 유형의 내용을 살펴보면 다음과 같다(정정길, 1998).

먼저 제 1유형은 사회문제 단계에서 곧바로 정부의제로 넘어간 경우이다. 이는 사회문제 자체에 대해 정책 결정자가 그 중요성을 인지하여 사회적 쟁점, 공중의제 단계를 거치지 않고 정부의제로 채택한 경우이다.

제 2유형은 발생한 사회문제가 사회쟁점화로 연결되어 많은 사람들이 해결방안을 놓고 의견 갈등이 생겨나고 있는 상황이기는 하지만 공중의제 단계 즉, 이 사회문제를 정부가 나서서 해결하는 것이 옳으며 또 그러해야 한다고 다수의 사람들이 인정하는 단계를 거치지 않고 정책 결정자들이 정부의제로 선택하는 유형이다.

제 3유형은 특정 사회문제가 갑자기 공중에 알려지게 되고, 이 사회문제의 해결을 위해 정부의 대책이 필요하다는 의견이 널리 확산되었을 때 나타난다.

제 4유형은 사회문제에서부터 정부의제에 이르는 네 단계의 의제설정 과정 모두를 거치는 유형으로, 많은 사회 구성원이나 정부가 서로 참여하여 의제를 설정해 가는 유형이다.

하나의 사회문제에서 시작해 사회적 쟁점, 공중의제, 나아가 정부의제로 전환되어가는 정책의제 설정과정을 살펴보았다. 어떤 사회문제가 정부의제로 진입된다면 그만큼 그 사회문제의 해결 가능성은 높아지게 된다. 그러나 어떤 사회문제가 정부의제에 진입되었다 할지라도 그것이 문제해결을 위한 정부의 즉각적 조치를 보장한다고 볼 수는 없다. 왜냐하면 정부의제는 다수가 해결책을 요구하는 사회문제에 대해 정책적 대응의 필요성 여부와 해결방안 모색을 검토해보겠다는 정부의 공식적 입장표명에 불과하기 때문이다. 정부의제가 되었다 하더라도 정치적인 반대, 자원 및 기술부족의 문제는 정책결정 단계까지 검토과정을 길어지게 하거나 정책결정 단계로 넘어가지 못하게 할 수 있다(한석태, 2017).

3) 보육정책 의제설정 모형

Cobb, Ross & Ross(1976)는 정책의제 설정과정에 대해 각각 세 가지 모형을 제시하였으며 모형은 외부주도모형, 동원모형, 내부접근모형으로 구분할 수 있다. 또한 이들은 정책의제 형성과정을 제기(initiation)단계, 구체화(specification)단계, 확산(expansion)단계, 진입(entrance)단계 총 4단계로 나누었으며, 각 단계들은 외부주도모형, 동원모형, 내부접근모형의 세 가지 유형에 따라 각기 다른 양상으로 설명되고 있다.

Cobb, Ross & Ross(1976)가 제시하는 세 가지 정책의제 설정모형은 주로 이슈를 제기하는 주체가 누구인지에 따라 의제설정 모형이 달라지게 된다(한석태, 2017).

(1) 외부주도모형

외부주도모형은 정부가 아닌 정부 외부에 있는 집단이나 개인이 문제 제기를 주도하는 경우로, 이들이 제기한 문제는 많은 사회구성원들에게 널리 확산되어 공중의제로 전환되며 결국에는 정부의제(공식의제)로 채택되는 유형이다(이대희, 1991). 외부주도모형은 일반 대중의 참여가 높은 편이며, 민주화된 선진국, 평등한 사회, 여론을 중요시하는 사회에서 주로 찾아볼 수 있다(백승기, 2010; 정일환, 2000).

다음은 외부주도모형의 정책의제 형성과정 4단계이다(김선정, 2011).

① 제기(initiation): 정부 외부에 있는 집단 또는 개인들에 의해 불만사항이 일반적인 용어로 표출되는 단계다.

② 구체화(specification): 앞 단계에서 표명되었던 일반적인 불만사항들이 다양한 방법에 의해 구체적인 정책적 요구로 전환되는 단계이다.

③ 확산(expansion): 주도집단들이 정부의 관심을 끌기 위해 사회 내의 또 다른 집단에 그들의 쟁점을 확산시키는 단계이다. 주도집단들은 그들의 쟁점이 공식의제가 되도록 압박을 주기 위한 방법으로 사회 내 새로운 집단에 그들의 쟁점을 퍼뜨린다.

④ 진입(entrance): 공중의제에서 정부의제(공식의제)로 전환되는 과정을 뜻하는 단계이다. 이는 곧 정부가 제기된 쟁점에 대해 관심을 보이며 진지하게 고려하기 시작했음을 의미한다.

외부주도모형의 대표적 보육정책 사례를 든다면 한 어린이집에서 발생한 아동학대 사건과 관련된 '어린이집 CCTV 설치 의무화'를 들 수 있다. 아동학대 영상이 언론을 통해 널리 퍼지게 되면서 아동학대 사건은 많은 학부모들의 분노를 사게 되었다. 학부모들은 관할 시청에 항의전화를 하거나 포털 사이트에 어린이집 CCTV 설치 의무화에 대한 서명운동을 벌이는 등 그들의 요구사항을 구체적으로 표출해 나가기 시작했다. 나아가 학부모들은 국회의원 의원실에 전화를 거는 등 그들의 쟁점을 새로운 집단에 퍼뜨렸고, 어린이집

CCTV 설치 의무화에 대한 쟁점은 많은 대중들에게도 확산되어 나갔다. 결국 공중의제가 된 어린이집 CCTV 설치 의무화는 정부에서도 공식적으로 검토하여 대책을 마련하겠다는 답변을 얻어내며 정부의제로 전환되었다.

(2) 동원모형

동원모형은 정부 내부에서 문제를 제기한다는 점에서 외부주도모형과 다르다고 할 수 있다. 동원모형은 정부 내부에서 정책 제안이 진행된다는 점에서 자동적으로 처음부터 정부의제로 출발한다. 이 모형에서 중요한 점은 정부의제로 출발했지만 원만하고 성공적인 정책집행을 위해 국민의 지지와 관심, 동의가 필요하다는 점이다. 따라서 정부는 가능한 다수의 사람들에게 대중매체 등을 활용하여 이슈를 퍼뜨리고자 한다. 동원모형은 정부의제 단계를 거친 뒤 다시 공중의제로 전환된다는 점에서 외부주도모형과 반대되는 모습이라고 할 수 있다(한석태, 2017).

다음은 동원모형의 정책의제 형성과정 4단계이다(김선정, 2011).

① 제기(initiation): 정부 혹은 정책 결정자에 의해 새로운 사업계획이나 정책이 공표되는 단계로, 이 경우 정책발표는 자동적으로 정부의제가 된다. 새 계획이 공표되기 전 이미 정부 내부에서는 논란이 있을 수 있지만 일반 대중은 그것의 존재 자체를 알지 못하거나 관심조차 없는 경우가 많다.

② 구체화(specification): 정부 혹은 정책 결정자에 의한 새로운 정책 발표의 경우 구체적인 세부내용까지 제시하지는 못한다. 따라서 정책이 공표된 후에는 정책의 원만한 집행을 위해 일반대중에게 어떤 지지와 협력이 필요한지, 어떤 인적 · 물적 자원이 필요한지 등을 탐색해야 한다. 일반 대중들이 정책 및 사업의 내용을 잘 이해해야 보다 원만하게 정부의 정책에 협조하게 되기 때문이다.

③ 확산(expansion): 효과적인 정책집행을 위해서 일반 대중이 정책을 받아들이는 태도 등이 필요하다. 일반 대중의 정책수용을 위해 정부는 정책 확산에 대한 노력을 해야 한다. 이 과정에서 대중매체나 상징 등을 활용하기도 한다.

④ 진입(entrance): 성공적인 확산 과정을 거쳐 많은 사람들이 정부가 발표한 정책을 중요 정책문제로 인식하게 되는 단계를 의미한다. 즉, 정부의제가 공중의제로 전환되는 단계이다.

동원모형의 대표적 보육정책 사례를 든다면 이명박 정부가 발표했던 '만 5세 공통과정 도입(5세 누리과정)'을 들 수 있다. 2011년 5월 2일 이명박 정부는 만 5세 유아의 교육과 보육에 대한 국가의 책임을 강화한다는 목적으로 '만 5세 공통과정'을 2012년 3월부터 도입·시행한다고 발표하였다. 정부는 만 5세 공통과정에 대한 국민들의 관심도를 높이고 정책에 대한 이해를 높이고자 [그림 5-3]과 같이 '만 5세 공통과정' 명칭 공모전을 열거나, 만 5세 누리과정 홍보 리플릿, 홍보 동영상 등을 만들어 배포하였다. 이러한 정책 확산에 대한 노력으로 만 5세 공통과정은 많은 국민들에게 중요한 정책문제로 인식되었다.

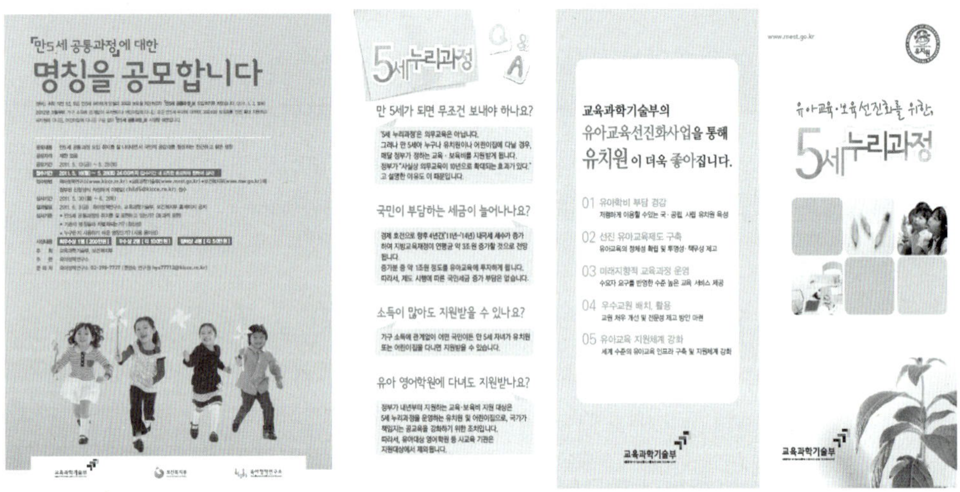

출처: 교과부(2011). 만 5세 공통과정 명칭공모전 자료, 5세 누리과정 홍보용 리플릿.

그림 5-3 만 5세 공통과정 명칭 공모전 및 홍보 리플릿

(3) 내부접근모형

내부접근모형은 정부 내 기관이나 정부 내 관료집단이 주도하여 정책제안을 하는 경우로, 사회문제가 곧바로 정부의제로 채택되는 모형이라 할 수 있다. 이 모형의 중요 특징으로는 일반 대중의 참여를 배제시키려 한다는 점을 들 수 있다. 즉, 사회문제의 공중의제화 노력을 시도하지 않으려 한다. 정책 결정자들은 자신들의 의제가 공식의제가 되도록 힘을 보태줄 수 있는 집단에게만 쟁점을 퍼뜨리려 한다(백승기, 2010).

다음은 내부접근모형의 정책의제 형성과정 4단계이다(김선정, 2011).

① 제기(initiation): 이 모형에서 의제의 주도는 정부 또는 정책 결정자들과 밀접한 관계에 있는 집단들에 의해 진행된다.

② 구체화(specification): 주도자들은 정책 결정자 또는 다른 부처의 정책 결정자들에게 정책안을 제안하며 구체화시킨다.

③ 확산(expansion): 내부접근모형에서 의제를 확산시키고자 하는 노력은 매우 한정적이다. 확산 노력이 있다면 그것은 정책 결정자들로부터 우호적인 반응을 끌어내는 데 필요한 동일시 집단(주도집단과 공감대를 맺고 있는 집단)과 선택적 주의집단에만 제한된다.

④ 진입(entrance): 정부의제의 성립 그 자체를 말하며 동원모형에서처럼 진입단계가 공중의제로의 전환을 의미하는 것은 아니다.

내부접근모형의 보육정책 관련 사례로는 조직 개편에 대한 발표를 예로 들 수 있다. 2008년 새 정부는 대통령직인수위원회의 정부조직 개편안(08. 1. 16)에서 여성가족부를 폐지하고 보건복지부로 흡수 통합시켜 보건복지여성부로 확대 개편하겠다는 내용을 발표하기도 했었다.

지금까지 보육정책 의제설정의 세 가지 모형을 살펴보았다. 살펴본 내용을 그림으로 정리하면 다음 [그림 5-4]와 같다.

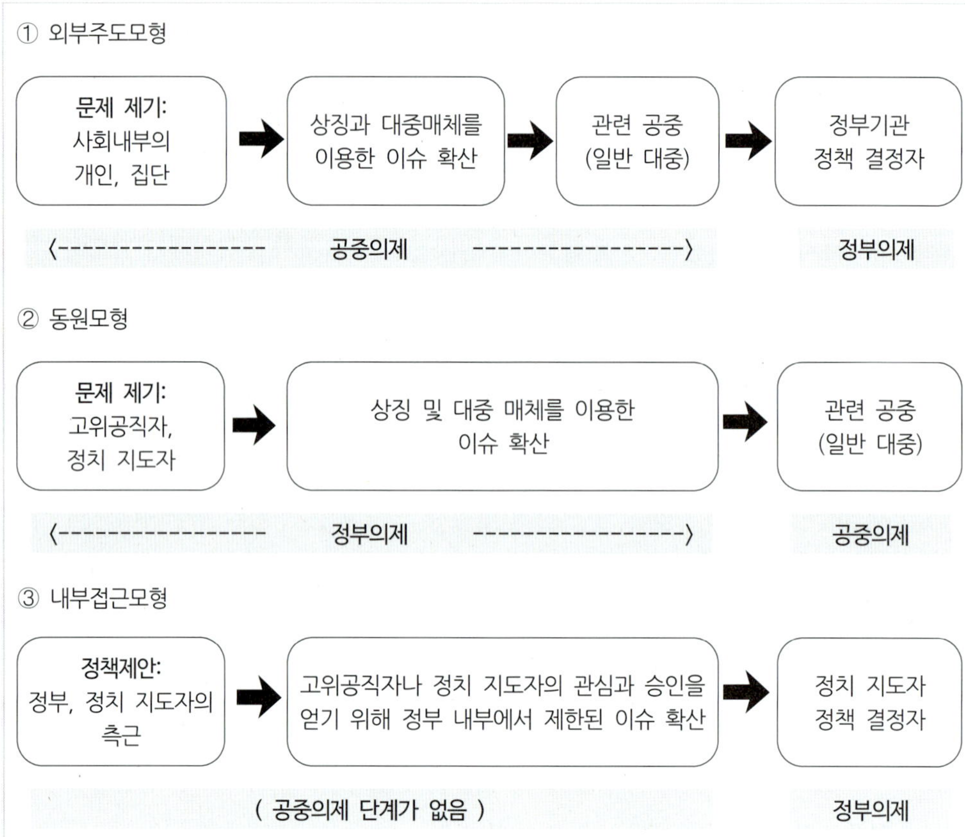

출처: 한석태(2017). 정책학개론. 재인용.

그림 5-4 보육정책 의제설정 모형

4) 보육정책 의제설정 영향요인

보육정책문제 채택에 영향을 미치는 요인들은 무수히 많다. 보육정책 결정체제는 물론, 이를 둘러싼 요인들은 직·간접적으로 다양하게 존재하기 때문이다. 이러한 요인들은 우리 사회에서 대두되는 보육문제에 대해 정부가 공식적으로 관심을 기울여 문제를 채택하게 하고, 그에 대한 해결방안을 모색하는 데 영향을 미치고 있다. 보육정책 의제설정에 영향을 주는 요인을 크게 참여자 요인, 문제의 성격, 정치적 요인으로 나누어 소개하고자 한다(정일환, 2000).

(1) 참여자 요인

의제설정에 있어 주도적 역할을 하는 주도집단의 능력에 따라 사회문제가 정책의제로 성장할 가능성이 높아진다. 사회문제의 의제화를 이끄는 주도집단의 영향력이 클수록 의제화 될 가능성은 더욱 커지게 되는데, 이러한 영향력에는 집단의 단결력, 정책 결정자에 대한 접근의 용이성, 주도집단이 정치체제 어디에 속하는지(내부/외부), 정치적인 자원(예 재정능력) 등이 포함된다. 자신이 속한 집단이 갖고 있는 문제를 의제화시키고자 한다면 집단은 다양한 변인들을 인지하고 활용하여 의제화에 영향을 줄 수 있는 요인들을 잘 활용해야 한다(남기범, 2009; 백승기, 2010).

정책의제설정에 영향을 미치는 참여자 요인은 크게 4가지로 나누어 살펴볼 수 있다.

① 보육정책 결정자: 보육정책의제 설정에 영향을 미치는 대표집단은 보육정책을 직접적으로 결정하는 대통령, 국회, 보건복지부 장관, 지방의회 의원 등이라 할 수 있다. 수많은 보육문제들 중에서 보육정책문제로 채택하는 것은 이와 같은 보육정책 결정자들의 몫이다. 물론 의제화 과정에 일반 대중, 관련 수혜집단들도 영향을 줄 수 있지만, 결과적으로 보육문제 중 정부에서 해결방안을 모색해보겠다고 최종적으로 선택하는 것은 보육정책 결정자들이라 볼 수 있다(정일환, 2000).

② 여론 및 일반 국민: 일반 국민들은 정책의제 설정 단계에서 이슈에 대해 지속적인 관심을 보이고, 문제에 대한 해결방안을 강력히 요구하는 방법으로 의제 설정에 영향을 미치게 된다. 특정 사회문제의 해결에 대한 다수의 국민이 보이는 요구 및 지지는 정책 결정자로 하여금 그 사회문제를 정책문제로 인식하게 하여 정부의제로 진입하게 하는 중요한 역할을 한다. 특히 뉴스, 신문 등 언론을 통한 여론 형성은 논쟁의 확산을 가능하게 하는 등 그 파급 효과가 엄청나다고 할 수 있다(신현기 외, 2003).

③ 이익집단: 한국어린이집총연합회와 같이 보육의 발전 및 보육교직원의 권리 신장 등을 위한 이익단체가 보육정책의제 형성에 관여하게 된다. 보육정책의 경우 그 범위가 넓고, 성격도 다양하기에 이익집단 또한 다양하게 존재한다. 영아전담어린이집연

합회, 한국가정어린이집연합회, 한국민간어린이집연합회, 한국보육교사회 등 보육과 관련된 이익집단의 구성원들은 보육정책 의제설정에 직 · 간접적으로 영향을 미친다.

④ 연구기관: 우리 사회에 존재하는 보육문제나 미래에 예상되는 보육문제를 다루는 연구기관은 보육정책 의제설정에 영향을 미치는 중요한 기관이라고 할 수 있다. 특히 육아정책연구소는 육아와 관련된 정책을 종합적으로 연구하고 개발하는 기관으로 우리나라 보육정책발전에 많은 영향을 주는 연구기관이라 할 수 있다. 육아정책연구소의 경우 기관 내의 연구뿐 아니라 보건복지부를 비롯한 정부 각 부처에서 요청한 연구과제도 다양하게 존재하는 만큼 보육정책의제 형성에 많은 영향을 미치는 연구기관이라 할 수 있겠다.

(2) 문제의 성격

문제의 성격에 따라 정책의제 성립 가능성은 영향을 받게 된다(한석태, 2017).

첫째, 문제의 내용 범위가 광범위할수록 정부의제가 될 가능성이 높아지게 된다. 대두되는 내용 범위가 너무 좁거나 구체적일 경우 자칫하면 특정 지역 혹은 특정 영역에 속하는 소수의 관심사로만 그칠 가능성이 있기 때문이다. 그러나 한편으로는 문제 내용이 구체적일 때 이해하기 더 쉬워지기에 대중의 관심이 더 쏠릴 수 있게 되어 정책의제로 선정될 가능성이 높아진다는 반대 의견도 있다.

둘째, 문제의 내용이 사회구성원 전체에 해당되는 문제이거나 사회적으로 충분히 고려해야만 하는 심각한 내용일수록 정부의제가 될 가능성 또한 커진다.

셋째, 현재 구성원들에게만 속하는 것이 아닌 이후의 세대까지도 영향을 주는 장기적인 효과를 지니거나 타인에게 또한 파급적인 효과를 가져 올 가능성이 높은 문제일수록 정부의제의 가능성이 높아진다.

넷째, 전문적 지식이나 기술적 내용이 논쟁에 관여되는 정도가 적을수록 정부의제의 가능성이 높아진다. 많은 대중에게 이슈를 확산하려 할 때 전문적인 수많은 내용을 모두 알리려 하는 것보다 단순화하여 홍보하는 것이 대중들의 관심과 이해를 높일 수 있는 방법이 된다.

다섯째, 과거 성공 사례가 많았던 정책의 경우 정책의제가 될 가능성이 높아진다. 왜냐하면 이미 그 정책을 다뤄본 경험 및 지식을 갖고 있기에 이후 정책결정, 정책집행 과정에서 큰 어려움 없이 정책과정을 수월하게 진행할 것이라는 믿음이 있기 때문이다. 그러나 한편으로는 선례가 없는 경우가 오히려 쟁점 확산에 더 유리할 수 있다. 선례가 없는 경우, 문제에 대한 기존 해결방안이 없는 경우가 많기에 해결책을 둘러싼 공방이 치열할 수 있어 쟁점 확산이 더 잘 일어날 수 있기 때문이다.

여섯째, 문제의 확산이 빠르게 일어날수록 일반 공중에게까지 관심이 확대될 가능성이 커지게 되며, 결과적으로 정부의제로 선택될 가능성이 높아진다. 만약 문제 확산과정에서 오랜 시간이 걸리게 되면 그 이슈는 소수의 집단만 관심을 보이게 된다.

(3) 정치적 요인

정치체제의 구조와 운영 방식에 따라 정책의제 설정은 영향을 받는다. 권위주의적 정치체제일 경우 공식적인 정책 결정자의 힘이 크기 때문에 정책의제 설정에서 그 영향력이 매우 클 것이다. 이러한 정치 체제는 정치 구조가 중앙집권적인 특징을 지니며 행정부 또한 우위에 있는 경향을 보인다. 언론 또한 통제받는 형태로 여론이 조성되거나 결집되기 어려운 특징을 지닌다. 한편, 민주적 정치체제일 경우 공중의제가 많이 발생하는 특성을 보인다. 이러한 민주적 정치체제에서는 외부주도모형이 활발하게 나타난다(한석태, 2017).

정치적 사건 또한 하나의 사회문제가 의제화되도록 하는 데 점화 장치의 역할을 한다. 특히 선거와 같은 중요한 정치적 사건은 정권교체의 가능성을 높이고, 이는 곧 의제설정 주체에도 변화를 가져와 결과적으로 의제화에 많은 영향을 미친다(백승기, 2010).

해보기

▣ 우리 사회에서 꼭 해결되어야 한다고 생각하는 보육문제에는 어떤 것들이 있을지 생각해보자.

1	
2	
3	

해보기

▣ 우리 모두는 보육정책 의제설정에 영향을 미치는 중요한 존재이다. 위에서 생각해 보았던 보육문제들을 보육정책 의제로 발전시켜 보자. 사이트를 방문하여 해결되어야 한다고 생각하는 보육문제를 알려보자.

1. 국민신문고 https://www.epeople.go.kr/jsp/user/UserMain.paid
   - [참여방법] 민원 · 제안 · 참여 클릭! → 일반제안 신청 또는 공개제안→ 현황 및 문제점/개선방안/기대효과 등을 작성하면 완료!

2. 다음 – 아고라 http://agora.media.daum.net/petition
   - [참여방법] 청원 → 이슈청원 클릭! → 청원 만들기를 통해 작성하면 완료!

3. 대한민국 청와대 http://www1.president.go.kr/petitions
   - [참여방법] 국민소통 광장 → 국민청원 및 제안 클릭! → 지금 청원하기를 통해 작성하면 완료!

2 보육정책 결정

1) 보육정책 결정 개념 및 특징

(1) 정책결정 개념

사회문제가 정책의제로 전환된 이후에는 정부의 각 소관 부처에서 정책결정 과정을 진행하게 된다. 따라서 정책결정은 정책과정의 두 번째 단계라 할 수 있다. 그렇다면 정책결정이란 무엇일까? 정책결정이란 사회문제를 해결하기 위해 여러 대안들 중 가장 바람직한 해결방안을 선택하는 과정을 의미한다(한석태, 2017). 즉, 정부가 정책문제를 해결하기 위한 대안을 선정하는 것과 관련된 모든 활동을 정책결정이라 볼 수 있다(김선정, 2011).

(2) 정책결정 특징

정책결정은 여러 특징을 지니고 있다. 정책결정의 특징은 다음과 같다(박호숙, 2005).

첫째, 정책결정에 참여하는 집단은 매우 다양하다. 서로 상반되는 이익 집단이나 개인이 있으며, 이들은 여러 가지 방법과 수단을 이용해 정책 결정자에게 접근한다. 정책 결정자에게 접근하여 그들이 얻고자 하는 이익을 얻기 위해 노력한다.

둘째, 정책결정은 동태적인 과정이다. 정책결정 참여자들은 특정 단계에서 활동을 한 뒤 사라지거나 활동을 멈추는 것이 아니고 정책과정을 따라 계속적으로 자신들의 이익을 위해 노력한다.

셋째, 정책결정은 행동지향적이다. 정책결정은 사회문제가 정책의제로 채택되어 이를 해결하기 위해 다양한 대안들을 마련하고, 정책의 집행을 통해 사회에 영향을 미치려는 의사가 포함된 것이다.

넷째, 정책의 궁극적인 가치는 공익 달성에 있다. 사람마다 공익에 대한 의견은 다양하지만 정책이 공식적으로 주장하며 따르는 것은 공익 실현에 있다.

2) 보육정책 결정 과정

보육정책 결정의 일반적 과정을 살펴보면 다음과 같다. 먼저 정책문제를 명확하게 파악해야 한다. 문제를 잘못 이해하는 경우에는 올바른 해결책을 모색할 수 없기 때문이다. 그다음은 정책목표를 설정하는 것이다. 정책목표 설정 후에는 목표를 달성하기 위한 해결책들을 알아보며, 그 후 가장 최선이라고 생각하는 대안을 선택함으로써 정책을 결정하는 것이다. 정책결정의 일반적 과정은 [그림 5-5]와 같다(한석태, 2017).

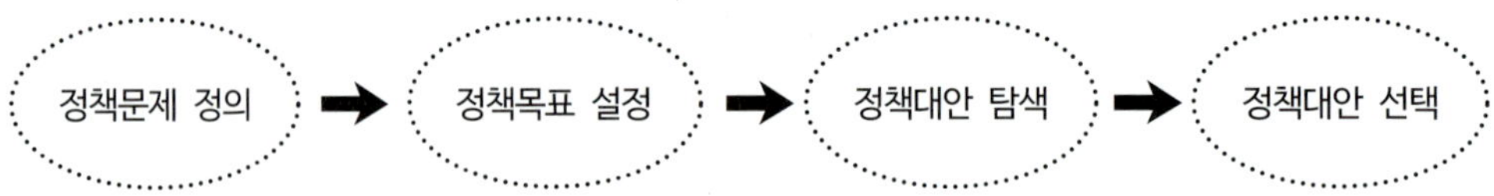

출처: 한석태(2017). 정책학개론. 재구성.

그림 5-5 정책결정 일반적 과정

(1) 정책문제 이해

① 정책문제 정의

사회문제 중에서 개인 또는 집단이 해결하기보다 정부가 나서서 해결해야 하는 것으로 많은 사회구성원들이 생각하는 문제를 정책문제라고 한다. 정부는 정책문제를 해결하기 위해 정책을 결정해야 하며 무엇보다 좋은 정책을 결정해야 한다. 좋은 정책을 결정하는 데 중요한 점은 먼저 문제 자체를 명확히 파악하는 것인데, 이것이 바로 정책문제의 정의라고 할 수 있다(한석태, 2017). 좀 더 구체적으로 이야기하자면 정책문제의 정의란 정책문제의 구성 요소, 원인과 결과 등의 내용을 정하여 어떤 점이 문제인지 밝혀내는 것으로, 해당 문제에 대해 잠정적 진단을 내리는 것이다(백승기, 2010).

정책문제를 아는 것은 왜 중요할까? 그 이유는 문제를 정확히 이해하지 못하면 해결할 수 없다는 점에서 찾을 수 있다. 유명한 전문가들이 여러 기법을 이용해 문제의 해결책을 강구한다 하더라도 그들이 문제의 본질을 잘못 이해했다면 그들의 노력은 모두 헛수고가

되고 말 것이다(한석태, 2017).

② 정책문제 정의 검토요인

올바른 정책문제의 정의를 위해서 살펴보아야 할 몇 가지 검토요인이 있다. 주요 검토요인은 다음과 같다(남기범, 2009).

㉠ 문제의 상황: 문제가 되고 있는 상황의 과거와 현재의 상태를 분석하고, 문제 상황이 과거에서부터 어떻게 변화되어 왔는지에 대해서 살펴보아야 한다. 문제 상황 분석을 통해 문제에 대한 전반적인 이해를 할 수 있으며 나아가 문제 상황이 앞으로 어떻게 진행될지 예측할 수 있게 된다.

㉡ 문제의 원인: 문제의 명확한 진단을 위해서는 문제의 원인 분석이 선행되어야 한다. 문제의 발생원인을 파악하고, 그 원인을 제거해야만 문제의 해결이 진행될 수 있기 때문이다.

㉢ 정책문제의 결과·미래: 정책문제가 지속적으로 진행되었을 때 어떤 결과가 발생할지에 대해 분석해야 한다. 즉, 정책문제의 심각성을 인식해야 하며 나아가 피해 집단의 규모는 어느 정도인지, 문제의 파급 범위는 어느 정도인지 등을 분석해야 한다.

㉣ 과거 및 현재 정책 분석: 특정 문제와 관련있었던 정책이 있었는지 혹은 현재 존재하는지 여부를 살펴보아야 한다. 만약 그러하다면 그 정책의 성패요인을 평가하고 원인을 분석하는 것이 필요하다. 과거의 내용분석을 통해 현재 해결해야 할 정책문제를 더 잘 파악할 수 있게 되기 때문이다.

㉤ 관련 집단 파악: 정책문제는 이익을 얻는 집단과 피해를 받는 집단을 형성한다. 특정 문제로 이익을 얻는 집단은 계속해서 이익을 얻게 되고, 피해 집단은 문제가 해결되지 않는 한 지속적으로 피해를 입게 된다. 문제와 관련된 집단을 파악하는 일은 정책대안을 형성하고 앞으로 정책 형성 과정의 전략을 세우기 위해 필요한 작업이다.

③ 정책문제 특성

정책문제는 본질적으로 여러 특성을 지니고 있다. 정책문제의 특성은 다음과 같다(강근복 외, 2016).

㉠ 가변성: 특정 문제는 언제나 같은 형태와 내용을 유지하지 않는다. 지금은 특정 문제로 바라보지 않더라도 시간이 지나면 문제로 인식하기도 한다. 거꾸로 지금은 매우 심각한 문제로 인식하지만 시간이 지나면 문제의 대상으로 여기지 않을 수도 있다. 계속 문제로 남아 있는 특정 문제의 경우도 사회 상황 및 가치관의 변화에 따라 처음에 정의되었던 문제와는 또 다른 새로운 문제로 정의되기도 한다. 이처럼 정책문제는 가변성을 지니기 때문에 우리가 정의하는 문제는 늘 불완전하다. 따라서 정책문제는 정책과정 속에서 지속적으로 새롭게 재정의되어야 한다.

예를 들어, 1960년대만 하더라도 우리나라에서는 높은 출산율이 문제로 거론되면서 정부에서는 '산아제한정책'을 펼쳤으나, 시간이 지나면서 지금은 오히려 낮은 출산율이 문제로 떠올라 정부에서는 다양한 '출산장려정책'을 펼치고 있다.

㉡ 중요성 · 심각성: 정책문제는 중요성이 심각하다고 여겨지는 문제이다. 정도의 차이는 있을 수 있으나 대부분 정책문제는 피해 정도가 크고, 다른 문제에 비해 파급성 또한 큰 문제이다. 중요한 것으로 다뤄지지 않는 문제는 일반적으로 정책문제로 취급되지 않는다.

㉢ 주관성: 정책문제가 발생한 상황은 객관적이지만, 정책문제에 대한 인지나 정의는 사람에 의해 이뤄지므로 객관적이기 어렵다. 사람마다 서로 다른 인식 능력이나 선입관을 지니고 있기에 정책문제를 정의하는 것 또한 서로 다를 수밖에 없다(한석태, 2017).

㉣ 정치성: 정책문제의 정의 과정은 정치적 성격을 갖고 있다. 정책문제에 대한 정의는 주관적이기 때문에 문제의 정의 내용에 따라 정책목표나 해결방법이 달라지게 된다. 정해진 정책목표나 해결책은 관련된 사람들에게 각각 서로 다른 이익과 불이익을 제공하게 된다. 그러므로 특정 문제를 서로 다르게 정의하는 집단들은 자기 집단에 유리한 방향으로 문제 정의가 이뤄지게끔 정치적 활동을 한다.

㉤ 상호연관성: 어떤 문제이든 발생원인, 해결방안 등은 다른 문제들과 상호연관성을 보인다. 그렇기 때문에 특정 문제의 해결은 오히려 다른 문제를 악화시킬 수도 있고,

다른 정책문제의 해결에 도움이 될 수도 있다. 따라서 문제들을 각각 따로 떼어놓고 해결책을 찾는 것보다 서로 관련된 문제들을 동시에 해결하는 것이 바람직한 해결책을 찾을 수 있는 방법이 되기도 한다. 그러므로 특정 문제의 해결책을 찾고자 할 때 다른 문제들과의 연관성을 이해하는 것이 필요하다.

예를 들어, 저출산 문제를 해결하기 위한 방안으로 정부에서 출산지원금 제도를 실시하였다. 출산지원금 제도가 출산을 앞둔 가정이나 임신을 계획 중인 가정에 실질적인 도움이 되어 어느 정도 출산율을 높이는 데 효과가 있었다고 하자. 그렇지만 저출산을 극복하기 위해서는 지원금 제도뿐 아니라 기업의 장시간 근로 환경 개선을 통한 일 · 가정 양립 환경 마련, 여성 경력단절 문제 해결, 안정적인 주거환경 마련 등 가정을 둘러싼 다양한 체제들을 종합적으로 해결하려는 시각이 필요하다.

(2) 정책목표 설정

① 정책목표 의의

실질적인 정책으로 인정받으려면 무엇보다 해당 정책이 궁극적으로 얻으려는 가치가 무엇인지 드러나야 하는데, 이는 정책목표를 의미한다. 정책목표란 정책을 통해 성취하고자 하는 바람직한 상태를 말한다. 여기서 말하는 바람직한 상태는 문제 상황의 극복, 완화를 의미한다. 정책목표의 설정이 잘못되면 이후 단계인 대안탐색, 정책결정, 정책집행 등 모두 잘못된 방향성을 가지고 진행될 수밖에 없다(남기범, 2009). 목표가 정확히 제시되지 않으면 정책이 궁극적으로 도착해야 할 곳을 결정하지 않았다는 의미가 되며, 결과적으로 정책 과정에서 방향성을 잃어 일관성과 능률성 모두 잃게 되는 결과를 가져오게 된다(한석태, 2017).

② 정책목표의 기능

정책목표는 명확하게 드러나지 못하는 경우가 있거나 중복되는 경우, 여러 목표들 간에 충돌이 발생하는 경우가 있다. 정책목표가 명확하게 설정될 때 정책목표는 정책 형성과정 전반에 걸쳐 매우 중요한 역할을 담당하게 된다(한석태, 2017).

첫째, 정책목표는 정책 개발 및 정책 분석을 진행하는 데 있어 방향을 제시하는 역할을 한다. 정책 개발은 설정한 목표를 달성하기 위한 수단을 찾아내는 과정이기에 정책목표는 정책 개발 활동의 방향과 큰 틀을 설정해준다. 또한 정책분석가들이 정책 분석과정 동안 계속해서 참고할 수 있는 기준점이 되어준다(김신복, 1983).

둘째, 정책목표는 정책 집행을 감시하는 역할을 하며, 일반적으로 정책목표는 의사결정 과정 및 활동에 계속해서 영향을 미친다. 정책목표는 정책 집행자가 목표 달성에서 벗어난 행위를 하지 않도록 요구하는 기능이 있으며, 한편으로는 목표 달성에 도달할 수 있도록 가능한 모든 수단을 추구하도록 요구하는 기능도 있다.

셋째, 정책목표는 정책 집행의 결과 또는 성과를 평가하는 기준이 된다. 정책의 효과성은 목표달성 여부로 측정할 수 있는데, 정책목표는 정책 집행의 성공 여부를 판단하는 준거가 된다.

③ 정책목표 설정 기준

바람직한 정책목표는 타당성 · 적절성 · 일관성 · 명확성을 기준으로 설정되어야 한다(남기범, 2009).

㉠ 타당성: 정책목표는 내용면에서 타당성이 있어야 한다. 즉, 해결하려는 정책문제와 정책목표는 서로 연결고리가 있어야 하는 것이다. 해결해야 하는 정책문제를 A라고 했을 때 정책목표는 관련성이 적은 B가 된다면 이 정책목표는 타당성이 낮은 목표가 되어버린다.

㉡ 적절성: 정책목표는 문제와 적절한 수준으로 설정해야 한다. 즉, 문제의 심각성 및 중요도를 살펴보고, 그에 적절한 수준에서 목표를 정해야 하는 것이다. 10이면 해결될 수 있는 문제인데, 100을 들여 목표를 달성한다면 목표달성의 의미가 희석되고 만다. 적절성은 정책과정에서 발생할 수 있는 과비용을 통제하기 위해 필요한 조건이다.

㉢ 일관성: 관련 있는 정책목표들끼리는 일관성이 있어야 한다. 비슷한 정책이지만 일관성이 없다면 목표를 달성하기 위한 노력이 방향성을 잃게 될 수 있기 때문이다.

㉣ 명확성: 정책목표는 명확하게 표현되어야 한다. 정책결정과 관련된 사람들이 정책목표를 보았을 때 정확하게 이해할 수 있도록 명료하게 표현되어야 한다.

(3) 정책대안 탐색

① 정책대안 개발

최선의 정책대안을 채택하기 위해서는 다양한 정책대안을 가능한 폭넓게 탐색하고 개발하는 것이 필요하다. 정책대안을 개발하기 위한 방법으로는 기존에 존재하는 많은 관련 정보들을 잘 활용해야 한다. 정책대안의 개발방법에는 여러 가지가 있지만, 크게 3가지 방법에 대해 알아보고자 한다(남기범, 2009).

㉠ 경험을 근거로 한 대안개발

이 방법은 역사적 관점에서 비슷한 문제를 다루었던 경험을 바탕으로 현재 문제에 대한 대안을 떠올리는 방법을 의미한다. 과거 성공하거나 실패했던 내용이 대안개발에 중요한 정보로 작용하는 것이다. 과거의 정책 또는 현재 진행되고 있는 정책과 똑같은 내용을 정책대안으로 사용하거나 조금씩 수정한 내용을 정책대안으로 사용하기도 한다(박호숙, 2005).

㉡ 다양한 정부의 정책을 바탕으로 한 대안개발

유사한 문제를 경험했던 국내 정부로부터 정책대안과 관련된 내용을 얻을 수 있으며, 중앙정부와 지방정부로부터 대안과 관련된 아이디어를 제공받을 수 있다. 특히 지방자치제로 하여금 각 지방의 다양한 정책대안이 개발 · 집행되고 있는데 이는 대안개발에 있어 중요한 정보의 원천이 된다. 때로는 국내 정부를 벗어나 외국 정부로부터 대안에 대한 아이디어를 얻을 수 있다. 그러나 외국 정부의 사례를 참고할 경우 중요한 점은 정책대안이 개발된 사회적 · 정치적 · 문화적 배경이 서로 다르다는 점이다. 개발 배경이 다른 대안을 적용하려고 할 경우 반드시 새롭게 대안을 적용하는 곳에서는 비교적 효과가 적게 나타날 수 있다는 점을 고려해야 한다.

㉢ 창의성을 활용한 대안개발

창의적인 생각은 기존에 갖고 있던 고정관념에서 벗어나야 만들어질 수 있다. 창의성을 이용하여 대안을 만드는 방식 중 '브레인스토밍(brain storming)'이 있다. 브레인스토밍은 머릿속에 생각나는 의견을 자유롭게 제시하는 방식이다. 브레인스토밍의 목적은 서로 다른 구성원들이 좋고 나쁨을 구분하지 않은 채 문제에 대해 수많은 대안을 제시하는 데 있다.

해보기

[시·도별 '저출산·고령사회위원회' 설치…전담팀도 둔다]

정부가 저출산 위기를 극복하기 위해 시도별로 '저출산·고령사회위원회'를 설치하고 각 지방자치단체에 저출산 전담팀을 두기로 했다. 행정안전부는 이 같은 내용을 담은 '지방자치단체 저출산 극복 지원계획'을 각 지자체에 배포하고 체계적으로 지원한다고 16일 밝혔다. 이번 지원계획은 새 정부의 인구정책 방향을 토대로 지자체별 특성에 따른 인구정책 수립을 지원하고 우수 지자체에 대한 인센티브를 강화하는 데 초점을 뒀다고 행안부는 설명했다. (중략)

이와 함께 복지부와 공동으로 추진 중인 '다함께 돌봄사업'을 통해 도서관, 주민센터 등 지역 공공시설을 활용, 지역돌봄 안전망을 구축하는 등 사업성과를 창출하고 성공모델화해 추가 사업이 이뤄질 수 있도록 할 계획이다. 지역행사 시 저출산 관련 교육·홍보·기획행사(이벤트)를 실시하고 지자체–경제단체·지역기업 간 저출산 극복 공동실천 협약을 체결하는 등 민관 간 상호협력체계 구축을 통해 인식개선도 유도한다.

아울러 지자체가 스스로 자체 시책의 효과성을 평가·점검하고 전략적으로 대응할 수 있도록 인구정책 평가지표 개발 등을 추진할 방침이다. 중앙–지방 사무배분 논의 과정에서 중앙부처 사업과 자체사업 간 구분기준이 정립되도록 관련 부처와 지속적으로 협의하기로 했다.

행안부는 빅데이터를 통해 지자체별 저출산에 영향을 주는 다양한 요인들을 분석하고 분석결과를 공유, 지자체의 인구정책 수립에 도움이 될 수 있도록 지원할 계획이다. (중략)

출처: 정책브리핑. 2017.10.16 http://www.korea.kr/policy/societyView.do?newsId=148843599

▣ **앞서 소개되었던 '정책대안의 개발방법'을 참고하여 저출산을 극복하기 위한 나만의 정책대안을 개발해보고 서로 이야기 나누어보자.**

1	
2	
3	

② 정책대안 결과예측

정책대안이 이후 정책으로 선택되어 집행되었을 때 나타날 결과를 미리 예상해보는 것을 정책대안의 결과예측이라고 한다. 정책대안의 결과예측은 미래에 대해 명확한 예측을 필요로 하고, 이러한 결과예측은 정책 결정자의 미래에 대한 이해도를 높일 뿐 아니라 미래 변화에 대해 올바르게 대응할 수 있도록 한다(백승기, 2010).

정책대안의 결과를 예측하는 것은 정책효과 및 정책비용을 예측하는 것을 의미하는데, 정책효과란 정책 활동으로 인해 생겨나는 바람직한 상태를 뜻한다. 정책효과는 정책 활동의 산출(output)로 인해 정책목표를 이뤘을 때 나타나는 효과를 가장 중요하게 여긴다. 정책비용이란 정책 형성과정에서 희생되는 모든 가치를 말한다. 즉, 정책비용에는 정책활동에 들어가는 인적 · 물적 자원 그리고 정책 수행의 결과로 발생하는 모든 사회적 희생이 포함된다(박호숙, 2005).

③ 정책대안 비교·평가

정책대안의 결과가 예측되면 이를 기반으로 정책대안들을 비교 · 평가하기 시작한다. 사실상 정책대안들은 무수히 많기 때문에 대안들을 일일이 비교 · 평가하는 것은 불가능하다고 할 수 있다. 그러므로 수많은 정책대안 중 선별된 중요한 정책대안을 중심으로 본격적인 비교 · 평가 작업을 진행하게 된다. 본격적인 비교 · 평가 작업에 앞서 미리 진행하는 예비평가를 정책대안의 스크린이라고 한다.

정책대안의 스크린은 여러 정책대안 중 본격적인 비교 · 평가의 대상이 되는 주요한 몇 개의 대안만을 선별하는 작업이다. 정책대안 스크린 작업 시에는 기준이 존재한다. 다양한 기준과 원칙이 존재할 수 있지만 '정책대안의 실현 가능성' 및 '소망성(Desirability) 측면의 지배의 원리' 두 가지에 대해 살펴보겠다(박호숙, 2005).

첫째, 실현 가능성이다. 실현 가능성이란 정책대안이 정책으로 선택될 가능성과 집행될 가능성 모두를 포함하는 개념이다(남기범, 2009). 뚜렷한 실현 가능성이 없는 정책대안이라면 본격적인 비교 · 평가의 대상으로 채택될 이유가 없다. 실현될 가능성이 있는 대안들만을 검토하여 본격적인 비교 · 평가의 대상으로 선정해야 한다(박호숙, 2005). 실현 가능성은 세부적으로 정치적 실현 가능성, 재정적 실현 가능성, 행정적 실현 가능성, 기술적 실현 가능성이 있다. 각 실현 가능성의 의미를 간단하게 소개하자면 다음과 같다.

정치적 실현 가능성이란 그 밖의 다른 실현 가능성에 영향을 줄 수 있는 가장 중요한 것으로, 정책대안의 선택 및 집행에서 정치적인 도움을 받을 가능성을 말한다. 재정적 실현 가능성이란 정책집행에 사용할 수 있는 재원이 충분한지의 여부를 의미한다. 즉, 예산보다 정책집행에 필요한 비용이 더 많다면 재정적으로 실현 불가능한 정책이 되는 것이다. 행정적 실현 가능성이란 정책대안 집행에 요구되는 여러 조직 및 인력 등의 이용 가능성을 말한다. 기술적 실현 가능성이란 정책대안이 진행되는 데 필요한 기술이 현재 기술로서 가능한지 여부를 의미한다(백승기, 2010).

정책대안 스크린 작업의 기준 둘째, 소망성(Desirability) 측면의 지배의 원리이다. 소망성이란 정책대안들의 내용이 얼마만큼 바람직한지에 초점을 두고 재어보는 규준을 뜻한다(김정수, 2016). 즉, 소망성 측면의 지배의 원리란 A 정책대안이 B 정책대안에 비해 더 바람직한 결과를 가져온다고 했을 때, A 대안이 B 대안을 지배하는 것을 말한다. 지배당하는 대안의 경우 본격적인 비교 · 평가 작업에서 배제된다. 이때 주의해야 할 점은 정책수단의 종류가 서로 다른 정책대안의 경우 본격적 분석과정에 포함시켜야 한다는 것이다. 왜냐하면 정책수단의 종류가 다르면 정책의 결과 또한 다르게 나타날 수 있기 때문이다(박호숙, 2005). 정책수단이란 정책목표를 이루기 위해 행해지는 방침을 뜻한다(김정수, 2016). 정책목표를 이루기 위한 수단은 얼마든지 다양할 수 있다. 예를 들어, 저출산 해결이라는 정책목표를 이루기 위한 정책수단으로는 신혼부부 주거지원, 출산지원금 마련, 다자녀 맞벌이 가구 어린이집 최우선 입소 등이 포함될 수 있다.

이처럼 정책대안의 스크린 즉, 예비분석이 종료되면 여기서 선별된 몇 개의 주요 대안을 중심으로 본격적 분석 및 비교 · 평가 작업을 진행하여 최종대안을 선택하게 된다(박호숙, 2005).

(4) 최종대안 선택

비교 · 평가된 결과를 바탕으로 최상의 대안을 찾아야 한다. 최상의 정책대안 채택은 먼저 대안들의 실현 가능성을 살펴본 뒤 이들 중 가장 바람직한 대안을 선택하는 것이다. 즉,

정책 결정자가 가장 적합하다고 생각하는 정책을 채택한다(백승기, 2010). 정책 결정자는 제안된 특정 정책안을 있는 그대로 받아들이거나 일부를 수정하거나, 몇 가지의 대안들을 절충하여 선택하기도 한다(강근복 외, 2016).

정책 결정자는 최종대안을 선택할 때 첫째, 설정한 목표를 달성할 수 있으며 현실적으로 문제를 해결할 수 있는지와 둘째, 실천 가능성이 있는지 셋째, 정책의 장점으로 인한 부작용은 발생하지 않는지 등에 대해 검토한 뒤 최종대안을 선택하는 것이 바람직하다(박호숙, 2005).

3) 보육정책 결정의 제약요인

실제로 정책결정은 여러 요인에 의해 영향을 받는다. 정책결정이란 정책 결정자에 의해 진행되는 것이기 때문에 정책결정을 하는 인간이 지닌 한계가 때로는 합리적인 정책결정을 하는 데 제약요인으로 작용하기도 한다. 정책결정에 방해가 되는 요인은 다음과 같다(박성복 외, 2002).

(1) 인간적 요인

정책 결정자는 개인적 가치관과 신념을 가지고 있다. 따라서 정책문제를 인지하고 정책결정을 할 때에도 개인적 가치관 및 신념에 영향을 받게 된다. 때로는 이러한 영향으로 인해 자신에게 유리한 정책결정을 내리는 문제가 발생하기도 한다. 또한 정책 결정자는 저마다 사람들이 지닌 위치에서 평등하게 정책결정을 하기보다 자신이 속한 계층, 지위 등을 기준으로 정책결정을 내리기 쉽다.

정책문제는 복잡성을 갖고 있으며 전문성 또한 요구된다. 정책 결정자는 모든 부분에서 유능할 수 없는 능력상의 한계를 지니고 있다. 따라서 정책 결정자가 문제를 해결하기 위해 다양한 대안을 탐색하고 평가하는 과정에서 개인적 능력의 한계가 영향을 미치게 된다.

(2) 구조적 요인

정책결정이 진행되는 내부 구조의 문제로 인해 합리적 정책결정에 어려움을 겪기도 한다. 내부 조직에서 문제를 처리할 때 따르는 표준운영방식에 의해 새로운 정책문제가 대두되더라도 언제나 기존의 방식 및 절차를 따라야 하는 어려움이 있다. 또한 조직 내 의사소통이 매끄럽게 진행되지 못하는 경우 정보전달의 왜곡이 발생하게 되며, 결과적으로 정책결정에 영향을 주게 된다.

(3) 환경적 요인

정치적인 문화도 합리적 정책결정에 영향을 미치게 된다. 정책 결정자는 자신의 주관적 의견만을 가지고 정책결정 하지 않고, 다른 정책 결정자와 지속적인 상호작용을 통해 정책을 결정하게 된다. 그러나 이 과정에서 오히려 합리적 의사결정 과정을 따르기보다 서로 정책안에 대해 흥정을 하거나 적정선에서 타협하려는 경향이 나타나기도 한다.

(4) 정보 요인

정책결정에 있어 무엇보다 중요한 것은 다양한 정보를 수집하고 분석하는 것이다. 정책결정 과정에는 여러 단계가 있는 만큼, 각 단계에서 필요한 많은 정보를 축적하는 것이 중요하다. 하지만 정책 결정자가 모든 정보를 수집할 수는 없는 일이기에 정보 요인 또한 합리적 정책결정에 영향을 미치게 된다.

(5) 정책문제 복잡성 요인

정책문제가 지닌 복잡성은 정책 결정자마다 정책문제를 다르게 정의하게 하여 갈등을 유발하게 만들 수 있다. 또한 정책문제를 정의하는 과정에서 관련 있는 다양한 집단들의 영향을 받게 되는데, 이 또한 합리적인 정책결정을 하는 데 어려움을 주는 요인이라 할 수 있다.

참고문헌

강근복, 김재관, 박근후, 박정택(2016). 정책학. 대영문화사.

김선정(2011). 정책학의 이해. 한국학술정보(주).

김신복(1983). 발전기획론. 박영사.

김정수(2016). 정책학입문. 문우사.

남기범(2009). 현대 정책학 개론. 조명문화사.

박성복, 이종열(2002). 정책학 강의. 대영문화사.

박호숙(2005). 정책결정과 정책집행. 조명문화사.

백승기(2010). 정책학원론. 대영문화사.

신현기, 박억종, 성조환, 윤종설, 최미옥, 한형서(2003). 정책학 개론. 웅보출판사.

이대희(1991). 정책가치론. 대영문화사.

이수천, 고광신, 전준현(2011). 사회복지정책론. 나눔의집.

정일환(2000). 교육정책론. 원미사.

정정길(1998). 정책학원론. 대명출판사.

한석태(2017). 정책학개론. 대영문화사.

Cobb, R, W, & Elder, C. D. (1972). *Participation in American Politics: The Dynamics of Agenda-Building*. Boston: Allyn and Bacon Inc.

Cobb, R, Ross, J. K., & Ross, M. H. (1976). Agenda Building as a Comparative Political Process. *American Political Science Review*, 70, 126-137.

참고자료

교과부(2011). 만5세 공통과정 명칭공모전 자료

교과부(2011). 만5세 누리과정 홍보용 리플렛

정책브리핑, "시·도별 '저출산·고령사회위원회'설치…전담팀도 둔다",
http://www.korea.kr/policy/societyView.do?newsId=148843599, 2017.10.16.

제6장

보육정책 집행 및 평가

1 보육정책 집행

1) 보육정책 집행 개념 및 중요성

(1) 정책 집행 개념

정책의 성공과 실패를 결정하는 중요한 정책 과정인 정책집행은 정책결정과 정책평가를 연결짓는 역할을 한다(백승기, 2010). 그렇다면 정책집행이란 과연 무엇일까? 정책집행이란, 정책의제 설정 및 정책결정 과정에서 만들어진 정책을 구체적인 행동으로 실현하는 것을 말한다. 즉, 정책결정을 통해 채택된 정책을 실천하는 단계인 것이다(남기범, 2009). 예를 들어, 우리 사회의 저출산 문제를 극복하기 위해(보육정책목표) 출산지원금제도를 시행하거나, 국공립어린이집 확충, 신혼부부 대상 주거지원 사업을 진행하는 것이 보육정책 집행에 해당된다. 이처럼 정책집행은 설정했던 정책목표를 정책효과로 전환하기 위한 정책대안을 실천하는 과정이라고 할 수 있으며, 이 과정을 그림으로 나타내면 [그림 6-1]과 같다(박호숙, 2005).

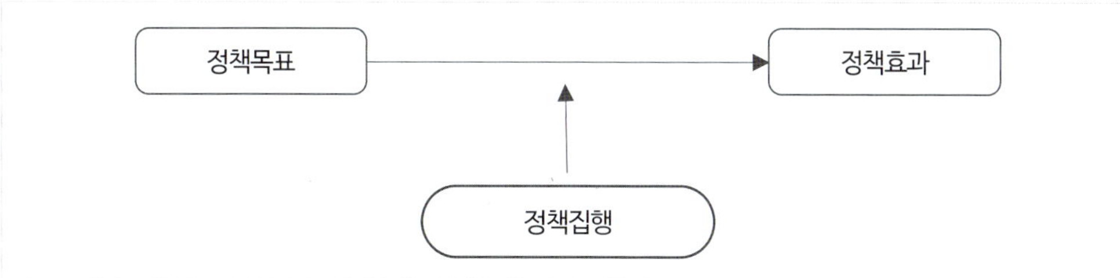

출처: 박호숙(2005). 정책결정과 정책집행. 재인용.

그림 6-1 정책집행의 기능

(2) 정책집행 중요성

1970년대 초까지만 하더라도 정책집행은 그저 '결정된 정책을 집행하기만 하면 되는 활동'으로 인식되어 그다지 중요한 정책과정으로 여겨지지 않았다. 그러나 정책결정 과정을 통과했다 하더라도 정책이 집행되지 않을 수 있고, 다양한 정치적 · 사회적 상황에 따라 정책 내용이 집행단계에서 수정되기도 하며, 정책집행 이후 오히려 문제가 악화되는 등 정책집행 단계에서 많은 변동이 일어날 가능성이 있다는 점을 알게 되면서 정책집행의 중요성이 보다 커지게 되었다(백승기, 2010). 정책집행이 중요한 이유를 정리해보면 다음과 같다(백승기, 2010; 홍성남, 2004).

첫째, 정책형성 단계에서 많은 시간과 비용을 투자해 만들어진 정책이 결과를 창출하려면 성공적인 정책집행이 이루어져야만 한다. 정책결정 과정에서 설정한 정책목표는 정책의 존재 이유가 되고, 정책목표의 달성은 정책집행 단계가 있어야만 가능해진다.

둘째, 정책결정 과정에서 채택된 정책들은 일반적으로 정치적인 타협으로 인해 결정된 것으로 그 내용이 구체적이기보다 모호하고 불확실한 경우가 많다. 따라서 이런 정치적 성격으로 인해 형성된 추상적인 정책내용은 정책집행 단계를 통해 보다 구체적이고 실제적인 내용으로 수정 · 보완되는 경우가 많다. 즉, 집행단계에서 보다 실질적인 정책내용이 결정된다고 볼 수 있다.

셋째, 정책집행은 정책의 대상자인 일반 국민에게 직접적인 영향을 미친다. 무엇보다 국민들은 집행과정을 통해 진행되는 서비스 내용과 규제되는 행동 내용을 알게 되고, 집행과정에서 보여지는 정책 집행자의 태도, 정책집행 방법 등에도 영향을 받게 된다. 예를 들어, 보육담당공무원의 집행태도가 불성실하다고 느끼게 되면 해당 정책에 대한 이미지도 부정적으로 인식되고 만다. 즉, 정책집행은 국민들에게 정부 정책에 대한 긍정적 · 부정적인 인식을 심어주는 중요한 단계라고 볼 수 있다.

2) 보육정책 집행 접근방법

1970년대 이후 정책집행에 대한 관심이 커지면서 이에 관련된 많은 연구가 진행되었다. 연구자들은 정책집행의 다양한 접근방법을 제시하였다. 정책집행에 대한 접근방법은 크게 하향식 접근방법과 상향식 접근방법 두 가지로 나누어 볼 수 있다.

(1) 하향식(top-down) 접근방법

하향식 접근방법이란 정책집행에 대해서 상부에서 지시를 내리고 하부에서 이를 수행하는 접근방법을 말한다(김성윤 외, 2011). 즉, 조직의 상부에 존재하는 정책 결정자가 아래의 구성원들에게 업무의 수행방법을 명확하게 규정지어 놓고 위에서 내려온 지침대로 집행하게끔 명령하는 방법이라 할 수 있다(김정수, 2016). 하향식 접근방법에서 집행자는 재량권이 거의 없으며 정책 결정자의 영향력이 매우 강하게 작용한다. 또한 하향식 접근방법은 정책 결정자가 설정했던 정책목표가 집행과정을 거쳐 얼마나 달성되었는지에 초점을 맞춘다(김성윤 외, 2011).

하향식 접근방법의 장점은 다음과 같다. 정책결정 단계에서 이미 집행과정 시 발생할 수 있는 문제점을 예측하여 정책에 반영할 수 있고, 이러한 내용을 집행자에게 지침으로 제시하여 전체적으로 정책의 안정된 성공을 뒷받침 할 수 있다. 또 정책 결정자가 정책의 모든 과정을 관리한다는 전제가 깔려 있기 때문에 정책이 실패할 경우 책임 소재가 명확하다는 점을 들 수 있다(한석태, 2017). 한편, 하향식 접근방법에서는 정책집행에서 있어 명확하고 일관성 있는 정책목표를 중요시 여긴다. 그러나 실제 우리 사회에는 다양한 가치관을 지닌 집단이 무수히 많이 존재하고 있기에, 사실상 정책은 다양한 이해집단들까지

포용할 수 있는 불분명한 목표를 가질 수밖에 없다. 또한 하향식 접근방법은 정책 결정자의 시선에서 모든 과정이 전개되기에 중앙에 있는 정책 결정자만 주요 인물로 여겨지고, 그 밖의 관료들의 역할은 소홀히 여겨지는 경향이 있다(김성윤 외, 2011).

(2) 상향식(bottom-up) 접근방법

상향식 접근방법은 실제 정책을 집행하는 정책집행기관 및 집행자의 시각에서 정책집행에 영향을 미치는 다양한 요인들의 상호작용에 관심을 가지는 접근방법이다. 정책집행에 영향을 미치는 다양한 요인이란 현장 집행 인력, 예산, 재량권의 범위 등을 말한다(강근복 외, 2016). 상향식 접근방법에서 정책 결정자는 정책의 큰 틀 정도만 제시하고 나머지 업무의 구체적 집행은 조직의 하위에 있는 일선 관료들이 진행한다(김정수, 2016). 즉, 상향식 접근방법에서는 정책 결정자가 아닌 나름의 전문성 및 지식 등을 가지고 실제 현장에서 발로 뛰며 정책문제를 해결해나가는 집행기관 및 집행자가 가장 큰 영향력을 지니는 존재라 할 수 있다(강근복 외, 2016).

상향식 접근방법의 장점은 다음과 같다. 상향식 접근방법에서는 실제 정책집행 과정을 보다 자세히 분석할 수 있다. 이 접근방법의 경우 정책집행에 영향을 미치는 다양한 구성원들의 생각과 구성원 간의 상호작용을 생생하게 파악할 수 있기 때문이다. 또한 상향식 접근방법은 집행 현장에 대한 이해도가 높기 때문에 정책결정 단계에서는 예측하지 못했던 정책 효과와 그 원인을 파악하기에 용이하다(한석태, 2017). 상향식 접근방법의 단점으로는 미시적 관점에서 파악이 효과적인 반면, 거시적인 파악은 어렵다는 점을 들 수 있다. 상향식 접근방법에서는 큰 틀을 관장하는 정책 결정자보다 조직 하부의 존재하는 일선 관료의 힘이 강조되기 때문에 거시적 관점을 무시하는 경우가 발생하기도 한다. 또한 공식적인 목표가 중요한 요인으로 다뤄지지 않기에 정책집행 결과에 대한 객관적인 평가가 어렵다는 문제가 있다(김성윤 외, 2011).

정책집행에 대한 접근방법은 어느 하나 고정된 것이 아니므로 때에 따라 상황에 맞는 접근방법을 선택하면 되는 것이다. 하향식 접근방법과 상향식 접근방법의 내용을 간략히 정리하면 〈표 6-1〉과 같다.

표 6-1 정책집행 접근방법

	하향식 접근방법	상향식 접근방법
권한	정책 결정자	집행자
방향	위 → 아래	아래 → 위
정책상황	안정적인 상황	유동적이고 불확실한 상황
정책목표수정	수정의 필요성 낮음 (정책목표가 명확하고 구체적)	수정의 필요성 높음 (정책목표 불명확하거나 추상적)
집행자의 재량	집행자의 재량 불인정	집행자의 재량 인정

출처: 남기범(2009). 현대 정책학 개론. 재구성.

3) 보육정책 집행 과정

정책의 집행 과정은 정책지침 작성 – 자원의 동원과 배분 – 실현 활동 – 감독 총 네 단계로 나누어서 설명할 수 있다.

(1) 정책지침 작성

정책지침이란 정책집행에 필요한 항목들에 대해 규정해 놓은 것으로 정책 집행자가 따라야 할 지침을 의미한다. 이러한 정책지침은 정책 집행자가 무엇을 해야 하는지 알려주는 기능을 담당한다. 즉, 정책지침은 정책내용을 보다 구체화시켜 정책집행에 관련된 사람들이 무엇을 어떻게 해야 하는지에 대해 알려주고 지시하는 준칙의 역할을 담당하는 것이다(백승기, 2010).

정책지침 작성 시에는 표준운영절차(SOP)를 개발하고 작성해야 한다. 표준운영절차란 '조직이 과거 적응 과정에서 한 경험을 기초하여 유형화한 업무 추진 절차' 또는 '업무수행의 기준이 되는 표준적인 규칙 또는 절차'를 의미한다(네이버 지식백과, 2010, 재인용).

표준운영절차를 사용할 경우 모든 대상 집단에게 같은 기준을 적용하게 되기에 공평성을 확보할 수 있고, 복잡한 상황에서 혼란 없이 집행을 진행할 수 있다는 장점이 있다. 그러나 한편으로는 동일한 절차를 따라야 한다는 점에서 개별적 특수성이 무시되거나 과거의 절차를 새 정책에 적용하려 할 경우 절차가 잘 맞지 않는 문제가 발생하기도 한다(백승기, 2010).

보육정책의 표준운영절차에 해당되는 내용은 보건복지부에서 배포하는 '보육사업안내'로 볼 수 있다. 다음에 제시되는 〈표 6-2〉는 보육사업안내 중 시간제 보육 정책의 안내 지침 일부이다. 각 주체마다 정해진 지침에 따라 어떠한 기능을 수행해야 하는지 구체적인 담당 업무를 확인할 수 있다.

표 6-2 시간제 보육 기관별 담당 업무

추진 주체		기능
보건복지부	사업총괄	• 기본계획 수립, 지침 작성 • 예산확보 및 지원 • 사업평가 및 홍보
시·도	사업관리	• 사업 추진 계획 수립 • 시군구에 사업량 조정 및 예산 지원 • 시군구 사업 관리 감독 • 사업 홍보
시·군·구	사업 중간 관리	• 사업 추진 계획 수립 • 제공기관 선정 및 관리감독(모니터링) • 예산집행 및 실적보고 • 사업 홍보 및 평가
⋮		
시간제보육 관리기관	사업담당	• 시간제보육 상담 및 지원 • 시간제보육 예약 관리 • 제공기관 운영지원 • 홍보 및 안내 • 그 외 시간제 보육 관련된 업무
시간제보육제공기관	사업담당	• 시간제보육 서비스 제공 • 시간제보육 홍보 • 시간제 보육 자율점검보고서 작성, 제출

출처: 보건복지부(2018). 보육사업안내. 재구성.

(2) 자원의 동원과 배분

정책을 집행하려면 집행에 필요한 자원이 뒷받침되어야 한다. 특히 정책집행은 집행에 소요되는 예산이 필요한 시점에 정확히 지원되는 것이 중요하다. 정책집행에 필요한 자원에는 인적자원, 물적자원 그리고 정보와 기술, 정치적 지지 등이 포함된다(김성윤 외, 2011).

(3) 실현 활동

정책집행은 지침을 정하고 그에 따라 필요한 자원들을 배분하는 것에서 끝나지 않는다. 처음 설정했던 정책목표를 이루기 위해서는 적극적인 정책집행이 필수적이라 할 수 있다. 적극적인 정책집행을 이루기 위해서는 무엇보다 정책 담당자의 자발성 및 창의성을 불러일으키도록 하는 것이 중요하다(김성윤 외, 2011).

(4) 감독

정책집행이 항상 계획한 대로 진행되는 것은 아니다. 왜냐하면 정책결정 당시의 상황과 집행 당시의 상황이 달라질 수 있고, 무엇보다 정책집행의 주체는 사람이기 때문이다. 정책이 처음 계획한 대로 진행되기 위해서는 집행에 관련되는 다양한 요인들을 통제하고, 진행 상황을 평가해야 한다. 이러한 과정을 통해 집행에 잘못된 점이 있다면 고쳐 나가 성공적인 집행을 이루어야 한다(백승기, 2010).

읽어보기

■ 다음은 행정안전부에서 발표한 2017년도 지자체별 저출산 극복을 위한 우수시책의 일부이다. 저출산 극복이라는 동일한 정책목표를 가졌지만 각 지자체마다 저출산 정책 실현 과정에서 서로 다른 창의적인 아이디어를 제시했음을 알 수 있다.

최우수	충북 청주시	"가족친화 지역사회 UCC 네트워크" - University(대학)-City(청주시)-Company(기업)을 주축으로 하는 지역사회 네트워크 구축을 통한 저출산 극복 인식개선 역할 분담, 연계 - 대학: 결혼·출산, 양성평등 관련 교양과목 개설 및 확내 - 청주시: 찾아가는 인구정책 설명회, UCC네트워크 협약 체결 - 기업: 기관별 실정에 따른 가족친화제도 발굴 및 시행
우수	서울 강동구	"다자녀가정-기업(단체) WIN-WIN 프로젝트" - 다자녀가정과 기업체(단체) 간 결연을 통해 양육비를 지원. 출산에 대한 지역사회 공감 및 관심 증대. 기업의 사회공헌 연계 - 결연기간 1년 / 결연대상 넷째 이상 가정 - 지원금액 월 10만 원, 연 120만 원(최장 3년 360만 원)
장려	전남 광양시	"공동돌봄나눔터 및 품앗이 사업(우리아이꿈수레)" - 아파트 유휴 공간 리모델링을 통해 공동돌봄 나눔터로 조성하여 가족 품앗이 및 민·관 협력을 통한 육아부담해소 - 공동돌봄나눔터 운영: 월~금(16-19시) - 돌봄교실 참여 아빠 동아리 구성

*위의 표는 우수시책의 주요내용 일부를 발췌한 것임

출처: 행정안전부(2017). 지자체 저출산 극복 우수시책 경진대회 개최 보도자료.

4) 보육정책집행 영향 요인

정책집행이 성공적으로 진행되기 위해 고려해야 하는 몇 가지 요인들이 있다. 정책집행은 이러한 요인들에 의해 그 성패가 좌우된다고 할 수 있는데, 정책집행에 영향을 미치는 요인들을 소개하면 다음과 같다(정정길 외, 2010).

(1) 정책특성 요인

정책의 특성 중 정책내용이 분명하고 일관성 있게 지속될 때 보다 성공적인 정책집행이 가능해진다. 정책내용이 불분명하고 집행에 필요한 세부지침이 존재하지 않는다면 체계적인 집행은 힘들 것이다. 무엇보다 정책 내용의 일관성이 없는 경우 안정적인 집행은 더욱 어려워진다.

정책 내용이 집행과 관련된 사람들에게 바람직한 것으로 여겨지는지 여부 또한 집행에 영향을 미친다. 즉, 정책 결정자들이 특정 정책내용을 바람직한 것으로 생각하더라도 집행 담당자들이 정책내용을 좋게 생각하지 않는다면 집행과정이 소극적으로 진행될 수 있다.

정책집행에 필요한 수단이나 도구, 자원의 충분한 확보 또한 정책집행에 영향을 미치는 요인이 된다. 좀 더 구체적으로 이야기하자면 집행에 드는 경제적 재원, 실제 작업을 할 수 있는 인력 및 부서의 지원, 집행과정에서 사용되는 기술 등이 잘 갖춰져 있어야 보다 성공적 집행이 가능해진다.

(2) 정책집행 체제 요인

정책집행을 담당하는 기관 및 집행 담당자는 정책집행의 성패를 좌우하는 요인이 된다. 무엇보다 집행과 관련된 담당자들의 열정과 능력은 집행의 성공에 결정적인 영향을 미친다고 할 수 있다. 정말 좋은 정책이 있다고 해도 그것을 집행하는 담당 관료들이 적극적으로 집행에 참여하지 않으면 효과적인 집행은 이루어지기 어렵다. 또한 일선 관료들이 집행에 대한 의욕은 있지만 집행에 관련된 지식 및 능력이 부족한 경우도 효과적인 집행은 진행되기 어렵다. 나아가 집행을 담당하는 기관 내의 조직 구조가 어떠한지, 집행 절차는 어떠한지, 기관 내의 분위기가 경직되어 있는지, 편안한지 등도 정책집행에 영향을 미치는 요인이 될 수 있다.

(3) 환경적 요인

정책적 특성이나 집행 체제와 같은 내적인 요인뿐 아니라 외적인 요인 또한 성공적 정책집행에 영향을 미치는 요인이 된다. 먼저 정책 결정자가 정책에 대해 보이는 관심 및 정책에 대한 지지 정도는 정책집행에 영향을 미치게 된다. 정책 결정자는 집행에 소요되는 인력, 예산, 권한 등을 뒷받침해 줄 수 있는 역할을 담당하기 때문에 정책집행 과정에 보다 강력한 힘을 행사할 수 있다(김성윤 외, 2011). 또한 대통령과 같은 최고 지도자가 지지하는 정책인 경우, 정책집행에서 나타날 수 있는 장애물들을 보다 수월하게 넘어갈 수 있게 된다.

일반 대중 및 여론의 반응 또한 정책집행 성공에 있어 중요한 요인이 된다. 특히, 대다수의 국민이 지지하지 않는 정책인 경우 정책 시행과정에서 많은 어려움(예 정책 반대 시위)을 겪게 된다. 또한 언론에서 정책에 대해 비판적인 입장을 끊임없이 내비친다면, 언론을 통해 정보를 얻게 되는 많은 대중들의 여론 또한 정책에 대해 부정적 시각을 갖게 될 가능성이 크다.

정책집행 성공에는 무엇보다 정책과 직접적으로 관련 있는 대상 집단의 반응이 중요하다. 정책 수혜집단의 지지는 강해야 하고, 그에 반대되는 입장에 있는 희생집단의 저항은 약해야 한다(김성윤 외, 2011).

5) 보육정책집행 순응과 불응

정책집행에 대해 정책 대상 집단들이 가지는 태도는 크게 2가지로 설명할 수 있다. 먼지, 정책을 적극적으로 시시하는 순응(compliance)이 있고, 이와 반대로 정책에 대해 비판적이고 저항하는 불응(non-compliance)이 있다(김선정, 2011). 많은 사람들이 정부가 제정한 정책에 대해 불응한다면 정책집행은 결국 실패하게 된다. 따라서 국민들의 순응을 이끄는 것은 성공적인 정책 집행을 위해 매우 중요하다(김성윤 외, 2011).

표 6-3 정책대상집단

분류기준	유형	내용
정책에 의한 영향	정책수혜집단	정책에 의해 혜택을 받는 집단
	정책희생집단	정책에 의해 희생을 감수해야 하는 집단
정책명시 여부	특정 대상집단	정책에 명시되어 있는 집단
	불특정 대상집단	정책에 명시되어 있지 않은 집단

출처: 남기범(2009). 현대 정책학 개론. 재구성.

(1) 정책집행 순응 발생원인

순응이란 정책 결정자가 설정한 정책 및 요구사항에 대해 정책 집행자가 그에 일치하는 행동을 보이며, 집행과정에서 집행자가 제시하는 내용에 대해 환경 및 대상집단이 일치된 행동을 보이는 것을 의미한다(남기범, 2009). 순응은 성공적인 정책집행을 이루기 위해 꼭 필요한 것이라 할 수 있다. 순응이 발생하는 요인은 다음과 같다(김선정, 2011).

① 정당성에 대한 믿음

정당성이란 가치의 이해 및 형성과 관련 있는데, 정책이 정당성을 갖게 될 경우 정책에 권위가 생기고, 사람들은 정책이 정의로운 방법에 의해 형성되었다고 믿게 된다. 따라서 정책 대상 집단은 정책이 원하는 내용과 일치되는 행동을 보이게 된다.

② 개인적·집단적 이해

사람들은 자신이 얻게 될 이익이나 손해를 따져보고 그것에 기반하여 순응 또는 불응을 하게 된다. 즉, 사람들이 순응을 하게 되는 경우는 불응일 때보다 순응을 하는 편이 개인적으로나 집단적으로 이익이 되고 적은 손해를 본다고 생각할 때이다.

③ 정책집행기관 강제 또는 설득

외부적 힘을 이용하여 대상 집단을 강제하거나 설득시키는 것이다. 외부 요인으로는 정책에 순응했을 때 받게 되는 보상이 있으며, 반대로 불응했을 때 받게 될 벌금이나 처벌을 들 수 있다. 이러한 강제 또는 설득 요인 모두 정책 대상 집단의 행동을 변화시킨다.

④ 정책환경 압박

한 개인은 자신이 속한 사회적 집단이나 사회 규범에 지속적으로 영향을 받는다. 만약 정책이 특정 집단의 지지나 사회적 관심을 받게 되고 규범으로서 자리잡게 된다면 집단에 속한 개인은 순응하게 될 가능성이 커지게 된다.

(2) 정책집행 불응 발생원인

정책 불응의 발생원인은 Coombs와 Anderson의 의견을 바탕으로 설명하고자 한다(김성윤 외, 2011).

① 명확하지 않은 의사전달

정책 대상 집단에게 정책 내용이 명확하게 전달되지 않았을 경우 불응이 발생하게 된다. 발신자가 잘못된 전달을 한 경우, 수신자가 내용 이해를 못한 경우, 선날과성에서 정보량이 너무 많은 경우 모두 불분명한 의사전달의 원인이 된다.

② 부족한 자원

정책 대상 집단에게 정책 내용이 명확하게 전달되었음에도 불구하고 순응하기에 너무 많은 경제적 비용이 드는 경우, 시간이나 능력 등의 자원이 부족한 경우 불응이 발생하기도 한다.

③ 바람직하지 못한 정책

정책내용이 바람직하지 않을 경우 정책 대상 집단은 정책에 대해 의문을 품게 되고 이는 결국 불응을 불러일으키게 된다.

④ 권위에 대한 불신

합법적인 절차를 거치지 않고 제정된 정책인 경우 사람들은 불응하게 된다. 특히 정책

집행기관의 전통성이 부족하거나 특정 집단만 이익을 얻는다고 정책 대상 집단이 생각할 때 불응이 나타난다.

생각해보기

■ 내가 순응했거나 불응했던 보육정책을 머릿속으로 떠올려보고, 어떠한 원인에 의해 그 정책에 순응했고 불응했는지 생각해보자.

	순응	불응
보육정책		
원인		

2 보육정책 평가

1) 보육정책 평가 개념 및 목적

(1) 정책평가 개념

정책평가란 정책결정 및 집행 후 의도했던 정책목표를 어느 정도 달성했는지 따져보는 활동을 뜻한다(김성윤 외, 2011). 즉, 정책평가는 정책의 좋고 나쁨을 밝히는 가치판단적 활동이라 할 수 있다. 특정 정책의 좋고 나쁨을 따져볼 때 가장 중요한 점은 정책의 목표 달성 여부를 확인하는 것이다. 목표를 성취했다면 그것은 곧 해결하고자 했던 사회문제가 해결되었다는 뜻으로 받아들일 수 있기 때문이다. 모든 정책은 목표달성 성패와 상관없이 평가가 이뤄져야 한다. 실패한 정책이라면 실패 원인이 무엇인지 알아내야 하고, 성공한 정책이라면 어떤 요인에 의해 성공을 거두었는지 그에 대한 정보를 획득해야 한다. 이렇게 정책평가를 통해 획득한 정보는 또 다시 새로운 정책과정의 밑거름으로 작용하게 된다(한석태, 2017).

(2) 정책평가 목적

정책평가의 목적은 크게 세 가지로 나눠볼 수 있으며, 정책평가의 목적을 설명하면 다음과 같다(김정수, 2016).

첫째, 관리 개선의 목적이다. 관리 개선은 정책평가의 가장 중요한 목적이라 할 수 있다. 정책평가를 통해 어떤 점이 어떻게 잘못됐는지를 이해하는 것이야말로 정책평가의 근본적 목적인 것이다. 평가를 거쳐 얻은 정보를 바탕으로 관리에 있어 부족한 점들을 개선시켜 나갈 수 있다. 평가의 핵심은 성공한 부분은 무엇이고, 실패한 부분은 무엇인지 파악하는 데 있다.

둘째, 배움의 목적이다. 정책평가를 하게 되면 정책과 관련된 많은 새 지식을 얻게 된다. 이러한 지식들은 정책을 수정하고 보완하는 데 유용한 자료로 사용된다. 평가를 통한 배움은 정책의 성공 사례뿐 아니라 정책의 실패 사례에서도 얻을 수 있다. 즉, 정책평가는 정책문제 및 정책에 대한 지식을 확장시켜주는 기회가 되는 것이다.

셋째, 책임성 확보의 목적이다. 정책을 결정하고 집행한 내용에 대해 아무도 관심을 보이지 않는다거나 어느 누구도 뭐라 하지 않는다면 정책 담당자들은 정책과정에서 최선을 다하지 않을 것이다. 정책은 국민의 삶과 연결되는 것이기 때문에 정책 담당자들은 정책과정에서 보다 진중한 자세로 책임감 있는 태도를 지녀야 한다. 정책 담당자들이 책임감을 갖고 정책을 다룰 때 보다 좋은 정책이 형성되고 집행될 수 있다.

2) 보육정책 평가 유형

(1) 평가의 시기(형성평가 및 총괄평가)

평가의 시기에 따라 형성평가와 총괄평가로 나누어 볼 수 있다.

먼저 형성평가는 진행 중에 있는 보육활동이나 프로그램을 개선 · 보완하는 데 필요한 자료를 수집하며, 이렇게 수집된 자료는 프로그램 관리자에게 제공되어 결과적으로 정책의 질을 개선하는 데 도움을 준다(정일환, 2000).

다음에 제시되는 〈표 6-4〉는 형성평가 자료의 예로, 2014년 4월 도입된 어린이집 입소대기 관리시스템에 대한 조사내용이다. 해당 조사는 14년 8월에 진행되었으며 조사 대상은 시스템 이용 경험이 있는 부모를 대상으로 진행하였다. 이 조사는 입소대기 관리시스템의 만족도 등을 파악하고 파악한 정보를 바탕으로 제도의 개선 및 제도의 성공적 정착을 이루기 위해 실시되었다. 만족도 조사결과 제도의 개선사항으로 허수대기자에 대한 관리의 필요성, 시스템 사용이 어려운 대기자의 불편을 덜어주기 위한 배려의 필요성 등의 내용이 도출되었다(이정원 외, 2014).

표 6-4 어린이집 입소대기 관리시스템에서 개선이 요구되는 사항

단위: %(명)

구분	시스템 이용이 어려운 사람에 대한 예외적 방법 적용 필요	입소대기 시 입소 가능일 혹은 입소 희망일을 입력하도록 함	부모가 입소대기 시 관련 서류파일 첨부로 정확한 정보 입력	입소아동 선정 일정부분 기관 재량권 부여, 특별전형 인원부여	허수 대기를 줄이기 위한 방안 마련	기타	계(수)
1순위	23.2	18.7	7.0	9.0	33.5	8.7	100.0(702)

출처: 이정원 외(2014). 2014 보육정책의 성과와 과제. 재인용.

총괄평가는 특정 활동이나 프로그램이 모두 완료된 후에 정책의 효과를 판단하는 것으로, 정책 종료 후 정책의 영향력을 파악하기 때문에 정책에 대한 전체적인 평가가 가능하다는 특징이 있다(정일환, 2000).

(2) 평가의 주체(내부평가 및 외부평가)

평가의 주체에 따라 내부평가와 외부평가로 나뉠 수 있다. 먼저 내부평가란 정책 또는 프로그램이 진행되는 내부에서 이루어지는 평가를 말한다. 반면, 외부평가란 정책결정 및 집행과 관련이 없는 외부기관이나 집단에 의해 진행되는 평가를 말한다(정일환, 2000).

내부평가의 경우 평가할 정책에 대해 평가자가 많은 정보를 알고 있다는 점에서 정확한 평가를 진행할 수 있다는 장점이 있다. 그러나 해당 정책에 대해 부정적 평가를 할 경우, 정책 관련 담당자들의 능력 또한 부정적으로 비춰질 우려가 있어 평가 결과에 대한 객관성 확보는 어렵다고 볼 수 있다. 한편, 외부평가의 경우 평가의 객관성을 확보할 수 있다는 장점이 있으나 정책에 대해 명확한 정보를 알지 못하는 어려움이 있으며, 평가 대상자들의 불만 등으로 인해 평가 결과가 정확하지 않을 수 있다는 문제점이 있다(이윤식, 2014).

(3) 평가의 방법론(정량평가 및 정성평가)

정책평가 시 사용하는 방법에 따라 크게 정량적 평가(양적 평가)와 정성적 평가(질적 평가)로 나눌 수 있다. 먼저 정량평가(양적 평가)란 계량적 방법을 이용하여 수치화되어 나온 정책결과를 측정하고 분석하여 정책과 결과 간의 인과관계를 밝혀내는 평가를 말한다. 즉, 숫자를 사용한 측정 방식을 계량적 평가라고 한다. 정성평가(질적 평가)란 수치화가 아닌 정책과정 및 결과에 대해 서술적으로 내용을 기술하는 방법을 말한다. 주관적인 서술 평가이기에 질적 평가 또는 비계량적 평가라고 불린다(김정수, 2016).

3) 보육정책 평가 기준

정책의 평가 기준은 학자마자 다르게 제시될 수 있으나 공통적으로 제시하는 평가 기준은 효과성·능률성·형평성 등을 들 수 있다(한석태, 2017). 강영욱(2004)은 영유아 보육정책에서는 크게 4가지 평가 기준이 중요하다고 제시하였다. 4가지 기준에는 정책목표의 실현을 중시하는 효과성과 자원의 효율적인 사용을 중요시하는 능률성, 사회 전체적으로 동등한 혜택을 강조하는 형평성, 정책이 시민들의 요구를 얼마나 잘 반영했는지를 평가하는 대응성이 포함된다. 여기서는 보육정책의 평가 기준을 효과성 · 능률성 · 형평성 · 대응성 네 가지로 살펴보고자 한다.

(1) 효과성

효과성이란 정책이 설정한 목표를 어느 정도 달성했는지 살펴보는 평가 기준이다. 효과성 기준에 따르면 투입 비용과는 상관없이 정책의 효과 및 성과가 크면 좋은 정책으로 평가한다(강근복 외, 2016).

효과성은 목표 달성 정도를 중요하게 생각하기에 보육정책에서 효과성을 측정하기 위해서는 무엇보다 보육정책이 지향하는 목표가 무엇인지 정확히 파악해야 한다. 보육정책에서 효과성 평가는 영유아 보육의 질이 얼마나 향상되었는지, 요보호 영유아가 건강한 사회구성원으로 성장하는 데 영유아 보육 · 교육이 얼마나 기여하고 있는지, 보호자의 사회 · 경제적 활동 참여율은 어떠한지 등의 내용으로 진행될 수 있다(강영욱, 2004).

다음에 제시되는 내용은 효과성 평가의 사례이다. 〈표 6-5〉는 육아정책연구소에서 진행한 공보육 · 교육 공급 정책 평가 연구 중 효과성 평가에 대한 내용 일부를 발췌한 것이다. 여기서 소개하는 효과성 평가를 위한 정책 목표는 보육서비스의 질 향상이다.

표 6-5 1급 보육교사 비율 현황

단위: %

구 분	2013	2014	2015
전체	42.5	45.6	47.2
국공립	65.8	72.4	76.0
직장	35.9	41.3	48.7
공공형	62.6	65.2	67.9

출처: 양미선 외(2016). 공보육 · 교육 공급 정책 평가와 개선방안. 재인용.

보육교사는 보육서비스의 질을 좌우하는 중요한 요인이기에 어린이집 내 1급 보육교사 비율은 보육서비스의 질 향상과도 연결된다고 볼 수 있다. 〈표 6-5〉를 살펴보면 1급 보육교사의 비율은 2015년 기준으로, 전체 평균이 47.2%이고 매년 그 비율이 증가하고 있음을 알 수 있다. 이러한 결과는 보육서비스의 질 향상이라는 정책 목표를 달성한 것으로 평가할 수 있다(양미선 외, 2016).

(2) 능률성

능률성은 정책평가에서 많이 사용되는 기준으로 목표 달성을 하는 데 얼마 만큼의 비용, 노력 등이 투입되었는지를 의미한다. 즉, 능률성이란 산출 · 투입의 비율을 뜻하는 것으로(강근복 외, 2016), 정책 산출 시 산출에 비해 투입이 적을 경우 좋다고 여기거나, 같은 투입일 경우 더 많은 산출을 내는 것이 바람직하다고 보는 관점이다(한석태, 2017). 보육정책에서 능률성 평가는 정부의 보육예산 부담에 따른 실제 수혜 아동의 수는 어떠한지 등의 내용으로 진행될 수 있다(강영욱, 2004).

다음에 제시되는 내용은 능률성 평가의 사례이며 〈표 6-6〉은 육아정책연구소에서 진행한 공보육 · 교육 공급 정책 평가 연구 중 능률성 평가에 대한 내용 일부를 발췌한 것이다. 능률성 평가 방법에는 비용 · 편익평가법이라는 방식이 있는데, 이 방법은 사업에 들어간 비용을 뛰어 넘는 편익(benefits) 발생 여부를 살피는 것이다. 이때 순편익이 0보다 크거나 편익/비용이 1보다 클 때 능률적이라고 평가한다(김명수, 공병천, 2016).

표 6-6 공공형 어린이집 지정에 따른 이용자의 순편익과 편익비

단위: 억원(배)

구분	총비용(A)	총편익(B)	순편익(B-A)	편익비(B/A)
가정(공공형)	11.4	105.3	93.9	9.24

출처: 양미선 외(2016). 공보육 · 교육 공급 정책 평가와 개선방안.

제시된 표를 해석하면 일반(가정) 어린이집이 공공형(가정) 어린이집으로 지정되기 위해 필요한 총 비용은 11.4억 원이고, 해당 시설 이용자에게 발생하는 총 편익은 105.3억 원이

다. 공공형(가정) 어린이집의 신규 지정에 따른 순편익은 93.9억 원이고, 편익비를 계산하면 9.24배가 되기에 공공형(가정) 어린이집 공급 정책은 능률적이라 평가할 수 있다(양미선 외, 2016).

(3) 형평성

형평성이란 정책에 의해 발생한 비용이나 편익(benefits)이 해당 집단에 공평하게 배분되었는지를 평가하는 기준을 말한다. 정책 비용이나 편익이 특정 집단 혹은 특정 지역에만 집중된다면 형평성에 어긋나는 정책이라 할 수 있다(강근복 외, 2016).

보육정책에서 형평성은 사회경제적으로 낮은 위치에 있거나 취약 지역에 속하는 대상이 그렇지 않은 대상과 동등하게 보육서비스를 받을 수 있도록 하는 것을 의미한다. 형평성에 대한 평가는 지역 및 소득계층별 수혜 대상자의 범위가 어떠한지, 취약 계층에 대한 실질적인 혜택은 어떠한지 등의 내용을 바탕으로 진행될 수 있다(강영욱, 2004).

다음에 제시되는 〈표 6-7〉은 어린이집 유형별 장애 영유아 이용 현황자료이다. 제시된 자료를 통해 영유아 보육정책의 형평성 문제를 생각해 볼 수 있다.

표 6-7 어린이집 유형별 장애 영유아 이용 현황

단위: 개소, 명

년도	장애아 전문어린이집		장애아 통합어린이집		일반 어린이집	
	시설 수	장애아동 현원	시설 수	장애아동 현원	시설 수	장애아동 현원
2017	178	6,161	946	4,066	1,219	1,462

출처: 보건복지부(2018). 2017 보육통계.

2017년 보육통계를 살펴보면 전국의 어린이집은 총 40,238개로 집계되었다. 그러나 〈표 6-7〉을 살펴보면 장애 영유아가 이용할 수 있는 어린이집은 일반 어린이집을 제외하면 총 1,124개에 불과하다. 이러한 통계결과는 우리나라 장애 영유아가 보육서비스를 이용하는 데 있어 아직까지도 접근성 부분에 많은 제한점이 있음을 시사하는 것으로 볼 수 있다(장하진 외, 2015). 이는 우리나라에 장애 아동을 받아 줄 수 있는 보육기관이 턱없이 부

족하다는 점으로 해석할 수 있고, 결과적으로 장애아동은 보육기회의 측면에서 균등한 서비스를 제공받고 있지 못하고 있는 실정이라고 평가할 수 있다.

(4) 대응성

대응성이란 정책의 성과가 수혜대상의 요구, 선호 또는 가치를 얼마만큼 충족시켰는지를 평가하는 기준을 말한다(강근복 외, 2016). 보육정책에서의 대응성이란 보육정책에 의해 수혜집단이 어느 정도의 혜택을 받고 있는지 그리고 혜택의 내용이 그들이 기대한 내용과 얼마만큼 상응하는지를 의미한다. 즉, 정부가 아무리 성공적인 보육정책을 만들었다 하더라도 수혜집단의 기대 및 요구를 충족시키지 못한다면 그 정책은 성공적이라고 평가할 수 없다는 것이다(강영욱, 2004).

수혜집단의 요구사항을 잘 반영한 보육정책으로 '아이돌봄사업'을 들 수 있다. 아이돌봄사업이란 부모의 맞벌이 등의 사유로 양육공백이 발생한 가정의 만 12세 이하 아동을 대상으로 아이돌보미가 찾아가는 서비스를 말한다. 아이돌봄사업은 부모의 출장이나 야근, 아동의 질병 등으로 인한 일시적인 돌봄 수요 상황에 탄력적으로 대응하기 위해 운영된 사업이다(여성가족부, 2016).

다음에 제시된 〈표 6-8〉을 보면 아이돌봄서비스 이용가구 수는 매년 증가하고 있으며, 아이돌봄서비스의 만족도 조사 결과 또한 89.7%가 만족한 것으로 나타나(한국여성노동연구소, 2009), 아이돌봄사업은 대응성 측면에서 보육정책 대상자의 요구를 충족시킨 좋은 정책이라 평가할 수 있다.

표 6-8 아이돌봄서비스 이용자 현황

단위: 이용가구 수

2013년도	2014년도	2015년도	2016년도	2017년도
51,393	54,362	57,687	61,221	63,546

출처: 아이돌봄서비스. 주요통계. https://www.idolbom.go.kr/intro/index2.go

4) 보육정책 평가 절차

정책평가의 절차는 학자마다 다양하게 제시되고 있으나 일반적으로는 정책평가 기획, 자료 수집 및 분석, 평가 결과 제시의 3단계로 설명할 수 있다(강근복 외, 2016).

(1) 정책평가 기획

정책평가에는 많은 시간과 비용이 따른다. 그렇기 때문에 본격적으로 정책평가를 진행하기에 앞서 철저한 준비 작업이 필요하다.

① 잠재적 이용자 확인

먼저 정책평가 결과를 사용할 잠재적 이용자를 확인해야 한다. 여기서 말하는 잠재적 이용자란 정책 결정자 및 집행자, 청와대, 국회, 일반 국민 등을 말한다. 잠재적 이용자를 확인해야 하는 이유는 이용자가 누구인지에 따라 정책평가의 정보가 달라질 수 있기 때문이다. 예를 들어, 정책 결정자는 정책이 의도한 대로 효과적으로 진행되었는지에 대한 정보를 얻고 싶어 할 것이고, 정책 집행자는 집행 방법이 적절했는지 등에 대한 정보를 얻고 싶어 할 것이다.

② 평가 목적 확인

정책평가는 주로 정책결정 및 집행에 관련된 정보를 얻거나 정책 관련자들의 책임성을 확보, 정책 관련 지식 획득 등을 목적으로 한다. 그러나 모든 이용자가 늘 같은 목적을 추구하는 것은 아니기 때문에 이용자마다 어떤 목적으로 정보를 얻으려 하는 것인지 기획해야 한다. 평가의 목적에 따라 평가대상이 달라지고 평가 유형 및 방법도 달라지기 때문이다.

③ 평가성 사정

평가성 사정이란 본격적으로 평가를 시작하기에 앞서 실시하는 검토이며, 일종의 예비평가를 의미한다(백승기, 2010). 평가성 사정은 정책을 어떤 방식으로 평가해야 하는지 그리고 어떤 부분을 평가해야 좋은 평가가 될 수 있을지 파악하는 것이다(강근복 외, 2016).

④ 평가 유형 결정

앞서 소개된 기획단계를 거치고 나면 어떤 유형의 평가가 좋을지 결정해야 한다. 예를 들어, 평가의 목적이 집행의 효율성을 확인하는 경우라면 형성평가를 통해 집행과정을 살펴보아야 하고, 책임성 확보를 평가 목적으로 하는 경우에는 내부평가보다 외부평가 방식이 더 적합할 것이다.

⑤ 평가 설계

평가 유형이 결정된 후에는 어떠한 방법으로 평가를 진행할 것인지 구체적인 설계를 해야 한다. 설계가 튼튼하지 않을 경우 이후에 진행되는 평가활동은 비능률적이 되며 평가결과에 대한 타당성 및 신뢰도는 낮아지게 된다.

(2) 자료 수집 및 분석

평가 설계 단계에서 결정한 방법에 의해 자료 수집을 진행한다. 그러나 어떠한 자료 수집 방법이든 나름의 문제점을 안고 있기에 자료 수집 단계에서 이러한 문제점에 대한 대책을 고려해야 한다. 예를 들어, 설문조사를 통한 자료 수집의 경우 응답자가 정책에 대해 잘 모르거나 무성의한 태도로 응답할 가능성이 있다. 따라서 자료 수집을 할 때 발생할 수 있는 문제점을 인지하고 자료 수집을 진행해야 한다.

자료 분석의 경우도 평가 설계단계에서 결정된 분석 방법에 의해 진행된다. 수집한 자료를 어떻게 분석하느냐에 따라 결과가 달라질 수 있기 때문에 자료의 조작이 발생하지 않도록 정직한 태도로 자료 분석에 임해야 한다.

(3) 평가 결과 제시

정책평가의 주요 목적은 평가 결과를 정책 결정자 혹은 집행자에게 전달하여 궁극적으로 정책 개선에 도움을 주기 위함이다. 정책평가 결과는 올바르게 활용될 수 있도록 적합한 방식으로 명확하게 전달되어야 한다. 정책평가 결과는 주로 문서화된 보고서 형태로 제시되는 경우가 많다(정정길 외, 2016).

5) 보육정책 평가 모형

Worthen & Sanders(1987)는 정책 평가 모형을 목표지향적 평가모형, 관리지향적 평가모형, 소비자 중심적 평가모형, 전문가 중심적 평가모형, 상반접근 지향적 평가모형, 자연주의적-참여지향적 평가 모형으로 분류하여 제시하였다. 여기서는 Worthen & Sanders가 분류한 평가 모형 중 정책평가에서 주로 많이 사용되어왔던 모형을 대표로 소개하고자 한다(정일환, 2000).

(1) 목표지향 평가모형

목표지향 평가모형은 평가분야 중 가장 많이 사용되는 대표적인 평가모형이라 할 수 있다. 이 평가모형은 측정할 수 있는 목표가 필요하며, 프로그램이나 정책이 종료된 후 진행되는 것으로 총괄평가의 성격을 띤다.

목표지향 평가모형에서의 평가란 설정했던 목표와 실제 성취한 정도의 차이를 나타내는 것을 말한다. 대부분 계량적 자료가 수집되며 비교적 보육정책 및 교육정책 평가에 적용하기 쉬운 모형이라 할 수 있다. 하지만 목표지향 평가모형은 정책과정에 큰 비중을 두지 않고 정책과정을 단순한 것으로 여기는 경향이 있다. 또한 평가의 초점이 정책의 성과이기 때문에 상대적으로 정책과정에 담겨 있는 다양한 상황을 간과한다는 단점이 있다.

(2) 관리지향 평가모형

관리지향 평가모형은 목표 달성에만 초점을 둔 목표지향 평가모형과는 달리, 정책의제 설정, 정책결정, 정책집행, 성과에 대한 평가라는 정책과정의 모든 단계에 대한 정보를 제공한다. 즉, 정책과정을 하나의 순환과정으로 보는 것이다.

관리지향 평가모형은 정책의 효율성·생산성을 중시하는 목표지향 평가모형과 비교했을 때 보다 더 넓은 범위에서 다양한 정보를 제공해줄 수 있다는 장점이 있다.

(3) 자연주의적 · 반응적 평가모형

자연주의적 · 반응적 평가모형은 정책 과정 내에 존재하는 다양성과 복잡성을 이해하고 인정하려는 특징이 있다. 이 평가모형은 정책집행과 관련된 많은 대상 집단의 요구에 대응하려 한다. 또한 이 모형은 질적 방법의 하나이며 여기서 말하는 반응적이라는 것은 관찰 또는 면담을 통해 정책과 연관된 집단들의 관심을 그대로 해석하려는 것이라 볼 수 있다.

다원화된 사회에서 수많은 대상 집단들의 뜻을 제대로 이해하기 위해서는 특정 결과만을 중시하는 평가보다는 정책이 진행되는 모든 상황들을 명확하게 기술할 수 있는 자연주의적 평가접근 방법이 적합하다고 할 수 있다.

해보기

▣ 내가 관심을 갖고 있는 보육정책 하나를 선정해보자.
내가 선택한 보육정책이 어떠한 배경으로 인해 나오게 되었는지 그 과정을 살펴보고, 결과적으로 그 정책은 현재 어떤 성과를 보이고 있는지 앞에서 배웠던 다양한 평가 유형 및 평가 기준 등을 이용하여 해당 보육정책의 성패를 평가해보자.

보육정책명	
정책수립배경	
정책성과	

6) 보육정책 변동

(1) 정책변동 개념

정책이란 한 번 결정되면 영원히 변하지 않는 것이 아니고, 주변 환경이나 정책과정을 통해 알게 되는 다양한 정보 등으로 인해 언제나 변동의 가능성을 안고 있다(한석태, 2017). 정책이 수정되고 종결되는 모든 과정을 정책변동이라 부르며(김선정, 2011), 정책변동에는 정책목표, 정책수단, 정책집행 방법의 변화 등이 포함된다(강근복 외, 2016).

(2) 정책변동 원인

정책변동을 일으키는 요인에는 여러 가지가 있을 수 있으나 여기서는 한석태(2017)가 분류한 3개의 범주를 기준으로 정책변동 원인을 살펴보고자 한다.

① 정치 피드백 요인

여기서 말하는 정치 피드백 요인이란 정책의 집행 및 평가과정에서 알게 된 정책 관련 문제점 혹은 정보들을 뜻한다. 정책이 초기에 설정했던 가치 판단 즉, 정책목표가 잘못된 것으로 판단되는 경우에는 정책변동이 발생한다. 만약 설정했던 정책목표가 이후에 살펴보았을 때 보편적 가치나 사회 전체의 이익에 도움이 되지 않는다면 정책목표는 수정되거나 그와 관련된 정책은 종결되어야 한다.

또한 실용적인 이유에서 정책변동이 발생하기도 한다. 이론적으로는 큰 문제가 없는 정책수단이었음에도 불구하고, 실제로 정책을 사회에 적용했을 때 처음 문제가 되었던 사회문제를 해결하지 못한 경우 정책변동이 발생한다. 이와 반대로 오히려 사회문제가 잘 해결된 경우 해당 정책이 종결되는 정책변동이 발생하기도 한다.

② 조직적 요인

정책변동의 두 번째 요인으로 정책의 조직적 요인을 들 수 있다. 주로 정책 관련 조직이나 기관의 내부 요인에 의해 정책변동이 발생하게 된다. 예를 들어, 정책을 담당하는 조직의 구조가 축소되거나 확장될 때, 정책을 주도했던 인물이 변경될 때 정책변동의 가능성이 커지게 된다.

또한 예산 관련 문제로 인해 정책은 변동될 수 있다. 조직의 예산이 축소되는 경우 조직에서 진행하던 정책 비용 또한 줄어들 것이고 이는 곧 정책내용이나 사업내용을 바꾸게 할 것이다. 이와 반대로 조직의 예산이 늘어나는 경우에도 정책변동이 발생하게 된다.

③ 정책 환경적 요인

정책을 둘러싼 환경적 요인이 변할 때 정책변동이 나타날 수 있다. 경제적 · 사회적 · 정치적 상황의 변화로 인해 현재 정책내용이 현실에 적합하지 않을 경우 정책 수정은 불가피하다.

경제적 상황의 변화는 정책변동을 일으킨다. 만약 지속적인 경제 성장으로 인해 국가의 소득이 증가한다면 정부의 정책자원은 풍요로워진다. 따라서 기존 정책 수준 및 범위가 더욱 확대될 수 있게 된다. 사회적 상황 또한 정책변동을 일으키는 요인이 된다. 저출산 및 고령화 현상은 새로운 보육 정책 및 복지 정책을 강구하게 만들며, 기존의 정책을 수정 보완하게 한다. 정치적 상황의 변화도 정책변동을 일으키는 요인이다. 특히 선거로 인해 정권이 바뀌게 되는 경우 정책변동이 발생하게 되며, 보수정권인지 진보정권인지에 따라 정책의 색채 또한 변화하게 된다.

(3) 정책변동 유형

정책변동 유형에 대해 Hogwood & Peters(1983)는 정책혁신, 정책유지, 정책승계, 정책종결 총 4가지로 나누어 설명하였다. 구체적인 내용은 다음과 같다.

① 정책혁신(policy change)

정책혁신이란 정부가 그동안 관여하지 않았던 분야에 개입하려는 목적으로 새 정책을 결정하는 것을 말한다. 즉, 정책혁신은 완전히 새로운 정책이 나오는 것이라고도 할 수 있다(김정수, 2016). 엄밀히 말하자면 정책혁신은 정책변동이라기보다 새로운 정책결정에 속하지만 앞으로 소개될 정책변동의 유형들과 비교하기 위해 소개하고자 한다.

정책혁신은 사회문제가 정책문제로 전환되고 이 문제의 해결을 위해 정부가 개입하는 것이다. 따라서 이 정책문제를 해결하기 위한 활동들이 전혀 없고, 관련 담당 조직, 예산도 없는 상태에서 새로운 정책을 형성하는 것이다(정정길 외, 2016).

우리나라의 보육정책혁신 사례로는 다문화 가정 지원정책이 있다. 이전까지 우리나라는 다문화 가정을 위한 정책에 큰 관심을 보이지 않았으나, 2000년대에 이르면서 이주 노동자와 국제결혼의 급증으로 인해 다문화 사회에 대한 관심이 커지게 되었다. 이에 정부는 2006년 '여성결혼이민 가족의 사회통합 지원 대책'을 발표하는 등 다문화 가정을 지원하기 위한 정책과 사업을 추진하기 시작하였다(육아정책개발센터, 2008).

② 정책유지(policy maintenance)

정책유지란 기존의 정책을 새로운 정책으로 대체하는 것이 아니라 처음부터 설정한 정책목표의 달성을 위해 정책의 기본적 틀은 유지하되 인구변동이나 경제상황 등 변화에 따라 정책을 조정하는 것을 의미한다. 즉, 정책유지에서는 정책의 기본적 골격(예 법률)은 변경되지 않고, 정책수단에 있어서 부분적인 변화만이 발생한다. 수혜대상에게 추가적 혜택을 주거나 수혜대상의 범위를 넓히는 것을 예로 들 수 있다(백승기, 2010). 우리나라 보육정책유지 사례로는 무상보육을 들 수 있다. 무상보육의 경우, 2012년 수혜대상이 만 0-2세 및 만 5세였는데 2013년에 이르면서 수혜대상이 만 0-5세로 전면 확대되었다.

③ 정책승계(policy succession)

정책승계란 정책의 기본적 성격을 바꾸는 것으로 정책을 근본적으로 수정하는 경우(예 정책의 일부를 없애거나 새로운 내용의 추가), 기존 정책을 없애고 새로운 내용으로 대체하는 경우 등이 포함된다. 정책승계는 정책변동의 정도가 크다고 할 수 있으며 주로 정책을 담당하는 조직, 예산 항목 등에서의 변화가 나타난다(정정길 외, 2016).

④ 정책종결(policy termination)

정책종결이란 기존의 정책을 완전히 소멸시키는 형태를 말한다. 정책, 사업 등을 지원하는 예산을 일체 중지하고 기존 정책을 대체할 다른 정책도 정해 놓지 않는 경우이다. 즉,

해당 분야에 대한 정부 개입이 모두 중단되는 것이다(백승기, 2010). 예를 들어, 우리나라 인구정책 중 1960년대 진행되었던 '산아제한 인구정책' 폐지가 이에 속한다.

참고문헌

강근복, 김재관, 박근후, 박정택(2016). 정책학. 대영문화사.

강영욱(2004). 영유아 보육정책의 평가에 관한 연구. 광운대학교 대학원 박사학위논문.

김명수, 공변천(2016). 정책평가론. 대영문화사.

김선정(2011). 정책학의 이해. 한국학술정보(주).

김성윤, 김대순, 권영희, 유병희, 최순덕, 장용환(2011). 정책학개론. 청목출판사.

김정수(2016). 정책학 입문. 문우사.

남기범(2009). 현대 정책학 개론. 조명문화사.

박호숙(2005). 정책결정과 정책집행. 조명문화사.

백승기(2010). 정책학원론. 대영문화사.

보건복지부(2018). 보육통계: 2017.12.31

양미선, 이규림, 정지운, 김정민(2016). 공보육·교육 공급 정책 평가와 개선방안. 육아정책연구소.

여성가족부(2016). 아이돌봄지원사업안내지침.

육아정책개발센터(2008). 다문화가정 육아지원 방안 연구.

이윤식(2014). 정책평가론. 대영문화사.

이정원, 이혜민(2014). 2014 보육정책의 성과와 과제. 육아정책연구소.

정일환(2000). 교육정책론. 원미사.

장하진, 이옥, 백선희(2015). 한국의 보육정책. 공동체.

정정길, 최종원, 이시원, 정준금(2010). 정책학원론. 대명출판사.

정정길, 최종원, 이시원, 정준금, 정광호(2016). 정책학원론. 대명출판사.

한국여성노동연구소(2009). 아이돌보미 지원사업 체계화 및 발전방향.

한석태(2017). 정책학개론. 대영문화사.

행정안전부(2017). 지자체 저출산 극복 우수시책 경진대회 개최 보도자료.

홍성남(2004). 영유아보육정책의 성공적인 집행을 위한 요인 연구. 서울대학교 행정대학원 석사학위논문.

Hogwood, Brian W. & Peters, B. Guy(1983). *Policy Dynamics*. New York: St. Martin's Press.

참고자료

네이버 지식백과. 시사경제용어사전. 표준운영절차. 2010.11, 기획재정부. 2018.01.31. <http://terms.naver.com/entry.nhn?docId=300470&cid=43665&categoryId=43665>

아이돌봄서비스 홈페이지. https://www.idolbom.go.kr/intro/index2.go

Part IV

보육정책 시스템

제7장
보육관련법

1 보육정책과 법

저출산 극복을 위해 지난 10년간 보육 지원에 1백조 원에 가까운 돈을 투자하여 보육·교육에 대한 지원을 강화해 학부모에게 선택권을 주고 직접 기관을 선택하는 시장화 방식을 도입하였고, 출산율을 높이고 여성의 사회참여를 높이려(이른바 '일-가정 양립') 다양한 사업들을 추진했다. 영유아보육법을 개정하여 보육사업 환경 개선(무상보육도입, 통합지표 등)을 위한 변화도 활발히 전개되었다.

영유아보육법은 보육관계법으로 영유아와 그 가족에게 제공되어야 할 보육을 제공하는 근거가 된다. 보육을 포함하고 있는 모든 사회복지제도는 법(法)으로서 존재해야 한다. 법을 근거로 존재할 때 보육대상자로서의 영유아와 그 가족들을 국가 사이에 보육에 관한 권리와 의무 관계가 형성되기 때문이다.

보육서비스를 제공하는 현장의 원장과 보육교사는 영유아보육법에 대한 바른 인식을 갖추어야 한다. 여기서 법에 대한 바른 인식이란 '영유아보육법의 입법 취지를 명확히 이해하는 것' 또는 '법령이 정하는 기준을 바로 이해하고 준수해야 함을 이해하고 있는 것'이라고 할 수 있다. 어린이집 운영의 중심을 차지하는 것은 바로 영유아보육법과 시행령, 그리고 시행규칙이며 이를 기준으로 운영관리의 지침서인 '보육사업'이 있다. 이러한 운영매뉴얼은 법을 기초로 하여 현장에서 쉽게 적용하도록 제시되고 있다.

어린이집이라는 구조적 물리적 환경을 갖추는 것, 과정의 질적 요소를 책임지는 교직원의 자격이나 배치, 영유아들을 위한 급식, 안전관리, 건강검진의 항목과 기한일 등 세심한 분야까지를 포함하는 것이 바로 영유아보육법이다. 다양한 교육이론들이나 운영관리를 위한 체계적 시스템 등이 중요하다고 할지라도 영유아와 그 부모의 권리를 위한 지원을 목적으로 한 영유아보육법은 보육사업의 가장 중요한 기준점이자 출발점이 된다.

우리가 본 장에서 살펴볼 영유아보육법이나 아동복지법은 영유아와 그 가족의 권리와 복지에 밀접한 관련이 있는 법들이다. 영유아보육법이나 아동복지법에 대한 올바른 인식과 법 지식은 우리나라가 당면한 저출신 문제를 해결할 중요한 법적 근거이며 보육정책을 실현해 내는 보육사업의 근간이 된다. 따라서 본 장에서 각 법이 제정된 시대적 요구와 현황들을 근거로 법 제정과 하위 법령(시행령, 시행규칙)의 내용에 대해 살펴보고자 한다.

살펴보기

법(法)은 질서를 유지하고 사회가 유지되기 위해 정의를 실현함을 직접 목적으로 하는 국가의 강제력을 수반하는 사회적 규범 또는 관습을 말한다. 넓은 뜻으로는 사연법(自然法), 헌법(憲法), 관습법(慣習法), 명령, 규칙, 판례까지를 포함하지만 좁은 뜻에서는 일정한 조직과 절차 밑에서 제정된 법률을 가리킨다.

우리나라 법규의 서열구조는 헌법- 법률- 행정입법- 자치법규의 구조를 기본구조로 한다. 헌법은 국회를 입법기관으로 정하고 있는데 국회가 심의해서 의결한 법률이라고 하고 입법이란 법률을 제정, 개정, 폐지하는 것을 의미한다. 법은 국회서 만들어지지만 시행령이나 시행규칙 등의 행정입법은 행정부에서 만들어진다.

법은 국가와 사회를 구성하는 사람들에 의하여 만들어지고 사람들의 행위를 규율하는 그자체가 목적이 아니고 사람들의 사회생활을 위한 하나의 사회적 제도이다. 사회현실은 변화하고 법도 변화하는 것이다. 끊임없이 일어나는 사회변동은 법질서 내부에 수용되며 법질서 내부의 변화를 통하여 새로운 방향성을 부여받는다. 최근에 나영이법과 도가니법이 생기는 것과 같이 심각한 사건이 터지고 나서 법의 제정이나 개정이 이루어지기도 한다(우경연, 2013).

살펴보기

법은 어떤 과정을 통해 만들어지는가?

의안의 일반적 심의 절차도

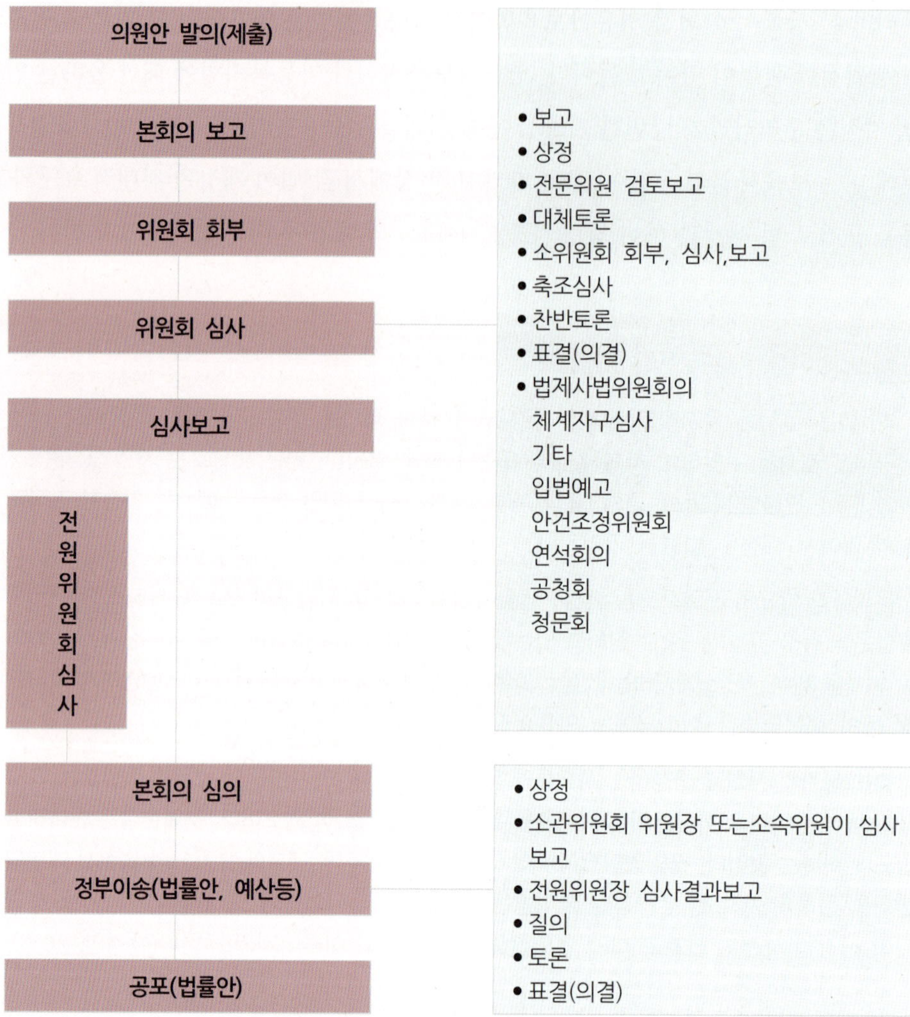

출처: 우경연(2013). 아동관련법과 아동복지법 변천사 연구.

아래 자료를 통해 지속적으로 변화하고 있는 영유아보육법에 대해 관심을 가질 필요가 있다. 아래 자료를 읽은 후 입법예고 기간 중이라고 한다면 여러분은 어떤 의견을 제출할 것인지도 직접 실행해보자.

읽어보기

[입법예고] 남00 의원, '영유아보육법 일부개정 법률안' 대표발의

국회는 보건복지위원회 소속 남00 의원이 대표발의한 '영유아보육법 일부개정법률안'을 입법예고 했다. 입법예고 기간은 2017년 12월 20일부터 12월 29일까지이다.

남 의원은 "국공립어린이집은 민간어린이집에 비해 부모 부담이 적고 질 높은 보육서비스를 제공하는 등 부모들의 선호도가 높지만 수용할 수 있는 수가 부족하다"고 말했다. 남 의원은 "서울을 제외한 전국의 국공립어린이집 대기자 수가 정원의 142%인 17.6만 명에 이르고 있지만, 2017년 10월 현재 전체 어린이집 40,257개소 중 3,118개인 7.7%에 불과한 실정"이라고 설명했다. 이어 "국공립어린이집 신축 시 평균 16.8억 원이 소요되는 등 지자체가 국공립어린이집 확충에 재정적 부담이 큰 상황"이라며 "기존 시설 활용을 촉진하는 제도 개선을 통해 비용효과적인 확충 방안을 모색해야 한다"고 제안 이유를 밝혔다.

주요내용으로는 공동주택 내 주민공동시설에 설치되는 의무 어린이집을 국공립어린이집으로 운영하게 하고, 국공립어린이집과 부모 만족도가 높은 중소기업 공동직장어린이집의 경우 국·공유재산을 무상으로 사용할 수 있게 함으로써 공공보육시설 확충을 용이하게 하려는 것(안 제12조 제2항 및 제3항, 제39조의 2 신설)등의 내용을 포함하고 있다.

'영유아보육법 일부개정법률안'은 입법예고기간 중 의견을 제출할 수 있으며 서울시 영등포구 의사당대로 1 (여의도동) 보건복지위원회에 접수하면 된다.

출처: 의회신문(2017. 12. 27.)

해보기

■ 공공보육시설 확충을 용이하게 하려는 남OO 의원의 발의에 대한 여러분의 의견을 기술해보자.

2 영유아보육법

영유아를 위한 보육사업이 실현되기 위해서 필요한 여러 측면의 활동에 관한 법체계를 살펴볼 필요가 있다. 보육사업은 영유아보육법을 근거로 실현되고 있으며 가정복지, 아동・여성복지 및 사회복지와 같은 공공사업의 하나이다. 영유아보육법은 보육사업의 실현을 위해 필요한 전달체계 구성, 재정확보, 인력기준 등 절차와 기준 등에 관한 법이다. 따라서 영유아보육법은 어린이집을 운영하기 위한 법적 근거를 제공해주는 것으로서 국가가 영유아의 복지를 보장하고 직업을 가진 여성이나 부모에게 자녀를 건전하게 육성시키는데 도움을 주고자 공적인 차원에서 제정된 것이다. 우리나라의 법체계는 통합적 체제로 구성되지 않고 대상별 복지를 위해 영유아보육법, 아동복지법 등으로 구성되었다. 따라서 보육복지를 실현하기 위해서는 법의 체계를 이해할 필요가 있다.

보육서비스의 근간을 이루며, 기본법적 성격을 갖는 영유아보육법(嬰幼兒保育法)은 1991년 1월 14일 법률 제4328호에 의해 제정되었다.

살펴보기

영유아보육법의 법원(法源, sources of law)이란 일반적으로 법의 객관적 존재 형식(법의 존재 형태)을 말한다. 어떤 주제와 관련된 법을 이해하는 데 필요한 첫 번째 작업은 그 주제를 규율하고 있는 법을 찾아 그 윤곽을 살펴보는 일이다. 이러한 법을 찾는 일을 법의 객관적 존재 형식 내지 형태, 즉 법원을 찾는 일이라 한다(황보영란, 2014).

사회적 기본권		사회보장 수급권 인간다운 생활을 보장하기 위한 핵심적 권리		
교육을 받을 권리 근로의 권리 최저임금 수령권 근로3권 인간다운 생활권 사회보장수급권 환경권 보건권	▶	사회적 위험, 보호를 요하는 상태, 인간다운 생활의 보장, 국가의 적극적 급부(지원)	▶	영유아보육법

사회보장 수급권은 사회보험법, 공적부조법, 사회복지서비스법, 기타 사회 정책 관련 입법들로 구성된 사회복지법에 명시되어 있다. 사회복지법은 헌법 제34조에 구속되는 하위 규범들이다. 우리나라의 보육법제는 '대한민국 헌법' 제34조와 '사회복지사업법' 제2조 1호 항목을 법원(法源)으로 하고 있다(이일주, 2007).

우리나라의 법체계는 대상별 복지가 어느 한 법률에 의하여 통합적으로 실현되는 구조가 아니라 여러 관계법을 통하여 실현되는 구조이므로 보육복지를 실현하기 위해서도 이러한 법 구조와 그 특성을 이해하여야 한다. 특히 보육관련 법체계는 저소득층 맞벌이 가정의 자녀를 보호한다는 차원에서 시작되어 현재는 아동은 물론 여성, 가족, 고용, 보건, 교육 등의 법과 그 관련성이 매우 높기 때문에 다양한 관련법을 포함하는 광범위한 체계가 형성되어 있다.

보육관련법제의 법원(法源)

구분	내용
헌법 제34조	① 모든 국민은 인간다운 생활을 할 권리를 가진다. ② 국가는 사회보장·사회복지의 증진에 노력할 의무를 진다. ③ 국가는 여자의 복지와 권익의 향상을 위하여 노력하여야 한다. ④ 국가는 노인과 청소년의 복지향상을 위한 정책을 실시할 의무를 진다. ⑤ 신체장애자 및 질병·노령 기타의 사유로 생활능력이 없는 국민은 법률이 정하는 바에 의하여 국가의 보호를 받는다. ⑥ 국가는 재해를 예방하고 그 위험으로부터 국민을 보호하기 위하여 노력하여야 한다.
사회 복지 사업법 제2조 1호	이 법에서 사용하는 용어의 뜻은 다음과 같다. <개정 2011.8.4., 2012.1.26., 2014.5.20., 2016.2.3., 2016.5.29.> 1. "사회복지사업"이란 다음 각 목의 법률에 따른 보호·선도(善導) 또는 복지에 관한 사업과 사회복지상담, 직업지원, 무료 숙박, 지역사회복지, 의료복지, 재가복지(在家福祉), 사회복지관 운영, 정신질환자 및 한센병력자의 사회복귀에 관한 사업 등 각종 복지사업과 이와 관련된 자원봉사활동 및 복지시설의 운영 또는 지원을 목적으로 하는 사업을 말한다.
관계 법령	나. 「아동복지법」 바. 「영유아보육법」

다른 법체계와 마찬가지로 보육관련법에 있어서도 가장 상위에 해당하는 법은 헌법이다. 최고 상위법인 헌법의 하위체계로서 사회보장기본법이 제정되어 있다. 사회보장기본법의 하위체계로 사회보험법과 공공부조법, 사회복지서비스법 및 사회복지사업법, 사회복지관계법으로 나누어진다. 보육사업과 가장 밀접한 영유아보육법은 사회보장기본법의 하위체계인 사회복지사업법에 속한다. 영유아 보육의 가장 기본이 되는 영유아보육법 및 아동복지법이다(황보영란, 2014).

1) 영유아보육법의 변천사

보육은 한 인격체로서의 영유아에게 적절한 보호와 교육을 통해 미래 사회의 건강한 구성원으로 성장할 수 있도록 지원하는 것이다. 보육은 영유아와 그 가족을 위한 공적인 서비스이며, 영유아는 차별 없는 평등한 조건에서 보호와 교육받을 권리를 가진다. 영유아의 부모가 편안하게 일함으로써 영유아와 부모가 함께 행복해지도록 사회와 국가가 함께 지원하는 복지서비스이다(이순형 외, 2013).

우리나라의 보육사업은 부모의 형편에 의해 자녀를 부모 대신 다른 사람에 의해 일정 시간 동안 보호, 양육되는 탁아라는 개념에서 시작되었다. 1991년 1월 제정된 영유아보육법의 제정 취지는 가정 복지증진에 기여함을 목적이라고 밝히고 있다. 즉, 어린이집을 이용하는 영유아의 보호를 일차적 기능으로 하고 있으며 그 대상으로 보호하기 어려운 자녀(영유아)라는 전제 조건을 달고 있다. 따라서 보편적 복지로서 모든 영유아의 복지적 측면에서 제정된 것이 아니라, 선택적 복지로서의 사회적 성격 즉 여성의 사회적 진출에 따른 양육 기능의 약화가 영유아보육법 제정의 주된 제정 취지임을 알 수 있다(황보영란, 2014).

현대사회가 급진적인 변화를 하면서 여성의 사회참여율이 높아지고 경제활동에 더욱 활발하게 참여하도록 권장되었다. 이러한 변화는 부모의 일할 권리와 함께 영유아들이 보호받고 교육받을 권리가 개인적인 차원을 넘어 국가와 사회가 함께 책임지겠다는 '공공재로서의 보육'이란 개념으로 변화되었다.

살펴보기

영유아보육법 제1조(목적)〈개정 2011. 8. 4.〉[전문개정 2007. 10. 17.]

이 법은 영유아(嬰幼兒)의 심신을 보호하고 건전하게 교육하여 건강한 사회 구성원으로 육성함과 아울러 보호자의 경제적·사회적 활동이 원활하게 이루어지도록 함으로써 영유아 및 가정의 복지 증진에 이바지함을 목적으로 한다.

결론적으로 여러 차례의 개정을 거친 현재의 영유아보육법 목적에서는 보호자가 근로 또는 질병 기타 사정으로 인하여 보호하기 어려운 영유 및 유아가 보호자의 조건과는 무관한 '모든 영유아'를 포함하고 있으며 기존 법에는 없었던 보육이념을 통해 모든 아동이 평등하게 보육되어야 함을 법에서 명시하고 있다.

살펴보기

보육관련법의 변천과정: 2004년 전면개정까지

시행일	내용	관련근거
1962~ 1982	복지부 주관으로 탁아사업 실시 (어린이집 692개소 설치 · 운영)	아동복리법
1981. 4. 13.	<아동복리법>을 <아동복지법>으로 전문개정	아동복지법
1982 이후	어린이집 691개소를 새마을유아원으로 흡수·운영 -법제정 · 장학지도 : 교육부 -시설운영 · 행정지도 : 내무부 -보건의료 : 보건사회부	유아교육진흥법
1987. 12. 4	<직장탁아제> 도입	남녀고용평등법
1989. 9. 19	탁아사업 실시근거 부활	아동복지법시행령
1990. 1. 15.	탁아시설의 설치 · 운영근거 마련	탁아시설의 설치 · 운영규정
1991. 1. 14	<영유아보육법> 제정 · 공포 (법률에 의한 보육사업 실시) -보육사업을 보건복지부로 일원화 -종전단순 "탁아"에서 보호와 교육을 통합한 "보육"으로 기능확대	영유아보육법
1991. 8. 1	<영유아보육법 시행령>	영유아보육법 시행령
1991. 8. 8	<영유아보육법 시행규칙>	영유아보육법 시행규칙
1991. 8. 26	<탁아시설의 설치 · 운영규정> 폐지	탁아시설의 설치·운영규정
1997. 8. 22	<사회복지사업법 부칙 제9조 제4항>(시행: 1998. 7. 1) 직장 및 민간보육시설 설치인가제 신고제로 완화	영유아보육법
1997. 12. 24	<신설> 초등학교 취학 직전 1년 유아무상교육 실시 근거 마련	영유아보육법

시행일	내용	관련근거
1999. 2. 8	제11조 민간 및 직장보육시설 휴지·폐지 시 승인제 제24조 보육료 시·도지사가 자율적으로 결정	영유아보육법
2004. 1. 29	〈영유아보육법 전면개정〉(시행: 2005. 1. 30) • 국무총리 소속하에 보육정책조정위원회 신설 보육정책위원회 설치 • 법인, 부모협동보육시설 별도 유형화 • 보육시설 수급계획 등 보육계획 수립·시행 • 인가제로 환원 / 지역 보육시설과 위탁계약 체결도 가능하도록 추가 • 보육교사를 3등급체계로 하고, 교사의 자격검정 및 자격증을 교부 • 국공립 및 법인보육시설 등은 영아·장애아 등 취약 보육을 우선 실시 • 보육시설 평가인증 실시 • 보육에 대한 국가, 지자체의 책임 강화, 차등보육료 지원제도 실시 근거 마련 • 보육시설장의 업무정지, 보육교사의 자격정지 또는 취소 규정 마련	

출처: 보건복지부(2018).

중앙육아지원센터(www.central.childcare.go.kr)

영유아보육법은 전면개정(2004. 1. 29.)이후로 지속적인 부분개정이 시대의 요구(누리과정 도입)와 사회적 문제(CCTV 설치 및 아동학대 양벌규정 등) 등의 이유로 진행되고 있다.

영유아보육법에 대한 시기별 개정 전, 후의 내용은 매년 발간되고 있는 보육사업 지침의 연혁에서 확인할 수 있다.

2) 영유아보육법의 내용

영유아보육법은 시대의 요구에 따라 개정되어 변화하므로 자세한 내용은 국가법령정보센터(www.law.go.kr)의 자료를 참고하여 살펴보도록 한다. 영유아보육법은 1장 총칙, 2장 설치, 3장 보육교직원, 4장 운영, 5장 영양·건강 및 안전관리, 6장 비용, 7장 지도와 감독, 8장 조치, 9장 벌칙으로 총 9장 56조로 구성되어 있다. 이에 대한 자세한 사항은 다음의 8장과 9장 보육사업에서 세부적으로 다루게 되므로 본 장에서는 법원에 대한 분류와 3단구조(시행령, 시행규칙) 간의 관계를 다음의 표로 살펴보고자 한다.

	주요내용	법원(法源) 및 3단 구조(법률기준)	
총칙	영유아보육법의 목적 용어의 정의 보육이념 책임 보육정책조정위원회 보육정책위원회 육아종합지원센터 보육개발원 보육실태조사 보호자교육	영유아보육법	제1조에서 제9조의 2까지
		영유아보육법 시행령	제1조에서 제3조, 제4조, 제4의 2조, 제5조에서 제8조, 제9조, 제23조, 제12조, 제15조, 제16조, 제18조
		영유아보육법 시행규칙	제1조, 제2조, 제4조, 제4조의2, 제32조의 4, 제13조
어린이집의 설치	어린이집의 종류 보육계획의 수립 및 시행 어린이집 또는 용지확보 국공립어린이집의 설치 등 국공립어린이집 외의 설치 직장어린이집의 설치 등 직장어린이집 설치 의무 미이행 사업장 명단공표 등	영유아보육법	제10조에서 제16조까지
		영유아보육법 시행령	제10조, 제10조의 2와 3, 제11조, 제13조, 제14조, 제18조의 2, 제19조, 제19조의 2, 제20조, 제20조의 2에서 제20조의 8까지 제21조의 2와 4, 제25조의 7, 제25조

<table>
<tr><th></th><th>주요내용</th><th colspan="2">법원(法源) 및 3단 구조(법률기준)</th></tr>
<tr><td></td><td>어린이집 설치기준
놀이터 설치
비상재해대비시설
폐쇄회로 텔레비전의 설치 등
영상정보의 열람 금지 등
결격사유</td><td>영유아보육법 시행규칙</td><td>제4조의 3, 제5조에서 7조까지,
제5조의 2와 4, 제9조,
제9조의 2에서 9까지, 제11조의 2,
제14조, 제15조, 제16조</td></tr>
<tr><td rowspan="3">보육 교직원</td><td rowspan="3">보육교직원의 배치
보육교직원의 직무
보육교직원의 책무
보육교직원의 임면 등
결격사유
어린이집의 원장 또는 보육교사의 자격
어린이집의 원장 또는 보육교사의 자격증의 교부 등
명의대여 등의 금지
어린이집 원장의 보수교육보육교사의 보수교육
교육명령</td><td>영유아보육법</td><td>제17조에서 23조까지</td></tr>
<tr><td>영유아보육법 시행령</td><td>제21조,
제21조의 7</td></tr>
<tr><td>영유아보육법 시행규칙</td><td>제 10조에서 제13조까지,
제17조에서 제21조까지</td></tr>
<tr><td rowspan="3">어린이집의 운영</td><td rowspan="3">어린이집 운영기준
어린이집운영위원회
부모모니터링단
보호자의 어린이집 참관
취약보육의 우선실시 등
일시보육 서비스
어린이집 이용대상
보육의 우선제공
보육과정
어린이집 생활기록
어린이집 평가인증</td><td>영유아보육법</td><td>제24조에서 제30조까지</td></tr>
<tr><td>영유아보육법 시행령</td><td>제21조의 2에서 4까지,
제22조, 제26조</td></tr>
<tr><td>영유아보육법 시행규칙</td><td>제23조에서 제32조까지,
제24조의 2, 제27조의 2,
제28조의 2와 3, 제30조의 2,
제32조의 2에서 4까지</td></tr>
<tr><td rowspan="3">어린이집의 건강영양 및 안전</td><td rowspan="3">건강관리 및 응급조치
어린이집 안전공제사업 등
예방접종 여부의 확인
치료 및 예방조치
급식관리
어린이집 차량안전관리</td><td>영유아보육법</td><td>제31조에서 33조의 2까지</td></tr>
<tr><td>영유아보육법 시행령</td><td>제21조의 5와 6,
제26조의 3</td></tr>
<tr><td>영유아보육법 시행규칙</td><td>제33조, 제34조, 제35조의2</td></tr>
</table>

<table>
<tr><th></th><th>주요내용</th><th colspan="2">법원(法源) 및 3단 구조(법률기준)</th></tr>
<tr><td rowspan="3">비용</td><td rowspan="3">무상보육
양육수당
보육서비스 이용권
보육비용 양육수당청구 비용의 보조
사업주의 비용 부담 보육료 등 수납 세제 지원 비용 보조의 반환명령, 보육비용 지원액의 환수</td><td>영유아보육법</td><td>제34조에서 40조의 2까지,</td></tr>
<tr><td>영유아보육법 시행령</td><td>제21조의 8에서 10까지, 제22조, 제23조, 제24조, 제25조</td></tr>
<tr><td>영유아보육법 시행규칙</td><td>제30조, 제35조의 3에서 9까지</td></tr>
<tr><td rowspan="3">어린이집 지도 및 감독</td><td rowspan="3">지도와 명령
보고와 검사
위법행위의 신고 및 신고자 보호
어린이집의 폐지·휴지 재개 등의 신고
어린이집에 대한 휴원 명령
시정 또는 변경 명령
직장어린이집 설치 의무 미이행 사업자에 대한 이행명령
이행강제금
어린이집의 폐쇄 등
과징금 처분
행정제재처분효과의 승계
원장과 교사의 자격정지
원장과 교사의 자격취소
청문
어린이집 정보의 공시 등
위반사실의 공표</td><td>영유아보육법</td><td>제41조에서 제49조의 3까지</td></tr>
<tr><td>영유아보육법 시행령</td><td>제25조의 2에서 8까지</td></tr>
<tr><td>영유아보육법 시행규칙</td><td>제35조의 10,
제36조에서 38조까지,
제37조의 2,
제38조의 2와 3, 제42조</td></tr>
<tr><td rowspan="3">보칙</td><td rowspan="3">경력의 인정
권한의 위임
업무의 위탁
관계 기관 간 업무 협조
도서·벽지·농어촌지역 등의 어린이집
어린이집 연합회</td><td>영유아보육법</td><td>제50조에서 53조까지</td></tr>
<tr><td>영유아보육법 시행령</td><td>제26조, 제26조의 2</td></tr>
<tr><td>영유아보육법 시행규칙</td><td>제32조의 4와 5,
제39조의 3과 4,
제40조, 제41조</td></tr>
<tr><td rowspan="3">벌칙</td><td rowspan="3">벌칙
양벌규정
과태료</td><td>영유아보육법</td><td>제54조에서 제56조까지</td></tr>
<tr><td>영유아보육법 시행령</td><td>제27조</td></tr>
<tr><td>영유아보육법 시행규칙</td><td>-</td></tr>
</table>

출처: 황보영란(2014). 실질적 의미의 영유아 보육법과 그 법원에 관한 연구. 재구성.

3) 영유아보육법 시행령의 내용

법의 제정은 국회의 의결을 필요로 하므로 법률관계를 일일이 규율하기엔 시간과 비용적으로도 어려움이 많다. 또한 변경의 필요성이 제기될 때마다 국회의 의결을 거쳐야 하는 것 또한 번거롭다. 그래서 국회는 큰 원칙(법령)만 잡고 세부사항은 법을 집행하는 해당 행정부에 위임(예를 들어 법조항에서 "~에 관하여는 대통령령에 따른다")하게 되는데 이렇게 권한을 위임받은 담당부가 만든 것이 시행령이다.

해보기

▣ **영유아보육법 시행령 속에 숨어있는 별표의 내용을 국가법령센터에서 찾아보자.**

제21조(어린이집의 원장 및 보육교사의 자격기준)

법 제21조제1항 및 제3항에 따른 어린이집의 원장과 보육교사의 자격기준은 **별표** 1과 같다.

제25조의 2(이행강제금의 부과 및 반환)

법 제44조의 3 제1항에 따른 이행강제금의 부과기준은 **별표 1의** 2와 같다.

제25조의 3(과징금의 산정기준)

법 제45조의 2에 따른 과징금의 금액은 위반행위의 종류와 위반 정도 등을 고려하여 보건복지부령으로 정하는 운영정지 처분의 기준에 따라 **별표 1의** 3의 기준을 적용하여 산정한다.

제25조의 5(어린이집 정보 공시의 범위 · 횟수 및 시기)

어린이집의 원장이 법 제49조의 2 제1항에 따라 공시하여야 하는 정보(이하 "공시정보"라 한다)의 범위 및 공시 횟수·시기는 **별표 1의** 4와 같다.

제27조(과태료의 부과기준)

법 제56조 제1항 및 제2항에 따른 과태료의 부과기준은 별표 2와 같다.

4) 영유아보육법 시행규칙의 내용

영유아보육법 시행규칙은 앞서 살펴본 영유아보육법이나 영유아보육법 시행령보다 한 단계 더 세부적인 준칙으로 행정관청의 내부적인 업무지침 정도로 이해할 수 있다. 법률은 입법부에서 제정한 것이고, 시행령, 시행규칙 혹은 조례 등은 법 제정권한이 없는 행정부에서 입법부로부터 위임받아 제정한 것이다. 따라서 법률, 시행령, 시행규칙으로 갈수록 세분화되어 있다.

해보기

■ 영유아보육법의 실제로 수행하기 위해서 영유아보육법 시행규칙에는 시행령보다 많은 10개의 별표와 26개의 서식이 제시되어 있다. 서식자료는 매년 보육사업지침과 함께 부록편으로 서식화일을 공지하여 현장에서 사용하도록 제공하고 있다. 하지만 별표는 각 세부적인 사업에 제시되거나 혹은 별표와 같다라고 축약하여 제시되어 있다. 시행령 속에 숨어있는 별표는 제시어(법령)를 제공하여 찾아 볼 수 있도록 안내하였다. 하지만 이제는 법과 시행령까지 실행해 보았으니 시행규칙 속에 있는 별표 10가지는 스스로 찾아보도록 하자.

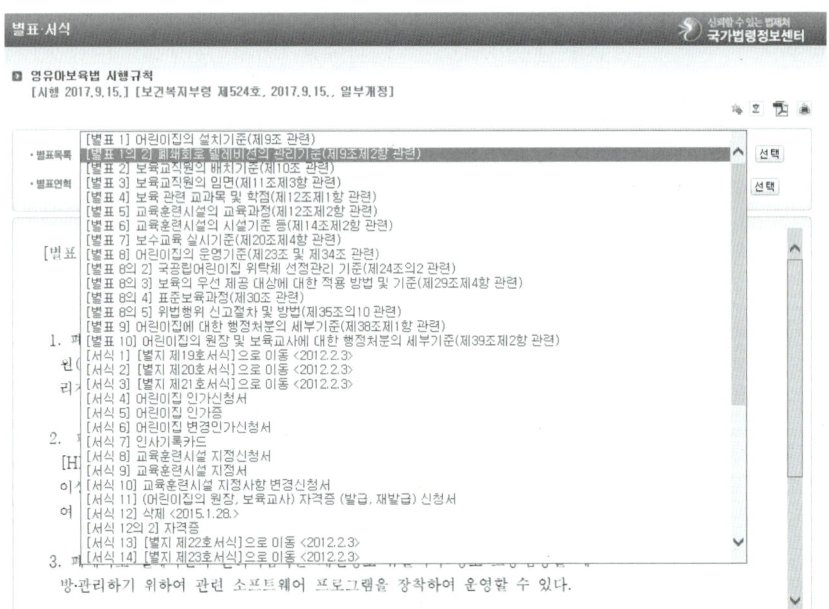

영유아보육법과 시행령, 시행규칙은 국가법령정보센터(www.law.go.kr)에서 3단비교, 법령체계도를 이용하여 쉽게 비교 · 검토할 수 있다. 또한 이러한 법령은 보육사업이란 지침서로 실제 개정되고 변화된 사항들을 현장에 배포 · 교육 · 공지하여 현장에 적용하고 있다.

실제 영유아보육법이 시행령 혹은 시행규칙을 통해서 현장에서 실제로 적용되는 사례를 살펴볼 때 폐쇄회로(CCTV)에 대한 사례를 예로 살펴 볼 수 있다.

- 폐쇄회로(CCTV)의 설치는 학부모의 알 권리, 영유아의 안전하게 보호받을 권리, 영유아와 보육교직원들의 개인정보보호법 등이 첨예하게 대립되고 있다.
- 폐쇄회로(CCTV)의 설치는 실제 영유아보육법에 어린이집 설치에 대한 법조항으로 제시되어 있다.

이러한 첨예한 타법과의 대립구조에서도 폐쇄회로(CCTV)를 설치하고 이를 세부적으로 운영관리 하는 것은 시행규칙의 세부조항으로 제시하고 있다.

읽어보기

어린이집 CCTV 의무설치 합헌…"보호자 열람 당연"

헌법재판소는 어린이집에 CCTV를 의무적으로 설치하도록 규정한 영유아보육법이 사생활 비밀의 자유를 침해한다며 어린이집 대표 등이 낸 헌법소원 사건에서 전원일치 의견으로 합헌 결정했습니다. 헌재는 "CCTV 의무설치는 안전사고 예방이나 아동학대 방지 효과가 있어 입법 목적이 정당하다"고 판단했습니다. "아동학대가 의심되는 경우 보호자의 CCTV 열람을 허용하는 것도 당연하다"고 강조했습니다(연합뉴스TV, 2018. 1. 1.)

해보기

■ 어린이집 'CCTV 의무설치 합헌'이라는 뉴스를 살펴 본 후, 학부모의 알 권리와 개인정보법(사생활 보장)과의 배치된 의견들에 대해 나의 주장을 기술해보자. 보육현장에서 근무를 하게 된다면, 피해갈 수 없는 상황이기에 교사의 개인적 동의가 없으면 근무를 할 수 없는 현실의 문제를 깊이 있게 생각해보자.

CCTV 설치 [찬성] 영유아의 안전한 보호와 학부모의 알 권리가 더 중요하다	CCTV 의무설치 [반대] 교사도 한 국민으로서 개인적인 보호를 받을 권리가 더 중요하다

3 아동복지법

아동복지(兒童福祉, child protection)는 미성년자 아동 및 청소년을 보호하고 가족의 안정성을 증대하기 위해 정부가 시행하는 서비스이다. 아동복지법(兒童福祉法, child welfare law)은 아동이 건전하게 출생하여 행복하고 건강하게 육성되도록 그 복지를 보장한다는 목적으로 제정된 법이다. 1961년 아동복리법이라는 명칭으로 제정된 이후 1981년 아동복지법으로 개정되어 18세 미만의 자를 그 적용대상으로 하는 법이다. 우리나라 법규의 서열구조는 헌법-법률-행정입법-자치법규의 구조를 기본구조로 한다. 헌법은 국회를 입법기관으로 정하고 있는데 국회가 심의해서 의결한 법률이다. 입법이란 법률을 제정, 개정, 폐지하는 것을 의미한다. 법률은 국회서 만들어지지만 시행령이나 시행규칙 등의 행정입법은 행정부에서 만들어진다. 아래의 절차와 같이 아동복지 관련법은 노동, 교육, 범죄, 건강, 문화, 보호 등으로 분류할 수 있다.

1961년 12월 30일에 제정된 아동복리법으로 법정 시설로서의 탁아소에 대한 규정이 최초로 마련되었다. 그러나 당시에는 정부 수준의 행정 지도 및 감독이 없었기 때문에 보육의 내실화를 기하기는 어려웠고 이름만 존재하는 정도였다. 1981년 4월 13일에는 아동복리법을 전면 개정하여 법명을 변경하면서 아동복지법이 제정되었다. 종전의 아동복리법은 선택적 복지제공에 중점을 두어 다양한 사회적 요구에 부응하지 못했다. 이러한 이유로 아동복지법이 제정되었고 보편적 복지를 통해 전체 아동의 복지를 보장하게 되었다. 이러한 변화는 영유아기에 있어서의 기본적 인격 특성과 능력 개발을 조성해야 할 필요성이 대두되었기 때문이었다(문영희, 2016).

아동복지는 어린 아동들을 하나의 인격체로서 인간다운 생활을 영위할 권리를 인정하는 출발점이며 이에 대해 사회와 국가가 아동의 당연한 권리를 보장해 주어야 할 의무에 대한 책무성을 의미한다. 아동복지법은 사회의 변화와 발전에 적합한 이념과 목적을 기반으로 아동복지사업의 수행을 위해 전문적인 원칙을 제시하고 있다. 이러한 맥락에서 아동복지의 발전을 위하여 제정된 아동복지법의 제정과정과 그 배경을 알아보고자 한다.

살펴보기

구분		관련법
아동 노동		근로기준법
아동 교육		교육기본법, 초·중등교육법, 유아교육법, 장애인 등에 대한 특수교육법
아동 범죄		소년법, 성매매방지 및 피해자보호 등에 관한 법률, 성폭력범죄의 처벌 및 피해자보호 등에 관한 법률, 가정폭력방지 및 피해자보호 등에 관한 법률, 학교폭력예방 및 대책에 관한 법률
아동 건강		의료급여법, 정신보건법, 청소년보호법, 모자보건법, 학교안전사고예방 및 보상에 관한 법률, 자살예방 및 생명존중문화 조성을 위한 법률, 학교보건법, 학교급식법
아동 문화		문화예술교육지원법, 청소년활동진흥법
아동 보호 및 지원	일반 아동	아동복지법, 영유아보육법, 아동, 청소년 성보호에관한 법률, 사회복지사업법, 건강가정기본법, 사회보장기본법 , 저출산 고령사회기본법, 민법, 청소년복지지원법, 청소년활동진흥법, 아이돌봄지원법
	시설 아동	보호시설에 있는 미성년자의 후견 직무에 관한 법률
	장애 아동	장애아동복지지원법
	실종 아동	실종아동의 보호 및 지원에 관한 법률
	빈곤 아동	국민기초생활보장법, 아동의 빈곤예방 및 지원 등에 관한 법률
	입양 아동	입양특례법
	다문화 아동	다문화 가족 지원법
	한부모 아동	한부모 가족 지원법

출처: 오정수 외(2006). 세계의 아동복지서비스.

1) 아동복지법의 변천사

우리나라의 아동복지사업은 정부주도 구제사업과 거리가 멀었다. 이 시기 아동복지 사업의 특징은 서양선교사들의 자선사업이었다. 아동복지의 법령과 정책은 일제시대 전에는 국가의 각종제도를 통하여 실현되었고 1924년 제네바 선언과 1959년 아동의 권리선언의 영향을 받았다. 해방 이후 1945년부터 1960년의 아동복지는 구빈정책사업으로 실천되었다. 전쟁 후 수많은 전쟁고아와 기아, 부랑아들이 발생하였고 1950년대 말까지 계속된 요보호아동 대책은 국가 수준의 사업이 아닌 민간주도의 구민 정책이었다. 선택적 복지로서의 아동복지는 고아・기아・미아로 그 대상을 한정하였고 이들에 대한 일시적 시설 중심의 아동보호는 민간에 의존하였다. 민간자본은 다수의 민간외국 원조기관들이 국내에 들어와 활동을 하였는데 기독교아동복리회(C. C. F: 철수 후에 한국어린이재단, 한국복지재단으로 명칭변경), 선명회 세계본부(철수 후 최근 월드비전으로 명칭변경) 등의 외국민간 단체의 아동후원사업이 전개되며 1960년대까지 지속되었다.

1961년 12월 30일 아동복리법이 제정되면서 아동복지사업에 대한 국가의 책임이 최초로 법제화되었다. 1970년대 이후 급진적인 산업화, 핵가족화, 여성의 경제활동 참여, 사회가치관의 변화로 보호가 필요한 선택적인 복지대상에서 보편적인 복지대상으로의 전환이 필요하게 되었다. 광범위하고 다양한 아동문제가 등장하며 아동을 위한 발전적이고 예방적인 복지프로그램의 필요성이 주장되기 시작했다. 1981년 이후 시대적 배경과 요구에 따라 특히 유엔아동권리협약의 비준으로 많은 부분이 개정되었다. 이렇게 변화된 국내외적인 요구에 부응하여 아동복리법을 전면 개정하여 1981년 4월 13일에 아동복지법을 제정하였다. 또한 2008년에 아동정책과 청소년정책의 통합을 위한 통합법 추진과 포기 그리고 부분개정이 이루어졌다(공계순 외, 2008). 아동복지법의 연혁은 다음과 같다.

살펴보기

아동복지법의 연혁

시기	내용
1961년	아동복리법 제정. 1924년의 제네바 선언, 1959년 아동의 권리선언의 영향.
1981년	아동복리법 개정. 1989년 아동의 권리에 관한 국제협약의 영향.
1999년	아동의 이익을 최우선으로 고려할 것 등을 기본 이념에서 명시. 아동복지지도원을 "별정직공무원"을 "사회복지전담공무원"으로 개정. 대통령령에 따라 아동복지시설과 아동용품에 대한 안전기준 마련 및 안전교육 실시 근거규정 마련. 아동복지시설의 종류와 아동복지시설에서 할 수 있는 사업의 종류를 다양화하여 아동복지시설 다양한 역할 수행 근거 마련. 아동학대에 대한 정의와 금지유형 명시. 아동학대신고 의무화, 긴급전화 설치, 아동보호전문기관 설치 등 학대아동 보호체계 마련, 아동보호전문기관 비용보조 근거 마련. 아동학대조사 및 심리과정에 신뢰관계자 진술 및 동석허용, 학대행위자 처벌 강화.
2003년	아동정책조정위원회 신설. 어린이주간. 아동복지시설의 종류에 공동생활가정과 지역아동센터 추가. 상습범 형량 가중신설.
2005년	가정위탁 추가. 자격취득 교육과정에 아동학대예방 및 신고의무내용 포함. 중앙가정위탁지원센터, 지역가정위탁지원센터 신설. 아동복지법 위반자에 대한 벌금 상향 조정.
2006년	아동이 인종에 의하여 차별받지 아니함. 성폭력예방교육 실시 및 전문치료기관 지원. 아동학대를 알게 된 경우 즉시 신고.
2008년	아동실종 · 유괴의 예방과 방지 위한 안전교육 실시. '아동보호구역' 지정 폐쇄회로 텔레비전을 설치. 아동보호전문기관 중앙과 지역으로 구분. 아동학대의 예방과 방지를 위한 정책의 수립 · 시행, 연구 · 교육 · 홍보 및 실태조사의 실시, 아동학대에 관한 신고체제를 구축 · 운영 등 의무 부과.
2011년	아동 종합실태 조사 실시. 아동복지심의위원회 설치 · 운영. '아동을 매매하는 행위' 금지. 친권상실 선고 청구할 수 있는 대상 및 후견인 선임 청구 범위 확대. 아동학대의 예방과 방지, 아동학대행위자 계도교육 등에 관한 홍보영상 제작, 송출. 보수 교육과정에 아동학대예방 및 신고의무내용 포함. 아동보호 강화 및 위험요소 제거. 아동학대 종료된 이후 재발 여부 확인. 아동복지서비스의 법적 근거 규정. 시 · 군 · 구 아동보호전문기관의 통합운영근거 마련.
2012년	영상정보처리기기 의무적 설치. 신고의무 위반시 과태료 부과.

출처: http://likms.assembly.go.kr

위에서 살펴본 것과 같이 아동복지법은 1961년 제정된 후 여러 차례 개정되었고 다양한 사례에 대한 법적 근거를 마련하였다. 아동의 권리를 실현하기 위해서는 국가의 책임으로 아동의 권리를 보장해주는 법이 근거가 되어야 하고 아동복지정책과 복지사업을 집행할 행정체계, 재정 등은 아동의 권리를 실현하는 국가의 책무성이 기준이 되어야 한다. 국가는 국가의 책임을 법적으로 명시하고, 중앙정부와 지방자치단체에게 위임한 책임을 다 할 수 있도록 제도적인 공공의 책임으로 아동복지사업을 추진해야 한다.

2) 아동복지법의 내용

아동복지법에 규정되어 있는 영유아보육과 관련된 내용은 아래의 국가와 지방자치단체의 책무와 보호자 등에 대한 책무 조항이 있다.

살펴보기

제4조(국가와 지방자치단체의 책무)

① 국가와 지방자치단체는 아동의 안전·건강 및 복지 증진을 위하여 아동과 그 보호자 및 가정을 지원하기 위한 정책을 수립·시행하여야 한다.
② 국가와 지방자치단체는 보호대상아동 및 지원대상아동의 권익을 증진하기 위한 정책을 수립 · 시행하여야 한다.
③ 국가와 지방자치단체는 장애아동의 권익을 보호하기 위하여 필요한 시책을 강구하여야 한다.
④ 국가와 지방자치단체는 아동이 자신 또는 부모의 성별, 연령, 종교, 사회적 신분, 재산, 장애유무, 출생지역 또는 인종 등에 따른 어떠한 종류의 차별도 받지 아니하도록 필요한 시책을 강구하여야 한다.
⑤ 국가와 지방자치단체는 「아동의 권리에 관한 협약」에서 규정한 아동의 권리 및 복지 증진 등을 위하여 필요한 시책을 수립·시행하고, 이에 필요한 교육과 홍보를 하여야 한다.

제5조(보호자 등의 책무)

① 아동의 보호자는 아동을 가정에서 그의 성장시기에 맞추어 건강하고 안전하게 양육하여야 한다.
② 모든 국민은 아동의 권익과 안전을 존중하여야 하며, 아동을 건강하게 양육하여야 한다.

아동복지법에서는 앞서 살펴본 영유아보육법과 마찬가지로 시대의 요구에 따라 개정되어 변화하므로 자세한 내용은 국가법령정보센터(www.law.go.kr)의 자료를 참고하여 살펴보도록 한다.

아동복지법은 1장 총칙, 제2장 아동복지정책의 수립 및 시행 등, 제3장 아동에 대한 보호서비스 및 아동학대의 예방 및 방지, 제4장 아동에 대한 지원서비스, 제5장 아동복지시설, 제6장 보칙으로 구성되어 전체 6장 75조로 구성되었다. 아동복지법 구성내용에 대한 법원에 대한 분류와 3단구조(시행령, 시행규칙) 간의 관계를 다음의 표로 살펴보고자 한다.

<table>
<tr><th></th><th>주요내용</th><th colspan="2">법원(法源) 및 3단 구조(법률기준)</th></tr>
<tr><td rowspan="3">총칙</td><td rowspan="3">목적
기본 이념
정의
국가와 지방자치단체의
책무
보호자 등의 책무
어린이날 및 어린이주간</td><td>아동복지법</td><td>제1조부터 제6조까지</td></tr>
<tr><td>아동복지법
시행령</td><td>-</td></tr>
<tr><td>아동복지법
시행규칙</td><td>제2조</td></tr>
<tr><td rowspan="3">아동
복지
정책
수립</td><td rowspan="3">연도별 시행계획의 수립·시행 등
계획수립의 협조
아동정책조정위원회
아동종합실태조사
아동복지심의위원회
아동복지전담공무원
아동위원</td><td>아동복지법</td><td>제8조에서 제14조까지</td></tr>
<tr><td>아동복지법
시행령</td><td>제3조, 제4조, 제5조,
제5조의 2,
제7조에서 제13조의 3까지</td></tr>
<tr><td>아동복지법
시행규칙</td><td>제3조</td></tr>
<tr><td rowspan="4">아동에
대한
보호
서비스
및
아동
학대의
예방
및
방지</td><td rowspan="3">제1절 아동보호서비스
보호조치
보호대상 아동의 퇴소 조치등
금지행위
친권상실 선고의 청구 등
아동의 후견인 선임청구등
아동의 후견인 선임
보조인의 선임 등</td><td>아동복지법</td><td>제15조에서 21조까지</td></tr>
<tr><td>아동복지법
시행령</td><td>제14조에서 제17조까지,
제20조에서 제22조까지</td></tr>
<tr><td>아동복지법
시행규칙</td><td>제4조에서 제7조까지
제9조, 제11조의 2</td></tr>
<tr><td>제2절 아동학대 예방방지
아동학대 예방 방지 의무
피해아동 등에 대한 신분조회 등 조치</td><td>아동복지법</td><td>제22조에서 제29조의 5까지</td></tr>
</table>

<table>
<tr><th></th><th>주요내용</th><th colspan="2">법원(法源) 및 3단 구조(법률기준)</th></tr>
<tr><td rowspan="2"></td><td rowspan="2">아동학대예방의 날
홍보영상의 제작·배포·송출
아동학대 신고의무자에 대한 교육
아동학대 등의 통보
피해아동 응급조치에 대한 거부금지
사후관리 등
국가아동학대정보시스템
피해아동 및 그 가족 등에 대한 지원
아동학대행위자에 대한 상담·교육 등의 권고
아동관련기관의 취업제한 등
아동학대관련범죄전력자 취업의 점검·확인
취업자의 해임요구 등</td><td>아동복지법
시행령</td><td>제23조, 제24조, 제59조,
제26조,
제26조의 2에서 7까지</td></tr>
<tr><td>아동복지법
시행규칙</td><td>제15조</td></tr>
<tr><td rowspan="6">아동에
대한
지원
서비스</td><td rowspan="3">제1절 아동 안전 및 건강지원
안전기준의 설정
아동의 안전에 대한 교육
아동보호구역에서의 영상정보처리기기 설치 등
아동안전 보호인력의 배치 등
아동긴급보호소 지정 및 운영
건강한 심신의 보존
보건소</td><td>아동복지법</td><td>제30조에서 제36조까지</td></tr>
<tr><td>아동복지법
시행령</td><td>제27조에서 제29조까지,
제32조에서 제36조까지</td></tr>
<tr><td>아동복지법
시행규칙</td><td>제16조, 제17조</td></tr>
<tr><td rowspan="3">제2절 취약계층 아동 통합서비스지원 및 자립지원 등
취약계층 아동에 대한 통합서비스지원
자립지원
자립지원계획의 수립 등
자립지원전담기관의 설치·운영 등
아동자립지원추진협의회
자산형성지원사업
자산형성지원사업 관련 업무
자산형성지원사업 관련 업무의 위탁</td><td>아동복지법</td><td>제37조에서 제44조까지</td></tr>
<tr><td>아동복지법
시행령</td><td>제37조에서 제41조까지</td></tr>
<tr><td>아동복지법
시행규칙</td><td>제18조에서 제20조까지</td></tr>
<tr><td rowspan="2">아동
복지
시설</td><td rowspan="2">아동보호전문기관의 설치 등
아동보호전문기관의 업무
아동보호전문기관의 성과 평가 등
가정위탁지원센터의 설치 등
가정위탁지원센터의 업무
아동복지시설의 설치</td><td>아동복지법</td><td>제45조에서 제58조까지</td></tr>
<tr><td>아동복지법</td><td>제42조에서 제53조까지</td></tr>
</table>

<table>
<tr><th></th><th>주요내용</th><th colspan="2">법원(法源) 및 3단 구조(법률기준)</th></tr>
<tr><td rowspan="2"></td><td rowspan="2">휴업·폐업 등의 신고
아동복지시설의 종류
아동전용시설의 설치
학대피해아동쉼터의 지정
아동복지시설의 종사자
아동복지시설 종사자의 교육훈련
시설의 개선, 사업의 정지, 시설의 폐쇄 등
아동복지시설의 장의 의무
아동복지단체의 육성</td><td>시행령</td><td></td></tr>
<tr><td>아동복지법 시행규칙</td><td>제21조에서 제27조까지</td></tr>
<tr><td rowspan="3">보칙</td><td rowspan="3">비용 보조
비용 징수
보조금의 반환명령
국유·공유 재산의 대부 등
면세
압류 금지
비밀 유지의 의무
조사 등
청문
권한의 위임
유사명칭의 사용금지
벌칙 적용에서의 공무원 의제</td><td>아동복지법</td><td>제59조에서 제70조까지</td></tr>
<tr><td>아동복지법 시행령</td><td>제54조에서 제56조까지</td></tr>
<tr><td>아동복지법 시행규칙</td><td>제29조까지</td></tr>
<tr><td rowspan="3">벌칙</td><td rowspan="3">벌칙
상습범
미수범
양벌규정
과태료</td><td>아동복지법</td><td>제71조부터 제75조까지</td></tr>
<tr><td>아동복지법 시행령</td><td>제58조</td></tr>
<tr><td>아동복지법 시행규칙</td><td>-</td></tr>
</table>

3) 아동복지법 시행령의 내용

아동복지시행령에서 영유아보육법과 가장 밀접한 관계가 있는 조항은 아동학대예방에 관한 조항이다. 영유아보육법이 기관에서의 보육서비스 제공을 목적으로 한다면 아동복지법은 아동의 가정보호나 가정보호를 받지 못하는 아동에 대해 동일한 서비스를 제공하기 위한 목적사업에 대한 법적 근거로 볼 수 있다. 아동복지법 시행령은 사회변화와 시대적 요구에 따라서 개정되고 있다.

아동복지 시행령에서는 지방자치단체의 아동보호 책임성 강화 및 시설 아동학대 관련 행정처분 기준 합리화를 위해 보호대상아동에 대한 상담, 건강검진 등 지자체의 아동보호 책임성을 강화하는 내용이 포함되어 있고 위탁가정의 기준을 강화하며, 시설 내 아동학대 행정처분 기준을 합리화하는 등 현행 미비점을 개선하는 내용들을 지속적으로 개정하고 있다.

예를 들어 지자체의 책임성을 강화하기 위하여 아동정책 시행계획의 제출시기(시행령 제3조제2항)를 현행 매년 12월 31일에서 정부 예산이 확정된 후인 다음 연도 3월 31일까지로 변경하여 정확한 관련 예산 반영 등 시행계획 수립의 내실화를 도모하였다. 아동복지법 제8조에 의거하여 보건복지부의 아동정책 기본계획(5년마다 수립)에 따라 관계 중앙행정기관의 장 및 시・도지사는 매년 연도별 아동정책 시행계획을 수립・시행하여야 하는데, 이를 실효성 있는 사업실천을 위하여 개정하였다.

보호가 필요한 아동에게 긴급적인 보호조치를 할 때 시설보호보다는 가정위탁을 권장하고 있다. 가정위탁 희망자에 대한 범죄경력 조회대상 범위 규정(시행령 제20조의 2, 별표 17 및 시행규칙 제10호 서식)을 강화하였다. 현행 시행규칙의 별지 서식에서 규정하고 있는 가정위탁 희망자에 대한 조회대상 범죄경력 범위를 대통령령에 상향 규정하여 명확하게 하였고 일시보호 의뢰기관에 가정위탁지원센터를 추가(시행령 제19조)하였다. 이는 보호대상아동에 대한 보호조치를 할 때까지 위탁가정에서도 일시보호를 할 수 있도록 「아동복지법」이 개정('16. 3. 22. 공포, '18. 3. 23. 시행)됨에 따라, 일시보호 의뢰기관에 가정위탁지원센터를 추가하였다(양정남 외, 2016).

읽어보기

성폭력 발생한 아동복지시설, 즉시 퇴출시킨다! 아동복지법 시행령 국무회의 통과

정부가 아동 성폭력이 발생한 아동복지시설은 즉시 폐쇄하기로 했다. 학대행위가 한 번이면 일정 기간 사업 정지에 그쳤던 제재가 크게 강화된 것이다. 보건복지부는 이런 내용을 담은 아동복지법 시행령 개정안이 국무회의를 통과했다고 27일 밝혔다. 현재 아동보호전문기관·지역아동센터 등 아동복지시설에서 아동학대가 발생하면 처음엔 최대 6개월 업무정지를 내리고 있다. 학대가 한 번 더 일어나야 시설을 폐쇄했다. 아이에게 소변을 먹이거나 성추행하는 등 심각한 범죄에 대해서도 같은 기준이 적용돼 처벌이 약하다는 지적이 많았다.

정부는 이에 △아동에게 성적 폭력이나 성적 가혹행위를 한 경우 △정신적·신체적 폭력이나 가혹행위로 중대한 피해를 끼친 경우엔 즉시 시설을 폐쇄하도록 관련 규정을 바꿨다. 시설이 아이를 방임한 사이 아동에게 큰 피해가 발생한 경우에도 같은 기준을 적용한다. 폭력·가혹행위가 있었지만 피해가 작을 경우엔 처음엔 1개월 내 사업정지, 2차 3개월 내 사업정지, 3차 시설 폐쇄 등으로 제재를 차등화했다. 보호대상아동에 대한 상담은 지방자치단체의 담당 공무원이나 아동보호전문기관 직원이 실시하도록 했다. 심리검사는 관련 전문기관이나 2급 이상 청소년상담사 등에 맡겨야 한다.

출처: 서울경제 뉴스(2018. 2. 18.)

취약계층아동 통합서비스 지원 사업의 평가등 활용 근거를 마련(시행령 제37조 제4항 및 제5항)하였다. 취약계층아동에게 건강 · 인지 · 정서 등 맞춤형 통합서비스를 지원(드림스타트 사업)하고 통합서비스지원기관(시군구 드림스타트)에 대한 운영체계, 서비스 운영, 지역인프라 관리 등 평가의 근거를 마련하였다. 또한 취약계층아동에 대한 건강 · 인지 · 정서 등 맞춤형 통합서비스 평가 업무의 사업운영과 지원업무를 위탁기관에 위탁할 수 있도록 법적 근거를 마련하기 위해 개정하였다.

개정안은 입법예고를 통해 단체 또는 개인의 의견을 보건복지부 아동복지정책과로 의견을 제출하고 개정안에 대한 상세한 사항은 보건복지부 홈페이지(www.mohw.go.kr) 내 법령정보 게시판 입법 · 행정예고 전자공청회에서 확인할 수 있다.

통합입법예고시스템(http://opinion.lawmaking.go.kr)을 통하여서도 의견 제출이 가능하다.

4) 아동복지법 시행규칙의 내용

영유아보육법 시행규칙에서 어린이집 설치기준에 대해 자세히 안내하고 있다면 아동복지법 시행규칙 역시 아동복지시설에 대한 기준 및 세부적인 운영관리 등을 자세히 안내하고 있다. 세부적인 내용은 국가법령센터내의 법령자료를 통해 쉽게 확인해 보도록 한다. 시행규칙의 간단한 검색은 법령의 3단 비교표를 통해 간단히 살펴볼 수 있다.

위임법령 3단비교표 (법률-시행령-시행규칙)

「아동복지법」

「아동복지법 」	「아동복지법 시행령」	「아동복지법 시행규칙」
제1장 총칙		
제1조(목적)		
제2조(기본 이념)		
제3조(정의)		제2조(위탁가정의 기준)
제4조(국가와 지방자치단체의 책무)		
제5조(보호자 등의 책무)		
제6조(어린이날 및 어린이주간)		
제2장 아동복지정책의 수립 및 시행 등		
제7조(아동정책기본계획의 수립)		
제8조(연도별 시행계획의 수립·시행 등)	제3조(연도별 아동정책시행계획의 수립 등) 제4조(추진실적의 평가 등)	
제9조(계획수립의 협조)		
제10조(아동정책조정위원회)	제5조(위원회의 위원의 임기)	
	제5조의2(위원회 위원의 해촉)	
	조(위원장)	
	제7조(회의)	
	제8조(간사)	
	제9조(수당 등)	
	제10조(아동 관련 국제조약의 이행확인)	
	제11조(아동정책실무위원회)	
	제12조(운영 세칙)	

아동복지법 시행규칙에서는 목적, 위탁가정의 기준, 아동종합실태조사의 내용 및 방법, 아동학대 관련범죄 및 일반 범죄 전력 조회 및 회신, 아동보호전문기관의 운영 위탁 지정 절차, 가정위탁지원센터의 지정절차, 아동복지시설의 설치신고, 아동복지 또는 사회복지 관련 교과목 등과 관련된 공통서식 등을 포함하고 있다.

4 보육관계법령의 문제점 및 대안

1) 영유아보육법의 문제점 및 대안

여성의 경제활동 참여와 함께 저출산이 가속화되면서 더 이상 자녀의 출산 및 육아는 여성이나 가족만의 책임이라는 의식에서 벗어나 일과 가정이 양립해야 한다는 취지로 보육관계 법령이 개정되고 있다. 그리하여 부모와 함께 자녀양육을 분담하도록 하기 위해서는 사회의 노력, 즉 공적인 지원과 책임을 필요로 한다. 보육서비스가 국가의 책임이 되고 있는 추세이다. 보육사업은 빈민 가정의 영유아를 대상으로 하는 선별주의에서 모든 영유아가 보육의 대상이 되어 조건에 관계없이 평등한 보육을 받을 수 있는 보편주의로 변화하였다. 보육의 공공성 강화와 질적 수준을 높이기 위해서 정부는 꾸준한 보육재정의 확충도 실현하고 있고 농어촌 지역과 저소득층 밀집 지역, 어린이집 보급률이 낮은 지역, 영아와 장애아 등 취약보육 대상을 우선하는 국공립어린이집의 확충에 더욱 노력하고 있다(조복희 외, 2013).

2004년 영유아보육법을 전면개정한 이후 지속적으로 영유아 보육사업이 더욱 활발히 발전하고 있다. 보편주의에 입각한 보육의 정책수립은 모든 영유아와 그 부모가 평등한 소선 속에서 차별 없는 혜택을 받을 수 있는 공적인 사업의 방향으로 정책이 이루어졌다. 예를 들어 2010년 새싹플랜을 도입하여 국공립어린이집의 대폭 확충, 보육료 지원확대, 기본 보조금제도 도입, 어린이집 평가인증제 도입으로 보육의 공공성을 강화하고 양질의 보육서비스를 제공하였다. 2차 및 3차 중장기 보육계획을 통해서 지속적으로 국가의 책무성과 보육 서비스의 질적 수준 향상을 위해 노력하고 있다. 이러한 측면에서 다양한 관련법 정비와 함께 제도 확립이 되고 있지만 과제에 대한 대안을 모색하여 향후 발전적인 보육정책이 실현되도록 많은 관심과 지지가 필요하다.

해보기

■ **영유아보육법의 문제점에 대한 질문이다. 다양한 의견을 수렴하여 대안을 논의해보자.**

1. 영유아보육법 21조 '보육에 필요한 비용은 보호자가 부담하는 것'으로 되어 있다. 일반아동의 보육료를 지원하는 규정은 적합한가?

2. 국공립어린이집을 확충하기 위해 민간자본 어린이집을 국가매입으로 국공립 전환해 나가는 방안은 바람직한가?

3. 보육서비스 관리체계 강화를 위하여 육아종합지원센터의 인력보강 및 예산지원을 요구하고 있는데 육아종합지원센터의 기능에 추가해야 할 사항은 무엇인가?

4. 아이사랑카드 도입은 재정운용의 투명성 향상과 학부모의 어린이집 선택권으로 공급자간 투명한 운영과 자율경쟁을 선도하였다. 법적으로 보장하고 있는 투명한 정보공개는 수요자와 공급자 간에 과연 법적으로 평등한가?

2) 아동복지법의 문제점과 대안

영유아보육법의 변화에 따라 아동복지법도 다양한 요인으로 개정되고 변화하고 있다. 다음은 최윤영(2013)이 보고한 아동복지법의 문제와 대안에 대해 살펴보고자 한다.

첫째, 아동복지법 정의 규정과 책임 규정의 구체화가 필요하다. 아동복지 개정법에서는 보호대상아동과 지원대상아동을 구별하였고 아동학대로 피해를 입은 아동을 피해아동으로 정의하기도 하였다. 뿐만 아니라 국가와 지방자치단체는 보호대상아동, 지원대상아동, 장애아동의 권익을 보호하기 위한 정책을 마련하여야 한다고 하였다. 아동의 상황을 구체화하여 개별 상황에 따라 정의한 것은 맞춤형 복지가 가능하다는 것을 의미한다. 하지만, 아동과 관련된 연령 기준이 서로 다른 관련 법률을 볼 때 아동의 범위를 아동복지법에서 정하는 것이 바람직할 것이다.

둘째, 아동정책기본계획 · 시행계획 및 아동실태조사의 체계성 · 연계성이 강화되어야 한다. 아동복지법 제7조는 보건복지부장관으로 하여금 아동정책의 효율적인 추진을 위하여 5년마다 아동정책기본계획(이하 '기본계획'이라 한다)을 수립하여야 한다고 정하였다. 개정법에서 아동실태조사에 관한 규정을 둔 이상 청소년 실태조사와의 관계를 정리하여 중복 및 충돌을 방지해야 할 필요가 있다. 아동과 청소년의 연령이 중복되기 때문에 입법적으로 아동실태조사와 청소년실태조사의 통합적 실시가 가능하도록 규정을 추가하는 방안이 필요하다.

셋째, 담당자의 법적 지위가 강화되어야 한다. 종전법에서는 아동복지에 관한 업무를 담당하기 위하여 시 · 도 및 시 · 군 · 구에 두었던 아동복지 지도원을 개정법에서는 명칭을 변경하여 아동복지 전담공무원으로 정하고, 사회복지사의 자격을 갖춘 자가 공무원의 지위에서 아동에 대한 상담 및 보호조치, 가정환경에 대한 조사, 아동복지시설에 대한 지도 · 감독, 아동범죄 예방을 위한 현장 확인 및 지도 · 감독 등 지역 단위에서 아동의 복지증진을 위한 업무를 수행하도록 하였다. 이렇듯 아동복지 실무자의 법적 지위가 더욱 강화될 필요가 있다.

넷째, 학대 피해 아동에 대한 보호권 강화가 필요하다. 아동학대란 보호자를 포함한 성인이 아동의 건강 또는 복지를 해치거나 정상적 발달을 저해할 수 있는 신체적 · 정신적 · 성적 폭력이나 가혹행위를 하는 것과 아동의 보호자가 아동을 유기하거나 방임하는 것이다. 외국과 같이 학대 피해 아동의 치료와 보호에 대해 행정기관이 적극적으로 개입하는 서비스의 확충이 필요하다. 중앙정부는 아동학대예방사업을 활성화하고 지역 간 연계체계를 구축해야 한다. 중앙아동보호전문기관, 시 · 도 및 시 · 군 · 구는 학대받은 아동의 발견, 보호, 치료에 대한 신속처리 및 아동학대예방을 담당하는 지역아동 보호전문기관을 둔다. 아동복지법은 누구든지 아동학대를 알게 된 경우 아동보호전문기관 또는 수사기관에 신고할 수 있도록 하면서 직무상 아동학대를 알게 된 경우 즉시 아동보호전문기관 또는 수사기관에 신고해야 할 의무를 지는 자에 대해 규정하고 있다. 미국의 경우 18개 주에서 모든 시민에게 신고 의무를 부여하고 있으므로 아동복지법도 아동보호의 최대화를 위해 전국민에게 신고 의무를 부과하는 것도 필요하다.

아동학대에 있어 무엇보다 중요한 것은 신속하게 학대 현장에서 아동을 분리하여 보호하는 것이다. 하지만 이전 법에서는 아동보호전문기관의 종사자에게 응급조치권이 부여되어 있지 않았다. 경찰관 역시 즉각적인 조치 의무가 없어 아동학대 신고시 피해 아동을 구제하기 어려웠다. 개정법 제27조에서는 아동학대신고시 아동보호전문기관의 장이나 수사기관의 장은 서로 아동학대 현장에 동행 요청을 할 수 있다. 요청받은 두 수사기관의 장은 정당한 사유가 없으면 그 소속 직원이나 사법경찰관을 아동학대 현장에 동행하게 해야 한다. 무엇보다 중요한 것은 피해 아동이 학대 상황으로부터 긴급하게 격리되어 치료를 받는 것이다. 따라서 실효성 있는 보호를 위해 아동보호전문기관 종사자의 의무이자 권한으로 인정하여야 할 것이다(유구종 외, 2015).

해보기

■ **영유아보육법과 아동복지 법령(법, 시행령, 시행규칙 모두 포함)의 내용 중 추가하거나 혹은 개정하고 싶은 내용과 그 사유를 현장의 문제점을 근거하여 제시하거나 설명해 보자. 최근 이슈가 되는 사회적 문제를 검색하여 제시하거나 평상시 불합리한 사항이라고 생각했던 부분들도 자유롭게 소통하고 논의해보자.**

1. 아동학대나 성추행, 성폭력 등 사회적 약자들에 대한 많은 문제들이 지속적으로 발생하고 있다. 법으로 영유아들 혹은 아동들의 권리를 보장하기 위한 대안은 무엇인가?

2. 저출산은 일과 가정의 양립이 어려워서 지속적으로 해결하고 있지 못하다. 무상보육이나 아동수당등 법적인 근거를 가지고 재정을 확충하여 많은 지원을 하고 있으나 한 전체의 복지가 아닌 한정적인 연령층에 대한 지원으로 정책을 반대하는 의견도 많다. 이에 대한 절절한 법적 근거 마련이 방법은 무엇인가?

3. 위에 두 가지 예시된 질문 말고 내가 생각해 본 논의점은 또 무엇이 있는가?

참고문헌

공계순, 박현선, 오승환, 이상균, 이현주(2008). 아동복지론. 학지사.

문영희(2016). 2016년 개정 「아동복지법」에 관한 법정책적 고찰. 인하대학교 법학연구소. 103-136.

서문희(2004). 2004 유아보육법 개정의 의미와 과제. 보건복지포럼, 91, 95-102.

오정수, 이혜원, 정익중(2006). 세계의 아동복지서비스. 나눔의집.

우경연(2013). 아동관련법과 아동복지법 변천사 연구. 13(05), 초록우산 어린이재단.

유구종, 조희정(2015). 최신영유아보육개론. 공동체.

양정남, 정민수(2016). 사회복지개론. 공동체.

이순형, 이소은(2013). 보육학 개론. 학지사.

이일주(2007). 현행 유아교육제도 개혁의 동향과 과제. 교원교육, 23(3), 한국교원대학교 교육연구원.

조복희, 강희경, 김양은, 한유미(2013). 한국 보육의 역사 및 관련법과 현황. 한국보육지원 학회지, 9(5), 381-405.

최윤영(2013). 아동복지법제의 개선에 관한 연구: 권리와 전달체계를 중심으로. 이화여자대학교 대학원, 박사학위 청구논문.

황보영란(2014). 실질적 의미의 영유아보육법과 그 법원에 관한 연구. 유아교육연구. 34(6), 489-508.

참고자료

국가법령정보센터
www.law.go.kr/

국회법률정보시스템
http://www.likms.assembly.go.kr

보건복지부
http://www.mw.go.kr

중앙육아종합지원센터
www.central.childcare.go.kr

의회신문(2017.12.27.) [입법예고] 남인순 의원, '영유아보육법 일부개정법률안' 대표발의.
http://www.icouncil.kr/news/articleView.html?idxno=42577

유튜브. "어린이집 CCTV 의무설치 합헌".
https://www.youtube.com/watch?v=cvrh-xY22mI

서울경제 뉴스(2018.2.18.) 성폭력 발생한 아동복지시설, 즉시 퇴출시킨다! 아동복지법 시행령 국무회의 통과.
http://www.sedaily.com/NewsView/1RVV823RIU/GC03

제8장
보육행정

1 보육행정의 개념

보육행정이란 용어는 현장에서 자주 사용되는 용어는 아니다. 보육행정이란 보육정책과 보육현장과의 연결 혹은 보육정책과 보육현장 대상자들과의 연결을 의미한다. 행정체계를 구성하는 요소는 다양한 관계를 나타내며 여러 요소는 보육정책뿐만 아니라 일반적 행정에서도 사회정책의 성공적인 실행에 있어서 중요하다. 보육행정은 보육서비스 전달체계라고도 하는데 이는 보육정책을 서비스로 옮기는 과정으로 보육정책이 현장의 대상자에게 이르는 과정을 말한다. 이는 어린이집에 의한 직접적 서비스 제공에 있어 필요하며 또한 부수적인 활동을 지원하는 것을 말한다. 구체적인 행정활동은 기능 및 정책의 결정, 기록보관, 회계, 지속적 서비스의 실행 등 기본적 활동과 기타 다양한 내용들이 포함된다. 그 동안은 보육사업이 완전히 확립되지 못하여 보육사업도 완전한 분야로 자리를 잡지 못하였으나 보육사업이 활성화 되었기에 보육행정은 중요한 부분을 차지하고 있다. 따라서 보육정책의 실현을 위해 보육사업을 주도하는 중앙과 지방정부에도 보육행정 전달체계가 구현되어 있음을 확인해 볼 필요가 있다.

보육행정체계는 보육정책에 의하여 수립된 사업의 목적을 달성하기 위하여 고안된 특정의 서비스로 자원의 기획, 조직, 지도, 관리, 평가의 수행을 포함하여 구성되어 있다. 또한 각 단계의 전달체계로서의 보육행정의 기능은 계속적으로 정보와 결과를 환류한다. 예를 들면, 서비스 전달의 결과(바람직한 사회변화)에 대한 환류(feedback)는 투입(즉, 가치, 정책, 자원)과 행정과정(즉, 기회, 조직 등)에 영향을 미치는 것이다. 보육행정은 보육정책을 보육서비스로 전환하는 과정이다. 보육행정은 보육서비스를 효과적으로 공급하고 전달하는 것을 용이하게 하는 방법이라고 정의하고 있다(김익균 외, 2011).

살펴보기

행정(行政, administration)은 법 아래에서 법의 규제를 받으면서 국가 목적 또는 공익을 실현하기 위해 행하는 능동적이고 적극적인 국가 작용으로 정부의 행정, 즉 공행정(public administration)을 말한다.

행정의 개념에는 공행정(公行政)뿐만이 아니라 넓게로는 민간 기업의 경영, 즉 사행정(business administration)까지 포함되기 때문에 행정의 개념을 한마디로 정의하기 어렵다. 사행정(私行政)까지 포함된 행정의 개념을 넓은 의미의 행정 또는 일반행정(general administration)이라고 부른다. Waldo는 넓은 의미의 행정을 '고도의 합리성을 지닌 협동적 인간 노력의 한 형태'라고 하였고, Simon은 '어떤 특정의 목적을 달성하기 위하여 두 사람 이상이 모여 협동하는 행위'라고 정의하였다.

보육행정(保育行政)에 대해 표준국어대사전에서는 '법률용어로 국가나 공공 단체가 사회 공공의 복리 증진을 위하여 직접 공기업을 경영하고, 공기업을 다른 사람에게 특허해 주고, 개인의 사업을 보호・조성하며, 공공의 물건을 유지・관리하는 행정을 뜻한다'라고 안내하며 비슷한 말로 복리행정이라고 안내하고 있다(하동석, 2010).

보육정책과 보육행정의 관계에 대해 입법은 정책의사의 결정기능이며 행정은 결정된 정책의 수행기능이다. 즉 입법은 목적이고 행정은 수단이다. 사회정책 및 행정의 용어법을 채용하여 보육행정이라고 하거나 혹은 전달체계라고 한다(김익균 외, 2011).

해보기

▣ 앞 장에서 살펴본 영유아보육법령(법, 시행령, 시행규칙)이나 다양한 제도와 정책(누리과정, 맞춤형 보육, 평가인증 등)이 어떤 경로로 어린이집의 원장에게까지 전달되어 이러한 법과 제도와 정책이 현장에서 실천되고 있을까? 여러분의 생각들을 자유롭게 소통해보자.

2 보육행정체계

1) 중앙정부의 행정체계

보육을 담당하고 있는 행정체계는 중앙정부, 지방자치단체로 나누어 살펴볼 수 있다.

중앙정부의 보육업무는 영유아보육법이 제정되면서 보건복지부에서 담당하여 왔으나 2004년 6월부터 여성가족부로 이관되었으며, 2008년 2월 보육업무는 다시 보건복지가족부로 이관되었다. 이후 2010년 1월 12일 보건복지가족부가 다시 보건복지부로 명칭을 바꾸었으며 현재까지 보육업무를 담당하고 있다. 중앙정부의 보육업무 주요 분담체계는 보건복지부 인구정책실 보육정책관 산하 '보육정책과 · 보육사업기획과 · 보육기반과'의 체계로 구성되었으며, 보육행정체계가 중앙정부에서 지방정부를 거쳐 보육현장인 어린이집과 각 가정에 어떤 경로로 전달되고 있는지를 그림을 통해 살펴보고자 한다.

보육행정(보육서비스) 전달체계

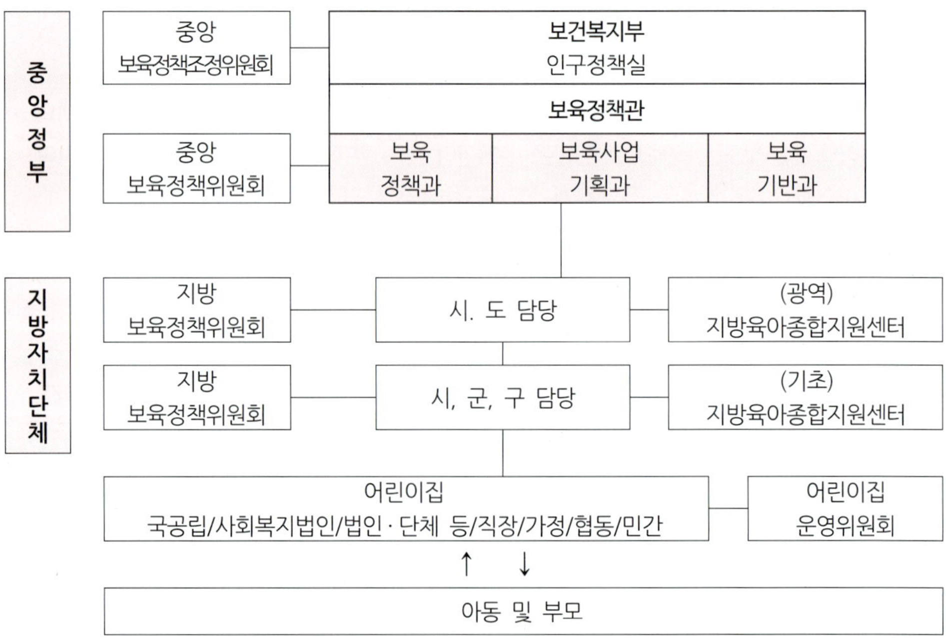

보육정책과, 보육사업기획과, 보육기반과의 과별 주요 업무는 아래 표와 같다.

보육행정 담당 부서의 주요 업무

구 분	주요 업무
보육 정책과	중앙부처 및 지방자치단체의 영유아 정책지원 정책 협의·조정·총괄 영유아 정책에 대한 조사·연구·평가 및 제도 개선 영유아 정책에 관한 종합계획의 수립 및 연도별 시행계획의 총괄 보육정책위원회의 운영 보육관련 법령의 관리·운영 보육재정의 중장기 투자계획 수립 보육예산의 편성·집행관리 및 정산·결산 보육서비스 이용권 제도(보육 전자바우처)의 운영 및 관리 보육행정 전산화 지방자치단체 보육공무원 교육 보육개발원의 설립 및 지도·감독 영유아 및 영유아보육 지원 정책에 대한 홍보 및 국민인식 개선사업 보육 관련 대외협력 및 교류활성화의 지원 보육통계의 생산 및 관리 어린이집연합회 등 법인·단체의 지도·감독 보육교직원 처우 개선에 관한 사항 보육교직원의 양성 및 교육훈련의 지원 보육교직원의 경력 및 자격관리 영유아보육법에 따른 어린이집의 설치·인가 기준의 수립 및 관리 국공립어린이집 등 어린이집의 확충 및 지원계획 수립 직장보육서비스의 확충 육아종합지원센터의 확충 및 운영·관리
보육 사업 기획과	영유아 보육료의 지원 양육수당 지원에 관한 사항 표준보육비용에 관한 사항 영유아 및 부모 지원 보육서비스의 개발 영아·장애아 및 다문화가족 영유아 등 취약보육서비스 등 지원에 관한 사항 보육료·양육수당 지원 대상자 선정 및 적정관리에 관한 사항 보육료·양육수당 지원 대상자 소득기준액 결정에 관한 사항 부모교육 및 관련 정보 제공에 관한 사항 국공립어린이집 등의 인건비 지원 맞춤형 보육 자격기준 및 관리에 관한 사항 가정양육 지원에 관한 사항 보육지원체계 기획·연구 및 일시보육 지원

구 분	주요업무
보육 기반과	어린이집의 설치 및 운영 지원 어린이집의 기능 보강 등 환경개선 지원 어린이집의 운영비 지원 어린이집에 대한 지도·점검 어린이집운영위원회의 설치 및 운영 부육아동의 건강·영양·안전 등의 관리 어린이집 평가인증 계획 수립 및 평가인증 제도 운영 표준보육과정 및 보육프로그램의 개발·보급 협동어린이집의 활성화 시간연장형, 종일형, 방과후 어린이집 등의 보육서비스 지원에 관한 사항

출처: 보건복지부 홈페이지(www.mw.go.kr)

보육업무는 보건복지부가 담당하고 있지만 관련 법령과 정책 실현과 추진의 효율성을 위해 다른 부처 간 협력을 하고 있다. 보육사업 이외에도 일과 가정의 양립을 지원하고 여성의 경제 참여나 저출산 문제를 해결하기 위하여 보건복지부, 고용노동부, 교육부, 여성가족부 등 여러 부처가 아동보육지원정책에 관여하고 있다.

영유아보육법 제5조에서는 보육정책에 관한 관계 부처 간의 의견을 조정하기 위하여 국무총리 소속으로 보육정책조정위원회를 두도록 명시하고 있다. 보육정책조정위원회는 보육정책의 기본 방향에 관한 사항, 보육 관련 제도개선과 예산지원에 관한 사항, 보육에 관한 관계 부처 간 협조 사항, 그 밖에 위원장이 회의에 부치는 사항을 심의하거나 의결한다. 보육정책조정위원회는 위원장을 포함한 12명 이내의 위원으로 구성하고, 위원장은 국무조정실장이 담당한다. 위원의 자격은 기획재정부차관, 교육부차관, 보건복지부차관, 고용노동부차관 및 여성가족부차관이 포함되면 각 위원이 추천하여 위원장이 위촉하는 보육계·유아교육계·여성계·사회복지계·시민단체 및 보호자를 대표하는 자 각 1명으로 구성된다. 보육정책조정위원회의 구성과 운영 등에 필요한 사항은 대통령령으로 정한다.

영유아보육법 제6조에서는 보육에 관한 각종 정책·사업·보육지도 및 어린이집 평가인증사항 등을 심의하기 위하여 보건복지부에 중앙보육정책위원회를, 특별시·광역시·도·특별자치도 및 시·군·구에 지방보육정책위원회를 둔다. 다만, 지방보육정책위원회는 그 기능을 담당하기에 적합한 다른 위원회가 있고 그 위원회의 위원이 제2항에 따른 자격을 갖춘 경우에는 시 · 도 또는 시 · 군 · 구의 조례로 정하는 바에 따라 그 위원회가 지방보육정책위원회의 기능을 대신할 수 있다. 중앙보육정책위원회와 지방보육정책위원회의 위원은 보육전문가, 어린이집의 원장 및 보육교사 대표, 보호자 대표 또는 공익을 대표하는 자, 관계 공무원 등으로 구성한다. 보육정책위원회의 구성 · 기능 및 운영 등에 필요한 사항은 대통령령으로 정한다.

읽어보기

청양군, 보육정책위원회 개최

청양군은 지난 27일 군청 상황실에서 2018년 군 보육정책시행계획과 어린이집 수급계획 결정을 위한 보육정책위원회를 개최했다.

군 보육정책위원회는 강준배 부군수가 위원장을 맡아 공무원, 보육전문가, 공익대표, 어린이집 원장, 보육교사, 어린이집 이용자의 보호자 등 총 15명 위원으로 구성돼 있다.

이날 참석한 위원들은 2018년 군 보육시행계획에 대해 지역 특색 및 자연환경에 맞춘 친환경 보육 환경 조성 및 연계 등 다양한 의견을 제시했으며, 보육정책시행(안)을 원안 가결로 결정했다.

또 2018년 어린이집 수급계획은 10개 읍 · 면 중 6개 읍 · 면은(청양읍, 정산면, 청남면, 남양면, 화성면, 비봉면)은 신규인가를 제한했으며, 4개 면은(운곡, 대치, 목, 장평)은 어린이집이 없어 신규 인가를 허용하기로 했다.

출처: 중도일보(2018. 2. 28.)

대덕구, 보육정책위원회 개최

대전 대덕구가 대덕구보육정책위워회 위원 위촉식과 심의회를 개최했다. 21일 구청 중회의실에서 열린 보육정책위원회는 보육전문가, 어린이집 대표, 보육교직원 대표, 보호자 대표, 공익대표 및 공무원 등 13명으로 구성돼 있고, 올해 보육사업에 대한 시행계획과 어린이집 수급계획 등 주요 보육정책을 심의했다.

구는 대전에서 가장 먼저 어린이집 냉난방비 지원과 전기 · 가스 안전점검 사업을 추진해 안전하고 쾌적한 보육환경조성을 위해 앞장서 오고 있으며, 올해에도 미세먼지 취약계층 영유아어린이집에 공기청정기 지원사업을 추진하고 있다.

박수범 대덕구청장은 "올해를 아동친화 도시 조성 원년이라고 밝히고 '아동의 생각이 실현되는 아동이 살기 좋은 대덕구 만들기'를 위해 모든 행정력을 집중하겠다"며 "아동친화도시 조성을 위해 보육정책위원회 역할이 중요하고 적극적인 관심을 갖고 참여를 해 줄 것"을 당부했다. 또 "보육교직원들의 열악한 근무환경과 처우개선, 애로사항 청취 등 보육정책에 대한 열린 행정으로 안심보육을 위한 발 빠른 현장행정을 추진해, 아이와 부모가 모두 행복한 대덕구가 될 수 있도록 최선을 다하겠다"고 말했다.

출처: 디트뉴스 24(2018. 2. 22.)

2) 지방자치단체의 행정체계

보육행정업무는 중앙정부에서 기본 정책과 계획을 수립하여 이를 수행하기 위한 지침을 하달하고 지방자치단체는 지침업무를 수행하는 방식으로 전달된다. 예를 들어 서울특별시 동작구에서 운영하는 어린이집의 원장이나 동작구에서 거주하는 영유아의 학부모들은 보건복지부-서울특별시청-동작구청 담당자로 연결된 보육행정 내에서 보육서비스를 전달받게 된다. 현행 보육서비스 행정체계는 보건복지부를 정점으로 시 · 도에서 시 · 군 · 구로, 다시 읍 · 면 · 동으로 이어지는 수직적 전달구조로 구성되어 있다. 시 · 도 및 시 · 군 · 구에서는 주로 사회복지과나 가정복지과가 보육업무를 담당하는데 지방자치단체에 따라서 보육과를 두는 경우도 있다. 보건 또한 지방자치단체는 이외에도 자체 예산으로 보육사업을 기획하여 자율적으로 실시할 수 있다(김옥례, 2004). 서울특별시와 동작구의 보육행정 체계를 다음과 같이 살펴보고 서울특별시의 행정체계에 대해 정리해보자.

중앙정부(보건복지부)와 달리 지방정부(예 서울특별시)를 보면 새롭게 보여지는 다양한 업무들이 있다. 예를 들어 서울형 어린이집, 마을 공동체 협력사업 등이다. 이는 지방정부가 추진하는 특색사업을 의미한다. 서울특별시에는 총 25개구가 있고 각 구는 1순위에서 25순위까지 지방재정 자립도를 평가한다. 서울특별시에서도 부담하는 시비와 각 지자체에서 부담하는 구비로 각각의 사업이 추진되는데, 이때 조직적인 관리나 전달체계가 필요하며 이에 따라 동작구의 세부적인 보육관련업무 내용에 대해서도 간단하게 알아 볼 필요가 있다. 동작구청은 2개의 실무국으로 조직을 갖추어 복지환경국 아래 보육여성과를 배치하였다. 동작구청은 보육청사업을 특색사업으로 추진하는 등 혁신적 보육사업에 집중하고 있다.

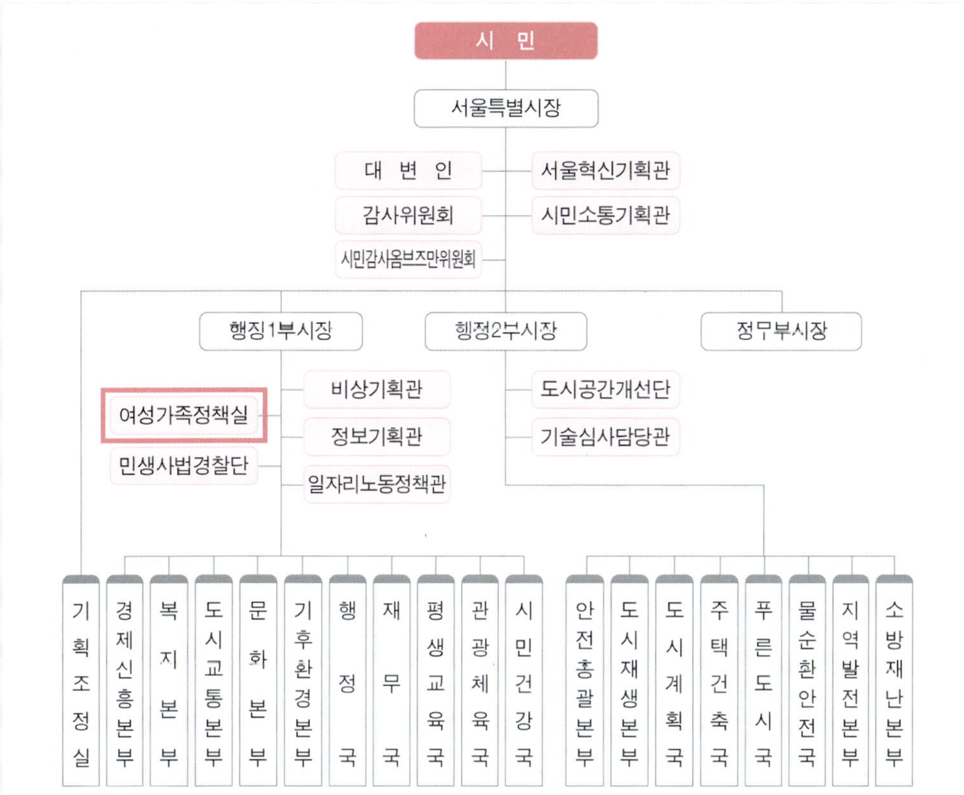
시 민
서울특별시장
대 변 인
서울혁신기획관
감사위원회
시민소통기획관
시민감사옴브즈만위원회
행정1부시장
행정2부시장
정무부시장
비상기획관
도시공간개선단
여성가족정책실
정보기획관
기술심사담당관
민생사법경찰단
일자리노동정책관
기획조정실
경제신흥본부
복지본부
도시교통본부
문화본부
기후환경본부
행정국
재무국
평생교육국
관광체육국
시민건강국
안전총괄본부
도시재생본부
도시계획국
주택건축국
푸른도시국
물순환안전국
지역발전본부
소방재난본부

여성가족정책실
여성정책담당관
보육담당관
가족담당관
외국인다문화담당관
여성정책기획팀
여성정책평가팀
젠더정책팀
여성단체협력팀
여성일자리팀
여성복지팀
늘푸른여성팀
보육기획팀
국공립확충팀
보육지원팀
보육사업팀
보육평가팀
현장점검팀
가족정책팀
출산장려팀
아동친화도시팀
아동복지팀
가족지원팀
외국인정책팀
다문화가족팀
외국인주민인권팀
글로벌센터운영팀

해보기

■ 서울특별시는 행정1부시장, 행정2부시장, 정부시장으로 구분되고 그 중 보육사업을 주관하는 부서는 행정1부시장 관할 아래 (   )에서 담당하고 있다.
(   )에는 여성정책담당관, [   ], 가족담당관, 외국인 담당관으로 업무가 구성되었다. [   ]은 다시 6개의 부서로 업무를 분업해서 담당하고 있으며 6개의 부서는 다음과 같은 업무를 담당하고 있다.

부서명	담당업무
보육기획팀	보육기획팀 업무 총괄 보육정책 종합계획 수립 보육료 수납한도액(필요경비 등) 결정에 관한 사항 국공립어린이집 확충·운영 지원
국공립확충팀	국공립어린이집 확충 사업 총괄 국공립어린이집 확충 심의위원회 운영 국공립어린이집 확충 사업 추진 - 도시공원, 국공립·직장 혼합형 어린이집 설치 등
보육지원팀	보육지원팀 업무 총괄 어린이 복합문화시설(혁신파크내) 건립 추진 대체 교직원 지원 친환경 공공급식 추진에 관한 사항
보육사업팀	보육사업팀 업무 총괄 관리 마을공동체 협력사업 추진 육아종합지원센터 보육사업팀 업무 모니터링
보육평가팀	보육평가팀 업무 총괄 서울형원장 재무회계교육 업무
현장점검팀	현장점검팀 업무 총괄 어린이집 원장 및 점검공무원 교육 업무 어린이집 현장점검업무 총괄 지원

출처: www.seoul.go.kr/main

살펴보기

동작구청 보육여성과 주요 사업 안내

동작구청은 보육여성과에서 보육사업을 담당하고 있으며 보육행정팀, 보육지원팀, 보육관리팀, 여성정책팀, 출산다문화팀으로 총 5개의 팀으로 구성되어 아래 업무를 담당하고 있다.

부서명	담당업무
보육행정팀	보육예산편성 국공립어린이집 확충 구립어린이집위탁 보육정책위원회 구립어린이집 운영비지원 육아종합지원센터(영유아프라자, 영유아돌보미센터, 로야장난감대여점) 운영
보육지원팀	민간·가정어린이집 운영보조금지원 아동 보육료 및 양육수당 자격관리 보육교사 경력관리
보육관리팀	어린이집 인가 어린이집 불편사항 및 민원관리 어린이집 안전관리 어린이집 지도·점검 등 운영전반 관리 감독
여성정책팀	여성복지 종합 여성의 능력 개발 및 사회참여 지원 결식아동 및 소년소녀가정, 가정위탁아동 보호 지원 성매매, 성폭력 피해 여성 보호 및 지원 아동복지시설 지원 및 지도 감독 아동인지능력향상서비스
출산다문화팀	저출산 대응 정책개발 출산장려금지원 등 출산 및 양육지원 한부모가정 및 한부모가족 복지시설 지원 결혼중개업 관리에 관한 업무 건강가정지원센터 운영 등 건강가정 조성 사업 다문화가족지원센터 운영 등 다문화가족 지원 아이돌보미 사업 운영 지원 다문화가족의 안정적 정착 가족생활지원(한국어교육, 가족교육상담, 정보제공, 역량강화 지원) 동작구 다문화가족지원센터 관리운영

출처: www.dongjak.go.kr

3) 기타 지원체계

(1) 육아정책연구소(Korea Institute of Child Care & Education, KICCE)

보육정책에 대한 많은 연구는 육아정책연구소에서 진행되고 있다. 본 교재의 많은 내용들도 모두 육아정책연구소에서 수탁 받아 연구하거나 기본과제 등 다양한 연구과제를 선정하여 국가 수준에서 진행되는 정책 결과물들을 참고하여 작성되었다. 육아정책연구소는 영유아의 건강한 삶을 보장하고 부모와 가정, 지역사회가 행복한 육아를 수행할 수 있도록 지원하기 위하여 설립된 기관이다. 육아정책연구소의 설립목적은 국가인적자원 육성을 위한 육아정책 연구를 종합적 · 체계적으로 수행하고 유아교육과 보육의 발전을 위한 합리적 정책방안을 제시함으로써 우리나라가 육아선진국으로 도약하는 데 기여함이다. 2005년 11월 9일 육아정책개발센터가 설립되었고 2009년 12월 28일 육아정책개발센터에서 육아정책연구소로 개칭되었다. 주요 업무로 육아 관련 현안 및 정책방안 연구, 육아 지원프로그램 및 교재개발, 육아 지원인력의 자격제도의 관리 및 교육훈련, 육아정책 관련 국내외 정보의 공유 및 관리, 기타 육아정책 관련 주요사항 연구 등을 담당하고 있다.

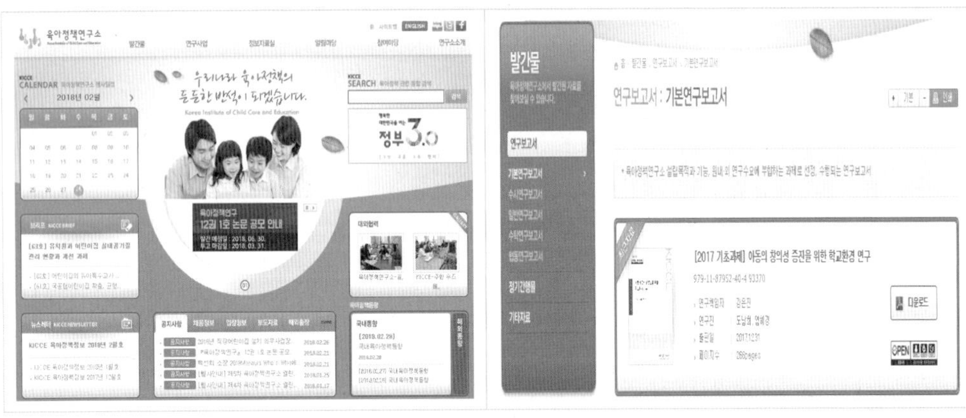

육아정책연구소(www.kicce.re.kr)

(2) 한국보육진흥원(Korea Childcare Promotion Institute, KCPI)

영유아보육법 제8조에서는 '보건복지부장관은 보육에 관한 연구와 정보 제공, 프로그램 및 교재 개발, 평가척도 개발 및 보육교직원 연수 등의 업무를 위하여 보육개발원을 설치하거나 그 업무를 관련 연구기관 등에 위탁할 수 있으며 이에 필요한 사항은 대통령령으로 정한다'라고 명시하고 있다. 보육정책 집행기관으로는 한국보육진흥원이 이에 대한 업무를 담당하고 있다. 한국보육진흥원은 효과적인 보육관련 사업 수행을 통한 보육의 질 향상과 체계적인 보육정책 지원을 통한 영유아와 부모, 보육교직원 등 수요자의 만족에 기여함을 목적으로 설립된 재단법인이다. 한국보육진흥원은 2012년부터 대한민국 보건복지부 산하 공공기관으로 지정되었으나 영유아보육법(2018. 12. 11. 공표)개정에 따라 2009년 민법에 따라 재단법인으로 설립된 '한국보육진흥원'은 2019년 6월 법정기관으로 재출범한다. 다음은 선진보육을 실현하고 있는 한국보육진흥원의 미션과 과제에 대해 알아보자.

구분				
미션	보육서비스 질 제고를 통한 보육신진화			
비전	아동의 건강한 성장발달과 부모의 행복을 견인하는 보육 전문기관			
핵심 가치	보육서비스 질 관리 신도	소통과 협력	변화와 선도	
전략 목표	보육서비스 질 관리 선도	보육교직원 역량 강화	수요자 중심 지원사업 내실화	역동적 조직체계 구축
전략 과제	· 국가 수준의 보육 서비스 평가 기준정립 · 합리적이고 공정한 평가체계 운영 · 어린이집 상시 질 관리 체계 구축	· 보육교직원 전문성 향상을 위한 양성 및 자격 관리 강화 · 보육교직원 교육 관리 체계화 · 인성 및 자질 향상을 위한 교육컨텐츠 개발 보급	· 수요자 요구를 반영한 사업 발굴 및 체계적 지원 · 부모 대상 육아 관련 콘텐츠 보급 및 교육 확대 · 수요자와 양방향 소통 기능 강화	· 대외 협력체계 강화 · 정책지원을 위한 조사분석 및 자료 관리 체계 구축 · 책임경영 확립

2009년 8월 법인 설립 추진을 위한 실무추진반을 구성하고 2009년 11월 창립 발기인총회를 개최하여 12월 22일 법인 설립 허가를 승인받아 2010년 2월 한국보육진흥원을 개원하였다. 2010년 2월 24일에는 보건복지부와 중앙보육정보센터 위·수탁 계약을 체결하였다. 한국보육진흥원은 주요사업으로 어린이집 평가인증, 보육교직원 자격검증 및 자격증 발급, 보육교직원 역량강화, 시간제 보육, 공공형 어린이집 품질관리, 드림스타트 사업 지원단, 중앙육아종합지원센터를 추진하고 있다. 각각의 사업은 육아정책 연구소처럼 직접 사이트를 방문하여 주요 사업의 내용과 관련된 자료를 검색해 보도록 한다.

한국보육진흥원(Korea Childcare Promotion Institute, KCPI)

해보기

▣ 한국보육진흥원(www.kcpi.or.kr)사이트를 방문하여 다양한 보육사업을 검색해보자. 주요 사업 중에서 어린이집 평가인증(10장), 중앙육아종합지원센터(12장)는 살펴보았으므로 그외 보육교직원 자격검증 및 자격증 발급, 보육교직원 역량강화, 시간제 보육, 공공형어린이집 품질관리, 드림스타트 사업 지원단의 사업들 중에서 관심있는 내용을 찾아본 후 검색한 자료에 대해 간략하게 정리하여 소개해보자.

관심주제	보육사업 집행 세부 내용

(3) 사회보장정보원(www.ssis.or.kr)

국가 수준으로 중앙정부와 지방정부 간에 위계적으로 소통을 하고 있으므로 보건복지부(중앙정부)-시 · 도 및 시 · 군 · 구- 어린이집으로 연계된 행정체계로 업무 흐름이 진행된다. 중앙과 지방정부의 보육행정은 보육통합정보시스템(www.cpms.childcare.go.kr)을 통해 어린이집으로 전달되고 있다. 보육통합정보시스템은 사회보장정보원에서 주관하고 있는 사업분야이다.

보육통합정보시스템(www.cpms.childcare.go.kr)

사회보장정보원(www.ssis.or.kr)은 사회보장급여의 이용 · 제공 및 수급권자 발굴에 관한 법률에 의해 설립되었다. 회보장급여의 이용 · 제공 및 수급권자 발굴에 관한 법률 제29조에 따라 사회보장정보시스템의 구축 · 운영 · 지원 및 같은 법 또는 그 밖의 다른 법령에 의해 위탁받은 사업을 합리적이고 효율적으로 수행하여 공정하고 효과적인 사회보장을 통해 국민의 삶의 질 향상에 기여함을 목적으로 한다.

(4) 그 외 온라인 전달체계서비스

어린이집에서는 보육통합정보시스템을 통해, 각 가정의 부모는 복지로(www.bokjiro.go.kr)나 임신육아종합포털 아이사랑(www.childcare.go.kr)을 통해 보육료 지원을 신청한다.

또한 학부모들의 선택권을 보장하기 위해 법적으로 어린이집과 유치원의 운영정보들은 온라인으로 공개하고 있으며 이는 어린이집 · 유치원 통합정보공시(www.childinfo.go.kr)를 통해 영유아들의 각 가정(학부모)으로 전달되고 있다.

사회보장정보원(www.ssis.or.kr)

복지로(www.bokjiro.go.kr)

임신육아종합포털 아이사랑(www.childcare.go.kr)

어린이집 · 유치원 통합정보공시(www.childinfo.go.kr)

중앙정부와 지방정부까지의 전달체계는 보육행정에 속하고 어린이집은 사실상 보육행정에 속하지 않는다. 어린이집은 아동 및 가족에게 가장 가까이 밀접하게 연계되어 현장에서 보육서비스를 직접 전달하는 기관이기 때문이다. 즉, 보육집행체계는 보육서비스를 이용자에게 제공하는 어린이집을 의미한다. 2004년 이전에는 기관 중심의 운영비가 지원이 되었기 때문에 어린이집을 본래 취업모의 자녀만을 대상으로 했으나, 자녀양육에 대한 사회와 국가의 책임의 요구가 점차 높아지게 되었다. 저출산이 가속화되고 출산율의 변화가 미미하게 되면서 만 0-2세 전면 무상보육 및 만 3-5세 누리과정 도입이 된 2013년 이후는 취업모의 자녀가 아닌 모든 영유아들을 포함하고 있다. 육아지원을 위한 다양한 기관들에 대해서 간단하게 살펴보면서 보육행정이 범위와 보육행정을 최일선에서 집행체계로서의 어린이집 이외에 다양한 육아지원기관들에 대해서도 알아보자. 어린이집은 지역사회 연계 프로그램을 통해 각 가정의 문제를 신속하게 연계해야 하며, 영유아들이 자신들이 속한 지역사회내 다양한 기관의 프로그램을 경험하면서 민주시민으로 자랄 수 있도록 지원해야 한다(이순형 외, 2013).

3 육아지원기관

1) 육아종합지원센터

육아종합지원센터는 영유아보육법 제7조에 의해 설립된 육아지원기관이다. 육아종합지원센터는 영유아에게 일시보육 서비스를 제공하거나 보육에 관한 정보의 수집 · 제공 및 상담을 위하여 보건복지부장관은 중앙육아종합지원센터를, 특별시장 · 광역시장 · 특별자치시장 · 도지사 · 특별자치도지사 및 시장 · 군수 · 구청장은 지방육아종합지원센터를 설치 · 운영하여야 한다. 이 경우 필요하다고 인정하는 경우에는 영아 · 장애아 보육 등에 관한 육아종합지원센터를 별도로 설치 · 운영할 수 있다. 중앙육아종합지원센터와 지방육아종합지원센터에는 육아종합지원센터의 장과 보육에 관한 정보를 제공하는 보육전문요원 및 보육교직원의 정서적 · 심리적 상담 등의 업무를 하는 상담전문요원 등을 둔다. 육아종합시원센터의 실치 · 운영 및 기능, 육이종합지원센터의 장과 보육전문요원 및 상담전문요원의 자격 및 직무 등에 필요한 사항은 대통령령으로 정한다. 육아종합지원센터의 업무 전달체계는 다음의 그림과 같다.

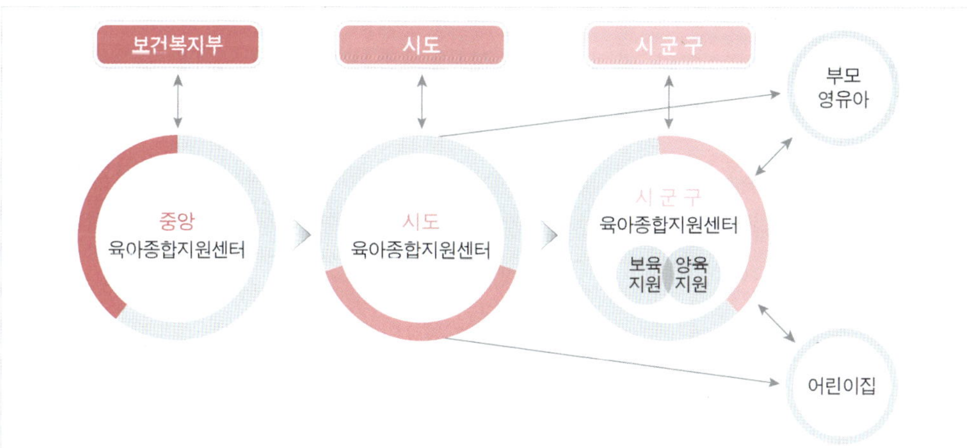

출처: 중앙육아정보센터.

중앙육아종합지원센터는 지방육아종합지원센터의 업무 전반에 대한 관리 · 지원 · 지방육아종합지원센터에 대한 정기적인 평가를 수행하고 그 밖의 정부의 보육사업 시행을 지원한다. 시 · 도 및 시 · 군 · 구 육아종합지원센터는 관할 지역의 어린이집과 보육 수요자에 대하여 지역 특성에 기초한 서비스를 제공하고, 중앙육아종합지원센터에서 실시하는 평가에 참여하여 질적인 개선을 도모하는 역할을 담당하며 이를 자세히 표로 요약하면 다음과 같다.

중앙 센터의 역할	• 전국 단위 보육관련 정보의 수집 · DB구축 및 제공 • 전국공통사업 강사(컨설턴트) 양성 및 인력풀 관리, 매뉴얼 · 자료 제작, 실적 관리 등 지방육아종합지원센터 사업 지원 • 통합홈페이지의 운영 및 업무(실적)관리시스템 관리, 원격교육 등 온라인 서비스 수행 및 지원 • 육아종합지원센터 직원 등에 대한 연수 및 운영지원 • 육아종합지원센터 평가 및 컨설팅, 우수사례 발굴 • 육아종합지원센터 홍보 및 이용자 만족도 조사 실시
지방 센터의 역할	• 지역의 보육관련 정보의 수집 및 제공 • 지역 특성을 고려한 보육 프로그램 및 콘텐츠의 개발 · 보급 • 어린이집 보육컨설팅, 보육교직원 교육 · 상담, 등 어린이집 지원 • 영유아 · 보호자에 대한 양육정보 제공, 교육, 상담 등 가정양육 지원 • 지역의 전문인력, 유관기관 연계 등 지역사회와의 네트워크 구축

시 · 도 육아종합지원센터는 관할 지역의 시 · 군 · 구 육아종합지원센터를 지원하고 시 · 군 · 구 센터가 미설치된 지역의 어린이집과 보육 수요자에 대하여 지역 특성에 기초한 서비스를 제공하여야 한다. 반면 시 · 군 · 구 육아종합지원센터는 관할 지역의 어린이집과 보육 수요자에 대하여 지역 특성에 기초한 서비스를 제공하고 관할 지역 시 · 도 육아종합지원센터와 협조하여야 한다. 지방자치단체는 육아종합지원센터의 설치현황 등 지역상황을 고려하여 시 · 도 육아종합지원센터와 시 · 군 · 구 육아종합지원센터의 역할을 아래와 같이 구분하여 수행한다(이재완, 2002).

표 8-1 시·도 및 시·군·구 육아종합지원센터 역할 (예시)

시·도 육아종합지원센터	시·군·구 육아종합지원센터
• 시·군·구 센터 대상 교육, 실적관리 및 지원 • 시도 센터와 시군구센터 간 정기적인 회의 구성 및 관리 • 특수사업 매뉴얼 개발, 자료제작 등 지자체 특수사업 총괄·지원 • 지역특성을 반영한 프로그램 개발·보급 • 전문가 인력풀 구축 등 시·군·구 센터 지원 • 소외지역에 찾아가는 서비스 제공 등 시군구 센터 미설치 사각지대 지원	• 시·도 센터 교육, 회의 등 참여 및 지원, 협력 • 어린이집 운영에 관한 상담 등 어린이집 지원 서비스 제공 • 영유아 보호자와의 연계 등 가정양육 지원서비스 제공 • 다른 육아관련 기관과의 정보교류 등 지역사회 네트워크 관리 • 이용자의 욕구조사 등 프로그램 개선을 위한 정보수집

살펴보기

전국 육아종합지원센터 현황(2019년 기준)

설치단위	개소수	소재지
전국	1	서울
광역시 단위	8	서울/부산/대구/인천/광주/대전/울산/세종
도 단위	10	경기/경기북부/강원/충북/충남/경북/경남/전북/전남/제주
시·군·구 단위	83	서울 – 25개소 강남구/강동구/강서구/강북구/관악구/광진구/금천구/노원구/도봉구/ 동대문구/동작구/마포구/서초구/성동구/성북구/영등포구/종로구/구로구/ 송파구/은평구/중랑구/서대문구/양천구/중구/용산구
		부산 – 6개소 : 기장군/동래구/진구/사상구/연제구/해운대구
		대구 – 1개소 : 동구
		광주 – 없음
		대전 – 없음
		울산 – 4개소 : 남구/중구/울주군/중구
		세종 – 없음
		인천 – 5개소 : 계양구/미추홀구/부평구/서구/연수구
		경기도 – 26개소 : 고양시/과천시/광명시/광주시/구리시/군포시/ 김포시/남양주시/부천시/성남시/수원시/수원시 동부(영통)/시흥시/ 안산시/안양시/양주시/오산시/용인시/의왕시/의정부시/이천시/ 파주시/포천시/평택시/하남시/화성시
		강원도 – 1개소 : 강릉시
		충청남북도 – 2개소 : 천안시/청주시
		경상남북도 – 7개소 : 김천시/거제시/포항시/진주시/창원시/문경시/합천군
		전라남북도 – 5개소 : 군산시/고창군/익산시/전주시/순천시
		제주도 – 1개소 : 서귀포시
전체	102	

2013년 12월 5일 영유아보육법 개정 이전에는 보육정보센터로 주 기능은 어린이집 지원사업이었다. 주로 보육 관련 정보수집 · 제공, 교재 · 교구대여, 보육교직원 상담 등이 기능이었다. 법 개정 이후 육아종합지원센터는 보육 및 양육에 관한 정보의 수집 · 제공 및 보육교직원 · 부모상담 등을 제공하기 위한 지역사회 내 어린이집 지원 · 관리 및 보호자의 가정양육지원을 위한 육아지원서비스를 제공하는 사업목적을 가진다. 교직원 교육 및 상담, 보육정보 제공, 보육컨설팅 등 어린이집 지원 기능과 부모교육 및 상담, 영유아 체험프로그램, 대여 및 일시보육 서비스 등 가정양육 지원 기능을 주요 사업으로 하고 있다.

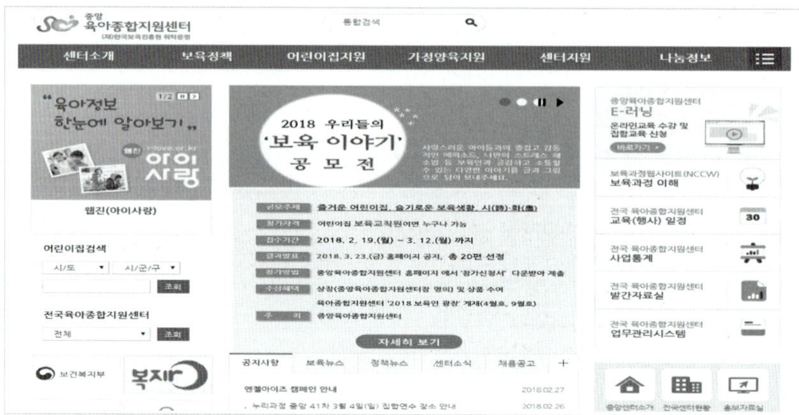

중앙육아종합지원센터(www.central.childcare.go.kr)

지방육아종합지원센터(예 서울 구로구)(guroccic.guro.go.kr)

전국 육아종합지원센터에서 실행하고 있는 공통사업의 내용은 아래의 표와 같다.

구 분	사 업
어린이집지원	표준보육과정 교육 및 교재·교구의 제공 또는 대여 어린이집 설치·운영·이용 등에 관한 상담 어린이집 보육컨설팅 대체교사 지원 및 관리 보육교직원에 대한 상담 및 교육 (보수교육 실시의 위탁) 보육교직원에 대한 영유아학대예방 교육 및 상담 등 보육교직원에 대한 건강·영양·안전 교육 장애아보육 등 취약보육에 대한 정보의 제공 및 지원 보육교직원 구인·구직 정보 제공 어린이집 이용 부모에 대한 교육 열린어린이집 운영 지원 어린이집 재원 영유아를 위한 체험 및 놀이공간 제공 그 밖에 어린이집 운영 및 이용에 관하여 필요한 사항
가정양육지원	부모교육 및 상담 부모-자녀 체험프로그램 운영 육아콘텐츠 개발 및 지원 영유아 체험프로그램 및 놀이공간 제공 도서·장난감 등 제공 또는 대여 일시보육서비스 제공 부모소모임 등 교류 공간 제공 영유아 발달에 관한 검사 그 밖에 가정양육지원 등에 관하여 필요한 사항
기타사업	보육 및 양육에 관한 정보 수집 및 제공 보육프로그램 및 양육 콘텐츠 제공 정보지, 자료집 발간 등 보육 및 양육관련 홍보 육아종합지원센터 및 유관기관과 연계사업 보육통합정보시스템 이용 관련 상담

2) 기타 육아지원 기관

육아종합지원센터가 영유아보육법에서 명시하고 있는 기관이라면, 기타 기관은 육아와 보육과 밀접한 관계가 있는 타 부처에서 운영하고 있는 기관들을 중심으로 살펴보고자 한다. 다문화가족지원센터, 여성가족재단, 한부모가족지원센터, 건강가정지원센터에 대하여 위에 소개한 다양한 기관들처럼 세부적으로 조사하여 정보를 공유해보도록 한다.

다문화가족지원센터

여성가족재단(예 서울)

한부모가족지원센터(예 서울)

중앙 건강가정지원센터

해보기

▣ 우리 사회에서 꼭 해결되어야 한다고 생각하는 보육문제에는 어떤 것들이 있을지 생각해보자.

기관명	
사이트	
설립근거	
목적	
주요사업	

4 보육행정(전달체계)의 문제점 및 대안

보육행정을 담당하고 있는 중앙과 지방정부의 보육서비스 전달체달체계는 수직적 전달체계라서 효율적인 운영이 어렵다. 국가의 책무성이 강조되어 다양한 보육정책이 실현되기 위해서는 이용대상자의 요구가 반영되어야 한다. 또한 이용대항자에 비해 담당공무원의 인원이 부족하고 보육사업의 특수성에 맞는 보육전문가가 아닌 경우와 잦은 인사이동으로 적절한 서비스 전달이 이루어지고 있지 못하다.

이에 대한 대안에 대하여 다음 활동을 통해 스스로 찾아보자.

해보기

■ 보육행정과 관련된 다양한 기관들에 대해서 살펴보았다. 보육전문가로 일할 수 있는 현장이 어린이집 이외에도 많은 기관이 있다는 것을 알게 되었다.

1. 여러분이 생각하는 보육교직원들은 보육교사(원장 포함) 이외에 보육관련 다양한 어느 기관들에서 일할 수 있을까 생각해보자.

2. 영유아보육법 및 기타 관련된 법령을 근거로 하여 보육관련 전문인력을 배치해보거나 위에 살펴본 다양한 기관들의 사이트를 방문해서 채용정보를 검색해보자. 보육현장에서의 근무 경험을 기초로 하여 다양한 역할로의 비젼을 세워보고 진로개발을 위해 관심 있는 기관과 업무에 대해서 조사하고 서로 발표하며 공유해보자.

참고문헌

김옥례(2004). 영유아보육사업의 전달체계에 관한 연구. 전주대학교 대학원. 박사논문.
김익균, 이창수(2011). 보육정책론. 교문사.
보건복지부(2019). 2019년 보육사업 안내.
유희정, 서문희, 김종해, 최해선(2006). 보육정책의 전망과 과제에 관한 연구. 정보통신정책연구원.
이순형, 이소은(2013). 보육학 개론. 학지사.
이재완(2002). 보육서비스 행정체계의 발전 방안. 도시문제, 37. 대한지방행정공제회.
이혜경, 김창현, 백선희, 최은영, 김효진, 박규희(2004). 보육사업 전달체계 효율성 방안 연구. 여성부
하동석(2010). 이해하기 쉽게 쓴 행정학용어사전. 새정보미디어.

참고자료
보육통합정보시스템(어린이집 지원시스템) www.cpms.childcare.go.kr
어린이집 유치원 통합정보공시 www.childinfo.go.kr
임신육아종합포털 아이사랑 www.childcare.go.kr
중앙육아종합지원센터 www.central.childcare.go.kr
한국보육 진흥원 www.chrd.childcare.go.kr
육아정책연구소 www.kicce.re.kr
중도일보(2018. 2. 28.). 청양군, 보육정책위원회 개최.
http://www.joongdo.co.kr/main/view.php?key=20180228010011885
디트뉴스24(2018. 2. 22.). 대덕구, 보육정책위원회 개최.
http://www.dtnews24.com/news/articleView.html?idxno=505952
보건복지부 www.mw.go.kr
서울특별시 www.seoul.go.kr
동작구청 www.dongjak.go.kr
사회보장정보원 www.ssis.or.kr
복지로 www.bokjiro.go.kr
구로구 육아종합지원센터 www.guroccic.guro.go.kr
아이사랑 www.childcare.go.kr

Part V

보육정책 현황

제9장

보육사업 1 (어린이집 설치)

1 어린이집의 설치

어린이집을 설치하고 운영하는 보육서비스 및 이를 지원하고 교직원을 양성하거나 교육하는 등 보육서비스와 관련된 총체적인 일련의 내용을 '보육사업'이라고 한다. 보육사업계획은 중앙과 지방정부에서 수립된 다양한 주요사업과 특색사업으로 구분되어 각각의 소요비용(보육재정)이 다르게 편성될 수 있다. 주요사업이란 중앙정부가 추진하는 기본적 보육사업의 일반적 기준 즉, 전국적으로 동일하게 적용되는 기준을 의미하며 특색사업은 시 · 도와 시 · 군 · 구 각 지방정부의 보육재정 투입 규모에 따라 각각 다를 수 있다.

보육사업은 매년 보육사업 책자로 보건복지부에서 발간하고 이를 기준으로 지방자치단체인 시 · 도에서 자체적인 보육사업 지침서를 발간한다. 예를 들어 서울시 중랑구에 위치한 어린이집에서는 보건복지부의 보육사업 지침과 서울특별시의 보육사업지침을 준수하여야 하고 중랑구의 조례에 맞게 운영하여야 한다(강문희 외, 2010).

보육사업 분야는 크게 어린이집의 설치, 어린이집의 운영, 보육교직원 자격, 보육교직원 관리, 보육교직원 보수교육 및 양성교육, 어린이집 평가인증, 3-5세 누리과정, 시간제보육, 보육예산지원(보육료, 가정양육수당), 보육예산지원(어린이집별 지원), 육아종합지원센터로 구분한다. 세부적인 보육사업의 내용은 전국적인 어린이집에 동일하게 적용되지만 각 시설 유형에 따라서 적용되는 기준도 있으며(예 국공립 보육예산지원, 보육교직원 근무환경 개선비 등) 같은 유형의 어린이집에서도 영유아의 자격기준에 따라 다르게 적용되기도 한다. 보육사업의 분야를 크게 재분류하면 어린이집의 설치, 운영(교직원, 평가인증, 누리과정, 시간보육), 보육재정, 보육지원(행정 및 전달체계, 육아종합지원센터)으로 구분할 수 있다.

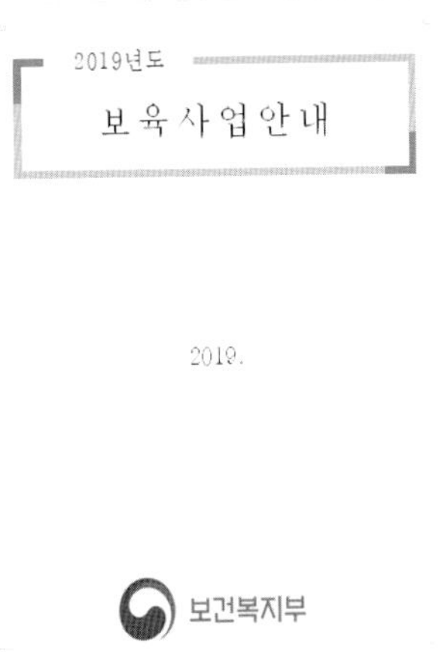

2019년
보건복지부 보육사업안내

2019년
서울특별시 보육사업안내

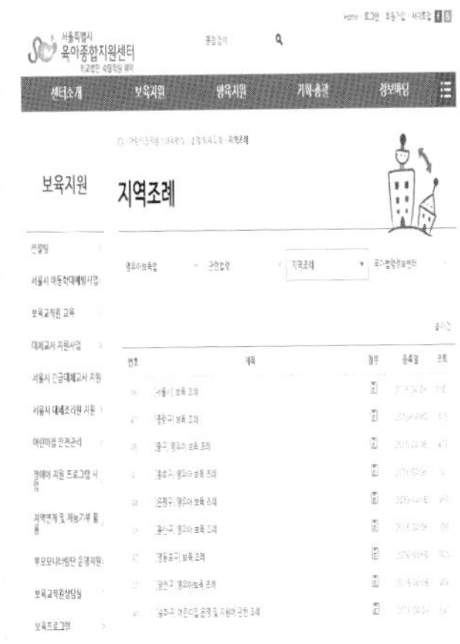

서울육아종합지원센터
지역조례 〉 중랑구 보육조례

본서에서는 행정(8장), 설치(9장), 운영(10장), 재정(12장)에서 자세히 관련 사업에 대해 세부적인 설명을 하였다. 본 장에서는 일반적으로 동일하게 적용되는 보육사업의 다양한 분야에 대해 살펴보기 위해 어린이집 설치(9장)와 어린이집의 운영(10장) 편으로 구분하여 구성하였다. 보육사업 안내 책자의 내용을 중심으로 구성하였다.

보육사업 분야와 세부내용은 보육사업 책자와 부록편에서 다양한 세부적 지침이나 매뉴얼로 자세히 안내하고 있다. 보육사업 분야는 '보육사업' 안내 책자에 기술되었고 부록편에는 본문(보육사업 안내책자)에서 제시한 법령이나 매뉴얼, 지침서의 상세내용으로 구성되었으며 이와 관련된 문서서식으로 구성되어 있다. 다음은 보육사업 부록 매뉴얼의 상세내용을 간단히 표로 정리하여 살펴보았다.

살펴보기

보육사업 분야 및 세부내용

보육사업 분야	세부내용
어린이집 설치	어린이집 유형별 기준, 국공립어린이집 위탁기준, 인가절차 및 유의사항, 정원산정 방법, 어린이집 설치기준(놀이터, 비상재해대비시설)
어린이집 운영	어린이집 운영 일반원칙, 수입·지출 원칙, 보육료 및 필요경비 등의 기준, 보육교직원 보수기준, 어린이집의 건강·급식·위생·안전관리, 아동학대 예방, 지도점검, 운영위원회, 모니터링, 열린어린이집, 어린이집 참관, 보육사업 홍보 및 지방보육정채위원회의 운영, 정보공시
보육교직원 자격	원장 및 보유교사 자격증 발급 및 자격기준, 특수교사 및 장애영유아 담당교사 자격기준, 치료사의 자격기준
보육교직원 관리	보육교직원 채용 및 임면보고, 적격성 확인, 결격사유, 경력관리, 호봉인정 기준, 배치기준, 복무관리, 자격정지, 자격취소
보육교직원 교육 (보수 및 양성)	보수교육(정의, 절차, 실시, 비용지원), 온라인 보수교육, 보육교사 교육훈련 시설(보육교사 교육원)
어린이집 평가인증	평가인증의 기본방향, 법적근거, 사업개요, 인증 운영체계 및 과정, 재평가 관리, 사후관리, 경과조치
3-5세 누리과정	누리과정의 개요, 담당교사의 지원기준 및 신청절차, 교사자격
시간제 보육	시간제 보육의 사업개요, 세부운영기준, 운영체계 및 역할, 기관지정 및 관리
보육예산지원 (보육료, 가정양육수당)	수급자 신청 및 선정기준, 보육료 지원(0-5세 보육료, 종일반, 장애아, 다문화, 방과후, 시간연장형), 가정 양육수당, 긴급보육 바우처
보육예산지원 (어린이집별 지원)	보육예산지원(공통사항-전 시설유형동일 지원사항), 각 어린이집 유형별 지원(국공립·법인, 장애아, 영아전담, 시간연장형, 방과후), 기본 보육료, 차량 운영비, 교재·교구비, 기능보강비, 농촌공동아이돌봄센터, 이동식 놀이교실, 농촌 보육교사 특별 근무수당, 근무환경 개선비, 대체교사, 보조교사, 농어촌 소재 법인어린이집 지원
육아종합지원센터	육아종합지원센터의 설치, 운영, 지원, 상담전문용원의 배치, 설치비 지원

살펴보기

보육사업 부록 매뉴얼

보육사업 분야	관련 내용
사회복지법인 및 사회복지시설 재무·회계 규칙	어린이집 운영 수입·지출 원칙
보육료·양육수당 지원사업 안내	보육예산지원(보육재정)
국공립어린이집 위탁체 선정·관리기준	어린이집 설치
직장어린이집 위탁보육계약서(예시)	어린이집 설치
어린이집 영상정보처리기기 설치·운영 가이드라인	어린이집 설치
편의시설의 종류 및 설치기준	어린이집 설치
어린이집 비상대피훈련 표준 안내	어린이집 설치
어린이집 급식재료 품질 관리 기준	어린이집 운영
보육통합정보시스템 개인 정보 보호 지침	어린이집 운영
어린이통학버스 운전자 및 동승보호자 표준매뉴얼	어린이집 운영
전국 육아종합지원센터 현황	어린이집 행정(지원 전달체계)
전국보육교사교육원 현황	보육교직원 교육
보육사업예산	보육예산지원(보육재정)
보육사업안내 주요내용별 담당자 연락처	어린이집 행정(지원 전달체계)

보육사업 문서서식

보육사업 분야	관련 내용
상·하위연령 반편성 신청서, 생활기록부(영아), 생활기록부(유아), 투약의뢰서, 부모동의 및 조사서, 어린이집 통합 안전점검표, 영유아 사고보고서, 보육계획안을 활용한 보육일지, 어린이집 감염병 발생현황 보고서, 업무분장 및 비상시 대처방안, 보육교직원 전문성 강화 관련, 영유아 관찰·평가 및 개별면담 기록	어린이집 운영
보육교직원 관리대장, 보육교직원 임면보고, 보육교직원 결격사유조회 의뢰서, 결격사유조회 요청 대장, 결격사유조회요청 회보대장, 결격사유조회 회보서, 경력(재직)증명서, 보수교육 실시 위탁계약서	보육교직원 관리
교육훈련시설 성적증명서, 유사교과목 확인서, 보육교직원 보수교육 수료증, 보수교육 교과목 수강면제 신청서, 교육훈련시설휴지(폐지)신고서, 교육훈련시설입소신청서, 보육교사양성교육과정 수료증, 보육실습생 신상카드, 보육실습확인서, 보육실습평가서	보육교직원 교육
특수어린이집 지정 신청서, 특수어린이집 지정서, 특수어린이집 지정 신청서, 특수어린이집 지정서, 시간제보육 제공기관 지정 신청서('16.3), 시간제보육 제공기관 지정서	어린이집 설치
시간연장보육 이용 신청서, 아동별 월 시간연장 보육 실적 확인서, 24시간 어린이집 이용 신청서, 보육사업 국고보조금 교부신청서, 기능보강사업 신청내역서, 신축·리모델링·공동주택 리모델링, 매입 계획서, 어린이집 기능보강 사업자 조사표, 증·개축 계획서, 설계검토 의견서, 어린이집 개·보수계획서, 어린이집 장비구입 계획서, 어린이집 기자재 구입 계획서, 어린이집 기능보강 사업계획 변경 신청서	어린이집 예산지원 (보육재정)

어린이집을 설치하기 위해서는 영유아보육법 제15조의 설치기준에 따라야 한다. 어린이집의 설치는 사전 상담 단계, 설치단계, 인가증 교부 후 운영단계로 진행되며 본 장에서는 사전 상담단계와 설치단계에 대해서 살펴보았다.

읽어보기

'학교 빈 교실 어린이집' 갈등 빚은 복지부-교육부, 총리실서 교통정리..."활용하기로"

학교의 빈 교실들을 국·공립 어린이집 등으로 활용하는 방안을 놓고 대립해온 교육부와 복지부가 결국 '활용한다'는 것에 합의했다. 정부는 1일 정부서울청사에서 국무총리 주재로 국정현안점검조정회의를 열고 '학교시설 활용 및 관리 개선방안'을 심의·확정했다. '학교 내 교실 활용 원칙'을 정해 빈 교실을 학교 교육활동이나 병설유치원 설립 등에 우선 활용하되, 돌봄서비스나 국·공립 어린이집으로도 쓰기로 했다.

아이들 수가 줄면서 생겨난 빈 교실을 공공 보육시설로 이용하자는 주장은 계속 나왔고, 지난해 11월에는 이를 담은 영유아보육법 개정안이 국회 보건복지위원회를 통과했다. 하지만 교육단체들과 시도 교육감들은 학교 안 어린이집의 보건·안전관리 책임 소재가 명확하지 않다며 반대했다. 유00 전 복지부 장관이 청와대 국민청원 사이트에 '초등교실을 활용한 공공보육시설 확충'이라는 제목의 글을 올리면서 이 문제에 대한 사회적 관심이 커졌다.

현재 초등학교 빈 교실에 설치된 어린이집은 전국에 22곳이다. 부산이 11개로 절반을 차지하고 서울이 6곳, 인천이 3곳, 경기와 울산이 각 1곳이다. 정부는 이런 사례들을 분석해 시설관리와 안전사고 책임, 공간 배치 등을 규정한 가이드라인을 3월까지 내놓을 계획이다. 돌봄시설이나 어린이집 출입문을 지자체가 따로 설치하는 등 학교 시설과 공간을 분리하는 내용 등이 담길 것으로 보인다. 시설에 대한 책임은 원칙적으로 돌봄시설·어린이집 관계자가 지도록 하고, 공과금은 별도 산정하게 하는 방안도 논의되고 있다.

지금은 '활용 가능한' 빈 교실의 기준이 교육부와 시·도 교육청 모두 제각각이다. 교육부는 '월 1회 또는 연간 9회 미만으로 사용하는 교실'을 빈 교실로 보지만 경기도교육청은 '현재 쓰고 있더라도 발전적으로 전환 가능한 교실'을 빈 교실로 보고, 3200여개 교실을 다른 용도로 쓸 수 있다는 조사 결과를 내놨다. 교육부는 "교육청들과 협의해 객관적인 기준을 만들고, 학교 현장과 충분히 소통해 다른 행정·재정적 지원방안도 마련하겠다"라고 밝혔다.

출처 : 경향신문(2018. 2. 1.)

해보기

■ 어린이집을 설치할 때 가장 최선으로 적용해야 할 기준(환경, 재정, 시설, 교사대 아동비율 등)은 무엇이 되어야 하는지에 대해 서로의 의견을 소통해보자.

1) 어린이집 설치 전 상담 단계

어린이집 소재지 관할 특별자치도지사 · 시장 · 군수 · 구청장은 어린이집을 설치하고자 하는 자에게 보육수요와 어린이집 설치기준 등에 대하여 사전상담이 우선적으로 이루어지도록 관할 시 · 군 · 구청 담당자를 배치하여 협조하여야 한다. 이러한 사전상담은 어린이집 설치인가에 관한 예비검토 단계이므로 상담결과는 행정상 확정의 효력은 없다. 보육수요 조사는 어린이집 설치(위치, 규모, 운영형태 결정 등)하는 데 가장 기본적인 작업이다. 보육수요를 통해서 희망하는 지역에 어린이집을 설치할 경우, 실제로 어린이집에 맡길 영유아 인원을 사전 조사결과를 안내받는 것이다. 잘못된 수요 예측은 초기 어린이집의 투자에도 불구하고 지속적으로 운영에 어려움을 주게 됨으로써 대표자(또는 어린이집 원장)에게 부담이 될 수 있는 요인으로 작용할 수 있다. 따라서 어린이집 설치 전 관할 시 · 군 · 구청의 사전설치상담을 통해 보육 수요를 확인해야 한다(최명희, 2014).

어린이집 설치 전 사전상담은 시 · 군 · 구청 담당자를 통해 지원받을 수 있다. 구청 담당자 이외에도 전국 육아종합지원센터에서는 보육전문가로 구성된 컨설턴트의 1:1 맞춤형 컨설팅을 통해 어린이집 설치와 운영에 필요한 도움을 주고 있다. 어린이집 보육컨설팅은 설치운영, 평가인증, 품질관리, 재무회계의 네 가지 분야로 지원된다. 설치운영 컨설팅은 인가를 앞둔 어린이집을 대상으로 인가서류 준비에서부터 초기 운영에 필요한 제반사항을 컨설팅하여 질 높은 보육서비스를 갖출 수 있도록 지원하고 있다.

살펴보기

현재 우리나라의 보육사업은 90년대의 확장기를 거쳐 보육의 질을 제고하고 특수보육을 활성화 시키는 단계라고 할 수 있다. 정부의 보육정책을 파악하여 이에 부합되도록 운영 방향을 잡는 것이 바람직하다. 인근 지역에 이미 설치된 어린이집이나 전국 어린이집 중 우수 어린이집 시설의 설치사례를 통해 설치과정 및 운영상의 장단점과 고려해야 할 사항 등을 사전에 점검해 본다.

어린이집 견학 시설 선택 시 고려사항

인근지역의 환경적 요소(입지)가 유사한 곳을 선정하였는가?
계획 중인 어린이집과 유형이 같은 곳을 선정하였는가?
계획 중인 어린이집과 시설규모(예상 보육 아동 수)가 비슷한 곳을 선정하였는가?
계획 중인 어린이집과 특수보육 운영 여부에 있어 비슷한 곳을 선정하였는가?
가장 성공적인 어린이집 시설과 그렇지 못한 어린이집 시설을 선정하였는가?
주변 어린이집들이 어떤 종류의 보육서비스를 제공하고 있는가?
설치 시에 얼마나 많은 비용을 들었는가?
어떤 보육철학과 프로그램으로 운영하고 있는가?

위 사항에 대하여 자세히 조사한 후 해당 지역의 특성을 고려하여 영아전담어린이집 시설, 시간제 보육, 야간보육 등 대표자(또는 어린이집 원장)가 제공 가능한 보육서비스의 유형들을 결정한다. 이러한 보육수요를 감안하여 주변 지역에 어린이집이 균형 있게 배치되어 있는지를 파악하고 설치규모(보육정원, 반편성 등)는 어느 정도가 적당한지 결정할 수 있다.

출처: 고양시 육아종합지원센터(http://www.echild.or.kr/)

보육전문요원과 지자체 인가담당공무원과의 긴밀한 협조를 통해, 어린이집 개원을 희망하는 예비원장은 관할구청의 보육 수요 상황에 따라 인가 여부 확인 후, 육아종합지원센터를 방문하여 인가에 관련된 제반 사항을 상담 받고 컨설팅을 신청할 수 있다. 어린이집 운영에 필요한 매뉴얼 및 관련 자료와 다양한 정보를 무료로 제공받을 수 있으며 안전하고 위생적인 어린이집 보육환경 구성 및 교재교구 비치, 재무회계, 인사관리 등 구체적인 현장지원을 받을 수 있다. 이러한 컨설팅 과정은 결과보고회를 통해 예비원장, 지자체

공무원, 육아종합지원센터 담당자들과 공유하여 철저한 사후관리 시스템을 마련하여 어린이집 운영에 지속적인 지원을 하게 된다(성미영 외, 2017).

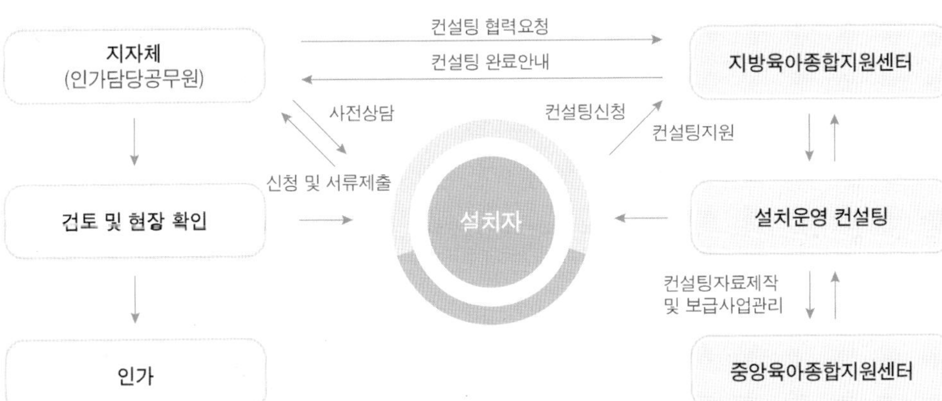

출처: 대구 동구 육아종합지원센터(www.dgicare.kr).

설치운영 컨설팅 지원 시스템

표 9-1 설치운영 컨설팅 지원 내용

단계	진행절차	비 고
1단계 설치준비	1. 지자체 협력 2. 설치운영 컨설팅 신청 및 접수 3. 오리엔테이션	- 센터상황에 따라 지자체 협력, 컨설팅 신청 및 접수 진행순서 변경 가능
2단계 설치진행	1. 어린이집 인가절차 2. 운영계획서 수립 3. 재무회계 4. 인사, 노무관리 5. 어린이집 지원시스템 CIS 6. 보육환경 구성 7. 안전 8. 건강, 영양, 위생 9. 동일유형 어린이집 방문	- 예비원장에게 센터에서 진행하고 있는 교육 참여 기회 제공 - 동일유형 어린이집 방문은 센터 상황에 따라 실행 ※현장지원 횟수, 진행순서는 센터 및 어린이집 상황에 따라 조정하여 진행
3단계 사후관리	- 전화, 이메일 등으로 사후 관리	- 사후 운영 상담

출처: 경기육아종합지원센터(www.gyeonggi.childcare.go.kr).

어린이집 설치 부지 선정은 어린이집 입지 조건이 매우 까다롭기 때문에 어려움이 많은 단계이다. 사전상담을 통해 보육수요 조사를 파악하고 주변의 보건이나 위생 및 급수시설에 대해서도 살펴야 한다. 또한 지역의 안전(환경)과 교통편의 등을 충분히 고려하여 쾌적한 환경을 갖춘 부지를 선정하여야 한다.

☑ 약국, 병원, 경찰서, 소방서 등 응급환자, 화재 등 비상재해 대비가 신속한 지역인가?
☑ 지역사회자원(박물관, 문화재, 유적지 등) 활용이 용이한 지역인가?
☑ 위험시설로부터 수평거리 50m 이상 떨어진 곳에 위치하고 있는가?

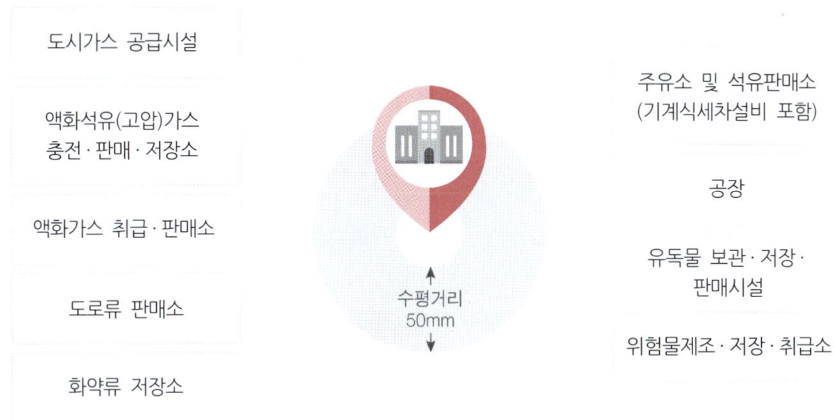

출처: 대구 동구 육아종합지원센터(www.www.dgicare.kr).

어린이집의 설치는 아래 그림과 같은 절차에 의해 진행한다.

단계	세부내용	담당자
1단계	신규설치 전 사전상담을 신청하고 컨설팅을 받는다.	원장
2단계	신규설치 전 사전상담 진행하고 지방 육아종합지원센터와 연계하여 사전 설치 관련 컨설팅을 안내한다. 현장을 직접 방문하여 설치 가능 여부에 대한 현장 상담도 실시한다.	시·군·구청 담당자
3단계	어린이집 설치 후 현장 실사 신청단계에서는 원장이 어린이집 설치기준에 맞게 모든 실비와 시설을 갖추고 신청서를 접수한다.	원장
4단계	접수된 인가신청서와 관련서류를 모두 검토한 후 직접 현장에 방문하여 도면과 관련된 모든 공간의 실측과 함께 설치기준에 부합하는지에 대한 심사를 실시한다.	시·군·구청 담당자
5단계	서류와 현장을 모두 검토하여 최종적인 인가 여부를 결정한다.	시·군·구청 담당자
6단계	제출된 기준에 맞게 인가증을 작성하고 신청인에게 교부한다.	시·군·구청 담당자
7단계	원장은 인가증을 수령한 후 직인을 제작하고 세무서에 방문하여 사업자 등록증을 발급받는다. 사업자 등록증을 발급받은 후 통장을 개설하고 통합시스템 등록 및 아이사랑카드 단말기 신청을 한다.	원장

2 어린이집의 설치 단계

1) 어린이집의 기본시설

어린이집의 설치는 법령에 의해 인가기준에 적합하도록 시설과 설비를 갖추어야 한다. 영유아보육법 제15조에 따른 어린이집의 설치기준은 어린이집의 구조 및 일반기준에 대해 법 제15조의 2부터 법 제15조의 4까지에 따른 놀이터, 비상재해대비시설 및 폐쇄회로 텔레비전의 내용을 포함한다. 이러한 모든 내용은 세부적으로 보건복지부의 보육사업 안내 지침서에서 매년 법령 개정에 따른 변경사항을 안내하고 있다. 어린이집 설치에 필요한 어린이집 기본시설(법 15조), 놀이터(법 15조의 2), 비상재해대비시설(법 15조의 3), 폐쇄회로 텔레비전(법 15조의 4)의 설치기준에 대한 보육사업 안내의 세부내용은 다음과 같다.

살펴보기

[별표 1] 〈개정 2017. 9. 15.〉

어린이집의 설치기준(제9조 관련)

구분	기준
보육실	① 보육실은 실내공간으로 반별 정원을 고려하여 별도로 구획된 공간을 의미한다. ② 보육실은 건축법령상의 층 수와 관계없이 해당 층 4면의 100분의 80 이상이 지상에 노출되어 있고, 해당 층 주 출입구의 하단이 지표면부터 1미터 이내인 층(이하 "1층"이라 한다)에 설치하여야 한다. ③ 영유아 1명당 2.64제곱미터 이상의 공간을 확보하여야 하며, 전체 정원 및 면적 산정 시에는 보육실, 거실, 공동놀이실을 포함하여 산정한다. ④ 보육실에는 침구, 놀이기구 및 쌓기놀이활동, 소꿉놀이활동, 미술활동, 언어활동, 수학·과학활동,음률활동 등에 필요한 교재·교구를 갖추어야 한다. ⑤ 환기·채광·조명·온도 및 습도가 적절히 유지·관리되어야 한다. ⑥ 보육실은 바닥난방시설을 갖추어야 한다. ⑦ 그 밖에 보육실 설치에 필요한 구체적인 기준은 보건복지부장관이 정한다.
조리실	① 조리실은 채광이 잘 되도록 하고, 기계 환기시설을 하여 청정한 실내 환경을 유지하도록 하며, 창문에는 방충망을 설치하여야 한다. ② 식기를 소독하고 위생적으로 취사 및 조리할 수 있는 설비를 갖추어야 한다. ③ 공공기관이나 사회복지관 안에 설치된 어린이집이나 유치원과 같은 건물에 설치된 어린이집은 같은 건물에 있는 조리실을 함께 사용할 수 있다. ④ 직장어린이집이 설치된 건물에 집단급식소를 운영하는 경우에는 조리실을 별도로 설치하지 아니할 수 있다.
목욕실	① 목욕실은 난방을 하여야 한다. ② 바닥은 미끄럼 방지장치를 하여야 한다. ③ 샤워설비, 세면설비 및 냉온수 공급을 위한 설비를 갖추어야 하며, 수도꼭지는 온수 사용 시 화상을 입지 아니하도록 온도를 조성 및 고정할 수 있어야 한다. ④ 목욕실은 보육실과 인접한 공간에 위치하여야 한다.
화장실	① 바닥은 미끄럼 방지장치를 하여야 한다. ② 세정장치와 수도꼭지 등은 냉온수의 온도를 조정 및 고정할 수 있어야 한다. ③ 화장실은 수세식 유아용 변기를 설치하고, 보육실과 같은 층의 인접한 공간에 설치하여야 한다.
급배수 시설	① 상수도 또는 간이상수도에 의하여 먹는 물을 공급하는 경우에는 저수조를 경유하지 아니하고 직접 수도꼭지에 연결하여 공급하여야 한다. ② 어린이집에서 지하수를 음용수로 사용할 경우에는 저수조 등의 시설을 경유하여야 한다. ③ 더러운 물, 빗물 등이 잘 처리되도록 배수설비를 하여야 한다.

어린이집은 1층 또는 건물 전체(5층 이하)에 설치하여야 한다. 어린이집의 건물구조 및 보육실 · 화장실 · 놀이기구 등이 영유아의 안전과 이용에 편리하도록 설계 · 시공되었는지를 인가 실사 시 확인한다. 앞서 살펴본 영유아보육법 시행규칙 별표 1에서는 어린이집의 기본시설을 보육실, 조리실, 목욕실, 화장실, 옥외놀이터(정원 50인 이상 시설), 급배수 시설, 비상재해대비시설, 교사실로 제시하고 있다.

① 어린이집 기본시설(법 15조)

보육실, 조리실 등 자세한 설치규정은 앞 장의 '살펴보기'에서 제시한 영유아보육법 시행규칙 제9조의 별표 1을 참고하여 설치한다.

보육실

조리실

화장실

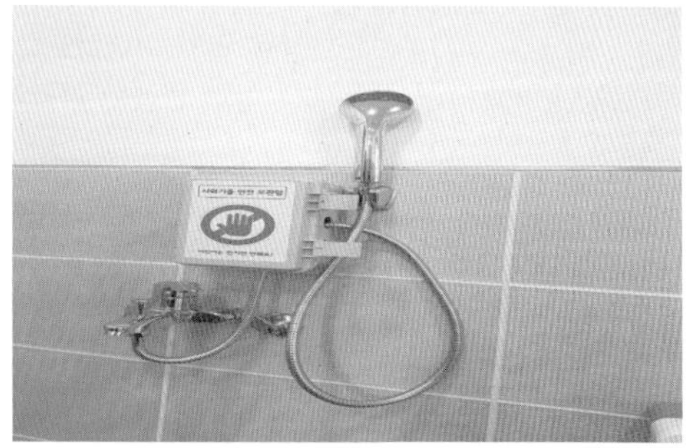

목욕실을 대체하는 샤워기와 안전장치

② 놀이터(법 15조의 2)

보육 정원 50명 이상인 어린이집(12개월 미만의 영아만을 보육하는 어린이집은 제외)은 영유아 1명당 3.5제곱미터 이상의 규모로 옥외놀이터를 설치하는 것을 원칙으로 한다. 12개월 미만의 영아만을 보육하는 어린이집이라면 놀이터 설치는 제외하고 있다.

놀이터 면적 기준은 인가인원의 규모에 따라 정원 인원의 비율을 달리하고 있다. 예를 들어 어린이집 정원 50인 이상 99인 미만인 어린이집은 놀이터의 면적을 각 정원의 45%를 기준으로 1인당 3.5㎡ 이상으로 놀이터를 설치하여야 하는 설치기준이 적용된다. 하지만 이보다 더 큰 규모인 정원 250인 이상 300인 미만의 어린이집은 놀이터의 면적을 각 정원의 35%를 기준으로 1인당 3.5㎡ 이상으로 놀이터를 설치하여야 하는 설치기준이 적용된다. 이를 표로 제시하면 다음과 같다.

정 원	면적 산정 기준	비 고
50-99인	정원×45%×3.5㎡	각 정원의 45%를 기준으로 1인당 3.5㎡ 이상으로 놀이터를 설치함
100-129인	100명×45%×3.5㎡	45명 기준
130-159인	130명×40%×3.5㎡	52명 기준
160-199인	160명×40%×3.5㎡	64명 기준
200-249인	200명×35%×3.5㎡	70명 기준
250-300인	250명×35%×3.5㎡	87명 기준

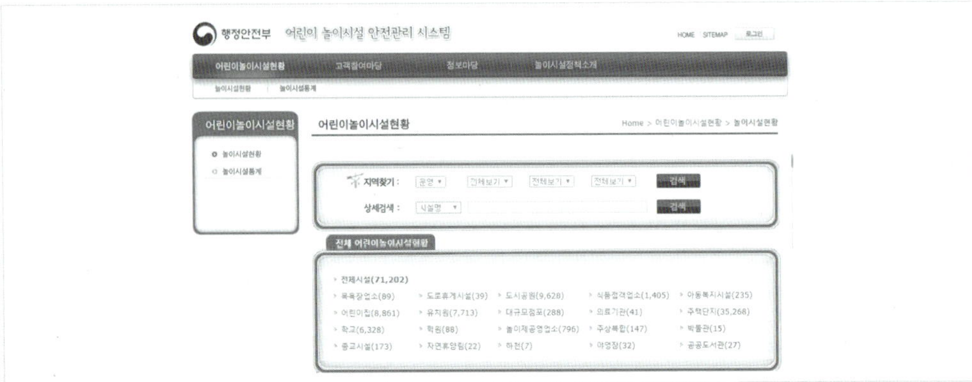

어린이 놀이시설 안전관리 시스템(http://www.cpf.go.kr)

살펴보기

놀이기구 종류

1. (고정식) 대근육활동 놀이기구

① 영유아의 대근육 발달을 위한 놀이기구를 뜻한다.
② 그네, 미끄럼틀, 정글짐, 회전놀이기구, 공중놀이기구, 흔들놀이기구, 오르는기구, 건너는기구, 또는 이를 2가지 이상 결합한 조합놀이대 등이다.
③ 2종 이상의 대근육활동 놀이기구를 결합한 조합놀이대는 2종 이상 설치로 간주하며, 아동 안전을 위하여 영아용과 유아용으로 각각 구분하여 설치한다. 예를 들어 미끄럼틀·건너는 기구를 결합한 조합놀이대는 2종 설치로 인정한다.
④ 기타 고정식 대근육활동놀이기구로 인정할 만한 놀이기구이다.

2. (이동식) 대근육활동 놀이기구

① 영유아의 대근육 발달을 위한 놀이기구 중 이동 가능하거나 실내용으로 제작한 놀이기구이다.
② 놀이집, 널빤지와 안전 사다리, 삼각대, 뜀틀, 평균대, 점핑 바운서, 구르기용 매트, 헌 타이어, 대형 블록류, 이동식 농구대 등이다.
③ 기타 이동식 대근육활동 놀이기구로 인정할만한 놀이기구이다.

3.모래놀이기구

① 영유아의 감각 및 정서발달 등을 위한 모래놀이기구를 포함한다.
② 모래밭과 모래놀이대 등이 포함한다.
기타 놀이도구는 물놀이 도구(수영장 포함), 게임놀이, 공놀이, 사회극적 놀이 도구(놀이집, 자동차 등 탈것, 소꿉놀이) 등을 함께 비치하도록 권장하고 있다.

③ 비상재해대비시설(법 15조의 3)

어린이집의 안전관리를 위한 기본설비를 위하여 소화용 기구를 갖춰 두고 비상구를 설치하는 등 비상재해에 대비한 시설을 갖추어야 한다.

살펴보기

[별표 1] 〈개정 2017. 9. 15.〉

어린이집의 비상재해대비시설 설치기준(제9조 관련)

어린이집이 건물 1층인 경우	주 출입구 외에 도로 등 안전한 외부 지상과 연결이 가능한 1개 이상의 출구를 어린이집 주 출입구 반대방향에 설치하거나 장변길이의 2분의 1 이상을 이격하여 설치(아래 사진 참고)한다. 출구의 규격은 유효 폭 0.75미터 이상 유효 높이 1.75미터 이상, 출구의 최하단은 안전한 외부 지표면부터 1.2미터 이하여야 한다.
화장실	① 바닥은 미끄럼 방지장치를 하여야 한다. ② 세정장치와 수도꼭지 등은 냉온수의 온도를 조정 및 고정할 수 있어야 한다. ③ 화장실은 수세식 유아용 변기를 설치하고, 보육실과 같은 층의 인접한 공간에 설치하여야 한다.
급배수 시설	① 상수도 또는 간이상수도에 의하여 먹는 물을 공급하는 경우에는 저수조를 경유하지 아니하고 직접 수도꼭지에 연결하여 공급하여야 한다. ② 어린이집에서 지하수를 음용수로 사용할 경우에는 저수조 등의 시설을 경유하여야 한다. ③ 더러운 물, 빗물 등이 잘 처리되도록 배수설비를 하여야 한다.

해보기

■ 그 밖의 소방시설의 설치는 「화재예방, 소방시설 설치 · 유지 및 안전관리에 관한 법률 시행령」 제15조를, 가스를 사용하는 경우에는 「도시가스사업법」, 「액화석유가스의 안전관리 및 사업법」에서 정한 규정에 따라 설치하여야 한다. 이 2가지의 법령을 찾아서 적용해야 하는 세부 기준을 직접 찾아보자.

어린이집의 모든 비상구는 상단에 비상구 유도등을 달고 잠금장치를 문 안쪽에 설치하여야 한다. 어린이집의 비상재해대비시설의 설치는 매우 어렵고 그 기준은 어린이집이 설치된 건물의 층수와 기존 소방시설(스프링쿨러 등)에 따라 그 기준은 매우 다르다. 하지만 공통사항은 비상시 양방향으로 피난할 수 있도록 양방향 비상구를 확보하여야 하는 것이다.

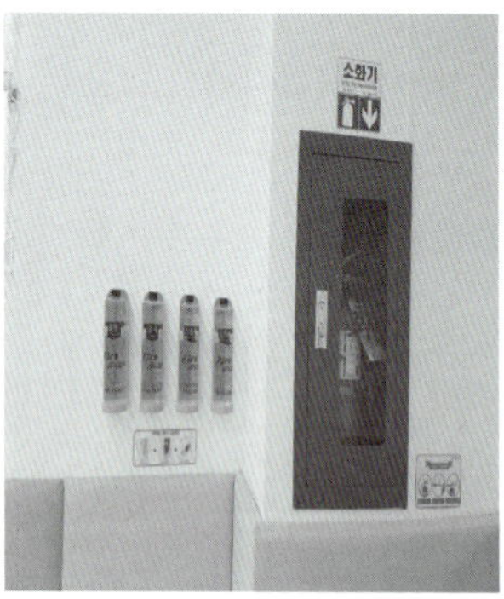

벽면에 매립된 소화기

보육실 문 위 유도등

계단 층간 복도 유도등

비상계단 등으로 통하는 출구와 비상계단 등까지의 사이에 단차가 있는 경우, 안전하게 접근할 수 있는 구조여야 하며 비상계단 등에 진입하는 출구가 건물 출입문(비상구)인 경우, 출입문은 대피방향으로 열리도록 설치해야 한다. 비상계단 등에 진입하기 위한 출구가 창문 등의 개구부인 경우 출구는 건물 바닥으로부터 1m 이내여야 한다.

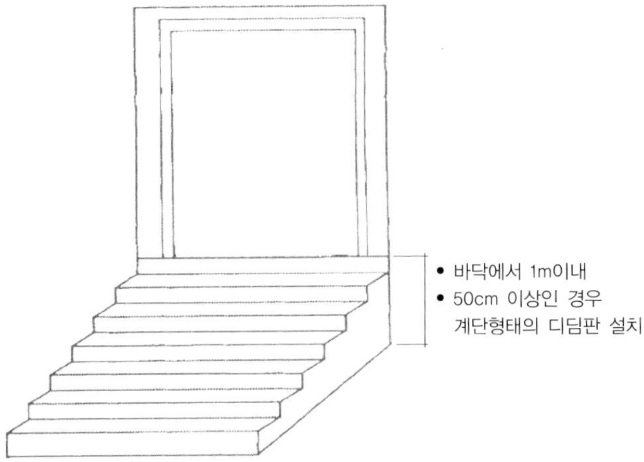

출처: 보건복지부(2019). 보육사업안내.

위의 그림과 같이 비상구 출구와 건물 바닥과의 높이 차가 50㎝ 이상인 경우 유효하게 밟고 올라갈 수 있는 디딤판을 설치해야 하는데 디딤판은 계단과 같은 형태로, 단의 유효 너비는 20㎝ 이상, 유효 높이 16㎝ 이하를 원칙으로 한다. 어린이집 최초 설치 시에도 비상계단의 규격을 정확하게 확인 점검하여 인가를 하고 있으며 평가인증이나 서울형 공인시 현장관찰 단계에서 비상계단의 너비와 유효 높이를 각 계단마다 점검하고 있다. 이는 유사시 비상 상황에 영유아들이 직접 사용하여 안전한 어린이집 생활이 되도록 매우 엄격하게 관리하고 있는 것을 알 수 있다.

④ 폐쇄회로 텔레비전(CCTV : Closed Circuit Television, 법 15조의 4)

아동학대의 잦은 발생으로 인해 어린이집 인가시 설치기준에 폐쇄회로 텔레비전의 설치 및 운영이 강화되었다. 기존 시설은 법령을 공표하고 유예기간을 주며 설치 지원금을 지원하여 설치하게 하였다. 신규 시설은 어린이집 설치 단계부터 적용하도록 하여 현재 모든 어린이집은 법령에 의해 설치기준을 사후 혹은 사전에라도 모두 갖추어 운영하도록 강력하게 규제하고 있다.

폐쇄회로 텔레비전은 일정한 공간에 지속적으로 설치된 카메라를 통하여 사람 또는 사물 등을 촬영하거나 촬영한 영상정보를 유·무선 폐쇄회로 등의 전송로를 통하여 특정 장소에 전송하는 장치 또는 촬영되거나 전송된 영상정보를 녹화·기록할 수 있도록 하는 장치이다. 부모의 불안감을 상쇄하고 신뢰형성을 위해 실시간 영상을 전송하고 있는 어린이집도 있는데 이는 네트워크 카메라(Network Camera)라고 한다. 네트워크 카메라는 일정한 공간에 지속적으로 설치된 기기로 촬영한 영상정보를 그 기기를 설치·관리하는 자가 유·무선 인터넷을 통하여 어느 곳에서나 수집·저장 등의 처리를 할 수 있도록 하는 장치를 말한다. 보건복지부에서는 가능한 설치기준인 법령에도 폐쇄회로라고 제시하고 있는데, 이것은 개인정보 보호법 시행령에 기반하여 영유아의 안전한 보호와 학대예방을 위한 장치로서만의 목적을 가진다.

폐쇄회로 텔레비전 www.ibabynews.com

네트워크 카메라 www.cctv-9.co.kr

폐쇄회로 텔레비전은 개인정보 보호법 시행령 제3조 제1호에 따른 장치로서 보육실 등을 촬영하고 모니터를 통하여 그 영상을 구현할 수 있으며, 그 영상정보를 녹화·저장할 수 있는 기능을 갖추어야 한다. 폐쇄회로 텔레비전은 각 보육실, 공동놀이실, 놀이터(인근 놀이터를 제외한다) 및 식당(별도로 구획된 공간으로 마련되어 있는 경우에 한정한다), 강당(별도로 구획된 공간으로 마련되어 있는 경우에 한정한다)에 1대 이상씩 설치하되 사각지대의 발생을 최소화할 수 있도록 설치되어야 한다. 폐쇄회로 텔레비전은 보육실 등 일정한 장소에 일정한 방향을 지속적으로 촬영할 수 있도록 설치되어야 한다. 폐쇄회로 텔레비전은 임의로 조작이 가능하거나 녹음기능이 있도록 설치되어서는 아니 된다. 폐쇄회로 텔레비전은 화면 속 인물의 행동 등이 용이하게 식별될 수 있도록 고해상도[HD(High Definition)]급 이상(보건복지부장관이 정하여 고시하는 해상도 이상을 말한다)의 성능을 보유하여야 한다. 저장장치는 영상정보를 폐쇄회로 텔레비전의 화질 기준 이상의 화질로 60일 이상 저장할 수 있는 용량을 갖춘 것으로 하여야 한다. 어린이집을 설치・운영하는 자는 출입구 등 잘 보이는 곳에 다음의 사항이 포함된 안내판을 설치하여야 한다.

〈폐쇄회로 텔레비전 안내판〉

폐쇄회로 텔레비전 설치 목적
폐쇄회로 텔레비전 설치 장소
촬영 범위 및 촬영 시간
관리책임자의 성명 및 연락처

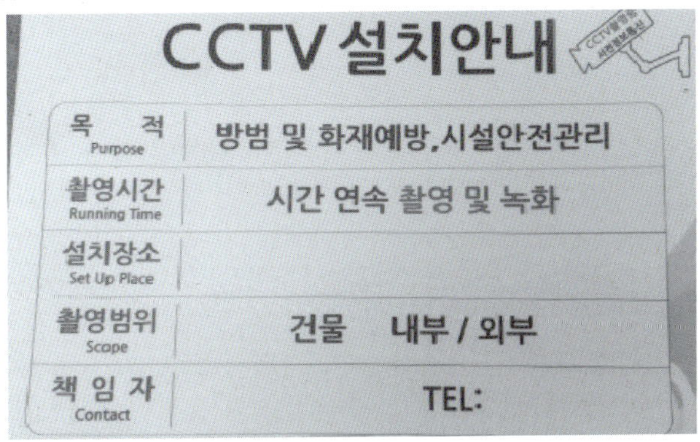

⑤ 기타 실내설비 기준

살펴보기

[별표 1] 〈개정 2017. 9. 15.〉

어린이집의 기타 실내설비 설치기준(제9조 관련)

비상약품	영유아가 접근할 수 없는 안전한 장소에 응급조치를 위한 비상약품 및 간이 의료기구 등을 갖춰 두어야 한다.
손끼임 방지	비상구를 제외한 모든 출입문 및 창문은 안쪽에서 잠길 우려가 없어야 하고, 밖에서 쉽게 열 수 있어야 하며, 출입문 및 창문의 가장자리에는 영유아의 손이 끼지 아니하도록 손끼임 방지 고무패킹이나 완충장치를 설치하여야 한다.
온열기	돌출형 방열기(라디에이터)는 영유아의 신체가 직접 닿지 아니하도록 울타리를 설치하여야 하며, 이와 유사한 온열기를 사용하는 경우에는 영유아가 직접 온열기에 닿지 아니하도록 적절한 보호장치를 설치하여야 한다.
모서리	책상, 의자 등 가구의 모서리는 둥글고 표면이 매끄럽게 처리된 것이나, 고무 등으로 모서리에 보호장치를 설치하여야 한다.
교구장	보육실에 설치된 교구장, 수납장 등은 안전을 위하여 아래 부분에 무거운 비품을 보관하여야 하고, 선반을 설치하는 경우에는 물건이 떨어지지 아니하도록 지지대를 설치하여야 하며, 무거운 물건은 너무 많이 쌓아 놓아서는 아니 된다.
위험한 물건의 관리	보일러 설비, 퓨즈박스(두꺼비집), 화기, 소독수, 살충제, 조리실의 칼·가위·포크·랩 등은 영유아의 손이 닿지 아니하는 위치에 배치되어야 한다.
내부(벽, 천장 등)의 마감재료	어린이집 내부(벽, 천장 등)의 마감재료는 「건축법 시행령」 제2조 에 따른 불연재료, 준불연재료 또는 난연재료를 사용하여야 하며, 보육실은「환경보건법 시행령」 제16조에 따른 환경안전관리기준을 준수하여 설치하여야 한다. 실내장식물과 창문에 설치하는 커튼류 및 카펫 등 「화재예방, 소방시설 설치 · 유지 및 안전관리에 관한 법률」 제12조에 따른 방염대상물품은 화재예방, 소방시설 설치 · 유지 및 안전관리에 관한 법령에 따른 방염성능이 있는 것으로 설치하여야 한다.

손끼임 방지 장치

모서리 보호 장치

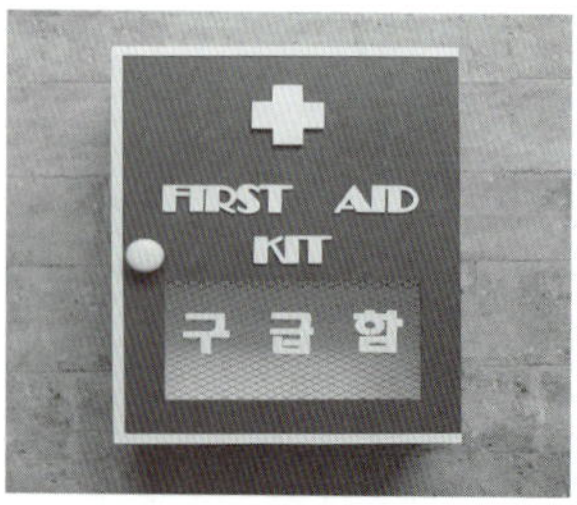

비상약품 비치

⑥ 장애아전문어린이집의 필수 설치 기준

장애아 12명 이상을 보육할 수 있는 시설을 갖춘 장애아전문어린이집을 설치하는 경우에는 장애인 · 노인 · 임산부 등의 편의증진보장에 관한 법률에서 정한 시설 및 설비 외에 다음의 설비를 갖추어야 한다.

살펴보기

[별표 1] 〈개정 2017. 9. 15.〉

장애아 전문 어린이집의 필수 설치기준(제9조 관련)

시설면적	장애아가 활동하기에 충분해야 한다. 장애아 1명당 7.83제곱미터 이상, 보육실(교실, 거실, 포복실, 유희실, 치료교실, 집단 활동실 포함)은 장애아 1명당 6.6제곱미터 이상의 면적을 확보해야 한다. 비장애아를 함께 보육하는 경우에는 일반기준적용이 가능하다.
집단 활동실	문턱 없이 접근이 가능한 통로에 연결되어야 하고 휠체어·보행기 등의 출입에 장애가 없어야 한다.
출입구	비상재해 시 대피하기 쉽도록 복도 또는 넓은 공간에 직접 연결되게 설계되어야 하며, 시각장애아를 위한 점자블록이나 유도장치를 갖추어야 한다. 회전문과 자재문(自在門: 문턱이 없어 양방향으로 열리는 문)은 금하며 자동문 설치 시 문의 개폐 시간은 3초 이상을 확보하여야 한다.
비상계단	옥외 피난계단의 유효폭은 0.9미터 이상이어야 한다.
손잡이	휠체어에 앉은 영유아가 문의 손잡이를 잡을 수 있어야 한다.
기타	계단 외에 엘리베이터 또는 기울기 1/12 이하의 경사로를 설치하여야 한다.

경사로 설치

자동문(개폐 3초이상)

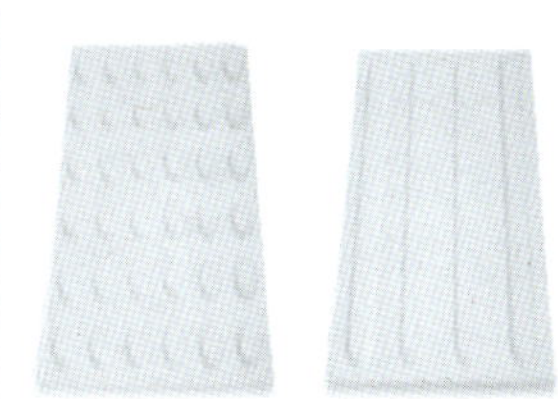

점자블럭(점형, 선형)

⑦ 장애아 통합 어린이집의 필수 설치 기준

장애아 3명 이상을 보육하는 장애아 통합 어린이집은 다음과 같은 설비를 갖추도록 노력하여야 한다.

① 2층 이상의 시설에는 엘리베이터를 설치하거나 적어도 한 곳 이상에 기울기 1/12 이하의 경사로를 설치하여야 한다.
② 출입구는 비상재해 시 대피하기 쉽도록 복도 또는 넓은 공간에 직접 연결되도록 하고, 시각장애아를 위한 점자블록이나 유도장치를 설치하여야 한다.
③ 복도, 문, 화장실은 휠체어의 출입에 장애가 없어야 한다.
④ 옥외 피난계단의 유효폭은 0.9미터 이상이어야 한다.

3 어린이집의 인가 단계

1) 어린이집의 면적 산정

어린이집은 다음의 인원을 보육할 수 있는 시설의 규모(면적)을 갖추어야 하며, 정원은 총 300명을 초과할 수 없다.

① 국공립어린이집: 상시 영유아 11명 이상
② 직장어린이집: 상시 영유아 5명 이상
③ 사회복지법인어린이집, 법인·단체 등 및 민간어린이집: 상시 영유아 21명 이상
④ 가정어린이집: 상시 영유아 5명 이상 20명 이하
⑤ 협동 어린이집: 상시 영유아 11명 이상

어린이집의 면적산정은 신청면적을 건축물대장, 건물등기부 등본, 평면도 등과 대조하여 면적 인정(건축법시행령 제119조 제1항 제2호, 벽체 중심을 기준으로 면적 산정)하되 보육과 관계

없는(가구 등) 시설물은 인가관청에서 현장 확인을 통해 면적에서 제외한다. 어린이집의 정원 책정방법은 3가지 기준을 각각 산정하여 가장 적은 면적을 기준으로 결정한다.

① 어린이집 전용으로 사용하는 시설(실내) 면적
② 보육실 면적
③ 옥외놀이터 및 대체놀이터(정원 50인 이상) 면적

<table>
<tr><th>면적기준 / 시설규모</th><th>어린이집 전용 면적</th><th>보육실 면적</th><th>놀이터 면적</th><th>산정기준</th></tr>
<tr><td>50인 미만 시설</td><td rowspan="2">영유아 1인당 4.29㎡</td><td rowspan="2">영유아 1인당 2.64㎡</td><td></td><td rowspan="2">각 면적 산정 인원 중 가장 적은 수를 정원으로 함</td></tr>
<tr><td>50인 이상 시설</td><td>영유아 1인당 3.5㎡ 원칙</td></tr>
</table>

보육실은 반별 최대정원을 고려하여 설치하도록 설치 전 상담 시 지도하며 놀이터 면적은 보육시설 규모별로 별도 면적기준의 비율을 제시한다. (놀이터 설치기준 참조)

어린이집 전용 면적 산정 시에는 아동보육과 직 · 간접적 관련이 있다고 인정되는 실내 공간을 기준으로 산정한다. 산정 대상에는 기본시설(보육실, 조리실, 목욕실, 화장실, 교사실), 기타 시설(사무실, 양호실, 식당, 자료실, 상담실, 강당 등), 정원 50인 미만 시설의 옥내놀이터, 어린이집만의 공간으로 사용하는 부분(건물 현관·복도·계단 등)이다. 보육실은 교실, 거실, 포복실, 유희실을 포함하며 교사실은 2018. 6. 13일 이후 신규인가 또는 변경인가(정원 감원은 제외) 시설부터 적용한다. 어린이집 전용면적 산정시 제외되는 공간은 지하층에 설치한 시설(단, 집단급식소 등 조리실로 인정받은 면적만 예외적으로 인정)과 농 · 산 · 어촌 등에 설치하는 기숙시설, 정원 50인 이상 시설의 옥외 및 옥내놀이터, 타 시설과 공동으로 사용하는 부분(건물 현관·복도·계단 등)에 해당된다. 인근놀이터는 당연히 어린이집 전용면적에 포함되지 않는다.

보육실은 영유아가 주로 생활하는 실내공간을 기준을 의미하는데 보육실, 거실, 포복실 및 유희실이 포함되며 가정어린이집의 경우는 거실면적을 주방 · 식당과 구분이 곤란한 경우에도 최소한의 주방 공간을 제외한 나머지 공간을 인정하여 적정하게 구분하여 산정한다.

놀이터는 정원 50인 이상의 어린이집에 해당하며 옥외놀이터 및 대체놀이터 등 인정받은 놀이터 면적을 기준으로 산정한다. 이때 산정 대상이 되는 범위는 설치된 옥외놀이터 · 실내놀이터 및 인정받은 인근놀이터로 제한한다.

2) 인가 관련 법령

어린이집을 설치하려면 수많은 법령을 기초로 모든 시설과 설비를 갖추어야 한다.

인가관련 법령에는 영유아보육법, 아동복지법, 건축법, 소방법, 도시가스 사업법, 액화석유가스 안전관리 및 사업법, 전기사업법, 도로교통법, 자동차 및 자동차부품의 성능과 기준에 관한 규칙, 방송법, 지방세특례제한법, 개별소비세법, 지방자치법, 식품위생법, 장애인 차별금지 및 권리구제에 관한 법률, 장애인 · 노인 · 임산부 등의 편의증진보장에 관한 법률, 남녀고용평등과 일 · 가정 양립 지원에 관한 법률, 어린이놀이시설 안전관리법, 어린이제품안전특별법, 품질경영 및 공산품안전관리법, 다중이용시설의 실내공기질 관리법, 개인정보보호법, 석면안전관리법, 환경보건법, 기타 건축 · 주택 · 소방 관련법령, 농어업 · 농어촌 및 식품산업기본법, 농지법, 상속세 및 증여세법, 소득세법, 위험물 저장시설 관련 대법원 판례, 위험물 저장시설 관련 법제처 법령해석 사례를 적용하여 인가절차가 진행된다. 이러한 많은 법령을 개인별로 다 찾아서 어린이집 설치에 적용할 수 없기에 보육사업 안내 매뉴얼에서 각 해당 항목마다 자세히 안내하고 있는 것이다(이순형 외, 2013).

해보기

■ 어린이집 인가 법령에 대해 지면관계상 법령 목록만 열거하여 제시하였다. 해당 학년도의 보육사업 안내서에 제시되어 있는 인가 관련 법령을 직접 찾아서 인가 시설기준 중 어느 항목에 해당되는 것인지를 찾아보도록 하자. 법령을 검토하면서 이에 대한 기준이 적절한 지에 대해서도 서로 의견을 나누어 보며 설치 기준에 대해 검토해보자.

3) 어린이집 유형별 특징

어린이집 설치는 새롭게 어린이집을 개원하는 경우를 신규인가라고 하고 운영 중인 기존 어린이집의 운영조건이 변동되는 경우를 변경인가라고 한다. 모든 설치 기준은 신규 어린이집 설치 시 인가에 적용하는 것을 원칙으로 하며, 조건에 따라 대표자 · 소재지 · 정원 변경 및 증 · 개축시설에 적용한다. 2층 이상 어린이집의 인가 또는 변경인가 시 소방시설 및 피난시설의 설치 및 변경이 있는 경우에는 관할 소방관서에 그 어린이집의 비상재해대비시설 적합 여부에 대한 확인을 요청하여 확인을 받은 후 관련 서류를 구청에 제출하여야 한다. 설치의 주체에 따라 어린이집의 명칭이 다르므로 유형별 인가절차에 대해서 살펴볼 필요가 있다(보건복지부, 2019).

(1) 국공립어린이집

국공립어린이집은 국가나 지방자치단체가 설치 · 운영(위탁운영 포함)하는 어린이집(직장어린이집 제외)이다. 국공립어린이집은 저소득층 밀집지역 및 농어촌 시역 등 취약 지역, 「건축법」에 따른 공동주택 중 대통령령으로 정하는 일정세대 이상의 공동주택을 건설하는 주택단지 지역, 「산업입지 및 개발에 관한 법률」 제2조 제8호에 따른 산업단지 지역에 우선적으로 설치하는 등 지역별로 균형 있게 배치한다. 국공립어린이집의 위탁운영은 국공립어린이집 위탁제 선정관리 권장 표준안을 기준으로 하여 위탁체를 선정하고 있다.

국공립어린이집의 위탁체 선정 시 심의위원별 배점 결과, 최고 · 최저 점수를 제외한 평균점수가 가장 높은 운영체를 위탁 선정한다. 평균점수는 소수점 이하 두 자리 수까지 계산하고 70점 이상으로 한다. 경쟁자 간에 총점이 동점자인 경우 심사항목 중 어린이집 운영계획, 원장의 전문성, 운영 실적 고득점자 순으로 결정한다.

읽어보기

국공립어린이집 위탁체(신규·변경) 공통심사 기준표

<table>
<tr><th>합계</th><th>100</th><th colspan="2">세부항목</th><th>배점</th></tr>
<tr><td rowspan="3">어린이집 운영 계획</td><td rowspan="3">40</td><td>- 보육사업계획</td><td>• 표준보육과정에 따른 보육 사업 계획
• 보육시짐에 표기된 법령과 관련한 보육활동 계획 · 취약보육운영계획 등</td><td>20/16/12</td></tr>
<tr><td>- 어린이집 운영 및 평가계획</td><td>• 전반적 시설운영 및 관리에 관한 계획 및 평가계획</td><td>10/8/6</td></tr>
<tr><td>- 예산의 적절성</td><td>• 세입·세출에 대한 예산편성의 적절성</td><td>10/8/6</td></tr>
<tr><td rowspan="4">운영체의 대표 및 원장 전문성</td><td rowspan="4">35</td><td>- 평가인증 참여 여부</td><td>• 참여하여 통과 • 참여(중) • 미참여</td><td>10/7/3</td></tr>
<tr><td>- 보육 등 아동복지 업무경력</td><td>• 10년 이상 • 5년 이상 • 3년 이상</td><td>10/8/6</td></tr>
<tr><td>- 보육관련 표창 또는 연구실적
- 공모사업 수상실적</td><td>• 표창 또는 연구실적 유·무
• 보육관련 공모사업 수상실적</td><td>5/4/3</td></tr>
<tr><td>- 보육사업에 대한 열의 및 태도
- 운영의지 - 향후 발전계획</td><td>• 소견발표로 운영능력 종합평가</td><td>10/8/6</td></tr>
<tr><td>운영체의 운영 실적</td><td>10</td><td colspan="2">- 운영체의 복지 및 보육관련 사업운영실적
- 복지 및 보육관련 지역사회 기여도</td><td>10/8/6</td></tr>
<tr><td>운영체의 공신력</td><td>10</td><td colspan="2">- 법적 건전성 및 지도점검 지적사항·민원발생에 대한 처리실태
- 운영 목적이 위탁 대상 시설과의 적정성 여부</td><td>10/8/6</td></tr>
<tr><td>운영체의 재정능력</td><td>5</td><td colspan="2">- 운영체의 자산 및 부채 현황</td><td>5/4/3</td></tr>
</table>

(2) 사회복지법인어린이집, 법인 · 단체 등 어린이집, 민간어린이집

사회복지법인어린이집은 사회복지사업법에 의한 사회복지법인이 설치 · 운영하는 어린이집이라 하고 법인 · 단체 등 어린이집은 각종 법인(사회복지법인을 제외한 비영리법인)이나 단체 등이 설치 · 운영하는 어린이집을 말한다. 민간어린이집은 국공립 · 사회복지법인 · 법인단체 등 · 직장 · 가정 · 부모협동 어린이집이 아닌 어린이집을 말한다. 어린이집의 명칭은 "○○어린이집"으로 하여야 하며, 명칭 사용에 유치원, 학원 등 유사기관으로 오인할 수 있는 명칭은 영유아보육법 시행규칙 제23조에 의거 사용할 수 없다. ○○유치원 부설·○○미술·○○영어 어린이집 등 사설학원으로 오인할 수 있는 표기는 할 수 없으며, 동일 간판 또는 상하좌우에 붙어 있는 간판에 유치원 명칭 사용이 불가하다.

(3) 직장어린이집

직장어린이집은 사업주가 사업장의 근로자를 위하여 설치·운영하는 어린이집으로 국가 또는 지방자치단체의 장이 소속 공무원 및 근로계약을 체결한 자를 위하여 설치·운영하는 어린이집(예: 국세청, 우체국, 시청, 구청 등)이다. 직장어린이집은 영유아보육법상의 설치기준을 모두 갖추어야 하며, 사업주가 직장어린이집을 설치할 경우에는 안전사고 및 재난에 대비한 시설을 갖추어 건물 내 5층까지 보육실을 설치할 수 있고 별도의 노유자시설로의 용도 변경 없이 설치가 가능한 것이 다른 유형과의 차이점이다. 직장어린이집을 설치할 경우 대표자명에 사업주 개인의 명이 아닌 '○○사업장의 사업주'로 기재하는데, 이는 대표자 변경 시마다 변경인가에 대한 과정을 적용하지 않으려는 이유이다. 다른 시설 유형과 달리 직장어린이집은 어린이집 설치, 위탁보육 등의 의무를 이행하지 아니하거나 실태조사에 불응한 사업장에 대하여 이행명령, 이행강제금을 부과할 수 있다. 직장어린이집 설치 의무는 국가 및 지자체에도 적용하고 있어 직장어린이집의 활성화는 국공립어린이집의 확충과 함께 공보육 확대정책의 일환이다. 직장어린이집의 재정 마련으로는 사업주가 반드시 직장어린이집의 운영 및 수탁 보육 중인 영유아에 필요한 비용의 100분의 50 이상을 보조하여야 하는 기준이 있다. 사업주가 지원하는 위탁비용은 별도계정(전입금)으로 관리하며, 위탁보육에 따른 필요경비 및 특별활동비 등 부모 부담분을 우선 회계처리하고 잔액이 있는 경우 보육교사 인건비 및 운영비에 충당하지만 이를 다시 사업주에게 반납하는 전출금 충당은 금지되어 있다.

기업의 직장어린이집 설치는 시·도지사가 지도하고 「남녀고용평등과 일·가정 양립 지원에 관한 법」 제21조에 따라 관할 구역 내 지방노동청장 또는 지방노동지청장과 협조하여 근로감독차원의 행정지도를 병행하고 있다. 의무사업장 이외의 사업장에 대하여 고용노동부의 지원(고용보험기금에서 설치·운영비 지원 등)계획을 안내하여 직장어린이집 설치를 적극 유도하고, 사내근로복지기금에서 설치·운영비 등을 지원하도록 권장·지도하고 있다. 특히, 장소 부족 · 비용 부담 등으로 직장어린이집을 설치하지 못하는 다수의 중소기업이 밀집해 있을 경우, 지자체 · 대학(부설병원 포함)이 참여, 비용 일부를 부담하여 직장어린이집을 설치할 수 있도록 고용노동부가 재정적 지원을 하고 있다.

읽어보기

정부의 직장어린이집 지원정책(직접지원)

<table>
<tr><th>주체</th><th>구분</th><th>종류</th><th>내역</th><th>지원한도</th><th>비 고</th></tr>
<tr><td rowspan="6">고용노동부</td><td rowspan="4">설치비</td><td rowspan="3">무상지원</td><td>시설전환비</td><td>3억 원
(공동 6억 원)</td><td>- 소요금액의 60%지원
(우선지원대상기업 및 영아·장애아 어린이집 80%, 중소기업 컨소시엄형 공동 어린이집 90%)</td></tr>
<tr><td>산업단지형 공동 설치비</td><td>15억 원</td><td>- 소요금액의 90%지원
(시설매입비의 경우 소요금액의 40%)</td></tr>
<tr><td>교재교구비</td><td>5천만 원</td><td>- 소요금액의 60%지원
(우선지원대상기업 및 영아·장애아 어린이집 80%, 산업단지형 및 중소기업 컨소시엄형 공동 어린이집은 90%)
- 교체 시 3년 단위로 3천만 원 지원</td></tr>
<tr><td>융자</td><td>시설건립/매입/임차/개보수/전환비</td><td>7억 원
(공동 9억 원)</td><td>- 상환 : 1년거치 4년 균등분할 상환
- 이율 : 대기업 2%, 우선지원대상기업 1%
※토지매입비는 융자대상에서 제외</td></tr>
<tr><td rowspan="2">운영비</td><td rowspan="2">무상지원</td><td>직장어린이집 보육교사 등 인건비</td><td>1인당 월 60만 원
(우선지원대상기업 월 120만 원)</td><td>- 대상 : 원장, 보육교사, 취사부
(원장은 매월 말일 기준 보육현원이 20명 이상인 경우 지원 가능)</td></tr>
<tr><td>중소기업 직장어린이집 운영비</td><td>월 200만 원 ~ 520만 원</td><td>- 매월 말일 기준 보육현원에 따라 차등지원
(월/만원)<table><tr><td>40명</td><td>59명</td><td>79명</td><td>99명</td><td>100명</td></tr><tr><td>200</td><td>280</td><td>360</td><td>440</td><td>520</td></tr></table>- 공동 어린이집인 경우, 컨소시엄 내 근로자 자녀 중 우선지원대상기업 자녀 비율이 100분의 50이상인 경우에 한함</td></tr>
</table>

정부의 직장어린이집 지원정책(간접지원)

구 분	지원 내용	비 고
부동산관련 세제지원	「영유아보육법」에 따른 어린이집을 설치·운영하기 위하여 취득하는 부동산에 대해서는 취득세, 재산세를 2018년 12월 31일까지 면제한다. • 취득세, 재산세 면제규정에도 불구하고 100분의 85에 해당하는 감면율을 적용	「지방세특례제한법」 제19조, 제177조의 2
소득세 또는 법인세 공제	2018.12.31.일까지 사업주가 직장어린이집을 신축, 증축, 개축 또는 구입하는 경우, 취득금액의 100분의 10 공제	「조세특례제한법」 제94조 제1항
개별소비세 면제	「영유아보육법」에 따른 어린이집에서 교재로 사용하기 위한 표본 또는 참고품	「개별소비세법」 제18조 제1항
어린이집 운영비용 필요경비 인정	직장어린이집의 운영비를 사업 소득의 각 과세기간의 총수입금액에 대응하는 필요경비로 인정	「소득세법」시행령 제55조 제1항 제23호

(4) 가정어린이집

가정어린이집은 개인이 가정 또는 그에 준하는 곳에 설치 · 운영하는 어린이집으로 상시 영유아 5인 이상 20인 이하를 보육할 수 있는 어린이집이다. 규모가 다른 유형에 비하여 소규모이지만 영유아보육법상의 설치기준(법 제15조)을 모두 갖추어야 한다. 상가 등을 주택으로 용도 변경하고 가정어린이집으로 인가 신청하는 경우, 내부구조가 가정 또는 이에 준하는 곳으로 인정되는 경우에만 인가가 가능하다. 지역 보육수요와 어린이집의 공급현황 등을 감안하여 지역별로 균형 있게 배치하고 있으나 다른 유형에 비해 적은 예산으로 설치가 가능하고 원장 겸직의 2급 보육교사 자격으로도 운영이 가능하여 전국 어린이집의 유형 중 가장 높은 설치 비율을 차지하고 있다. 하지만 저출산과 최저급여 인상으로 표준보육비용의 인상, 보육료 현실화가 되지 않을 경우에 가장 취약한 운영에 노출되어 있어 영아보육의 큰 비중을 담당하는 가정어린이집의 안정된 운영이 위협받고 있음을 보고하고 있다.

(5) 협동 어린이집

협동 어린이집은 보호자 또는 보호자와 보육교직원 11인 이상이 조합을 결성하여 설치 · 운영하는 어린이집으로 영리를 목적으로 하지 아니하는 조합에 한정한다. 협동 어린이집은 산출된 정원(보육실 등 면적 기준 산출)의 범위 내에서 보호자인 조합원의 자녀(영유아) 수를 기준으로 정원을 인가한다. 직장어린이집처럼 상시 영유아 20인 이하를 보육하는 협동어린이집은 가정어린이집을 설치할 수 있는 곳에도 설치할 수 있다. 협동 어린이집은 보육아동을 둔 보호자 또는 보호자와 보육교직원 11인 이상이 상호 출자하여 공동으로 어린이집을 설치 · 운영할 것을 약정함으로써 그 효력이 발생한다. 출자규정은 설치기준으로서 인가 후에도 유지되어야 하는 조건이 있다. 보육 영유아별 보호자는 1인에 한정하며, 가구별 보육 영유아가 다수인 경우에도 보호자는 1인으로 산정한다. 출자는 조합원의 약정에 따라 금전, 기타 재산 또는 노무제공으로 할 수 있다. 이는 인가 시 정관(약정서)에서 정한 출자의 완료 여부를 반드시 확인 후 인가하고 있다. 조합원은 아동보육의 필요성이 없게 되거나 기타 조합계약으로 정하는 시기에 탈퇴할 수 있지만 부득이한 사유 없이 조합의 불리한 시기에 탈퇴하지 못할 수도 있다. 조합의 업무집행자는 조합계약 또는 조합원의 3분의 2 이상의 찬성으로 선임하고 어린이집 대표자는 조합원 중에서 선임하고, 시설 운영에 관한 통상 사무는 원장이 전임하며, 주요사항은 조합원 과반수 이상의 찬성으로 결정한다. 어린이집의 전문운영을 위해 원장은 조합원이 아닌 자 중에서도 선임 가능하고 조합원이 최대한 보육과정 및 의사결정에 참여하여 소기의 설립 목적을 달성하도록 노력하는 어린이집이다. 기타 사항은 「민법」 제703조 내지 제724조를 적용하여 설치 · 운영한다.

4) 어린이집 설치에 대한 문제점

보육사업의 설치에 관련된 다양한 법령, 보육사업 안내 지침의 기준, 설치기준 등에 대해서 자세히 살펴보았다. 어떤 항목은 철저하게 그 기준을 지키도록 되어 있고 또 다른 항목은 어린이집 유형별, 상황별에 따라 유예조항이나 단서조항을 제시하고 있다. 영유아보육법령이 지속적으로 개정되고 있어 많은 변경사항들이 지속적으로 안내되고 있는 현실을 볼 때 어린이집이 언제 설치되었느냐에 따라 변경사항들을 반영해 내면 또 다른 어려움이 발생하기도 한다. 예를 들어 현재 사용 불가인 원통형 비상미끄럼틀의 경우 변경된 개정법에 의하여 고비용을 투자하여 설치하였지만 영유아들의 안전한 대피가 실제 화재 발생 시 확보되지 않은 불연재 소재가 아니라서 사용 금지 처분이 결정되었다. 이렇듯 지속적으로 급진적 변화가 필수적인 보육정책에 있어서 어린이집 인가관련 세부 기준은 재개정이 예상되고 있다.

어린이집 설치 단계에서는 시설설비에 대한 다양한 설치 및 검사, 교육 이수 등에 대한 서류도 있지만 인가 후 바로 적용하여 실행해야 할 보육계획 수립도 준비를 하여야 한다. 보육사업 계획을 수립한 운영계획서의 제출은 필수사항이다. 어린이집 보육사업의 기본 방향, 어린이집의 설치 및 수급에 관한 사항, 어린이집 보육교직원에 관한 사항, 어린이집의 운영 및 평가에 관한 사항, 보육비용에 관한 사항, 그 밖에 영유아 보육에 관하여 필요한 사항을 포함하여 작성하도록 한다. 어린이집 운영계획서는 다음 장(10장)의 어린이십 운영에 관한 세부적 내용을 모두 포함하는 것을 원칙으로 한다.

해보기

▣ 보육사업의 어린이집 설치나 인가절차와 관련하여 개정하고 싶은 내용과 그 사유를 현장의 문제점을 제시하여 설명하고 정책적으로 수많은 법령들이 적용되고 있는 어린이집 설치단계에서의 대안점을 모색해보자.

참고문헌

강문희, 윤애희, 이경희, 정정옥(2010). 유치원, 보육시설 운영관리. 학지사.
보건복지부(2019). 2019년 보육사업 안내.
성미영, 정연심, 이세라피니(2017). 영유아교육기관 운영관리. 학지사.
이경희, 정종옥(2014). 영유아교육기관 운영관리. 학지사.
이순형, 이소은(2013). 보육학 개론. 학지사.
최명희(2014). 어린이집 설치운영 길라잡이. 중앙육아정보지원센터.

참고자료
중앙육아종합지원센터 www.central.childcare.go.kr
경기육아종합지원센터 www.gyeonggi.childcare.go.kr
대구 동구 육아종합지원센터 www.dgicare.kr
경향신문(2018. 2. 1.).학교 빈 교실 어린이집' 갈등 빚은 복지부-교육부, 총리실서 교통정리...“활용하기로 http://news.khan.co.kr/kh_news/khan_art_view.html
고양시 육아종합지원센터 www.echild.or.kr
어린이 놀이시설 안전관리 시스템 www.cpf.go.kr

제10장
보육사업 2(어린이집 운영)

1 어린이집 운영

읽어보기

'좋은 어린이집으로 운영하려면......'

맞벌이 가정의 증가, 무상보육 전면 확대 등에 따라 어린이집에 대한 관심도 한층 더 높아졌습니다. 그리고 이에 따라 어린이집에 대한 보육의 질과 수준에 대해서도 긍정적인 기대 가운데 우려 섞인 걱정도 들을 수 있습니다. 좋은 어린이집에 대한 기대는 정부뿐 아니라 어린이집의 보육교직원이나 학부모 모두의 공통적인 기대입니다.

좋은 어린이집이란 영유아의 권리와 행복에 최우선의 가치를 두고 이를 실현하기 위하여 물리적·인적 환경의 법적 기준을 준수하고 투명하게 운영하는 원칙을 지키는 어린이집입니다. 이러한 기준과 원칙을 준수하는 어린이집은 보육수요자로부터 안심과 신뢰를 받는 관계를 형성하게 됩니다. 무슨 일이든 시작이 반이라고 하였습니다. 어린이집의 설치초기 단계에서부터 바람직한 원칙을 지키며 진입하도록 하는 것은 어린이집 운영의 높은 질을 유지하는 데 관건이 됩니다.

지난 2012년에 보건복지부와 중앙육아종합지원센터에서 〈어린이집 설치 운영 컨설팅 시범사업〉을 추진하여 어린이집을 인가받기 전에 육아종합지원센터의 설치운영 컨설팅을 받아 안정적으로 개원할 수 있는 사업을 추진하였습니다. 2013년 개정된 법령과 지침을 반영하여 〈설치운영 컨설팅 매뉴얼〉을 수정 보급함으로써 현장에서 긍정적인 평가를 받았습니다. 이에 2014년 개정 법령과 지침을 반영하고 내용을 수정 보완하여 〈어린이집 설치운영 길라잡이〉라는 제목으로 보급하게 되었습니다.

좋은 보육환경과 보육의 질을 위해 중앙 및 전국 육아종합지원센터가 부단히 노력과 열정을 보태고 있으므로 보육의 미래, 즉 영유아들의 미래가 밝으리라고 기대하며 보육의 전문화와 좀 더 질 높은 보육환경을 만드는 데 조금이라도 도움이 되기를 바라봅니다.

출처: 최명희(2014). 어린이집 설치원영 길라잡이.

해보기

▣ 어린이집을 운영할 때 누구나 좋은 어린이집으로 운영하고자 한다. 좋은 어린이집으로 운영하기 위해 다양한 운영관리 분야 중 어느 부분에 집중하고 싶은지 의견을 나눠 보자.

다양한 유형의 어린이집이 있고 모든 어린이집에는 다양한 인력들이 함께 일하며 저마다의 보육철학을 운영과정에 반영하여 이를 실현하고자 부단한 노력을 한다. 다양한 인력 중에서 가장 핵심이 되는 인력은 실제적인 보육활동을 운영하는 보육교사이지만 운영철학과 운영방향을 주도적으로 이끄는 직책은 어린이집의 원장이다. 원장은 어린이집을 안정적이고 지속적으로 운영하는 것 외에 영유아의 이익을 최우선으로 하는 보육이념을 수립하고 이를 합리적인 방법으로 수행하는 중요한 역할을 담당하여야 한다. 어린이집의 원장은 기본적으로 국가 수준의 보육과정에 따라 영유아의 보육하고 그 밖에 어린이집 관리 · 운영 등의 어린이집 전반적인 업무를 담당한다. 전반저인 업무의 기준은 보육사업 안내 매뉴얼의 운영파트 내용이 되므로 이에 따라 건강 · 급식 · 위생 · 안전관리 및 보호자와의 상담 등 모든 업무에 따르는 총괄적인 책임을 진다. 그러므로 어린이집이 가져야 하는 사회적 책무성과 각각의 보육교직원들의 전문적 역할에 대해 올바르게 인식하고 책임 있는 원장으로서의 준비를 하는 것은 어린이집 설치 이후 운영을 위한 가장 중요한 출발점이다. 본 장에서는 어린이집 설치 이후에 운영관리의 실제에 대한 정책내용을 중심으로 살펴보고자 한다.

1) 어린이집 운영 원칙

어린이집 운영을 위한 일반원칙은 영유아보육법 제 24조와 영유아보육법 시행규칙 제 23조의 별표 8에 자세하게 안내하고 있으며 명칭, 운영을 표로 요약하면 다음과 같다.

읽어보기

[별표 8] 〈개정 2016. 9. 20.〉

어린이집의 운영기준(제23조 및 제34조 관련)

1. 명칭

가. 어린이집의 명칭은 "○○어린이집"으로 한다.
나. 이 명칭은 국공립어린이집이나 특별자치도지사·시장·군수·구청장의 인가를 받아 설치되는 어린이집만 사용할 수 있으며, 동일한 시·군·구에서는 동일한 명칭을 사용할 수 없다.
다. "○○어린이집"이라는 명칭 외에 다른 기관으로 오인할 수 있는 별도의 명칭을 표기하거나 병기하여서는 아니 된다.

2. 어린이집의 운영

반 운영	어린이집은 가능한 한 2세 미만 영아반, 2세 영아반과 3세 이상 유아반을 동시에 운영하여야 한다. 다만, 장애아가 있는 경우에는 장애아만으로 구성된 반을 운영할 수 있다.
이용신청자 명부의 비치	어린이집의 원장은 신청순위에 따라 별지 제17호의2서식의 이용신청자명부를 비치하여 이를 열람할 수 있도록 하여야 한다.
어린이집의 운영일 및 운영시간	어린이집은 주 6일 이상, 하루에 12시간 이상 운영하여야 한다. 다만, 보호자의 근로시간 등을 고려하여 보호자 및 그 영유아에게 불편을 주지 않는 범위에서 어린이집의 운영일 및 운영시간을 조정하여 운영하는 경우로서 어린이집의 원장이 미리 영유아의 보호자에게 동의를 받은 경우에는 그러하지 아니하다. 어린이집은 천재지변이나 감염병의 발생 등 어린이집을 정상적으로 운영할 수 없는 등 정당한 사유 없이 휴원(休園)하여 영유아 및 부모에게 심한 불편을 주어서는 아니 된다.
운영규정	조직 · 인사 · 급여 · 회계 · 물품, 그 밖에 시설의 운영관리에 관하여 필요한 규정을 제정·시행한다.
보육료 수납	보육 영유아의 보호자 등이 보육료를 낼 수 있도록 보육료 납부 통지를 한다.

비용의 지출	어린이집의 지출은 계좌 입금 또는 신용카드를 사용하는 것을 원칙으로 한다. 국공립어린이집, 법인어린이집 등 보육교직원의 인건비를 지원받는 어린이집의 원장은 해당 보육교직원의 인건비를 지급할 때에 보건복지부장관이 정하는 보육교직원 봉급표를 기준으로 지급하고 지방자치단체에서 지급하는 교사 처우개선비, 건강보험료 등을 추가로 지급한다. 보육교직원 인건비의 지급은 반드시 계좌 입금하여야 하며 보육교직원에게는 봉급명세서를 발급한다.
보험(공제) 가입	법 제31조의 2에 따라 어린이집 안전공제회(이하 "공제회"라 한다)에 가입하고 영유아의 생명·신체에 대한 피해를 보상하기 위하여 공제회에서 정한 공제료를 납부한다. 어린이집의 재산상의 피해를 보상하기 위한 공제료를 공제회에 납부할 수 있다. 보육교직원을 위하여 「국민연금법」에 따른 국민연금, 「국민건강보험법」에 따른 건강보험, 「고용보험법」에 따른 고용보험 및 「산업재해보상보험법」에 따른 산재보험에 가입한다. 어린이집에서 차량운행을 하는 경우 자동차보험에 가입한다.
장부 등의 비치	어린이집에는 다음의 장부 및 서류를 갖춘다(전자적 방식으로 확인이 가능한 경우 전자문서로 보존할 수 있다). 1) 재산목록과 그 소유를 증명하는 서류(부동산을 임차하는 경우에는 임대차 계약서를 포함한다) 2) 어린이집 운영일지 및 출석부 3) 보육교직원의 인사기록카드(채용구비서류, 이력서 및 사진을 포함한다) 4) 예산서 및 결산서 5) 총계정원장 및 수입·지출 보조부 6) 금전 및 물품출납부와 그 증명서류 7) 소속 법인의 정관 및 관계 서류 8) 어린이집 이용신청자 명부 9) 생활기록부, 영유아보육일지 10) 보육교직원의 인사·복무 및 어린이집 운영에 관한 규정 등 11) 통합안전점검표 12) 영상정보 열람대장 13) 그 밖에 어린이집 운영에 필요한 서류 20인 미만 교사겸직인 경우1)·3)·4)·5)·6)·8)·9)·11)·12) 외의 장부 및 서류는 갖춰 두지 아니할 수 있다.

어린이집 입소 및 퇴소	법에서 지정한 영유아가 우선적으로 어린이집을 이용할 수 있도록 한다. 입소를 신청한 영유아에 대하여 입소를 거부하여서는 안 된다. 보육료 지원 신청 또는 입소 신청 등과 관련하여 보호자가 거짓이나 그 밖의 부정한 방법을 사용하도록 요구하거나 안내하여서는 안 된다. 어린이집에 재원 중인 영유아를 보호자의 의사에 반하여 퇴소시킬 수 없다.
어린이집 차량의 운행	법 제38조에 따라 어린이집을 이용하는 사람으로부터 비용을 받아 차량을 운행하는 경우에는 정당한 사유 없이 차량 운행을 중단해서는 아니 된다. 다만, 차량의 고장 등 불가피한 사유로 차량 운행이 불가능하여 어린이집의 원장이 보호자에게 사전통지를 한 경우에는 그러하지 아니하다.

어린이집 운영을 위한 일반원칙은 앞서 살펴본 명칭, 운영 이외에도 안전 · 급식 및 위생관리를 시행규칙 제23조의 별표 8에 자세하게 안내하고 있으며 다음과 같다.

읽어보기

[별표 8] 〈개정 2016. 9. 20.〉

어린이집의 운영기준(제23조 및 제34조 관련)

3. 안전·급식 및 위생관리

안전관리	통합안전점검표 양식에 따라 안전점검을 시행하여 화재·상해 등의 위험발생 요인을 사전에 제거한다. 각 놀이시설물에 대하여 점검하고 소방계획을 작성하고 매월 소방훈련을 하여야 한다. 「아동복지법」 제31조제1항에 따라 매년 안전교육계획을 수립하여 실시한 후, 보고하고 보육교직원에게도 안전교육을 하여야 한다. 보호자와의 비상연락망을 확보하고, 응급처치 동의서를 받는다. 사고 발생 시 보호자에게 알리고, 사고가 중대한 경우 행정담당자에게도 보고하여야 하며, 사고보고서를 작성하여 보관한다. 영유아에게서 아동학대의 징후 등을 발견하였을 때에는 「아동학대범죄의 처벌 등에 관한 특례법」 제10조 제2항에 따라 즉시 아동보호전문기관 또는 수사기관에 신고한다.

급식관리	어린이집에서 식중독 환자가 발생하지 않도록 위생관리를 철저히 하여야 한다. 영유아가 필요한 영양을 섭취할 수 있도록 영양사가 작성한 식단에 따라 급식을 공급하여야 한다. 영유아에 대한 급식을 어린이집에서 직접 조리하여 제공하여야 한다. 식기, 도마, 칼, 행주, 그 밖에 주방용구를 정기적으로 세척·살균 및 소독하는 등 항상 청결하게 하고 어류·육류·채소류를 취급하는 칼·도마는 각각 구분하여 사용한다. 유통기한이 지나거나 상한 원료 또는 완제품을 조리할 목적으로 보관하거나 이를 음식물의 조리에 사용하여서는 아니 되며 이미 급식에 제공되었던 음식물을 재사용하여서는 아니 된다. 식품등의 원료 및 제품 중 부패·변질이 되기 쉬운 것은 냉동·냉장시설에 보관·관리하여야 한다. 위생복·앞치마·위생모를 착용하는 등 개인위생관리를 철저히 하여야 한다.
위생관리	조리실, 식품 등 원료·제품 보관실, 화장실 및 침구를 정기적으로 소독하고, 항상 청결하게 관리한다. 어린이집의 음용수는 상수도 및 간이상수도를 사용하는 경우에는 물을 끓여 사용한다. 영유아의 위생에 영향을 미치는 감기, 독감, 홍역 등 유행성질환 감염 여부, 영유아의 피부, 머리, 손톱·발톱, 치아상태, 어린이집의 청소상태, 침구 및 기저귀 등의 위생상태, 욕실 및 화장실의 청결상태, 세면도구 등의 위생상태 등에 대하여 수시로 점검한다. 동물을 두는 때에는 미리 부모에게 그 사실을 알리고, 동물로부터 영유아가 알레르기 및 질병, 상해를 입지 아니하도록 정기적으로 수의사를 통해 면역조치 등을 받아야 하며, 동물·곤충 또는 배설물 등을 접촉한 경우에는 접촉 부위를 씻어야 한다. 어린이집 내부의 쾌적한 공기질을 유지하기 위하여 수시로 환기 및 청소 등을 한다.
차량안전관리	(차량을 운영하는 경우) 차량은 9인승 이상 자동차로 한정하며 「도로교통법」 제52조에 따라 미리 어린이통학버스로 관할 경찰서장에게 신고하고 신고필증을 발급받는다. 운전기사는 채용 시 건강진단서를 제출한다. 어린이집에서 운행 중인 모든 차량에는 차량 내에 안전수칙을 부착하고, 차량용 소화기 및 구급상자를 갖추어야 하며, 통합안전점검표에 의한 안전점검을 한다. 차량 운행 시 보육교사 등 영유아를 보호할 수 있는 사람이 동승하고, 36개월 미만 영아를 탑승시키는 경우에는 보호자가 동반하거나 보호 장구를 착용한다. 교사와 영유아는 차량 운행이 시작되기 전에 안전벨트를 착용한다. 운전자는 음주, 휴대전화 또는 이어폰 사용 등 운전 판단 능력에 영향을 미치는 행위를 하지 않는다. 등원·퇴원 차량 운행 시 운전기사와 보육교사는 영유아가 안전하게 담당 보육교사나 부모 등 보호자에게 인도될 수 있도록 조치하고, 모든 영유아가 안전하게 인도되었는지 여부를 확인한다.

2) 어린이집의 반 편성 기준

어린이집의 반 편성은 연령별 반 편성을 기준으로 하는데 이는 반 편성 시 편성 기준 동년도 출생아(동년도 1. 1~동년도 12. 31 출생아)를 함께 반 편성하는 것을 의미한다. 예를 들어 201학년도의 반 편성 시 기준은 아래의 표와 같은데, 학부모들의 경우에는 학령기준이 아닌 월령으로 자녀의 연령을 산정하여 이에 대한 혼동을 가장 많이 하고 있으므로 학령기준에 대해 명확하게 제시하여 운영안내로 하는 것이 바람직하다.

표 10-1 어린이집의 연령별 반 편성 (예시: 2019년 기준)

반 편성	출생일 기준
만 0세 반	'18. 1. 1일 이후 출생
만 1세 반	'17 1. 1 ~ '17. 12. 31
만 2세 반	'16. 1. 1 ~ '16. 12. 31
만 3세 반	'15. 1. 1 ~ '15. 12. 31
만 4세 반	'14. 1. 1 ~ '14. 12. 31
만 5세 반	'13. 1. 1 ~ '13. 12. 31

어린이집의 연령별 반 편성 시 반별 정원기준은 각 연령마다 다르게 제시하고 있으며 교사 대 아동 비율을 준수하는 범위에서 보육과정 및 아동 1인당 보육실 면적 등을 감안하여 1개의 보육실에서 2개 이상의 반을 함께 보육하는 것이 가능하다. 영유아의 발달단계를 고려하여 집단의 크기가 2개 반으로 가능한 제한하도록 평가인증 통합지표에서는 기준을 엄격히 제시하고 있다.

표 10-2 어린이집의 연령별 정원기준

반별 정원기준	만 0세	만 1세	만 2세	만 3세	만 4세 이상
원 칙	3명	5명	7명	15명	20명

3) 어린이집 운영계획 수립

모든 어린이집은 아동 및 보호자의 보육수요를 조사한 후 조사결과를 반영하여 어린이집 운영계획을 수립·안내하여야 한다. 어린이집 운영계획은 어린이집 유형, 영·유아반 또는 종일반·맞춤반 운영 여부를 불문하고 모든 어린이집에서 수립하여야 한다.

(1) 수립절차

어린이집 운영계획을 수립하기 위해 희망 등·하원시간을 포함한 어린이집 이용신청서 작성을 통해 서면 수요조사를 실시하여야 하며, 어린이집 이용 신청서를 보관한다. 수요조사 결과를 반영하여 종일반과 맞춤반으로 구분하여 시간대별 보육교사를 배치하고 하원시간별 아동 현황과 시간대별 보육프로그램 및 차량운행 계획 등이 포함된 어린이집 운영계획을 수립하도록 한다. 종일반이나 유아반의 경우 아동 및 보호자의 필요에 따라 어린이집 이용이 가능하도록 근무 시간대를 다양하게 설정하여 당번교사를 배치한다. 맞춤반의 경우 보호자가 가장 많이 희망하는 시간대를 중심으로 보호자와 협의하여 맞춤반 이용시간을 결정하여야 하고, 맞춤반 이용시간에 맞게 낮잠시간 및 급·간식시간 등을 운영계획 수립 시 반드시 반영해야 한다. 서면 수요조사 및 어린이집 운영계획 수립은 신학기 시작 시 실시하는 것을 원칙으로 하며, 희망 등·하원시간의 변경을 희망하거나 신규 입소 아동이 있는 경우 해당 아동에 대해 서면 수요조사를 즉시 실시하여 어린이집 운영계획에 반영하여야 한다.

살펴보기

어린이집 운영계획 수립을 위한 수요조사 실시

안녕하십니까? 아이들이 행복한 00 어린이집에서는 2017년 어린이집 운영계획 수립을 위한 수요조사를 실시합니다. 이를 바탕으로 아이들이 행복한 00 어린이집 운영계획을 수립하여 어린이집 운영에 부모님들의 의사를 최대한 반영하고자 합니다. 아래를 읽어 보시고 기록하셔서 어린이집으로 보내 주시기 바랍니다. 조사결과에 따라 종일반은 더욱 효율적으로 운영될 수 있도록 하고, 맞춤반은 부모님이 가장 많이 희망하는 시간대를 중심으로 운영시간을 결정하여 알려드리겠습니다.

반 명	원아 이름		부모 확인
만 세반			(서명)
보육료 자격	종일반 □	맞춤반 □	유아반 □
희망 보육 시간대	등원시간		하원시간
	※ 종일반과 유아반은 07:30~19:30 내에서, 맞춤반은 08:00-16:00 내에서 희망하는 보육시간을 적어주세요.(맞춤반은 최대 6시간)		
등·하원 방법	개별 등·하원 □	어린이집 차량 이용 □	

위와 같이 어린이집 운영계획 수립을 위한 수요조사서를 제출합니다.

보호자 (인)

년 월 일

(2) 어린이집 운영 계획안내 및 관리

어린이집 운영계획 작성 후 보호자가 그 내용을 확인할 수 있도록 안내 · 게시하여야 하고, 관할 시 · 군 · 구에 제출하여야 한다. 종일반의 경우 어린이집 운영시간 내에서 충분히 이용할 수 있음을 명시적으로 안내한다. 관할 시군구는 어린이집 운영계획을 제출받아 어린이집 운영계획 수립 여부를 확인하여야 하고, 어린이집 운영계획이 이행될 수 있도록 적극 지도 · 감독한다. 서면 수요조사 결과는 어린이집 운영계획에 최대한 반영될 수 있도록 노력해야 하며 서면 수요조사를 실시할 때 어린이집 운영상황에 맞춰 희망 이용시간 작성을 유도하거나 긴급보육바우처 사용을 유도할 수 있는 내용을 안내해서는 안 된다.

어린이집 지원시스템 내 종일반 정보수정절차

[행정지원시스템] ⇨ [정보공시] ⇨ [정보수정요청관리(오후6시종일반)] 접속하여 수정 전/후의 정보를 확인하고 검토의견 작성 후 승인 또는 반려 진행

어린이집의 설치는 여성의 경제참여를 활성화시키려는 목적이 포함되어 있으므로 영유아의 발달을 위해서는 맞춤반 정책을 마련했고 반대로 종일반 활성화를 위해서는 18시 이후 종일반을 운영하는 어린이집을 확인할 수 있도록 '아이사랑포털(www.childcare.go.kr)'에 공개하는 정책을 시행하고 있다. 어린이집은 '어린이집 지원시스템(통합시스템)'에 18시 이후 반 구성(연령별 이용 아동 수, 보육교사 수), 프로그램, 차량운행 여부 등을 자발적으로 입력한다. 어린이집 지원시스템에 입력한 내용은 아이사랑 포털사이트로 공개된다. 운영정보 중 잘못된 정보에 대해서 정보수정 요청을 할 수 있으며, 지자체 시 · 군 · 구청 담당자의 확인을 거친 이후 수정 반영한다. 다만, 이용자가 시스템에 수정을 요청한 경우에는 지자체 승인 시까지 정보공개는 중단된다.

4) 어린이집의 장부 등의 비치

어린이집의 원장은 영유아의 발달 등을 종합적으로 관찰 · 평가하여 영유아 생활지도 및 초등학교 교육과의 연계지도에 활용할 수 있도록 〈서식 Ⅱ-2〉 또는 〈서식 Ⅱ-2-1〉에 의한 영아, 유아별 생활기록부(전자서식 포함)를 작성 · 관리해야 한다. 어린이집의 원장은 보호자의 요청 또는 아동이 전학하는 어린이집의 원장 및 아동이 입학한 초등학교의 교장 등이 생활지도에 필요하여 요청할 경우에는 보호자의 동의를 얻어 생활기록부 사본(전자서식 포함)을 송부하여야 한다. 어린이집에는 영유아보육법 시행규칙 제23조 별표 8에 의한 장부 등을 비치하여야 하며 장부의 종류는 앞에서 살펴보았다. 장부 등의 보존기간은 「공공기록물 관리에 관한 법률 시행령 제26조 제1항」에 준하여 아래와 같이 하되, 전자적 문서로 보존할 수 있다.

표 10-3 어린이집 문서 보존 연한

구 분	보존기간
• 기관 및 단체의 신분, 재산, 권리, 의무를 증빙하는 서류 - 인사기록카드, 보육교직원관리대장 등	준영구
• 공사 관련 장부 및 증빙서류	10년
• 회계 관련 장부 및 증빙서류 - 현금출납부, 총계정원장, 재산대장, 비품관리대장 - 과목전용조서, 수입·지출 원인행위 위임에 관한 위임장 - 보육료대장, 봉급대장 - 수입과 지출에 따른 증빙서류 등 • 영유아 생활기록부	5년
• 기타 어린이집 운영에 관한 서류 - 어린이집 운영일지 - 어린이집 이용신청자명부 및 이용아동연명부 - 연간·월간·주간보육계획안, 보육일지 등	3년
• 기타 업무연락, 통보, 조회 등과 관련된 기록물	1년

사회복지법인 및 사회복지시설 재무 · 회계규칙 제6조의 2 및 제24조에 의거하여 어린이집 재무회계를 처리하기 위해 컴퓨터 회계프로그램 또는 정보시스템에 의하여 전자 장부를 사용하는 경우에는 회계장부를 비치한 것으로 인정한다. 그 외 회계 관련 지출결의서, 세금계산서, 현금영수증 등 회계 서류 및 증빙서류를 비치한다. 어린이집에는 모든 재원 아동에 대하여 아동명, 출석일, 등 · 하원시간이 포함된 출석부를 작성하여 비치한다. 담임교사가 출석부에 아동의 출결상황 및 등 · 하원시간을 기록하는 원칙이나, 담임교사가 기록하기 곤란한 경우 당번교사, 원장, 보조교사 등이 기록 가능하고 보호자가 아동을 등 · 하원 시킬 경우 보호자도 기록 가능하다. 출석부의 종류는 서면 출석부 또는 전자 출석부 중 선택하여 작성 가능하다.

5) 정보공시 내용의 이해

어린이집을 설치할 때 어린이집 운영계획서를 제출하여야 하고 이 내용은 보호자에게 안내하고 게시하여야 하며 이를 온라인에 공개하고 있는데, 이를 정보공시라고 하며 본 내용에는 운영 일반적 내용이 모두 포함된다. 정보공시의 목적은 어린이집 전반의 주요 정보를 객관적이고 투명하게 공개하는 제도로, 부모들이 보다 쉽고 편리하게 어린이집 정보를 이용하게 하기 위함이다. 정보공시는 영유아보육법 제49조의 2항에 의거한 정책으로 세부적 내용은 다음과 같다.

정보공시의 법적 근거

영유아보육법 제49조의 2항(어린이집 정보의 공시 등)

① 어린이집의 원장은 어린이집이 보유·관리하는 다음 각 호의 정보를 매년 1회 이상 공시하여야 한다. 이 경우 어린이집의 원장은 공시한 정보(이하 이 조에서 "공시정보"라 한다)를 특별자치시장·특별자치도지사·시장·군수·구청장에게 제출하여야 하고 보건복지부장관은 공시정보와 관련된 자료의 제출을 요구할 수 있다.

1. 어린이집의 시설, 설치·운영자, 보육교직원 등 기본현황

2. 제29조에 따른 어린이집 보육과정에 관한 사항
3. 제38조에 따라 수납하는 보육료와 그 밖의 필요경비에 관한 사항
4. 어린이집 예산·결산 등 회계에 관한 사항
5. 영유아의 건강·영양 및 안전관리에 관한 사항
6. 그 밖에 보육여건 및 어린이집 운영에 관한 사항으로서 대통령령으로 정하는 사항

② 공시정보의 구체적인 범위와 공시의 횟수·시기 및 방법 등에 필요한 사항은 대통령령으로 정한다.

③ 보건복지부장관은 제1항에 따른 공시에 필요한 양식을 마련·보급하고 공시정보를 수집 및 관리할 수 있다. 이 경우 보건복지부장관은 보육정책 수립, 학술연구 진흥, 통계 작성 등에 활용하기 위하여 공시정보를 연계·가공할 수 있다.

④ 보건복지부장관, 시·도지사 또는 시장·군수·구청장은 어린이집의 원장이 해당 정보를 공시하지 아니하거나 게을리 할 경우 이에 대한 시정을 권고하여야 한다.

⑤ 어린이집의 원장은 어린이집을 홍보하거나 「표시·광고의 공정화에 관한 법률」에 따른 표시 또는 광고를 할 때에는 제1항에 따라 공시된 정보와 다르게 알려서는 아니 된다.

⑥ 보건복지부장관, 시·도지사 또는 시장·군수·구청장은 제5항의 위반 여부를 확인할 필요가 있는 경우에는 해당 어린이집의 원장에게 관련 자료의 제출을 요청할 수 있다. 이 경우 요청을 받은 어린이집의 원장은 정당한 사유가 없는 한 관련 자료를 보건복지부장관, 시·도지사 또는 시장·군수·구청장에게 제출하여야 한다.

[본조신설 2013. 6. 4.]

정보공시 주요 내용

구분	내 용
공시 대상	「영유아보육법」 제2조 및 제10조에 따른 모든 어린이집
공시 범위	7개 항목 18개 범위
공시 횟수	항목별 변경주기에 따라 연, 매월, 수시 공시
위반 시 제재	보건복지부장관은 정보를 공개하지 않거나 거짓으로 공개하는 어린이집 원장에게 시정 또는 변경하도록 명령
어린이집 원장의 역할	보유·관리정보를 공시 횟수에 맞게 공시 및 관리

읽어보기

정보공시 범위 및 횟수·시기(영유아보육법 시행령 별표 1의 4)

공시정보 항목	공시정보의 범위	횟수	시기
기본 현황	가. 일반 현황		
	어린이집 이름, 설립일, 설립유형, 제공서비스, 운영시간, 주소, 전화번호 등 어린이집 기본 현황	수시	수시
	설치·운영자 이름, 원장 이름	수시	수시
	나. 시설 현황		
	건축연도, 건물층수, 건물유형, 건물소유형태	수시	수시
	건물 전용면적, 대지 총 면적, 보육실 수 및 면적, 놀이터 면적 등, 비상재해대비시설 종류	수시	수시
	다. 폐쇄회로 텔레비전 설치 대수, 장소, 기기 종류, 카메라 성능(화소), 운영방식 등 현황	수시	수시
영유아 및 보육교직원에 관한 사항	가. 연령별 학급/반 현황	수시	수시
	나. 보육교직원 현황		
	직종별·자격별 보육교직원 현황	수시	수시
	어린이집 원장 및 보육교사의 현 기관 근속연수	연 1회	4월
법 제29조에 따른 보육과정에 관한 사항	표준보육과정 운영에 관한 사항		
	공통과정 주당 운영시간	수시	수시
	보육과정 운영 계획	연 1회	4월
법 제38조에 따라 수납하는 보육료와 그 밖의 필요경비에 관한 사항	가. 보육비용		
	보육료·그 밖의 필요경비의 항목별 최대 수납액	수시	수시
	나. 특별활동에 관한 사항		
	특별활동 영역, 프로그램명 및 연령·시간·단가·업체명	월 1회	매월
예산·결산 등 회계에 관한 사항	가. 세입예산서 및 세출예산서	연 1회	4월
	나. 세입결산서 및 세출결산서	연 1회	10월
건강·영양 및 안전관리에 관한 사항	가. 급식관리 현황		
	운영방식, 급식인원, 급식담당인력(영양사·취사인력), 집단 급식소 신고 여부·식중독 발생 및 처리 현황	수시	수시
	식단표	월 1회	매월
	나. 환경 안전 관리 현황		
	실내공기질·정기소독·음용수 종류 및 수질검사	수시	수시
	다. 안전교육 및 안전점검 실시 현황		
	소방대피 훈련 여부·놀이시설·가스, 소방, 전기 점검	수시	수시
	라. 법 제31조의 2에 따른 공제회 및 보험 가입 현황		
	영유아와 보육교직원 보험 가입 현황	수시	수시
	화재, 가스, 놀이시설, 통합버스 보험 현황	수시	수시
그 밖에 보육여건 및 운영에 관한 사항	가. 어린이집 원장 및 보육교사의 보수교육 이수 사항	수시	수시
	나. 아동의 안전에 대한 교육 실시에 관한 사항	수시	수시
	다. 어린이통학버스 운영 현황		
	통학버스 운영 여부, 신고 현황, 승차인원, 안전교육	수시	수시
	라. 「전기사업법」 제66조의2에 따른 전기안전점검실시 현황	수시	수시

"횟수"란 공시정보에 대한 수정 횟수를 말하며, 공시정보는 연중 게시하여야 한다.
예 결산 정보는 3년 간 공시하여야 한다. 유치원과 어린이집의 정보공시는 통합되어 운영 중이다.

출처: 어린이집·유치원 통합정보공시 www.info.childcare.go.kr/info/main.jsp

2 평가인증

1) 평가인증의 이해

어린이집 평가인증제도는 보육서비스에 대한 효과적인 질 관리 시스템을 마련하고, 부모들이 합리적으로 어린이집을 선택할 수 있도록 정보를 제공하는 것이다.

2019년 6월부터 어린이집 평가인증제는 선택이 아닌 의무화로 실시된다. 신청한 어린이집에 한해 3년에 한 번씩 평가하는 평가인증제를 모든 어린이집에 의무화하기로 하고 이 업무를 담당할 한국보육진흥원을 법정기관으로 설립을 추진하고 있다. 정부는 인증 참여 어린이집에 대한 평가 결과(인증, 불인증), 평가인증 미참여, 변동(취소, 만료 등) 정보를 통합정보공시 홈페이지(www.childinfo.go.kr)를 통해 공개하고 있다. 다음의 평가인증관련 내용은 보건복지부의 보육사업(2019)의 내용을 중심으로 살펴보고자 한다.

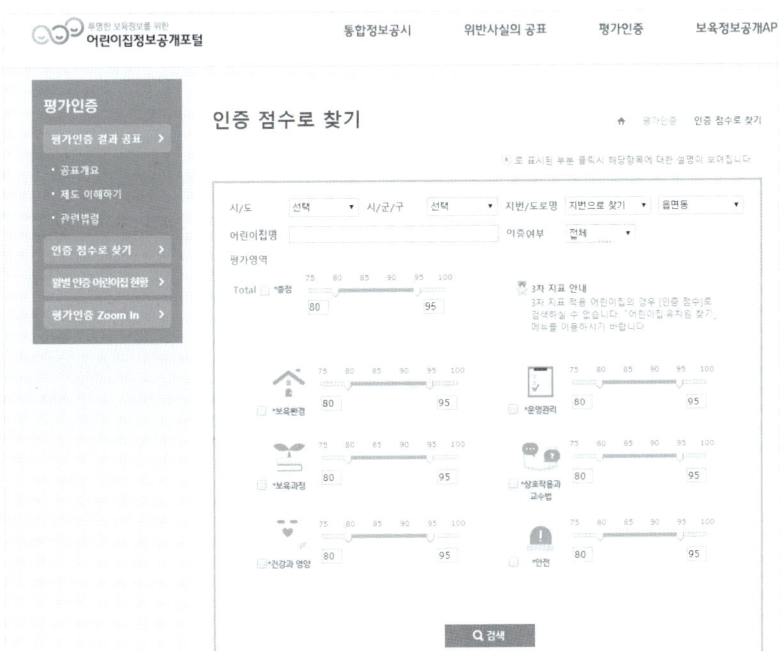

어린이집 평가인증의 법적근거는 영유아보육법 제30조에 근거하며 보건복지부장관은 보육서비스의 질적 수준 향상을 위하여 어린이집에 대한 평가인증을 실시하고, 업무는 공공 또는 민간 기관 · 단체 등에 위탁하여 실시할 수 있다. 현재는 한국보육진흥원에서 본 평가인증 사업을 위탁받아 실시하고 있다.

현재 평가인증 보육사업은 영유아보육법에 따라 설치된 모든 종일제 어린이집을 대상으로 하며 방과후 전담 어린이집은 제외된다. 2017년 11월부터 인증지표는 유치원과 동일한 지표를 적용하고 있으며 이를 제3차 평가인증 통합지표(이하 통합지표)라고 한다. 통합지표의 평가영역 및 항목, 평가방법, 평가절차 등에 관한 세부사항은 위탁 수행기관인 한국보육진흥원에서 정한다. 통합지표에 의한 인증과정은 총 3단계로 진행되며 각 단계는 1단계 참여확정, 2단계 현장평가, 3단계 종합평가의 과정으로 진행된다. 평가인증을 위한 참여 수수료는 신규인증 · 재인증 어린이집의 경우에는 인가규모에 따라 다르며 다음과 같다.

표 10-4 평가인증 수수료

	39인 이하	40인 이상	100인 이상
참여	25만 원	30만 원	45만 원
재참여	25만 원	30만 원	45만 원

장애아전문 어린이집도 정원에 따라 상기와 동일한 수수료를 적용한다.

살펴보기

어린이집 평가인증 운영체계

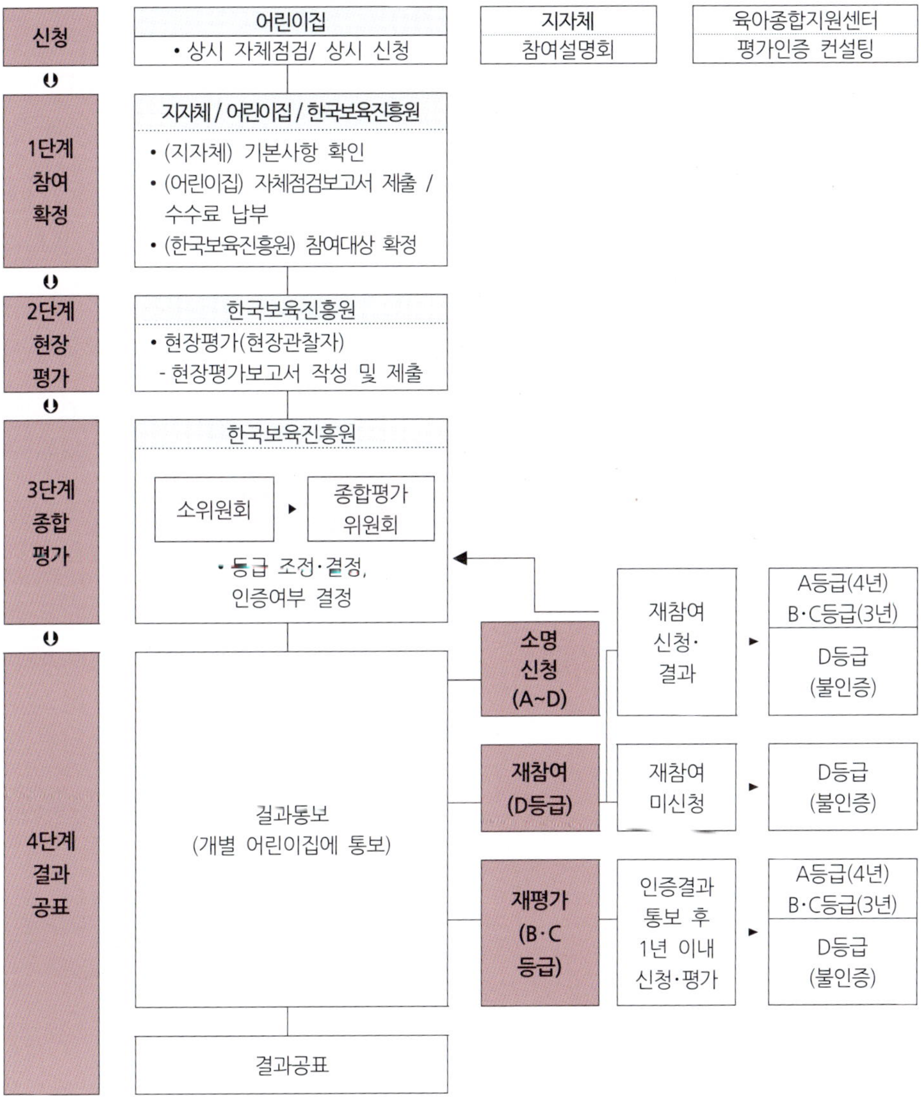

출처: 보건복지부(2019). 보육사업안내.

2) 평가인증의 내용(절차와 지표)

(1) 1단계: 참여 확정(2개월)

신규인증 어린이집은 영유아보육법 제12조, 제13조에 의하여 설치된 국·공립 어린이집, 사회복지법인어린이집, 법인·단체 등 어린이집, 직장어린이집, 가정어린이집, 협동어린이집, 민간어린이집(방과후 전담 어린이집 제외)으로서 현재 미인증 상태인 어린이집을 말한다. 재인증 어린이집은 현재 인증을 유지하고 있는 어린이집으로서 인증 유효기간 만료시점이 도래한 어린이집을 의미한다. 어린이집 평가인증 신청은 연초 접수 개시일로부터 언제든 신청 가능하나 2019년 6월부터는 영유아보육법에 의해 의무화로 모든 어린이집이 참여하게 되었다. 따라서 미참여 어린이집은 우선평가대상으로 선정하여 진행한다. 평가제로 전환된 이후부터는 평가대상으로 선정된 어린이집만이 평가를 받게 된다. 참여를 원하는 어린이집은 어린이집지원시스템에서 정해진 기수·시기(재인증)에 대해 신청하면 된다.

평가인증을 신청을 한 후 지자체 담당자는 기본사항 확인 결과 필수항목을 모두 준수한 어린이집에 대해 참여를 확정한다.

살펴보기

어린이집 평가인증 필수항목(9항목) 기본사항

항 목	평 정	평정기준
총 정원 준수	준수	어린이집의 현원이 총 정원 이내인 경우
	미준수	어린이집의 현원이 총 정원을 초과한 경우
회계서류 구비	준수	예산서와 결산서 및 회계서류가 구비되어 있는 경우
	미준수	예산서 또는 결산서가 없는 경우/회계서류가 전혀 없는 경우
보험 가입	준수	모든 영유아에 대한 상해보험과 화재 및 배상보험에 가입되어 있는 경우
	미준수	영유아 상해보험에 가입되지 않은 경우/ 화재또는 배상보험에 가입되지 않은 경우
영유아보육법 관련 행정처분 등	준수	참여확정 마감일까지 아래 행정처분이 종료되거나, 과징금 납부 또는 보조금 반환명령이 이행 완료될 예정인 경우 - 영유아보육법 제40조 제2호, 제3호/ - 영유아보육법 제45조, 제45조의 2 - 영유아보육법 제46조 / - 영유아보육법 제47조 / - 영유아보육법 제48조
	미준수	참여확정 마감일까지 아래 행정처분이 종료되지 않거나, 과징금 납부 또는 보조금 반환명령이 이행될 수 없는 경우 - 영유아보육법 제40조 제2호, 제3호/ - 영유아보육법 제45조, 제45조의 2 - 영유아보육법 제46조 / - 영유아보육법 제47조 / - 영유아보육법 제48조
어린이집의 설치기준	준수	어린이집 내 영유아용 화장실, 목욕실, 조리실이 설치되어 있고, 보육실, 공동놀이실 등에 폐쇄회로 텔레비전이 설치되어 있는 경우 * 폐쇄회로 텔레비전의 경우 보호자 전원이 서면으로 동의하여 시·군·구청장에게 설치하지 않을 것으로 신고하거나, 네트워크 카메라를 설치한 경우 설치 면제
	미준수	어린이집 내 영유아용 화장실, 목욕실, 조리실이 설치되어 있지 않거나, 보육실, 공동놀이실 등에 폐쇄회로 텔레비전이 설치되어 있지 않은 경우 인가공간을 무단 전용하는 경우
보육실의 설치기준	준수	인가정원 대비 보육실의 면적이 설치기준을 충족한 경우 * 기존어린이집('05. 1. 29 이전 설치 신고된 어린이집)은 구법 적용
	미준수	인가정원 대비 보육실의 면적이 설치기준 미만인 경우, 인가공간을 무단 전용하는 경우
교직원 배치기준	준수	보육교직원 배치기준 중 일반기준을 모두 충족한 경우
	미준수	보육교직원 배치기준 중 일반기준을 충족하지 못한 경우
정기 건강검진	준수	모든 보육교직원에 대하여 연 1회 건강검진을 실시한 경우 * 해당년도 (또는 전년도) 기록 검토
	미준수	건강검진에서 누락된 보육교직원이 있는 경우
비상대피 시설 설치	준수	비상시 각 층별로 양방향 대피가 가능한 대피시설을 구비한 경우 - 어린이집이 1층, 2층 이상인 경우 모두 포함 * 보육사업안내의 비상재해 대비시설 설치기준에 맞게 설치하였는지 확인
	미준수	비상시 각 층별로 양방향 대피가 가능한 대피시설을 구비하지 않은 경우 - 어린이집이 1층, 2층 이상인 경우 모두 포함 * 보육사업안내의 비상재해대비시설 설치기준에 맞게 설치하였는지 확인

출처: 보건복지부(2019). 보육사업안내.

신청단계에서 살펴본 참여확정의 업무흐름도는 다음과 같다.

어린이집 평가인증 참여확정 업무흐름도

단계	주체	내용	
신청단계 (상시)	어린이집	• 참여 신청 • 상시 자체점검	
참여 확정	한국보육 진흥원	⇩ • 기본사항 확인 대상, 방법 및 일정 안내(시도·시군구 대상)	
	시도, 시군구	⇩ • 기본사항 확인 및 입력	필수항목 미준수 어린이집에 참여불가 사전 통보
	한국보육 진흥원	⇩ • 기본사항 결과 확인 • 자체점검보고서 제출 및 참여수수료 납부 안내 (필수항목 준수 어린이집 대상)	
	어린이집	• 기본사항 확인 결과 확인 • 자체점검보고서 제출 및 참여수수료 납부	필수항목 준수 ▸ 자체점검보고서 제출 및 참여수수료 납부 필수항목 미준수 ▸ 평가인증 진행 불가
	한국보육 진흥원	⇩ • 참여대상 확정	

출처: 보건복지부(2019). 보육사업안내.

(2) 2단계: 현장평가(1개월)

2단계 현장평가 단계에서는 평가인증에 참여하고 있는 어린이집에 현장관찰자를 파견한다. 현장평가는 전에 1주간의 편장평가주간을 지정하여 어린이집에 보육통합시스템의 업무연락을 통해 평가인증 사무국에서 통보한다. 현장관찰자는 해당 평가주간 중 평가일을 정하여 사전고지 없이 어린이집을 방문하여 현장평가를 진행한다. 현장관찰자의 거주지와 어린이집 소재지를 지역별로 교차하여 배치 및 파견하며 정원 99인 이하 어린이집에는 2명을, 정원 100인 이상 어린이집에는 3명의 현장관찰자를 파견한다. 현장관찰자는 현장관찰 당일 어린이집에 방문하여 1일간 현장평가를 실시한다. 현장관찰자는 평가대상 어린이집의 보육교직원 근무 및 영유아 재원상황, 어린이집에서 제시한 하루일과표와 실내외배치도를 확인하여 관찰을 시작한다. 현장관찰자는 무작위로 선정된 보육실 2개반을 중심으로 어린이집의 실내외 전체를 관찰하며 현장평가는 하루 일과 전반에 걸쳐 관찰, 문서검토, 면담 등의 방법을 통해 진행한다.

현장관찰자는 현장관찰 당일 어린이집 운영기준을 확인하는데, 확인해야 할 항목은 영유아 재원사항, 보육교직원의 근무상황, 유통기한 경과 식자재 관련이다. 한국보육진흥원은 현장평가 시 어린이집 운영기준 개선 필요사항이 확인된 경우 시 · 도 및 시 · 군 · 구에 통보하여 개선 여부를 확인하며 종합평가 전일까지 개선 여부가 통보되지 않거나, 미개선된 어린이집에 대해서는 종합평가 1단계에서 확인하여 불인증 처리하는데 결과를 활용한다.

어린이집 운영기준 확인 업무흐름도

업무주체	주요업무	상세내용
한국보육진흥원	현장평가	• 어린이집 운영기준 개선 필요사항 발생여부 확인, 지자체 통보
		⇩
시·군·구	어린이집 운영기준 개선 확인	• 어린이집 운영기준 확인 및 개선결과 시·도 통보
		⇩
시·도	어린이집 운영기준 개선결과 통보	• 어린이집 운영기준 개선결과 최종확인 및 한국보육진흥원 통보
		⇩
한국보육진흥원	어린이집 운영기준 개선결과 확인	• 어린이집 운영기준 개선결과 확인 (단, 어린이집 운영기준 개선 필요사항 미개선 시 종합평가 회부 등 관련 조치)

출처: 보건복지부(2019). 보육사업안내.

(3) 3단계: 종합평가(1개월)

현장관찰을 통해 제출된 관찰보고서를 기준으로 종합평가가 진행된다. 종합평가는 학계전문가, 현장전문가, 보육담당공무원으로 구성된 소위원회와 종합평가위원회에서 진행을 한다. 기본사항 확인서, 자체점검보고서, 현장평가보고서 등을 검토한 후, 종합평가 기준에 따라 최종 등급을 결정한다. 관련 서류를 최종 검토한 결과를 토대로 어린이집의 질적 개선 방향을 제시하는 평가결과서를 작성한다. 종합평가위원회 구성은 학계전문가, 현장전문가, 보육담당공무원으로 구성하며 종합평가위원의 위촉기간은 1년을 원칙으로 하되, 재위촉이 가능하다.

종합평가 절차 및 내용을 살펴보면 1단계 소위원회와 2단계 종합평가위원회로 구분한다. 먼저 1단계 소위원회에서는 학계, 행정, 현장전문가 3인 1조로 구성하여 기본사항확인서, 자체점검보고서, 현장평가보고서 등을 검토한 후, 종합평가 기준에 맞추어 등급 및 인증 여부를 결정한다. 평가결과에 영향을 미치는 사안 등에 대해 심의하여 종합평가위원회에 안건 상정한다. 참여확정 단계에서 평가인증 진행 일정을 준수하지 않았거나 평가인증과 관련하여 허위 사실이 발견된 경우, 현장평가 시 발견한 어린이집 운영기준 개선 필요사항이 종합평가 전일까지 개선되지 않은 경우나 현장평가일의 현원·출석기준을 충족하지 못하여 현장평가가 진행되지 않은 경우 및 필수항목 미준수 사례가 발견된 경우 중 어느 하나에라도 해당이 되는 경우는 소위원회 단계에서 불인증 처리된다. 2단계 종합평가위원회에서는 소위원회를 거쳐 상정된 안건에 대해 종합평가위원회에서 심의 후 최종등급 및 인증 여부를 결정한다. 각 기수별로 종합평가 종료부터 결과통보 전까지 '종합평가 필수확인 항목' 에 해당되는가에 대하여 재확인하고 참여확정 마감일로부터 직전 1년 이내에 발생한 기본항목의 중대한 법 위반사항은 종합평가 시 차하위 등급으로 조정하여 결과에 최종적으로 반영한다.

어린이집 평가등급은 4등급(A, B, C, D)으로 하고, 등급에 따라 인증과 불인증으로 구분한다. 인증은 A, B, C등급이며 이 중 B, C등급의 경우는 1년 이내 1회에 한하여 재평가 신청이 가능하다. 불인증은 D등급 판정을 받는다. '종합평가 필수확인 항목'에 해당하는 경우 '불인증'으로 결정하되, 한국보육진흥원에서 확인하여 결정한다.

표 10-5 어린이집 평가인증 기준

어린이집 등급	인증구분
A등급, B등급, C등급	인 증
D등급	불인증

(4) 평가인증의 지표

어린이집 평가인증지표는 2003년부터 2년여에 걸쳐 개발 및 준비된 것으로, 2004년 6차례 자문회의 및 연구진 회의, 공청회를 통한 의견 수립 후 21인 이상, 21인 미만 어린이집용 지표로서 개발되었다. 2005년에는 영아전담 및 장애아전담어린이집용 평가인증지표 개발되어 총 4종의 지표를 토대로 어린이집 평가인증이 시범운영 실시되었다.

2006년에는 2005년 시범운영을 통해 제기된 문제점에 대한 학계 및 현장 전문가의 자문과 어린이집 평가인증 공청회를 거쳐 수정・보완하여 평가인증지표를 시설규모 및 유형별 4종에서 3종(21인 이상, 21인 미만, 장애아전담어린이집용 지표)으로 조정하였다.

2007년에는 21인 이상, 21인 미만 어린이집용 지표를 21인 이상, 20인 이하로 수정하였고, 2008년에는 21인 이상, 20인 이하 어린이집용 지표를 40인 이상, 39인 이하로 변경하였다.

2009년에는 제2차 평가인증 지표를 개발하여 2010년 2월 중앙보육정책위원회 심의를 거쳐 최종 확정되었다. 어린이집 규모 및 유형에 따라 3종(40인 이상, 39인 이하, 장애아전담어린이집용 지표)으로 구성되었다가 2014년 10월부터 실시된 3차 시범지표는 시설유형에 관계없이 공통지표로 6영역의 50지표로 실시하였다.

표 10-6 어린이집 평가인증 지표의 비교

1차 시행 지표(~2009)	2차 시행 지표(2010~2014)	3차 시행 지표 (2014. 10~2017. 10)	통합지표 (2017. 11~ 현재)
40인 이상 7영역 80항목	40인 이상 6영역 70항목	공통 6영역 50지표	공통 4영역 21지표
39인 이하 5영역 60항목	39인 이하 5영역 55항목		
장애아전담 7영역 85항목	장애아전담 6영역 75항목		

2017년 11월부터 실시되고 있는 어린이집 평가인증 통합지표는 4개 영역 21개 지표 79개 평가항목으로 구성되었다.

살펴보기

어린이집 평가인증 통합 지표 (1영역)

영역	평가지표	평가항목
1. 보육과정 및 상호작용 (31)	1-1. 보육계획 수립 및 실행(4)	1. 국가 수준의 보육과정에 제시된 목표 및 내용을 반영한다.
		2. 영유아의 발달 수준 및 반 특성을 고려하여 연, 월, 주, 일일 계획안을 작성한다.
		3. 연간, 월간, 주간, 일일 계획안의 목표 및 내용이 적절하며, 연계성이 있다.
		4. 표준보육과정(누리과정 포함)의 영역을 반영하여 보육활동을 실시한다.
	지표등급	우수: 3개 이상, 적합: 2개, 개선 필요: 1개 이하
	1-2. 일과운영 (5)	1. 계획에 따라 영유아의 연령, 활동, 일상 경험을 균형 있게 통합적으로 운영한다.
		2. 자유선택활동 시간을 매일 충분히 배정하여 운영한다.
		3. 바깥놀이 시간을 매일 충분히 배정하여 운영한다.
		4. 놀이나 활동을 융통성 있게 운영한다.
		5. (장애) 장애영유아를 위한 관련 서비스를 일과 중에 통합적으로 제공한다.
	지표등급	*일반(우수: 3개 이상, 적합: 2개, 개선 필요: 1개 이하)
		*장애(우수: 4개 이상, 적합: 3개, 개선 필요: 2개 이하)
	1-3. 교수-학습 방법 및 놀이 지원 (6)	1. 주제에 적합한 활동계획을 수립하고 그에 적절한 교수학습방법, 자료를 활용한다.
		2. 교사는 영유아가 활동에 대한 흥미나 호기심을 갖도록 한다.
		3. 교사는 다양한 놀이와 활동이 영유아의 자발적 선택에 의해 주도적 격려한다.
		4. 교사는 영유아의 놀이상황을 관찰하면서 놀이를 지원한다.
		5. 교사는 영유아가 다양하게 생각하여 대답할 수 있도록 발문한다.
		6. 교사의 태도가 안정되고 자신감이 있다.
	지표등급	우수: 5개 이상, 적합: 3~4개, 개선 필요: 2개 이하
	1-4. 교사-영유아 상호작용 (6)	1. 교사는 신체적 특성, 가족 및 민족 배경으로 인한 편견 없이 영유아를 존중한다.
		2. 교사는 영유아의 기질, 정서적 상태, 놀이 선호 등을 파악하여 적절히 반응한다.
		3. 교사는 영유아의 개별적 요구나 질문을 주의 깊게 듣고, 적절하게 반응한다.
		4. 교사는 영유아가 이해할 수 있는 내용으로 눈을 마주치며 이야기한다.
		5. 교사는 위협, 비난, 조롱 등 부정적 언어를 사용하지 않는다.
		6. 교사는 칭찬과 격려를 통해 영유아에게 자신감을 준다.
	지표등급	우수: 5개 이상, 적합: 3~4개, 개선 필요: 2개 이하
	1-5. 영유아간 상호작용시 교사역할 (4)	1. 교사는 영유아가 일상에서 또래와 긍정적 상호작용을 하도록 격려한다.
		2. 교사는 영유아가 자신의 의견이나 생각을 또래에게 말로 표현하도록 격려한다.
		3. 교사는 영유아가 적절한 약속과 규칙을 알고 지킬 수 있도록 격려한다.
		4. 교사는 영유아 간 다툼, 문제가 발생하지 않도록 하고, 발생 시 적절히 개입한다.
	지표등급	우수: 3개 이상, 적합: 2개, 개선 필요: 1개 이하
	1-6. 평가 (4)	1. 영유아의 행동을 객관적으로 관찰·기록한다.
		2. 보육과정 목표와 내용을 준거로 영유아의 발달특성과 변화를 평가한다.
		3. 영유아 평가결과를 보육과정 편성, 운영에 반영-부모면담의 자료로 활용한다.
		4. 보육과정 운영에 대한 평가를 실시하고, 그 결과를 다음 계획안에 반영한다.
	지표등급	우수: 3개 이상, 적합: 2개, 개선 필요: 1개 이하
	1-7. 일상생활(2)	1. 특별활동을 운영지침에 따라 실시한다.
		2. 영유아의 일상 경험이 편안한 분위기에서 생활화되도록 격려한다.
	지표등급	우수: 2개, 적합: 1개, 개선 필요: 0개
영역1 등급		(우수) 우수 지표가 5개 이상, (적합) 4개 이하, (개선 필요) 개선 필요가 1개 이상

어린이집 평가인증 통합 지표 (2영역)

영역	평가지표	평가항목
2. 보육 환경 및 운영 관리 (19)	2-1. 실내공간 구성 (5)	1. 보육실 내 흥미영역은 영유아의 연령, 발달 특성을 고려하여 구성한다.
		2. 영유아의 요구를 충족하는 다양한 공간을 마련하고 있다.
		3. 실내 시설 및 설비가 영유아의 발달 수준에 적합하다.
		4. 계획안의 주제와 관련된 활동자료들을 연령수준, 영역별로 다양하게 구비한다.
		5. 비품과 활동자료를 보관하는 별도 공간, 연령별, 주제별, 영역별로 정리한다.
	지표등급	우수: 4개 이상, 적합: 3개, 개선 필요: 2개 이하
	2-2. 실외공간 구성 (3)	1. 옥외놀이터 등을 구비하고 있다.
		2. 영유아 발달에 적합한 다양한 놀이기구를 구비하고 있다.
		3. 실외 공간에 다양한 활동 영역을 제공하고 있다.
	지표등급	우수: 3개, 적합: 2개, 개선 필요: 1개 이하
	2-3. 기관 운영 (4)	1. 모든 반을 편성 규정에 맞게 운영하고 있다.
		2. 개별 영유아의 생활기록부를 작성·관리하고 있다.
		3. 신입 영유아 적응을 위한 지원을 하고 있다.
		4. 예결산서를 대내외적으로 공개한다.
	지표등급	우수: 3개 이상, 적합: 2개, 개선 필요: 1개 이하
	2-4. 가정및 지역사회와의 연계 (5)	1. 부모와 상호 협의 하에 어린이집을 개방한다.
		2. 부모교육을 다양하게 실시하고 있다.
		3. 부모와 개별면담을 하고 가정과의 소통을 다양한 방법으로 실시하고 있다.
		4. 영유아와 가족의 문제를 파악하고 지원한다.
		5. 지역사회와 연계한 다양한 활동을 실시하고 있다.
	지표등급	우수: 4개 이상, 적합: 3개, 개선 필요: 2개 이하
	2-5.이용 보장(2)	1. 어린이집 운영계획을 수립하여 부모에게 안내하고 있다.
		2. 종일반 및 맞춤반을 지침에 따라 운영하고 있다.
	지표등급	우수: 2개, 적합: 1개, 개선 필요: 0개
영역2 등급		(우수) 우수 지표가 4개 이상, (적합) 3개 이하, (개선 필요) 개선 필요가 1개 이상

어린이집 평가인증 통합 지표 (3영역)

영역	평가지표	평가항목
3. 건강 · 안전 (15)	3-1. 실내외공간의 청결 및 안전 (4)	1. 실내외 공간을 청결하고 쾌적하게 관리하고 있다.
		(평가항목 Y충족 기준) 5개 중 4개 이상
		2. 실내외 공간을 영유아의 안전을 위해 위험요인 없이 관리하고 있다.
		(평가항목 Y충족 기준) 5개 중 4개 이상
		3. 실내외 놀잇감이 안전하고, 위험한 물건을 안전하게 보관·관리하고 있다.
		(평가항목 Y충족 기준) 4개 중 3개 이상
		4. 안전시설 및 설비를 비상시 효율적으로 사용할 수 있도록 관리하고 있다.
		(요소 없음)
	지표등급	우수: 3개 이상, 적합: 2개, 개선 필요: 1개 이하
	3-2. 급·간식 (3)	1. 영양의 균형을 고려한 급·간식을 제공하고 있다.
		(평가항목 Y충족 기준) 5개 중 4개 이상
		2. 식자재의 구입·보관 및 조리공간을 위생적으로 관리하고 있다.
		(평가항목 Y충족 기준) 5개 중 4개 이상(요소 2,3 포함)
		3. 조리 및 배식과정을 청결하고 위생적으로 관리하고 있다.
		(평가항목 Y충족 기준) 6개 중 5개 이상(요소 4,6 포함)
	지표등급	우수: 3개, 적합: 2개, 개선 필요: 1개 이하
	3-3. 건강증진을 위한교육 및 관리 (3)	1. 손 닦기, 양치질 등 청결한 위생습관을 실천한다.
		(요소 없음)
		2. 교사는 영유아의 건강 상태를 살펴보고 적절하게 지원한다.
		(평가항목 Y충족 기준) 4개 중 3개 이상
		3. 영유아와 교직원의 건강증진을 위한 예방관리와 교육을 실시한다.
		(평가항목 Y충족 기준) 5개 중 4개 이상
	지표등급	우수: 3개, 적합: 2개, 개선 필요: 1개 이하
	3-4. 등·하원의 안전 (2)	1. 영유아는 등원부터 하원까지 성인의 보호 하에 있다.
		(평가항목 Y충족 기준) 4개 중 3개 이상
		2. 등하원 차량을 운행할 경우 안전요건을 갖추어 관리한다.
		(평가항목 Y충족 기준) 4개 중 4개 이상, 차량운행 하지 않는 경우
	지표등급	우수: 2개, 적합: 1개, 개선 필요: 0개
	3-5. 안전교육 및 사고대책 (3)	1. 영유아를 대상으로 안전교육을 지속적으로 실시하고 있다.
		(평가항목 Y충족 기준) 4개 중 3개 이상
		2. 교직원은 안전교육을 받고 영유아 학대예방 지침을 준수한다.
		(평가항목 Y충족 기준) 5개 중 4개 이상 (요소 5 포함)
		3. 영유아, 교직원 및 시설 보험에 모두 적합하게 가입하고 있다.
		(요소 없음)
	지표등급	우수: 3개, 적합: 2개, 개선 필요: 1개 이하
영역3 등급		(우수) 우수 지표가 4개 이상, (적합) 3개 이하, (개선 필요) 개선 필요가 1개 이상

어린이집 평가인증 통합 지표 (4영역)

영역	평가지표	평가항목
4. 교직원 (14)	4-1. 원장의 리더십(4)	1. 원장은 자신의 전문성 향상을 위해 노력하고 있다.
		2. 원장은 교직원을 존중하고, 교직원의 발전을 위해 지원하며, 면담을 실시한다.
		3. 원장은 정기적인 교사회의 등을 통해 교직원의 의견을 민주적으로 수렴한다.
		4. 2년 이상 근속한 교사가 전체 교사의 50% 이상이다.
	지표등급	우수: 3개 이상, 적합: 2개, 개선 필요: 1개 이하
	4-2. 교직원의 근무환경(3)	1. 교사실과 개인사물함을 별도로 마련하고 있다.
		2. 교사의 업무지원을 위한 자료 및 설비를 충분히 구비하고 있다.
		3. 성인용 화장실을 영유아용과 별도로 설치하고 있다.
	지표등급	우수: 3개, 적합: 2개, 개선 필요: 1개 이하
	4-3. 교직원의 처우와 복지(3)	1. 교직원 인사와 관련하여 공정한 규정이 있으며, 이를 준수하고 있다.
		2. 교직원의 보수와 관련한 규정이 있으며 이를 준수하고 있다.
		3. 교직원의 복지를 위해 노력하고 있다.
	지표등급	우수: 3개, 적합: 2개, 개선 필요: 1개 이하
	4-4. 교직원의 전문성 제고(4)	1. 신규 교직원에게 업무 관련 오리엔테이션을 실시하고 있다.
		2. 교사의 전문성 제고를 위한 다양한 연수 기회를 부여하고 있다.
		3. 교사의 교수-학습방법에 대한 관찰과 지도를 실시하고 있다.
		4. 교사에 대한 근무평가를 실시하고 있다.
	지표등급	우수: 3개 이상, 적합: 2개, 개선 필요: 1개 이하
영역4 등급		(우수) 우수 지표가 3개 이상, (적합) 2개 이하, (개선 필요) 개선 필요가 1개 이상

우리나라의 평가인증제도는 호주의 사례를 긍정적으로 평가하여 도입하였다. 호주나 미국 등 평가인증 국외 사례에 대한 국가별 사례는 평가인증 지침서나 평가인증 관련 논문에 자세히 안내되고 있다. 이에 대한 자료를 검토하여 국외 사례에 대해서도 살펴보도록 한다.

해보기

■ 우리나라의 평가인증제도는 호주의 사례를 긍정적으로 평가하여 도입하였다. 호주나 미국의 평가인증 사례는 평가인증 지침서나 평가인증 관련 논문에 자세히 안내되고 있다. 이에 대한 자료를 검토하여 국외 사례에 대해서도 조사해보자.

	우리나라와 다른 점	우리나라와 비슷한 점
미국		
호주		

3 평가인증의 문제점 및 대안

2017년 11월 통합지표로의 전환이 급진적으로 추진된 배경에는 다음과 같은 이유가 있다. 첫째, 그동안 실시된 평가인증제도의 문제점에 대해 보완이 필요하였다. 2005년에 우리나라 최초로 도입된 평가인증은 어린이집 품질제고에 기여하였으나 자발적 신청에 따른 어린이집 질 관리의 사각지대가 발생하였다. 전체 어린이집의 80% 정도 41,000여 개 중 33,000개 어린이집만 평가인증을 받았으며 인증 어린이집만 정보를 공개하였다. 2016년 국감 지적사항으로 현장에서는 문서 중심의 평가준비를 위해 보육을 소홀히 할 수밖에 없다는 평가의 부담감과 인증 어린이집에서도 꾸준히 아동 학대가 발생하여 평가인증의 신뢰성과 사후관리에 대한 강화에 대해 논의되었다. 이렇듯 현행 평가인증에 대한 국회와 언론에서 문제점에 대해 지속 제기하였다.

둘째, 유치원 · 어린이집 통합평가체계 적용하기 위해 통합지표가 도입되었다. 영유아 학부모들은 국조실 주관 유보통합과제로 유치원 · 어린이집의 서비스 수준에 대하여 비교가 가능하도록 정보제공 및 서비스 질적 수준을 개선하도록 요구하고 있다. 평가체계 통합추진을 위해 유보통합평가 지표 · 운영체계에 대한 적용이 필요했다. 결론적으로 유보통합지표를 공통 적용하고 전체 시설에 대해 등급제(4등급 : A-B-C-D)로 평가하고 그 결과를 공개하여 평가결과에 따라 평가주기 차등적용(4~2년)을 실현하게 되었다.

셋째, 안심보육 환경의 강화가 필요했기 때문이다. 어린이집 · 유치원 통합평가체계를 확대 · 개편하여 학부모가 안심하고 이용할 수 있는 정보제공을 시행하게 되었다. 어린이집 평가제 추진은 평가 사각지대 해소 및 전체 어린이집 평가정보 부모제공 등을 위해 추진되었다. 이를 위해 어린이집 평가체계 개선 관련 의견 수렴을 위해 한국어린이집총연합회 등 보육단체, 학계, 보육교사 등 분야별 간담회(4~5월, 9회)를 실시하였고 현장시범적용(4~5월)하고 평가지표 및 운영체계 개선협의체(5~6월, 2회)를 운영하며 2017년 11월부터 도입하게 되었다.

읽어보기

"어린이집 평가인증 유명무실"...보육진흥원 뭐하고 있나?

어린이집 평가인증제 관리 운영은 한국보육진흥원의 핵심 역할이다. 그런데 어린이집 평가인증제가 유명무실이라는 지적이 쏟아지고 있다. 한국보육진흥원이 자신의 역할을 제대로 못 하고 있는 것이다. 국회 본관에서 진행된 한국보육진흥원 국감에서 "맘 카페에서 제일 많이 올라온 얘기가 '평가 인증 날 아이가 등원하지 않았으면 좋겠다', '보조교사를 채용해 하루만 키즈 카페에서 데리고 논다', '휴가를 써서 아이들을 데리고 있는 건 어떠냐' 등 이런 얘기들이 있다. 평가인증이 아이들이나 학부모에게 굉장히 피해를 주고 있다"고 지적했다. "총체적으로 드러난 문제점에 확인점검을 대안으로 제시했었다. 3년간 확인점검 한 곳이 8400개소, 평가인증의 26% 정도다. 나머지는 확인점검 안 받으니까 알 수가 없다. 전체적으로 점수가 하락하는 곳이 88.2%. 유명무실한 평가인증이 개선돼야 한다"고 목소리를 높였다.

서OO 한국보육진흥원장은 “유명무실하다고 하시면 지나친 표현이다. 평가인증 제도가 있었기 때문에 이만큼 보육 서비스의 질이 올라간 것이라고 생각한다. 평가인증이라는 체계만 갖고 서비스 질을 관리하려고 하는데 그것으로는 굉장히 부족하다”고 말했다.

OOO의원은 “몇 년째 얘기해왔지만 개선이 안 되고 있다는 차원에서 유명무실이라고 얘기한 것”이라며 “문제점을 해결할 대안은 종합감사 때까지 답변을 달라”고 요청했다. 서OO 원장은 아동학대 발생건과 관련해선 “아이와 교사 간의 상호작용 속에서 벌어지는 일이다. 꾸준하게 고정된 패턴은 아니고 그날그날 변동요인이 많다”며 “교사 자질이라든지 평가제도도 중요하지만 기본적인 체계부터 밟아 나갈 것이고 (평가인증)된 상태로 1년 12달 유지되도록 노력은 하지만 어렵다. 컨설팅, 교육 등 최대한 할 수 있는 한 노력을 다 하겠다”고 말했다.

출처: 베이비뉴스(2017. 10. 27.)

읽어보기

한국어린이집총연합회, 어린이집 평가인증 지표 및 운영체계 개선 협의체 간담회 개최

한국어린이집총연합회(이하 ‘한어총’)가 5월 12일(금) 10시 30분 한국보육진흥원 회의실에서 보건복지부, 한국보육진흥원, 전문가, 보육교사, 학부모와 ‘어린이집 평가인증 지표 및 운영체계 개선 협의체’ 1차 간담회를 개최했다. 이 자리에는 보건복지부 보육기반과 과장, 사무관, 한국보육진흥원 원장, 평가사업국 국장, 팀장 외 관계자, 한어총에서는 각 분과별 1인, 보육교사 및 학부모 등 18명이 참석했다.

이날 협의체 간담회에서는 4월 한어총 각 분과위원회별 간담회와 전문가 자문회의 등을 통한 현장 의견과 5월 10일에 있었던 한어총과의 간담회를 거쳐 진행된 것으로 그동안 간담회 주요 의견을 중심으로 의견을 나누고 수렴하는 자리를 가졌다.

협의체 간담회 주요 내용은 △평가결과 우수시설 인센티브 등 제공 △시행시기 △평가인증 미참여 시설관리 △평가지표 △현장평가 부담완화에 대해 심도 있는 의견을 나누었다.

한어총 참석위원들은 △교사 개인 상황에 대한 고려 제고 △근로기준법 준수 관련 지표 포함 △보육료 동결 등으로 운영비 부족, 평가인증 준비 및 유지에 필요한 지원(보조교사 확대 등) 필요 △일과운영시간에서 평가인증 준비할 수 있는 시스템 마련 △통합지표에 대한 교육 강화와 동영상 자료 활용 △질 높은 현장관찰자 파견 및 표준화된 평가 매뉴얼 마련

△소규모시설(가정어린이집 등) 경우 지표 세부 평정기준에 대한 조정 등을 요구했다. 이후 일정으로는 '어린이집 평가인증 및 운영체계 개선 협의체'(보건복지부, 한국보육진흥원, 지자체, 학회, 한어총 등 구성) 2차 간담회와 한어총 사무처와의 간담회 등을 통해 최종 의견 수렴을 마친 뒤 5월 말부터 시도 권역별 설명회 및 현장교육, 7월 신청한 어린이집을 대상을 10월 현장평가에 적용할 계획이다.

출처: 유아뉴스(2017. 5. 11.)

해보기

■ 어린이집의 질적 수준을 평가하고 그에 대한 세부적인 내용이 통합정보공시를 통해 그 결과가 공개되고 있다. 현장에서 느끼는 평가준비와 인증 이후 사후관리에 대한 부분에 많은 어려움을 호소하고 있다. 현실적으로 효과적이고 실효성있는 평가를 위한 방법, 평가의 지표내용 등에 대해 다양한 의견들이 제시되고 있다.
앞서 살펴본 대로 평가인증은 2018년부터 모든 시설에서 의무적으로 실시되고 있다. 또한 유치원과 어린이집이 동일한 통합지표로 시행되고 있다. 이에 대한 문제점이나 향후 대안에 대해 의견을 논의해 보자. 현장에서 실현될 수 있는 바람직한 방향은 무엇일까?

참고문헌

보건복지부(2016). 보육통합정보시스템(어린이집 지원시스템)업무 편람. 보건복지부

보건복지부(2019). 보육사업안내.

서문희, 양미선, 이정원, 김온기, 원종욱, 송신영(2013). 어린이집의 질 제고를 위한 평가인증제도 중장기 개편방안. 육아정책 연구소..

성미영, 정연심, 이세라피나(2017). 영유아교육기관 운영관리. 학지사.

염지숙(2014). 유아교육 · 보육 서비스 질 향상을 위한 평가제도의 통합방안. 유아교육연구, 34(4).

이미화, 서문희, 최윤경, 엄지원(2012). 보육서비스 품질 제고를 위한 어린이집 평가인증 발전방안 연구. 육아정책연구소.

이순형, 이소은(2013). 보육학 개론. 학지사.

이연승 외(2013). 어린이집 정보공시제에 대한 보육교사의 인식 및 요구. 어린이문학교육연구, 16(4).

이진희(2016). 어린이집 평가인증 제도의 유용성에 대한 보육교직원의 경험 및 인식. 아동교육, 25(2)

최명희(2014). 어린이집 설치운영 길라잡이. 중앙육아정보지원센터.

참고자료

보육통합정보시스템 (어린이집 지원시스템) www.cpms.childcare.go.kr

어린이집 유치원 통합정보공시 www.childinfo.go.kr

임신육아종합포털 아이사랑 www.childcare.go.kr

중앙육아종합지원센터 www.central.childcare.go.kr

한국보육 진흥원 www.chrd.childcare.go.kr

왓처데일리(2017. 10. 29.).어린이집 평가인증 취소처분 신중히 처리해야. http://www.watcherdaily.com/news/view.html?

베이비뉴스(2017. 10. 27.).어린이집 평가인증 유명무실...보육진흥원 뭐하고 있나? http://www.ibabynews.com/news/articleView.html?idxno=51251

유아뉴스(2017. 5. 11.) 한국어린이집총연합회, 어린이집 평가인증 지표 및 운영체계 개선 협의체 간담회 개최. http://www.uanews24.com/news/index.html?section=1&category=79&page=6

제11장

보육인력

1 보육인력 배치

일반적으로 '보육인력'이라 하면 어린이집에 종사하는 보육교직원을 뜻하지만 본 교재에서는 좀 더 포괄적인 의미로 보육교직원 이외에 보육관련 인력에 대한 내용도 함께 소개하고자 한다. 보육교직원 이외에 보육관련 인력에 대해서는 본 장 뒷부분에서 살펴보도록 하겠다.

1) 보육인력 배치 일반기준

영유아보육법 제2조에서는 보육교직원을 '어린이집 영유아의 보육, 건강관리 및 보호자와의 상담, 그 밖에 어린이집의 관리 · 운영 등의 업무를 담당하는 자로서 어린이집의 원장 및 보육교사와 그 밖의 직원'으로 정의하고 있다. 즉, 보육교직원이라는 단어 안에는 원장 및 보육교사뿐만 아니라 간호사, 영양사, 조리원, 기타 교직원도 함께 포함되는 것이다. 어린이집 내 교직원 배치기준은 〈표 11-1〉과 같다.

표 11-1 보육교직원 배치기준

구분	배치기준
원장	전 어린이집별 1인이 배치된다. * 단, 영유아 20인 이하를 보육하는 어린이집은 어린이집의 원장이 보육교사를 겸임할 수 있음
보육교사	① 만 1세 미만 영아: 영아 3인당 교사 1인 ② 만 1세 이상 만 2세 미만 영아: 영아 5인당 교사 1인 ③ 만 2세 이상 만 3세 미만의 영아: 영아 7인당 교사 1인 ④ 만 3세 이상 만 4세 미만의 유아: 유아 15인당 교사 1인 ⑤ 만 4세 이상 미취학 유아: 유아 20인당 교사 1인 * 유아 40인당 교사 1인은 보육교사 1급 자격소지자이어야 한다. ⑥ 취학아동: 아동 20인당 교사 1인 ⑦ 장애아: 장애아 3인당 교사 1인 * 장애아 9인당 1인은 특수교사 자격소지자로 한다.
간호사	영유아 100인 이상 어린이집은 간호사(간호조무사 포함) 1인을 두어야 한다. (자격증이 있는 경우 원장 겸직 가능)
영양사	영유아 100인 이상 어린이집은 영양사 1인을 두는 것을 원칙으로 하되, 어린이집 단독으로 영양사를 두는 것이 곤란한 때에는 동일 시·군·구의 5개 이내 어린이집이 공동으로 영양사를 둘 수 있다. (자격증이 있는 경우 원장 겸직 가능)
조리원	영유아 40인 이상 80인 이하를 보육하는 어린이집의 경우 조리원 1인을 두며, 영유아 매 80인을 초과할 때마다 1인씩 증원한다.
기타 교직원	어린이집의 규모와 특성에 따라 의사(또는 촉탁의사), 사회복지사, 사무원, 관리인, 위생원, 운전기사, 치료사 등의 보육교직원을 둘 수 있다.

출처: 보건복지부(2019). 2019 보육사업안내. 재구성.

어린이집 원장부터 사무원, 관리인 등에 해당하는 기타 교직원까지 보육교직원의 배치기준이 다양하게 제시되어 있음을 알 수 있다. 이처럼 다양한 보육교직원 배치기준은 영유아를 보호하고 교육하기에 적절한 기준인 것처럼 보인다. 그러나 간호사와 영양사의 배치기준은 어린이집 영유아의 보건 및 영양 측면에서 그 배치기준이 적절하지 않다고 볼 수 있다. 간호사 및 영양사의 배치기준은 영유아 100인 이상 1인을 두는 것이 원칙인데, 이는 사실상 소규모 어린이집에서는 간호사 및 영양사 배치가 이루어지지 않는 것으로 해석할 수 있다. 따라서 어린이집 현장에서 영유아에게 보다 질 높은 서비스를 제공하기 위해서는 현재 적용되고 있는 전문 인력 배치기준의 조정이 필요한 것으로 보인다(장하진 외, 2015).

2) 보육인력 배치 현황

다음에 제시된 〈표 11-2〉를 살펴보면 2011년 기준 보육교직원 수는 총 248,635명, 2017년에는 보육교직원의 수 총 330,217명으로 6년 사이 약 8만 명의 보육교직원이 증가하였음을 알 수 있다.

〈표 11-2〉의 보육교직원 배치 현황을 살펴보았을 때 보육교직원에서 원장 및 보육교사가 차지하는 비중은 압도적으로 높음을 알 수 있다. 반면, 나머지 보육교직원의 비중은 상대적으로 낮다고 볼 수 있는데 특히 영유아의 건강과 보건, 영양, 안전 등에 대해 중요한 역할을 지닌 간호사와 영양사의 수는 턱 없이 부족한 상태이다.

이러한 배치 현황은 우리나라 어린이집이 영유아 보건 및 영양 부분에서 매우 취약한 상태에 처해 있음을 보여주는 결과라 할 수 있으며, 이러한 문제점을 극복하기 위해서는 어린이집 내 보건 및 영양과 관련된 전문 인력이 더욱 추가되어야 한다고 볼 수 있다(장하진 외, 2015) 즉, 어린이집에서 장시간 영유아를 보호한다는 측면에서 볼 때, 간호사 및 영양사는 어린이집 규모 및 배치기준과 관계없이 필수적으로 배치될 필요가 있다(김양희, 1995).

표 11-2 어린이집 보육교직원 현황

단위: 명

구분		총계	원장	보육교사	특수교사	치료사	영양사	간호사	사무원	조리원	기타
2011	계	248,635	39,546	180,247	1,341	550	706	891	934	17,457	6,963
2017	계	330,217	40,085	235,704	2,106	600	944	1,249	1,135	30,180	18,214

출처: 보건복지부(2012). 2011 보육통계(2011년 12월 기준). 재구성.
보건복지부(2018). 2017 보육통계(2017년 12월 기준). 재구성.

한편, 보건복지부 보육통계에 따르면 2017년 기준 전체 보육교사 중 여자 보육교사는 234,062명, 남자 보육교사는 1,642명으로 전체 보육교사 중 남자 보육교사가 차지하는 비율은 1%도 채 되지 않는 상황이다. 남자 보육교사는 영유아 보육 · 교육이 여성에게만 국한된 일이 아니라는 것을 알리는 데 도움이 되고 또한 보육현장에서 남자 보육교사를 자주 접하는 것은 보육교사라는 직업이 여성만이 할 수 있는 직업이 아니라 성별에 관계없이 할 수 있는 일이라는 점을 상기시켜준다는 점에서 매우 중요하다(조경자 외, 2004).

실제 보육현장에서 나타나고 있는 보육교사 성비 불균형에 대해 진지하게 고민해봐야 하며, 나아가 남자 보육교직원이 느끼는 어려움을 탐색하고 그들의 자연스러운 보육 현장 진출을 도울 수 있는 방안을 추가적으로 마련할 필요가 있다.

2 보육인력 자격

1) 보육인력 자격기준

(1) 어린이집 원장의 자격기준

1991년 영유아보육법이 제정되면서 어린이집 원장(구 보육시설장)의 자격기준이 영유아보육법 시행령에 구체적으로 제시되기 시작하였다. 이후 2004년 1월 영유아보육법의 개정이 이루어졌고, 이에 따라 어린이집 원장의 자격기준에도 변화가 생겼다. 일반어린이집 원장 기준 이외에 가정어린이집, 영아전담어린이집, 장애아전담어린이집 원장의 자격기준이 별도로 규정된 것이다. 어린이집 원장의 자격기준은 2014년 더욱 강화되어 그동안 일정 경력 이상이 되면 원장자격을 취득할 수 있었던 반면, 2014년 3월 이후부터는 반드시 사전 직무교육 80시간을 이수해야만 원장자격을 획득할 수 있도록 변경되었다(김은영 외, 2014).

어린이집 원장의 자격기준은 "시행령 제21조 [별표 1]"에 해당하는 자로서 보건복지부 장관이 검정·수여하는 국가자격증을 받은 자여야 하며, 다음에 제시되는 〈표 11-3〉은 영유아보육법 시행령 제21조 [별표 1]에 해당하는 내용으로 시설유형별 어린이집 원장의 자격기준에 대해 소개한 것이다.

표 11-3 어린이집 원장 자격기준

어린이집 유형 및 정의		자격기준
일반기준	보육정원이 300인 이하인 어린이집	① 보육교사 1급 자격을 취득한 후 3년 이상의 보육 등 아동복지 업무경력이 있는 사람 ② 「유아교육법에」 따른 유치원 정교사 1급자격을 취득한 후 3년이상의 보육등 아동복지 업무경력이 있는 사람 ③ 유치원 원장의 자격을 가진 사람 ④ 「초 · 중등교육법」에따른 초등학교 정교사 자격을 취득한후 5년이상의 보육등 아동복지 업무경력이 있는 사람 ⑤ 「사회복지사업법」에 따른 회복지사 1급자격을 취득한 후 5년이상의보육등 아동복지 업무경력이 있는 사람 ⑥ 「의료법」에따른 간호사면허를 취득한후 7년이상의 보육등 아동복지업무경력이 있는 사람 ⑦ 국가또는 지방자치단체에서 7급이상의 공무원으로 보육등 아동복지업무에 5년 이상의 근무한 경력이 있는 사람
영아 전담 어린이집	만 3세 미만의 영아만을 20인 이상 보육하는 어린이집	① 일반기준에서 정한 자격을 갖춘 사람 ② 간호사 면허를 취득한 후 5년 이상의 아동간호업무 경력이 있는 사람 * 아동간호업무 경력이란? : 병원의 소아청소년과나 신생아실, 보건소 모자보건센터, 초등학교 보건실 등에서 근무한 경력
가정 어린이집	개인이 가정 또는 그에 준하는 곳에 설치·운영하는 시설로 상시 5인 이상 20인 이하를 보육하는 어린이집	① 일반기준에서 정한 자격을 갖춘 사람 ② 보육교사 1급 이상의 자격을 취득한 후 1년 이상의 보육업무 경력이 있는 사람
장애아 전문 어린이집	12명 이상의 장애영유아를 보육할 수 있는 시설을 갖춘 어린이집	• 일반기준에서 정한 자격을 갖춘 자로서 다음 중 하나에 해당하는 사람 ① 대학(전문대학 포함)에서 장애인복지 및 재활관련학과를 전공한 사람 ② 장애영유아 어린이집에서 2년 이상의 보육업무 경력이 있는 사람
대학 또는 교육훈련 시설이 운영(위탁 또는 부설)하는 어린이집	「고등교육법」에 의한 대학(전문대학을 포함한다) 또는 법 제21조 제2항 제2호에 따른 규정에 의한 어린이집	① 일반기준에서 정한자격을 갖춘 사람 ② 어린이집을 운영하는 대학의 조교수 또는 교육훈련시설의 전임교수 이상으로서 보육관련 교과목에 대하여 3년 이상의 교육경력이 있는 사람 ※ '어린이집을 운영하는 대학의 조교수 또는 교육훈련시설의 전임교수 이상으로서 보육 관련 교과목에 대하여 3년 이상의 교육경력이 있는 사람'은 조건부 어린이집 원장으로 해당 어린이집에 한해 근무 가능함

출처: 보건복지부(2019). 2019 보육사업안내. 재구성.

(2) 보육교사의 자격기준

2004년 영유아보육법 개정과 함께 보육교사의 자격기준 또한 새롭게 규정되었다. 1991년 제정된 영유아보육법에 의해 1, 2급이었던 보육교사의 자격기준이 1, 2, 3급으로 변경되었으며, 자격에 따라 자격기준 및 양성과정 또한 개정되었다.

한편, 2014년에는 보육교사의 전문성 강화를 위해 다시 한 번 영유아보육법 시행령 및 시행규칙이 개정되었다. 개정을 통해 보육교사가 승급을 위해 갖춰야 할 보육업무 경력기간이 확대되었고, 보육교사 2급을 취득하기 위해 이수해야 할 교과목이 늘어났으며 학점 또한 기존 35학점에서 51학점으로 16학점이 추가되었다(김은영 외, 2014).

법 개정과 함께 보육교사의 자격기준은 계속해서 변화해 왔다. 변화를 통해 보육교사의 자격기준은 보다 세분화되었으며 결과적으로 보육교사 자격의 전문성을 강화하는 방향으로 변화해 왔다고 볼 수 있다. 다음에 제시되는 〈표 11-4〉는 보육교사의 자격기준 내용이다.

표 11-4 보육교사 자격기준

등급	자격기준
보육교사 1급	1. 보육교사 2급 자격을 취득한 후 3년 이상의 보육업무 경력이 있는 사람으로서 보건복지부장관이 정하는 승급교육을 받은 사람 2. 보육교사 2급 자격을 취득한 후 보육 관련 대학원에서 석사학위 이상을 취득하고 1년 이상의 보육업무 경력이 있는 사람으로서 보건복지부장관이 정하는 승급교육을 받은 사람
보육교사 2급	1. 전문대학 또는 이와 같은 수준 이상의 학교에서 보건복지부령으로 정하는 보육 관련 교과목 및 학점을 이수하고 졸업한 사람 2. 보육교사 3급 자격을 취득한 후 2년 이상의 보육업무 경력이 있는 사람으로서 보건복지부장관이 정하는 승급교육을 받은 사람
보육교사 3급	1. 고등학교 또는 이와 같은 수준 이상의 학교를 졸업한 사람으로서 보건복지부령으로 정하는 교육훈련시설에서 정해진 교육과정을 수료한 사람

출처: 보건복지부(2019). 2019 보육사업안내.

생각해보기

▣ 어린이집 원장 자격기준 혹은 보육교사 자격기준 중 수정하고 싶은 부분이 있는가? 수정하고 싶은 부분이 있다면 왜 수정이 필요한 부분이라고 생각했는지 그리고 어떻게 자격기준을 고치고 싶은지 이야기 나누어보자.

2) 보육교사 양성

(1) 보육교사 2급 양성과정

보육교사 2급 자격취득의 적용 대상은 다음과 같다(보건복지부, 2019).

첫째, 「고등교육법」에 의한 전문대학, 대학 등에서 보육관련 교과목 및 학점을 이수하고 전문학사학위 이상을 취득 한 사람

둘째, 「학점인정 등에 관한 법률」에 따라 학점은행제로 보육관련 교과목 및 학점을 이수하고 전문학사학위 이상을 취득한 사람

앞서 소개된 조건을 갖춘 사람에 한해 보육교사 2급 자격 취득이 가능하며, 자격대상의 조건을 살펴보면 보육교사 양성과정은 학과 중심 양성과정이 아닌 학점 이수를 중심으로 진행되고 있음을 알 수 있다.

한편, 현재 보육교사 양성과정은 몇몇 문제들을 안고 있다. 먼저 보육교사로 임용될 수 있는 최소 학력의 범위가 고등학교 졸업부터 4년제 대학교, 방송통신대, 사이버대학, 학점은행제 등 매우 다양하다. 또한 보육 비관련 전공자라 하더라도 오직 학점 이수만을 통해 보육교사 자격을 취득할 수 있으며, 어떤 양성기관을 거쳤는지와 관계없이 모두 동일한 자격을 받고 같은 역할을 수행하며 동일한 대우를 받는다는 문제가 있다(정계숙 외, 2012). 다음의 〈표 11-5〉는 양성기관에 따른 보육교사 자격증 발급 현황이다.

표 11-5 양성기관에 따른 보육교사 자격증 발급현황

단위: 명

구분	대학(교)	방송통신대	사이버대학	학점은행	보육교사교육원
1급	17,766	79	6	2	-
2급	27,774	1,436	2,146	34,387	2,685
3급	-	-	-	-	9,566

출처: 김은영 외(2014). 유치원과 어린이집 교사 자격 및 양성 관련 체제 분석. 재인용.

2013년 기준 자격증 발급현황을 살펴보면 2급 보육교사의 경우 학점은행제를 통해 가장 많이 배출되고 있으며, 대학을 통한 배출은 그 뒤를 잇고 있음을 알 수 있다. 일반 대학이 아닌 학점은행제, 사이버대학 등에서의 교육을 통한 보육교사 양성은 보육교사의 전문성을 떨어뜨리고 나아가 보육의 질을 저하시키는 요인으로 지적받고 있다. 이러한 양성기관들은 기관마다 교육과정 진행수준이 매우 상이하고 무엇보다 대면교과목이 있다고 할지라도 동영상 강의 및 실습만으로도 자격증 취득이 가능하다는 점에서 보육교사의 자질 부족 문제로 연결되고 있다. 따라서 보육교사 전문성 및 보육의 질을 향상시키기 위해서는 이러한 문제점들을 고려하여 보육교사 양성과정에 있어 양성기관의 개편은 물론, 보육교사 자격 취득 기준을 보다 강화할 수 있는 방안을 모색할 필요가 있다.

표 11-6 보육교사 2급 취득 교과목 및 학점

구 분		교과목	이수과목(학점)
교사 인성 영역	필수 교과목	보육교사(인성)론, 아동권리와 복지	2과목(6학점)
보육 지식과 기술 영역	필수 교과목	보육학개론, 보육과정, 영유아발달, 영유아교수방법론, 놀이지도, 언어지도, 아동음악(또는 아동동작, 아동미술), 아동수학지도(또는 아동과학지도), 아동안전관리(또는 아동생활지도)	9과목(27학점)
	선택 교과목	아동건강교육, 영유아 사회정서지도, 아동문학교육, 아동상담론, 장애아 지도, 특수아동 이해, 어린이집 운영관리, 영유아 보육프로그램 개발과 평가, 보육정책론, 정신건강론, 인간행동과 사회환경, 아동간호학, 아동영양학, 부모교육론, 가족복지론, 가족관계론, 지역사회복지론	4과목(12학점) 이상
보육 실무영역	필수 교과목	아동관찰 및 행동연구, 보육실습	2과목(6학점)
전체		17과목 51학점 이상	

출처: 보건복지부(2019). 2019 보육사업안내.

한편, 아동학대 사건 발생으로 인해 보육교사의 인성이 더욱 강조되었고 이러한 요구를 반영하듯 보육교사 자격 취득 교과목에도 교사 인성 영역이 추가되었다. 보육교사 2급을 취득하기 위해서는 보육관련 교과목 중 총 17과목 51학점 이상을 이수하고 졸업해야 하며, 구체적인 교육영역별 교과목 및 학점은 〈표 11-6〉과 같다.

2017년부터는 대면교과목이 추가로 실시되었으며 과목당 8시간 이상의 출석수업과 1회 이상 출석시험을 실시해야 한다. 즉, 학점은행제를 통해 보육교사 자격증을 취득하려고 하는 경우, 온라인수업도 듣고 대면교과목도 함께 이수해야 하는 것이다. 대면교과목의 등장은 사이버로 진행되는 학습의 문제점을 보완하고 동시에 보육교사의 자격기준을 강화하기 위해 추가된 내용이라 할 수 있다. 대면교과목의 내용은 〈표 11-7〉과 같다.

표 11-7 대면교과목

구 분	교과목
인성 영역	보육교사(인성)론, 아동권리와 복지
보육 지식과 기술 영역	놀이지도, 언어지도, 아동음악(또는 아동동작, 아동미술), 아동수학지도 (또는 아동과학지도), 아동안전관리(또는 아동생활지도)
보육 실무 영역	아동관찰 및 행동연구, 보육실습

출처: 보건복지부(2019). 2019 보육사업안내.

(2) 보육교사 3급 양성과정

보육교사 3급의 경우 교육훈련시설(보육교사교육원)에서 정해진 교육과정을 이수하면 자격을 취득할 수 있으며, 고졸 이상의 학력을 지닌 사람을 교육대상으로 한다. 3급 보육교사 양성교육과정(16년 8월 이후 기준)은 총 22과목 65학점 이상 이수를 원칙으로 하며, 교육시간은 975시간 이상, 실습은 240시간 별도로 진행된다. 보육교사 3급을 취득하기 위한 교과목 및 학점은 〈표 11-8〉과 같다.

표 11-8 보육교사 3급 취득 교과목 및 학점

영 역	교과목(학점)	이수과목(학점)
교사 인성	보육교사(인성)론(3학점), 아동권리와 복지(3학점)	2과목(6학점)
보육지식과 기술	보육학개론(3학점), 보육 과정(3학점), 영유아 발달 및 지도(3학점), 아동생활지도(3학점), 영유아 문제행동지도 및 상담(3학점), 특수아동 이해와 지도(3학점), 놀이지도(3학점), 언어지도(3학점), 아동음악과 동작(3학점), 아동미술지도(3학점), 아동수학지도 · 아동과학지도(3학점), 영유아 교수방법론(3학점), 교재교구개발(3학점), 부모교육(3학점), 영유아 건강지도(2학점), 영유아 영양지도(2학점), 아동안전관리(3학점), 어린이집 운영관리(3학점)	18과목 (52학점)
보육 실무	아동관찰 및 실습(3학점), 보육실습(4학점)	2과목(7학점)
계	22과목(65학점) 이상	

출처: 보건복지부(2019). 2019 보육사업안내.

한편, 보육교사 3급의 경우 고졸 학력 이상이라면 누구나 자격을 취득할 수 있다는 점에서 보육교사로서의 전문성이 떨어진다는 지적을 받고 있다. 또한 (전문)대학만으로도 보육교사의 수요를 충분히 만족시킬 수 있다는 점에서 보육교사 3급을 양성하는 교육훈련시설을 없애야 한다는 의견도 제기되고 있다. 그러나 이러한 교육훈련시설은 이미 정착된 하나의 사업으로서 정부에 의해 만들어져 운영되어 왔으며, 시설을 없애자는 주장이 있을 때마다 사업자들이 반발을 하고 있어 현재까지 보육교사 3급을 양성하는 교육훈련시설은 운영되고 있는 상태이다(장하진 외, 2015).

따라서 보육교사 3급 자체를 폐지하는 일은 어려운 실정이라 할 수 있다. 그러나 보육교사 3급의 경우 전문성 논란이 많기 때문에 이를 해결할 수 있는 새로운 방안을 모색해야 함은 틀림없다. 보육교사는 자격급수가 나눠져 있지만 사실 급수에 따른 역할에 차등이 있는 것은 아니다. 보육현장에서는 보육업무 이외에 행정 업무, 잔업 등이 많기 때문에 이러한 업무를 도와줄 수 있는 보조교사의 손길이 절실하다(이경인 외, 2017). 따라서 3급 보육교사를 보조교사의 역할로 제한한 뒤 지속적인 교육 등을 통해 추후 보육교사 2급 자격을 취득하도록 하는 방안도 제안될 수 있다(이미화 외, 2016).

보육교사의 전문성 및 어린이집 서비스의 질적 향상을 위해서라도 보육교사 3급 자격은 지속적으로 함께 고민해 봐야 할 문제라 할 수 있다.

읽어보기

〈2017년 기준 보육교사 자격급수별 현황〉

(단위: 명)

	계	국·공립 어린이집	사회복지법인 어린이집	법인·단체 등 어린이집	민간 어린이집	가정 어린이집	협동 어린이집	직장 어린이집
1급	142,884	17,261	8,276	3,724	65,544	41,985	460	5,634
2급	86,245	8,108	4,045	1,668	38,995	27,973	223	5,233
3급	6,559	239	128	64	3,284	2,770	19	55
총계	235,688	25,608	12,449	5,456	107,823	72,728	702	10,922

출처: 보건복지부(2018). 2017 보육통계.

(3) 보육실습

보육실습은 보육교사 자격을 취득하기 위한 마지막 관문이라 할 수 있으며, 예비보육교사에게 그 중요성에 대한 체감도는 매우 높은 편이다.

2016년 보건복지부는 영유아보육법 시행규칙을 개정하였는데, 이에 따라 보육실습 과정도 개편되었다. 보육실습 기간은 기존의 기간이었던 4주 총 160시간에서 6주 총 240시간으로 80시간이 추가되었으며, 보육실습 기관의 경우 '평가인증을 유지하는' 어린이집이라는 조건이 추가되었다. 또 야간대학, 한국방송통신대학, 원격대학에 한해서만 2회로 나누어 보육실습을 실시할 수 있었던 기준이 이제는 모든 양성기관에서 2회 실시가 가능하도록 변경되었다.

개정된 보육실습 과정 중 보육실습 기간의 연장은 예비보육교사가 실제 보육현장에 나가기 전 보육교사로서 자신을 점검하고, 보육현장에 대한 이해를 높일 수 있다는 점에서 적절하다고 본다. 그러나 한편으로는 이러한 보육실습 기간의 증가가 예비보육교사의 부담감을 가중시킬 수 있어 이를 해소할 수 있는 방안 또한 추가적으로 마련할 필요가 있겠다(최석란 외, 2017).

생각해보기

■ 보육교사의 인성 및 전문적 자질 향상을 위해 보육실습 기간이 240시간으로 증가하였다. 선진국의 경우 현장에 대한 경험을 중요하게 생각하며 실제 교사 양성과정에서도 현장 실습 기간이 매우 길게 책정되어 있다.

나라	양성과정 주요 내용
프랑스	• 양성과정수료 후 시험 • 학습교육 1,500시간 • 훈련 실습 2,100시간
독일	• 양성기간 2년 • 자격시험제도 • 현장실습 기간 16주
미국	• CDA 보육교사 양성기간은 보통 1년과정 • 현장실습 기간 최근 3년간 640시간 이상 이수
노르웨이	• 3년제 대학과정 필수 • 3년동안 총 180학점 이수 • 3년 중 20주는 유치원에서 현장실습

출처: 이경인 외(2017). 유·보 통합에 대비한 유이교사 양성과정에 대한 고찰. 재구성.

보육현장에 대한 중요도가 높아지는 만큼 보육실습 기간에 대한 논의도 지속될 전망이다. 선진국의 양성과정 내용을 살펴본 뒤, 우리나라 보육실습 기간은 적절한지 그렇지 않은지에 대해 생각해보자. 그리고 그렇게 생각한 이유는 무엇인지도 함께 이야기 나누어보자.

3) 보육인력 보수교육

보육교직원의 보수교육은 보육교직원의 자질 향상을 위해 진행되는 교육으로, 보육에 요구되는 지식과 능력을 유지·향상시키기 위해 보육교직원이 정기적으로 받는 교육을 말한다. 보수교육에는 정기적으로 진행되는 직무교육이 있고, 보육교사가 상위의 등급(3급→2급, 2급→1급)을 취득하기 위해 받아야 하는 승급교육 그리고 어린이집 원장이 자격을 갖추기 위해 받아야 하는 사전직무교육이 있다. 직무교육 및 승급교육 모두 인성·소양 영역, 건강·안전 영역, 전문지식·기술 영역으로 교육영역이 구성되어 있다. 보수교육을 연속하여 3회 이상 받지 않는 경우 어린이집 원장 및 보육교사 자격이 정지될 수 있으므로 보수교육 대상자는 필히 보수교육을 이수해야 한다(보건복지부, 2019).

보육교직원의 보수교육 구분 및 교육대상에 대한 내용은 〈표 11-9〉와 같다.

표 11-9 보수교육 종류

교육구분			교 육 대 상	교육시간	비 고
직무교육	일반직무교육	보육교사	현직에 종사하고 있는 보육교사로서 보육업무 경력이 만 2년을 경과한 자와 보육교사 직무교육(승급교육 포함)받은 해부터 만 2년이 경과한 자	40시간	매 3년마다
		원장	어린이집의 원장의 직무를 담당한 때부터 만 2년이 지난 경우	40시간	매 3년마다
	특별직무교육	영아보육	영아보육을 담당하고 있는 일반직무교육 대상자와 영아보육을 담당하고자 하는 보육교사 및 어린이집 원장	40시간	이수하고자 하는 자
		장애아보육	장애아보육을 담당하고 있는 일반직무교육 대상자와 장애아보육을 담당하고자 하는 보육교사 및 어린이집 원장	40시간	이수하고자 하는 자
		방과후보육	방과후 보육을 담당하고 있는 일반직무교육 대상자와 방과후 보육을 담당하고자 하는 보육교사 및 어린이집 원장	40시간	이수하고자 하는 자
승급교육	2급 승급교육		보육교사 3급의 자격을 취득한 후 보육업무 경력이 만 1년이 경과한 자	80시간	이수하고자 하는 자
	1급 승급교육		보육교사 2급의 자격을 취득한 후 보육업무 경력이 만 2년이 경과한 자 및 보육교사 2급의 자격을 취득한 후 보육 관련 대학원에서 석사 학위를 취득한 경우 보육업무 경력이 만 6개월이 경과한 자	80시간	이수하고자 하는 자
원장사전직무교육	-		영유아보육법 시행령 [별표 1] 제1호의 가목부터 라목 (일반, 가정, 영아전담, 장애아전담어린이집 원장)까지 어느 하나의 자격을 취득하고자 하는 자	80시간	이수하고자 하는 자

출처: 보건복지부(2018). 2018 보육사업안내.

2015년 전국보육실태조사에서 보수교육에 대한 만족도를 조사하였는데, 보수교육에 만족한다는 응답이 66.7%, 불만족한다는 응답이 33.3%로 나타났다. 보수교육에 불만족한다는 응답자에게 보수교육 중 어떤 부분이 가장 불만족스러운지 조사한 결과 교육시간대, 교육신청 및 이수관리 등의 교육운영방식이 불만족스럽다는 답변이 53.9%로 가장 높게 나타났다. 그 다음으로는 커리큘럼, 강사 등에 해당하는 교육과정이 불만족스럽다는 응답이 19%로 뒤를 이었다. 다음 〈표 11-10〉은 2015년 전국보육실태조사에서 실시된 보수교육 만족도 조사 결과 내용이다.

표 11-10 보수교육 만족도

단위: %(명)

매우 불만족	다소 불만족	만족하는 편	매우만족	계
5.4	28.0	56.5	10.2	100.0(2,602)

출처: 보건복지부 · 육아정책연구소(2015). 2015년 전국보육실태조사 -어린이집조사 보고-. 재구성.

현재 보수교육은 보육교사의 경력이나 직위를 고려하지 않은 채 운영되고 있어 교과목이 획일적이라는 비판을 받고 있다. 높은 경력의 교사는 이미 배웠던 내용을 보수교육 안에서 다시 학습하는 경우가 많아 그로 인해 교육에 대한 흥미가 떨어진다는 점을 보수교육의 문제점으로 지적하였다(이미화 외, 2016). 이러한 문제점을 해결하기 위해서는 보수교육 대상자인 교사들의 다양한 배경을 고려하여 배경에 따라 차별화된 교육을 진행할 필요가 있다. 즉, 고경력 교사들에게는 경험해보지 못한 신선하고 도전적인 교육내용이 제시되어야 하고, 현장 경험이 적은 교사들에게는 기초를 다질 수 있는 교육내용이 제시되어야 한다는 것이다.

또한 대부분의 교사들은 보수교육 신청 시 주중이 아닌 주말을 이용하는 경우가 많았는데, 주중 교육을 받게 될 경우 대체교사 수급에 어려움이 있기 때문에 주말반을 이용하는 것으로 나타났다. 교사들이 주중이 아닌 주말에 교육을 받게 될 경우 그 다음날 또 다시 근무를 하는 등 교육을 받는 기간 동안 개인 휴식을 취할 시간이 부족해져 정신적 · 육체적 피로가 누적되고 만다. 따라서 보수교육을 듣는 교사들의 이러한 어려움을 해결할 수 있도록 대체교사 수급에 대한 체계 개선이 필요하며, 나아가 교사들이 편하게 교육을 들을 수 있는 다양한 시간대의 교육이 편성될 필요가 있겠다(김난실 외, 2011).

4) 보육인력 자격 정지 및 취소

(1) 보육인력 자격정지

자격정지 대상자로는 어린이집 원장 및 보육교사가 해당되며 시장 · 군수 · 구청장은 자격정지 처분권을 갖는다. 어린이집 원장 및 보육교사의 자격정지 개별기준은 〈표 11-11〉, 〈표 11-12〉와 같다.

어린이집 원장 및 보육교사의 자격정지 절차는 다음과 같다(보건복지부, 2019).

① 시장 · 군수 · 구청장은 어린이집 원장 또는 보육교사의 자격정지 처분을 하고자 하는 경우 법 제49조 규정에 의하여 청문을 실시해야 한다. 다만, 청문대상자가 정당한 사유 없이 이에 응하지 아니하거나 청문이 사실상 불가능한 경우에는 그러하지 아니한다.

② 청문결과 등을 바탕으로 시장 · 군수 · 구청장은 어린이집 원장 또는 보육교사의 자격정지 기간을 결정해야 한다.

③ 특별자치도지사 · 시장 · 군수 · 구청장은 위반행위의 동기 · 내용 및 횟수 등을 고려하여 자격정지 기간을 2분의 1의 범위에서 늘리거나 줄일 수 있으나 늘리는 경우에도 1년을 초과할 수는 없다.

④ 어린이집 대표자는 어린이집 원장의 자격이 정지된 기간 동안 그 직을 대리할 어린이집 원장을 두어야 하고, 어린이집 원장은 보육교사의 자격이 정지된 기간 동안 그 업무를 대행할 보육교사를 채용해야 한다.

표 11-11 어린이집 원장 자격정지 기준

위반행위	근거 법조문	처분기준		
		1차 위반	2차 위반	3차 위반
가. 어린이집의 원장이 업무수행 중 고의나 중대한 과실로 손해를 입힌 경우로서 다음의 어느 하나에 해당하는 경우	법 제46조 제1호			
1) 영유아에게 중대한 생명·신체 또는 정신적 손해를 입힌 경우		자격정지 1년(「아동복지법」 제3조 제7호에 따른 아동학대 행위인 경우에는 2년)	자격정지 1년(「아동복지법」 제3조 제7호에 따른 아동학대 행위인 경우에는 2년)	자격정지 1년(「아동복지법」 제3조 제7호에 따른 아동학대 행위인 경우에는 2년)
2) 어린이집의 운영일 및 운영시간에 관한 기준을 고의적으로 위반하여 손해를 입힌 경우		자격정지 1년	자격정지 1년	자격정지 1년
3) 비위생적인 급식을 제공하거나 영유아 안전 보호를 태만히 하여 영유아에게 생명·신체 또는 정신적 손해를 입힌 경우		자격정지 6개월	자격정지 1년	자격정지 1년
나. 보육교사·간호사 또는 영양사 등 해당 업무 수행에 필요한 자격이 없는 사람을 채용하여 해당 업무를 수행하게 한 경우	법 제46조 제2호	자격정지 3개월	자격정지 6개월	자격정지 1년
다. 법 제23조에 따른 보수교육을 연속하여 3회 이상 받지 아니한 경우	법 제46조 제3호	자격정지 1개월	자격정지 3개월	자격정지 6개월

출처: 보건복지부(2019). 2019 보육사업안내. 재구성.

표 11-12 보육교사 자격정지 기준

위반행위	근거 법조문	처분기준	2차 위반	3차 위반
		1차 위반	2차 위반	3차 위반
가. 보육교사가 업무 수행 중 그 자격과 관련하여 고의나 중대한 과실로 다음의 어느 하나의 손해를 입힌 경우	법 제47조 제1호			
1) 영유아에게 중대한 생명·신체 또는 정신적 손해를 입힌 경우		자격정지 1년(「아동복지법」 제3조 제7호에 따른 아동학대 행위인 경우에는 2년)	자격정지 1년(「아동복지법」 제3조 제7호에 따른 아동학대 행위인 경우에는 2년)	자격정지 1년(「아동복지법」 제3조 제7호에 따른 아동학대 행위인 경우에는 2년)
2) 비위생적인 급식을 제공하거나 영유아 안전 보호를 태만히 하여 영유아에게 생명·신체 또는 정신적 손해를 입힌 경우		자격정지 6개월	자격정지 1년	자격정지 1년
3) 그 밖의 경우		자격정지 2개월	자격정지 4개월	자격정지 6개월
나. 법 제23조의 2에 따른 보수교육을 연속하여 3회 이상 받지 아니한 경우	법 제47조 제2호	자격정지 1개월	자격정지 3개월	자격정지 6개월

출처: 보건복지부(2019). 2019 보육사업안내.

(2) 보육인력 자격취소

어린이집 원장 및 보육교사의 자격취소 처분권은 자격정지와 마찬가지로 시장·군수·구청장이 처분권자이며 자격취소 사유가 발생한 어린이집 소재지 관할 시장·군수·구청장이 처분함을 원칙으로 한다. 보육교사의 자격취소 사유는 법 제48조에 근거하며 그 내용은 〈표 11-13〉과 같다.

표 11-13 보육교직원 자격취소 사유(법 제48조)

1. 거짓이나 그 밖의 부정한 방법으로 자격증을 취득한 경우
2. 자격 취득자가 업무 수행 중 그 자격과 관련하여 고의나 중대한 과실로 손해를 입히고 금고 이상의 형을 선고받은 경우
3. 「아동복지법」 제3조 제7호의 2에 따른 아동학대관련범죄로 처벌을 받은 경우
   * 보육교사와 어린이집 원장 둘 다 취득한 경우에는 두 자격 모두 취소
4. 제22조의 2에 따른 명의대여 금지 등의 의무를 위반한 경우
   * 다른 사람에게 자기의 성명이나 어린이집의 명칭을 사용하여 어린이집의 원장 또는 보육교사의 업무를 수행하게 하거나 자격증을 대여한 경우
5. 자격정지처분기간 종료 후 3년 이내에 자격정지처분에 해당하는 행위를 한 경우
6. 자격정지처분을 받고도 자격정지처분기간 이내에 자격증을 사용하여 자격 관련 업무를 수행한 경우
7. 자격정지처분을 3회 이상 받은 경우
8. 제46조 제4호에 해당하여 금고 이상의 형을 선고받은 경우
   * 거짓이나 그 밖의 부정한 방법으로 보조금을 교부받거나 보조금을 유용한 경우

출처: 영유아보육법 제48조.

3 보육인력 관리

1) 보육인력 임면

어린이집 원장은 보육교직원의 채용, 휴직, 출산전후휴가, 육아휴직, 육아기 단축근무, 1개월 이상의 장기 병가 · 연수 · 휴가, 퇴직 등의 임면사항을 보육통합정보시스템에 즉시 등록하고 이를 14일 이내에 관할 시 · 군 · 구청장에게 보고해야 한다. 보육교직원 임면에 대한 내용을 자세히 살펴보도록 하자(보건복지부, 2019).

(1) 보육교직원 임면권자

보육교직원 임면권자란, 보육교직원을 임명하고 해임할 수 있는 권한을 가진 자를 말한다. 먼저 어린이집 원장의 경우 어린이집 유형에 따라 임면권자가 달라진다. 국공립어린이집 원장은 시장 · 군수 또는 구청장이 임면하도록 되어 있고, 사회복지법인, 법인 · 단체 등, 직장, 가정, 민간어린이집은 어린이집 설치자가, 부모협동어린이집의 경우 조합을 결성하여 설치 · 운영하는 대표자가 임면권자가 된다.

보육교사 등 기타 교직원 경우 원장의 제청으로 법인 · 단체의 대표자 또는 어린이집 설치자(교직원 임면권을 위임 받은 수탁자)가 임면권자가 된다.

(2) 보육교직원 채용

어린이집 원장 및 보육교사 모두 영유아보육법 시행령 제21조[별표 1]의 자격기준에 해당하는 자로서 국가자격증을 발급받은 자를 채용함을 원칙으로 한다. 보육교사의 출산 및 육아휴직, 장기 병가 등의 사유로 인해 채용하는 대체교사의 경우도 마찬가지로 보육교사 자격기준을 갖춘 자이어야 한다.

보육교직원 채용방법은 국가 또는 지자체로부터 보육교직원 인건비를 보조받는 어린이집의 경우 공개채용을 원칙으로 한다. 보육교직원 채용에 대한 정보는 육아종합지원센터 사이트를 통해 손쉽게 정보를 받아볼 수 있다. 한편, 서울시 국공립어린이집 채용의 경우 서울여성가족재단 내 보육서비스센터(품질관리)에서 진행되는 사전교육 수강을 채용조건에 포함하고 있다.

보육교직원 채용 시 임금, 근로시간 및 그 밖의 근로조건 등을 명시한 근로계약을 체결해야 하며, 이 경우 근로계약과 관련하여 부당한 내용(결혼, 출산, 육아휴직 등으로 인한 퇴직요구 등)이 포함되어서는 아니 된다.

보육교직원 채용에 요구되는 공통서류로는 인사기록카드, 주민등록등본, 채용신체검사서가 있다. 이때 채용기간이 1개월 미만인 대체교사 등 단기 근로자, 보육실습생 등의 경우 보건소의 전염성질환 등에 대한 건강진단결과서(구 보건증)으로 대신할 수 있다. 또한 보육교직원의 경우 채용 전 성범죄 경력 조회 및 아동학대관련 범죄 전력을 조회해야 한다.

보육교직원이 퇴직할 경우에는 사직서를 제출받아 퇴직처리하고 퇴직사실을 관할 시 · 군 · 구청에 보고해야 한다. 이러한 원칙은 사용자와 근로자의 합의에 의한 퇴직인 경우에 한해 적용되는 것으로 사용자가 근로자와의 근로계약을 일방적으로 해지하는 해고에 대해서는 적용되지 않는다. 근로계약이 일방적으로 해지된 경우에는 관할 시 · 군 · 구청에서 임면권자 및 보육교직원에게 유선연락 등을 통해 사직서를 제출하지 않은 경위를 확인하여 보육교직원의 권익이 침해되지 않도록 한다.

2) 보육인력 경력관리

보육교직원 임면보고를 받은 시장 · 군수 · 구청장은 교직원 자격 및 결격 사유에 이상이 없는 자, 즉 주당 30시간 이상 근무하는 교직원의 경우 보육통합정보시스템에 임면 사항을 입력하여 경력을 관리한다. 교직원의 출산전후휴가, 육아휴직, 자격정지 및 취소, 퇴직 등의 사항도 경력관리 시스템에 입력된다(보건복지부, 2019).

보육교직원은 언제든지 자신의 경력(재직)증명서를 발급받을 수 있으며 온라인 홈페이지 '정부24'를 통해서도 발급이 가능하다. 다음 [그림 11-1]은 경력(재직)증명서의 예시이다.

발급번호 제 12345-12345 호

경력(재직) 증명서

인적사항	성 명	한글 신세영		주민등록번호	920505 *******	
		한자				
	주 소	서울특별시 송파구 00로 00아파트				
경력사항	근무기간		직종별	근무시설		
	부터	까지		시설명 (종별)	신고번호	주 소 (전화)
	2015년 3월1일	2017년 2월28일	보육교사 (담임교사)	000어린이집 (직장)		서울시 **구 000로 00길
근무연한	2 년 월 일					
용 도						

위와 같이 경력(재직)을 증명합니다.

2018 년 1 월 31 일

서울특별시 00구청장

출처: 보건복지부(2019). 2019 보육사업안내 부록 참조.

그림 11-1 경력증명서 예시

4 보육인력 근로환경

1) 보육인력 법적 지위

영유아보육법 제2조 2호에 따르면 보육교사는 '영유아를 건강하고 안전하게 보호 · 양육하고 영유아의 발달 특성에 맞는 교육을 제공하는 자'라고 할 수 있다. 보육교사는 유치원교사와 마찬가지로 '교사'라는 명칭을 사용하고 있지만 교원에 해당되지는 않는다. 보육교사의 경우 그들의 지위를 따로 규정한 법조항이 없기에 보육교사는 일반 근로자에 해당된다고 볼 수 있다. 보육교사는 영유아보육법, 민법, 근로기준법, 남녀고용평등과 일·가정 양립지원에 관한 법률 규정에 의해 법적 지위 및 신분보장을 받는다(최애경 외, 2016).

그러나 보육교사는 유치원교사에 비해 법적 지위가 낮은 편이라고 할 수 있다. 유치원교사의 경우 교육기본법, 교원지위향상을 위한 특별법, 교원예우에 관한 규정, 사립학교법, 교육공무원법 등 다양한 법에서 권리 보장을 받고 있지만 보육교사는 영유아보육법, 근로기준법을 중심으로 권리를 보장받고 있다(김광병 외, 2015). 특히, 유치원교사와 비교했을 때 보육교사의 신분보장 및 고충처리에 대한 권리보장은 낮은 수준이기에(김은영 외, 2013), 보육교사의 권리보장을 향상시킬 수 있는 법적인 제도 마련이 시급한 것으로 보인다.

2) 보육인력 처우

'2019년 보육사업안내'를 보면 보육교직원의 보수는 근로기준법, 근로자 퇴직급여보장법을 기본으로 한다고 명시되어 있으며, 보육교직원 중 원장, 보육교사, 조리원, 간호사, 영양사, 특수교사, 치료사의 경우 보건복지부에서 정하는 보육교직원 인건비 지급기준에 따라 보수가 지급된다. 그러나 이러한 보수기준은 모든 어린이집에 일괄적으로 적용되는 것이 아니라 정부지원어린이집(국공립, 법인어린이집 등)과 직장어린이집에 한해 적용되고 있다. 다시 말해서, 국고보조어린이집이 아닌 경우에는 호봉 기준을 달리 정하거나 인건비 책정 시 호봉을 적용하지 않을 수 있다. 다음에 제시되는 〈표 11-14〉는 2019년 보육교직원 인건비 지급기준이다.

표 11-14 2019년도 보육교직원 인건비 지급기준

단위: 원

호봉	원장		보육교사		조리원	
	보수총액	월지급액	보수총액	월지급액	보수총액	월지급액
1	24,433,200	2,036,100	22,272,000	1,856,000	20,952,000	1,746,000
3	25,867,200	2,155,600	23,222,400	1,935,200	21,360,000	1,780,000
5	27,374,400	2,281,200	24,174,000	2,014,500	21,766,800	1,813,900
10	32,442,000	2,703,500	27,062,400	2,255,200	22,929,600	1,910,800
15	36,956,400	3,079,700	30,828,000	2,569,000	25,191,600	2,099,300
20	40,706,400	3,392,200	34,422,000	2,868,500	28,504,800	2,375,400

출처: 보건복지부(2019). 2019 보육사업안내. 재구성.

보육교직원의 인건비 지급원칙은 다음과 같다. 정부지원어린이집 원장의 경우 보육교직원 인건비 지급기준에 따라 지급하되, 지자체에서 별도로 지급하는 교사처우개선비 등은 부가적으로 지급해야 한다. 또한 모든 어린이집은 보육교사에게 최저임금법에 의한 최저임금 이상의 보수를 지급해야 하며, 보육교직원 인건비 지급은 반드시 계좌로 입금하고 봉급명세서를 발급해야 한다. 〈표 11-15〉는 2015년 기준 어린이집 전체 보육교사의 급여이다. 어린이집 수당의 경우 지자체 또는 어린이집 여건에 따라 수당명목이 다르게 책정되며 수당은 부가급여의 개념으로 직급수당, 시간외수당, 연구수당, 농촌 보육교사 특별근무수당 등 다양한 유형이 존재한다(황옥경, 2012).

표 11-15 시설유형별 보육교사 급여

단위: 만 원

	전체	국공립	사회복지 법인	법인·단체	민간	가정	직장
월평균급여	147.78	173.58	175.52	169.23	128.42	118.39	169.10
월평균수당	36.52	36.79	33.36	37.90	34.97	32.08	49.08
월평균총액	184.30	210.37	208.88	207.13	163.39	150.47	218.18

출처: 보건복지부 · 육아정책연구소(2015). 2015년 전국보육실태조사 -어린이집조사 보고-.

〈표 11-15〉를 살펴보면 보육교사의 월평균 총액은 184만 3천 원으로 조사되었으며, 직장어린이집이 218만 1천 원으로 가장 높았고 그 다음으로 국공립어린이집이 210만 3천 원으로 뒤를 이었다. 시설유형별 보육교사 급여를 살펴보았을 때 민간어린이집과 가정어린이집의 경우 월평균 총액에 미치지 못하는 급여를 받고 있음을 알 수 있다. 즉, 민간 및 가정어린이집의 경우 다른 시설유형에 비해 급여가 낮은 편이라 할 수 있다. 따라서 시설유형에 따른 교사 급여의 격차를 완화시킬 수 있는 방안을 모색할 필요가 있다(보건복지부·육아정책연구소, 2015).

3) 보육인력 복무관리

보육사업안내(2019)에 따르면 보육교사 등 기타 교직원의 근무시간은 근로기준법에 따라 평일 8시간 근무를 원칙으로 한다고 되어 있다. 하지만 어린이집 법적 운영시간이 평일 12시간 원칙임을 고려했을 때, 보육교직원은 얼마든지 연장 근무를 할 수 있게 되어 있다. 한편, 보육교직원의 휴가는 보육 공백을 최소화할 수 있는 방안으로 진행하고, 보수교육 및 출산휴가 등으로 인해 보육교직원의 공백이 생길 때에는 이를 대체할 수 있는 대체인력을 배치해야 한다고 명시되어 있다.

또한 보육교직원은 다른 시설의 업무를 겸임할 수 없게 되어 있다. 즉, A 어린이집의 원장은 B 어린이집의 원장이나 보육교사를 겸임할 수 없는 것이다. 어린이집 원장의 경우 특수한 경우를 제외하고는 근무시간 중 상시 그 업무에 종사해야 하며 근무시간 중 대가를 받고 월 12시간을 초과하는 세미나, 발표회, 교육과정에 참석하여 강의·강연 등의 행위를 할 수 없도록 되어 있다.

보육교직원의 휴가, 휴일 등 근로시간과 관련 있는 내용의 경우 근로기준법 등 노동관련 법령을 따르며, 고용, 육아휴직과 같은 사항의 경우 남녀 고용평등과 일· 가정 양립 지원에 관한 법률의 규정을 따른다.

보육교사는 근로자로서 근로기준법에 해당하는 근로시간 및 휴가 등을 보장받아야 한다. 그러나 실제 보육교사의 경우 근로기준법에 명시된 사항들을 보장받지 못하고 있는 현실이다. 다음에 제시되는 〈표 11-16〉은 시설유형별 보육교사 근로시간이다.

표 11-16 시설유형별 보육교사 근로시간

단위: 시간

	계	국공립어린이집	법인 어린이집	직장 어린이집	민간 어린이집	가정 어린이집
평균	9.6	9.6	10.8	9.6	9.7	9.2

출처: 국가인권위원회(2012). 보육교사 인권상황 실태조사.

국가인권위원회(2012)에서 조사한 자료를 살펴보면 법인어린이집이 평균 근로시간 10.8시간으로 가장 많은 시간을 근무하는 것으로 나타났으며, 그 다음으로는 민간어린이집이 9.7시간, 국공립 및 직장어린이집이 9.6시간으로 뒤를 이었다. 보육교사의 일일 평균 근로시간은 9.6시간으로 나타났는데, 이는 보육교사가 법정 근로시간인 8시간을 초과하여 근무하고 있음을 보여주는 결과이다.

한편 근로기준법이 개정되면서 2018년 7월부터 보육교사는 하루 8시간의 근무시간 중 1시간의 휴게시간을 보장받게 되었다. 보육교사 휴게시간에 대한 인식을 살펴본 연구(김종두 외, 2018)에 따르면 법적 휴게시간을 알고 있는 비율은 97.7%로 나타났으나 실제 휴게시간을 가지는 비율은 58.4%, 사용하지 않는 비율은 41.6%로 나타났다. 휴게시간을 사용하지 않는 이유로는 '대체교사가 없어서', '돌봄상황에서 시간적 여유가 없어서'라는 응답이 가장 높게 나타났다. 또한 휴게시간을 사용하는 방법으로 개인 업무 및 밀린 업무를 한다는 응답이 약 67%의 비율로 나타났다. 이러한 응답은 휴게시간이 보육현장에 아직까지 제대로 정착하지 못했음을 보여주는 결과라 할 수 있다. 휴게시간 시행은 아직 초기단계에 머물러 있기에 보육교사 휴게시간이 제대로 정착할 수 있도록 추가적인 근무환경 조성이 뒷받침 되어야 할 필요가 있다.

해보기

'보육 교사'가 행복해야 '아이'가 행복하다

엄마가 행복해야 아이가 행복하다는 말처럼 보육과 교육의 주체가 되는 보육교사 역시 행복해야 아이가 행복할 수 있다. 하지만 고된 근로 시간과 낮은 임금 등 열악한 근무환경으로 인해 어려움을 겪고 있는 것으로 나타났다. (생략)

인천에 위치한 어린이집 보조교사로 일하는 채소연(31)씨는 보육 교사의 근무 환경을 물어보는 기자에게 "보조교사인 나도 아이들을 보육하다 보면 화장실 가기도 힘든데 담임선생님은 오죽하겠냐"고 반문했다. 이어 "내가 근무를 빠지게 되는 날이면 혼자서 아이를 돌볼 담임선생님 생각에 아찔해진다"며 "열악한 보육교사의 근무 환경이 하루빨리 나아지기를 바랄 뿐이다"고 말했다.

학부모의 모욕과 폭행 또한 보육교사를 힘들게 하는 요소로 지목됐다. 부모로부터 모욕적인 말이나 폭행을 경험한 교사가 21.6%이며, 타인의 경험을 보거나 들은 경우도 22.8%이었다.

이에 대해 연구소 관계자는 "영유아의 행복과 유치원과 어린이집의 질 담보를 위해 교사의 근무환경에 주목할 필요가 있다"고 지적하면서 "교사의 근무환경 개선을 위해 ▪ 처우개선 ▪ 적절한 근무시간 보장 ▪ 휴식공간의 실질적 활용과 휴식시간 보장 제안 ▪ 지속적인 전문성 개발의 기회 등을 제공해야 한다"고 밝혔다.

출처: 키즈맘. 2017.11.15. https://kizmom.hankyung.com/news/view.html?aid=201711153935o

▣ 보육교사의 근로환경 중 최우선으로 개선하고 싶은 부분을 생각해보고 나만의 개선방안을 만들어보자.

5 어린이집 이외의 보육인력

1) 보건복지부

가장 대표적으로 보건복지부가 있다. 보건복지부는 저출산 · 고령화 현상에 대처하는 인구 정책, 영유아 및 아동보육, 노인 및 장애인 보건복지 등 국민의 삶의 질 제고를 위해 일하는 정부 부처이다. 보건복지부 내에는 다양한 부서가 존재하지만 그 중에서도 '보육정책관' 부서의 경우 보육과 관련된 업무를 집중적으로 담당하고 있다. 보육정책관은 보육정책과, 보육사업기획과, 보육기반과로 부서가 세분화되어 있으며, 보육정책관의 주요 업무내용은 〈표 11-17〉과 같다. 보건복지부는 중앙행정기관이기에 공무원 행정직 시험을 통해 합격한 자에 한해 근무할 수 있다.

표 11-17 보건복지부 보육정책관 담당 업무내용

업무내용	1. 중앙행정기관 및 지방자치단체의 영유아 정책의 협의·조정 총괄 2. 영유아 정책에 대한 평가 및 제도 개선 3. 보육예산의 편성 및 집행의 관리 4. 보육행정 전산화 및 보육서비스 이용권 제도 운영·관리 5. 보육교직원의 양성 및 자격관리 6. 영유아 보육료·양육수당 지원 및 가정양육 지원에 관한 사항 7. 영아·장애아·다문화 가정 영유아 등 취약보육 서비스 등의 지원에 관한 사항 8. 표준보육과정 및 보육프로그램의 개발·보급 9. 어린이집의 평가인증 10. 국공립어린이집 등의 확충 및 환경개선 11. 어린이집의 설치 및 인가 기준에 관한 사항 12. 어린이집의 지원 및 지도·감독

출처: 보건복지부 홈페이지(www.mohw.go.kr).

2) 한국보육진흥원

한국보육진흥원은 아동의 건강한 성장발달 및 부모의 행복을 견인하는 보육 전문기관으로서 보육서비스의 질 제고를 통한 보육의 선진화를 비전으로 두고 있다. 한국보육진흥원의 주요업무로는 어린이집 평가인증 제도 운영 및 평가인증 사후관리, 보육교직원 자격검정 및 자격증 교부, 공공형 어린이집 품질 관리, 취약계층 아동에 대한 보건 · 보육(교육) · 복지 분야의 맞춤형 통합서비스를 제공하는 드림스타트 사업, 전국 육아종합지원센터를 아우르는 중앙육아종합지원센터 위탁 운영이 있다.

한국보육진흥원 사이트 내에서 채용정보를 받아볼 수 있으며, 채용직급에 따라 요구되는 채용자격기준 또한 상이하지만 대체로 4년제 학사 학위 취득자이거나 고등학교 졸업자로서 채용분야의 4년 이상 경력이 있는 자이거나 기타 이와 동등 이상의 자격이 있다고 인정되는 자가 채용 조건에 해당한다.

3) 육아정책연구소

육아정책연구소는 국가인적자원 육성을 위한 육아정책연구를 종합적 · 체계적으로 수행하고 유아교육 · 보육의 발전을 위한 정책을 제시함으로써 육아선진국으로 도약하는 데 기여함을 목적으로 하고 있다. 육아정책연구소의 주요 기능으로는 육아 관련 현안 및 정책 방안을 연구, 육아 지원 프로그램 및 교재개발, 육아 정책 관련 국내 · 외 정보의 공유 및 관리 등이 있다.

육아정책연구소의 경우 채용분야에 따라 지원자격요건이 조금씩 다르지만 아동학 · 유아교육 · 교육학 · 사회복지학 등의 석 · 박사학위 소지를 기본 자격요건으로 두고 있다.

4) 육아종합지원센터

육아종합지원센터는 보육 및 양육에 관한 정보의 수집 · 제공 및 보육교직원 · 부모상담 등을 제공하기 위하여 보건복지부장관과 지방자치단체의 장이 설치·운영하는 육아 지원 기관이다(영유아보육법 제7조). 주요사업으로는 보육교직원에 대한 영유아 학대예방 교육 및 상담, 보육교직원 구인·구직 정보 제공, 어린이집 설치·운영 등에 대한 상담에 해당하는 '어린이집 보육지원사업'이 있으며, 부모상담 및 부모교육 등의 '가정양육지원사업' 등이 있다. 지자체마다 운영되는 세부사업 내용에는 조금씩 차이가 있을 수 있다.

육아종합지원센터 안에는 다양한 직종의 직원이 존재한다. 그 중 몇 가지 직종의 자격요건에 대해 소개하면 〈표 11-18〉과 같다.

표 11-18 육아종합지원센터 직원 자격요건

<table>
<tr><th colspan="2">구 분</th><th colspan="2">자격요건</th></tr>
<tr><td colspan="2">센터장</td><td colspan="2">보육전문요원의 자격을 취득한 이후 보육업무에 5년 이상 종사한 경력이 있는 사람</td></tr>
<tr><td rowspan="5">사업 전담 인력</td><td rowspan="3">보육전문 요원</td><td rowspan="2">보육교사 1급 자격을 가진 사람</td><td>보육교사 2급 자격을 취득한 이후 3년 이상의 보육업무 경력과 보건복지부장관이 정하는 승급교육을 받은 사람</td></tr>
<tr><td>보육교사 2급 자격과 보육관련 대학원에서 석사학위를 취득한 자로서 1년 이상 보육업무 경력과 보건복지부장관이 정하는 승급교육을 받은 사람</td></tr>
<tr><td colspan="2">사회복지사업법에 의한 사회복지사 1급 자격을 취득한 이후 보육업무에 3년 이상 종사한 경력이 있는 사람</td></tr>
<tr><td>상담전문 요원</td><td colspan="2">국가기술자격법에 따른 임상심리사 2급이상 자격을 가진 사람 또는 상담, 심리분야의 학사학위 이상을 취득하고 상담 업무와 관련하여 3년 이상의 실무경력이 있는 사람</td></tr>
<tr><td>컨설턴트</td><td colspan="2">보육교사 1급 자격을 소지한 자로써 보육업무경력 5년 이상인 사람</td></tr>
</table>

출처: 보건복지부(2019). 2019 보육사업안내.

5) 아이돌봄서비스

우리 생활주변에서 친근하게 찾아볼 수 있는 보육인력으로 아이돌봄서비스의 아이돌보미가 있다. 아이돌봄서비스는 부모의 맞벌이 등으로 인해 양육의 어려움이 발생한 가정의 만 12세 이하 아동을 대상으로 돌봄서비스를 제공하는 사업을 의미한다. 이때 아이돌보미는 직접 가정을 방문하여 해당 대상 아동을 안전하게 돌봐주는 역할 등을 담당한다.

아이돌봄서비스 내용은 이용하는 서비스 유형에 따라 달라질 수 있으며 원칙적으로 가사활동은 제외된다. 예를 들어 시간제 이용의 경우 부모님이 올 때까지 임시 보육을 하며 놀이활동을 하거나 가정에서 준비된 식사 및 간식 챙겨주기, 보육시설 및 학교 등하원을 제공하며 영아종일제 이용의 경우 이유식 먹이기, 젖병 소독하기, 목욕하기 등 영아돌봄과 관련된 활동을 제공한다. 소개된 내용 이외에도 아이돌보미는 가정에 다양한 서비스를 지원하고 있다. 이처럼 아이돌보미는 어린이집 및 기관이 아닌 곳에서 취업 부모들의 일·가정 양립을 도와주고, 아동의 안전한 보호를 제공하는 역할을 한다.

아이돌보미의 지원자격은 연령에 무관하며 건강한 신체와 정신상태를 지닌 자라면 누구나 지원이 가능하다. 아이돌보미는 서류심사 및 면접을 통해 선발되며 아이돌보미로서의 자격 및 자질, 인성, 건강상태 등에 대해 심사가 이루어지게 된다. 서류 및 면접을 통해 합격한 사람은 아이돌보미 양성교육을 수강할 수 있게 된다. 아이돌보미의 양성과정은 이론교육 80시간, 현장실습 10시간으로 이루어져있으며, 20만 원의 교육비를 개인이 부담한다. 하지만 양성교육 이수 후 6개월 이내에 40시간의 의무활동을 이행한 경우에는 교육비 15만 원을 환급해준다. 아이돌보미의 활동수당은 서비스 유형, 담당 아동의 수, 야간 혹은 휴일 등에 따라 달라질 수 있다. 예를 들어, 2018년 기준으로 아이돌보미 활동수당을 계산해보면 영아종일제 서비스로 아동 1인을 돌보는 경우 아이돌보미는 시간당 7,800원, 아동 2인을 돌보게 되는 경우에는 시간당 11,700원의 활동수당을 받는다(여성가족부, 2018).

이러한 아이돌봄서비스는 아이돌봄 지원법을 법적 근거로 하여 추진되고 있다.

참고문헌

국가인권위원회(2012). 보육교사 인권상황 실태조사.

김광병, 김기화(2015). 유치원교사와 보육교사의 법적 지위 비교 분석. 교육문화연구, 21(5), 203-227.

김난실·이승연(2011). 보육교사의 1급 승급교육에 대한 인식 및 요구 분석. 유아교육·보육복지연구, 15(2), 27-50.

김양희(1995). 보육시설 종사자 조직체계 및 배치기준 합리화 방안-영양사, 간호사, 취사부를 중심으로-. 한국영유아보육학, 2, 59-79.

김은영, 장혜진, 조혜주(2013). 영유아 교사 복지 실태와 개선 방안. 육아정책연구소.

김은영, 김길숙, 이연주(2014). 유치원과 어린이집 교사 자격 및 양성 관련 체제 분석. 육아정책연구소.

김종두, 김선아, 박성심(2018). 영·유아보육기관 보육교사의 휴게시간 사용에 대한 인식과 만족도. 한국엔터테인먼트산업학회 학술대회 논문집, 11, 115-121.

보건복지부, 육아정책연구소(2015). 2015년 전국보육실태조사 -어린이집조사 보고-.

여성가족부(2018). 2018년도 아이돌봄 지원사업 안내. 여성가족부 가족지원과.

보건복지부(2012). 2011 보육통계(2011년 12월 기준).

보건복지부(2018). 2017 보육통계(2017년 12월 기준).

보건복지부(2019). 2019 보육사업안내.

보건복지부(2019). 2019 보육사업안내 부록.

이경인, 김은숙, 양다교, 김명찬(2017). 유·보 통합에 대비한 유아교사 양성과정에 대한 고찰 -보육교사를 대상으로-. 유아교육·보육복지연구, 21(3), 151-180.

이미화, 강은진(2016). 보육교사 전문성 제고를 위한 양성과정과 보수교육과정의 쟁점 및 연계성 분석 연구. 육아정책연구, 10(2), 105-123.

장하진, 이옥, 백선희(2015). 한국의 보육정책. 공동체.

정계숙, 손환희, 하은실(2012). 전문성 강화를 위한 보육교사 양성과정 개선 방안 탐색. 생애학회지, 2(1), 21-37.

조경자, 이현숙(2004). 유아교사가 되려는 남자 대학생에 대한 연구. 유아교육연구, 24(1), 187-214.

최석란, 서원경(2017). 보육실습 개정안에 따른 어린이집 원장, 보육교사, 예비보육교사의 인식 및 요구. 디지털융복합연구, 15(12), 79-93.

최애경, 김길숙, 김혜윤, 좌승화(2016). 영유아교사론. 공동체.

황옥경(2012). 보육교사 처우 현황과 개선방안: 보수 체계를 중심으로. 한국보육지원학회지, 8(3), 249-272.

참고자료

보건복지부 홈페이지 www.mohw.go.kr
아이돌봄서비스 홈페이지 https://www.idolbom.go.kr/intro/index2.go
육아정책연구소 홈페이지 www.kicce.re.kr
한국보육진흥원 홈페이지 www. kcpi.or.kr
키즈맘, "'보육 교사'가 행복해야 '아이'가 행복하다",
https://kizmom.hankyung.com/news/view.html?aid=201711153935o, 2017.11.15

제12장

보육재정

1 보육재정의 개념

보육의 중요성은 2004년에 주요 국가 정책과제의 하나로 채택될 정도로 우리나라 영유아 보육정책은 영유아보육법 전면개정 이후 지속적으로 보육 사업에 필요한 예산 규모가 확대되어 왔다. 2004년 이후 지속적인 보육재정의 증가는 2012년 만 5세 누리과정 도입, 0-2세보육료 지원, 2013년 누리과정 3, 4세 확대, 양육수당 확대 실시로 전 세계적으로 전무후무한 0-5세 무상보육 및 교육이 실시되었다. 이에 소요되는 예산규모도 보육예산과 양육지원예산 등을 포함한 총체적인 육아지원예산(무상보육 및 무상교육, 전연령층 양육수당 포함) 확대을 기준으로 볼 때 2014년은 14조 원으로 2004년 1조 5천억 원에 비해 크게 증가하였다(서문희 외, 2014).

영유아 보육재정과 관련된 지원정책은 이러한 재정투자에도 불구하고 여러 가지 문제점으로 지적되고 있는 부분도 많다. 정부 재정지원금이 표준보육비용에 미치지 못하여 민간사업자가 주도하고 있는 보육시장의 불균형이 더욱 가중되었고, 학부모들의 만족도가 높아서 지속적으로 요구하는 국공립어린이집의 이용은 제한적이며, 보육교사의 근로환경이나 처우도 지속적인 요인으로 지적되고 있어 개선되어야 할 과제이다(서문희 외, 2014).

보육재정의 주요 지원사업은 크게 가정으로의 지원과 기관으로의 지원으로 구분한다.

살펴보기

보육사업 內 보육예산(재정지원) 내용

2004년 이전부터 다양한 방향의 요구가 지속되어 왔지만, 영유아보육법이 전면개정되고 유아교육법이 제정된 시점이 2004년이므로 많은 보육사업과에서는 전환점을 2004년으로 기준하고 있다. 보육재정 역시 2004년부터 정부의 주요 사업은 보육비용 지원의 확대와 보육서비스 질적 수준 제고 관련 사업으로 전환하였다. 그 이후로는 저출산 고령화 사회와의 문제와 함께 보육사업은 정책적 변화에 따라 새로운 사업들이 추진되었다.

보육재정 예산사업의 세부내용은 크게 7개의 사업으로 구분하고 있다. 7개의 사업은 어린이집 운영지원, 영유아 보육료 지원, 어린이집 기능 보강, 보육인프라 구축, 어린이집 평가인증, 어린이집 지원, 가정양육수당지원 등이다.

정책사업	세부내용
어린이집 운영지원	보육돌봄 서비스 국공립, 법인어린이집, 영아, 장애아, 방과후, 시간연장 등 대체교사 지원
영유아 보육료지원	0-4세 보육료 지원(3-4세아 보육료 일부 및 5세 보육료 제외) 장애아 무상보육, 시간연장 보육료 지원
어린이집 기능보강	신축 국공립, 공동주책리모델링, 환경개선비 지원, 장애아 보육환경 개선
보육인프라 구축	보육사업관리, 육아지원 종합센터 자격관리 및 보수교육, 보육프로그램개발 및 운영 보육전자바우처 운영, 부모모니터링단 운영
어린이집 평가인증	어린이집 평가인증 운영
어린이집 지원	교재교구비 지원, 차량운영비 지원(20만 원/원) 교사근무환경 개선비, 교사겸직 원장 지원비 농어촌 소재 법인어린이집 지원, 공공형 어린이집 지원
시설 미이용 아동 양육지원	전체

출처: 보건복지부(2019). 보육사업안내.

가정지원은 학부모에게 직접 지원을 하고 있으며 가정 보육재정 지원사업은 아이사랑 카드를 통한 보육료 지원과 어린이집을 이용하지 않고 가정에서 양육하는 경우에 가정양육수당을 지급하고 있다. 기관에 대한 지원은 국공립과 법인어린이집의 인건비 지원과 각종 특색사업에 맞춘 운영비 지원으로 지급하고 있다. 다음은 구체적인 재정 지원사업을 중심으로 그 전개과정을 기술하였다. 대부분이 비용 지원과 관련되어 있으며 일부가 서비스 질과 연계되어 있다. 보육재정은 위에 제시한 보육사업을 실현하기 위한 필수 요소이다. 보육재정에 대한 올바른 인식과 재정에 대한 지식은 공공재로서의 보육을 실현해 가는 원동력이며 보육재정과 관계된 정책을 수립해 나가는 근간이 된다. 따라서 본 장에서 보육재정에 대한 영역과 재정 집행의 문제점을 파악하고 나아갈 방향에 대해 살펴보고자 한다.

살펴보기

재정(財政)은 국가 및 기타 공공단체가 공공성을 실현하기 위해 필요한 비용적 수단을 조달하고 관리 · 사용하는 경제활동을 의미하여, 정부의 경제라고도 정의된다. 모든 국가는 권력적 통치단체로서, 일정한 정치조직을 갖고 일정한 기능(예, 국방, 교육, 복지 등) 운영 등을 수행하고 있다. 이와 같은 각종 기능을 수행하기 위해서 정부는 민간경제와 같이 일정한 자원을 지배하고 사용하지 않으면 안 된다. 이러한 수입조달과 경비지출의 과정이 재정이다. 재정의 주체는 국가 및 기타 공공단체이다. 따라서 국가 및 공공단체, 즉 권력적 통치단체의 수입은 강제적으로 징수되는 조세 등을 기초로 한다(경제학 사전, 2011).

보육재정(保育財政)은 국가의 지원을 전폭적으로 받는 국공립어린이집을 확충하거나 운영에 필요한 인건비 등을 지원하는 분야와 영유아들의 보육비용을 지원하는 분야로 크게 구분이 된다. 공공재로서의 보육은 국공립어린이집 확충에 대한 높은 요구가 당면하였다. 그 이유는 국공립어린이집의 물리적 환경이나 인건비 지원 등의 보육재정이 민간어린이집에 비해 좋은 조건을 갖추고 있기 때문이다. 대부분의 일반 민간어린이집들이 현재 지원받고 있는 재정적인 지원은 1년에 한번인 교재교구비 지원(정원 61인 이상: 120만 원/년, 40-60인 이하: 1,00만 원/년, 21-39인 이하: 90만 원/년, 10-20인 이하: 80만 원/년, 3-9인 이하: 50만 원/년)뿐이다. 물론 각 지자체의 예산범위에 따라 교사에게 직접 지원하는 처우개선비, 징기근속수당도 있고 시설에 지원하는 난방비, 급간식비 등의 지원사업도 해마다 증액되고 있다.

보육의 공공재에 대한 요구도는 지속적으로 증가하여 이제 가정에서의 양육문제는 단순히 개인의 가정적 개인 문제가 아니라, 전체 사회적인 문제로 대두되었다. 2017년 12월 27일 발표한 '제3차 보육 중장기 기본계획'에서는 2022년까지 국공립어린이집의 40% 확충과 직장어린이집의 의무 이행률 90% 이상의 목표 등을 수립하여 지난 15년간 꾸준히 증가되고 있는 보육재정은 더 많은 지원예산이 투입될 것으로 예상된다(김익균 외, 2011).

2 보육예산지원

보육료 예산지원은 학부모에게 직접 지원하는 것으로 어린이집을 이용할 경우에는 보육료로 지원하고 어린이집을 이용하지 않는 경우에는 가정양육수당으로 지급하고 있다.

1) 보육료 지원현황

(1) 보육료 지원 정책의 변화과정

보육료 지원현황은 크게 아이사랑카드로 결제되는 보육료 전액지원으로 볼 수 있지만 세부적 내용으로는 연령으로 구분된 보육료, 누리과정이나 대상으로 구분된 장애아, 농어촌 등 세부적으로 나눌 수 있다. 보육료 지원 현황에서는 보육료 지원과 누리과정지원으로 구분해서 살펴보고자 한다.

부모의 보육료 부담을 완화해주려는 정부의 노력은 특히 최근 10년간 우리나라 보육정책의 핵심사업이었다. 2009년 하반기에 보육료 지원기준을 기존의 저소득층 중심의 지원기준인 '도시근로자 월평균 소득' 개념에서 일반적인 영유아가구 '소득분위' 개념으로 변경하여 보육료 지원 보편화를 위한 발판을 마련하였고, 지원계층도 기존의 5개 계층에서 3개 계층(하위 60%, 70% 이하와 상위 30% 이상으로 구분)으로 간소화하였다. 이와 함께 보육료 전액지원 대상을 기존의 차상위 이하 가구에서 소득 하위 50% 이하 가구까지 확대하여 획기적으로 지원 대상을 넓혔다. 보육료 지원 현황에 대해 연도별 변화과정을 간단히 다음의 표로 살펴보고자 한다.

표 12-1 시기별 보육료 지원 선정기준

시기	보육료 지원 선정기준	비고
1991년	시설운영지원에서 탁아급식비를 포함하여 지원	
1992~2003년	차상위 계층(기초수급자의 120%수준 소득자)까지 지원 법정저소득층은 지원단가의 100% 차상위계층은 40%	
2004년	도시근로자 평균소득 50% 이하	차차상위 개념 적용
2005년	도시근로자 평균소득 60% 이하까지	
2006년	도시근로자 평균소득 70% 이하	차상위계층 100% 지원
2007년	도시근로자 평균소득 이하	
2007년 - 2009년 6월	지원 대상 선정기준 도시근로자 가구 월평균 소득(통계청이 실시하던 도시가계조사의 대상이 확대됨에 따름) 기준	
2009년 7월 - 2010년	영유아 가구의 소득분위(건강보험 자료 등을 활용하여 매년 소득분위 기준 소득인정액을 추정하여 사용함)를 기준으로 보육료 지원계층 선정	보육료 지원 대상 기준 변경
	영유아 가구 소득 하위 50%까지 지원단가 전액 지원하위 소득 50%까지는 기준 단가의 30% 지원	
2011년	영유아 가구소득 하위 70%까지 보육료 전액 지원 두 자녀 이상 다자녀 가구 지원은 전액지원 대상 흡수	대상 확대
2012년	만 0-2세는 전 소득계층의 보육료를 전액 지원 만 3-4세는 변함없이 소득하위 70%까지만 지원	
2013년	전 연령 전 계층 정부가 정한 기준액 전액 지원	전세계 최초

출처: 보건복지부(2019). 보육사업안내.

2012년 만 0-2세는 전 소득계층의 보육료가 전액 지원 실시되는 과정에서 정부와 국회 간의 재정예산의 문제로 큰 입장의 차이가 있었다. 영아 만 0-2세 전 소득계층의 보육료 전액 지원사업은 영아보육 공급의 확대에 기여한 바가 크고 이러한 공급의 확대는 이용 영아의 증가로 연계되었다. 10여 년을 소득계층을 구분하여 지급하다가 전액 무상보육이 발표되자 예상하지 못한 전업주부의 자녀들도 일시적으로 어린이집을 이용하게 되었다.

갑작스러운 전업주부 자녀의 보육서비스 이용 증가로 취업모 등 보육 실수요자는 마땅한 어린이집을 찾기 어렵다고 호소하기도 하였다. 영아의 어린이집 이용은 2011년 말 739,332명에서 2012년 872,284명으로, 147,000여 명 정도 증가하였다(서문희 외, 2014).

읽어보기

보육료 선별적 지원 카드 '만지작' [보육제도 개선 공개토론회 2012. 7. 20]

보건복지부는 19일 서울 은평구 한국보건사회연구원에서 보육제도 개선을 위한 공개토론회를 열었다. 토론회에서 발표자로 나선 서문희 육아정책연구소 실장은 "0-2세 아동의 어린이집 쏠림현상이 생기고 소득이나 맞벌이 여부와 상관없이 보육료가 지원되면서 교육투자의 효율성이 떨어지고 지자체의 재정부담이 커졌다."며 제도의 개선 필요성을 강조했다. 이어 "현행대로 ▲소득에 상관없이 전액 보육료를 지원하거나 ▲소득 하위 70%는 전액을, 상위 30%는 절반만 지원하는 방안 ▲소득 하위 90%는 지원, 상위 10%는 지원하지 않는 등의 방안이 논의되고 있다."면서 "단, 소득을 기준으로 보육료를 지원하려면 소득자산 조사를 위한 행정비용이 추가로 들어가 상위 10% 미지원 방안 등의 실효성이 떨어질 것"이라고 주장했다.

김인경 한국개발연구원 연구위원도 "현재의 영유아 보육료 지원을 소득과 여성의 근로 여부에 따라 선별 지원으로 개편할 필요가 있다."고 말했다. 조남권 복지부 보육정책관도 "현재의 보육서비스가 고소득층을 위한 것은 아니다."면서 "의무교육인 초등교육도 고소득층은 사립학교를 선호하듯 보육서비스도 별도의 서비스를 받으려고 하기 때문에 고소득층보다는 중산층에 초점을 맞춰야 한다."고 말했다.

반면 정광진 한국어린이집총연합회 회장은 "선별적이 아닌 보편적인 지원"를 내세웠다. 정 회장은 "양육수당을 만 18세까지 지원하는 외국에서도 무상보육 대상을 선별하거나 배제하는 경우는 없다."면서 "전면 보육료 지원은 대통령까지 공약한 대국민 약속인데 불과 4-5개월 만에 바꾼다는 것은 있을 수 없는 일"이라고 지적했다.

집에서 아이를 키우는 가정에 지원하는 양육수당을 늘리는 문제를 두고도 의견이 엇갈렸다. 현재 0-2세 보육료는 전 계층에 28만 6000-39만 4000원을 주고 있지만, 36개월 미만 아동에게 주는 양육수당은 현재는 차상위 계층 이하에만, 내년부터는 소득 하위 70%에만 지원한다. 금액도 10만-20만 원으로 보육료 지원액보다 적다. 서 실장은 "보육료에 대응하는 개념이라면 양육수당도 더 늘려 보육료의 수준을 맞추는 것이 바람직하다."고 말했다. 그러나 김 연구위원은 "양육수당 인상에는 신중한 접근이 필요하다."면서 "양육수당 인상보다는 취약계층 자녀에 대한 복지·건강·교육을 아우르는 지원서비스에 예산을 배정해야 한다."고 맞섰다.

출처: 서울신문(2012. 7. 20.)

정부와 국회가 국민적 공감대 속에서 전면적으로 실시하기로 합의한 무상보육을 1년 만에 정부 단독으로 지원을 후퇴시키는 결정을 한 것은 적절하지 않다고 판단한 국회 보건복지위원회는 무상보육의 지속을 결정하였다. 이미 보건복지위원회 예산 심의 과정에서 전면적 무상보육에 필요한 예산을 증액하기로 구두 결의하였었기 때문에 가능한 결정이었다. 사회의 분위기는 저출산으로 인해 부모의 양육부담을 경감하여 육아문제를 해결하기 위한 정책방향으로 의견이 수렴되었다.

살펴보기

2019년 기준 연령별 보육료 기준액

자격 구분	지원 대상	지원 비율	연령	지원단가			
				종일반	맞춤반	야간	24시
영유아	이린이집 이용 만 0-5세	100%	만 0세반	454,000	354,000	454,000	681,000
			만 1세반	400,000	311,000	400,000	600,000
			만 2세빈	331,000	258,000	331,000	496.500
			만 3세반	220,000	-	220,000	330,000
			만 4세반	220,000	-	220,000	330,000
			만 5세반	220,000	-	220,000	330,000

출처: 보건복지부(2019). 보육사업안내.

해보기

■ OECD(2006)의 Starting Strong Ⅱ 보고서에 따르면 만 0-2세 영아의 경우 교육보다는 돌봄이 필요하고, 아동발달 측면에서 어린이집 등 기관보다는 가정 내 양육이 바람직하다고 권고하고 있다. 영아 무상보육으로 인해 아이들의 돌봄은 기관이나 국가가 책임지는 영역이 된 상황이다. 보육사업은 항상 서로 다른 이견과의 갈등이 예견되어 있다. 아래 관련 자료를 검토한 후 보육정책이 우선인지 아니면 보육재정 마련이 우선인지에 대한 서로의 생각들을 나누어보자.

[박근혜표 '무상보육 정책'의 예견된 실패, 이젠 못 줘! MB 무상보육, 6월이면 끝장]

위태했던 무상보육 정책이 결국 실패로 끝날 전망입니다. 정부는 0-2세 영아에게 시행되는 전면무상보육 정책을 예산 고갈 이유로 소득수준별 선별지원으로 바꿀 수 있다고 밝혔습니다. 서울에서 가장 잘 사는 동네 중의 하나인 서초구를 시작으로 자치구마다 예산이 하나둘씩 고갈되지만, 정부는 이에 대한 재원 마련을 할 수 없어 결국 백기를 든 것입니다. 영유아 무상보육이 예산 때문에 더는 진행되기 어렵다고 분명히 예견했습니다. 그러나 정부는 올 초부터 나오던 지자체장들의 호소를 무시했고, 결국 전면무상보육에서 예전처럼 선별적 무상보육으로 돌아가게 생겼습니다.

이번에 시행됐던 무상보육정책은 이명박 대통령과 박근혜의 합작품으로 그나마 새누리당이 내놓은 정책 중에 쓸만했던 정책이었습니다. 그러나 이런 정책을 무리하게 내 건 이유는 따로 있었습니다. 바로 표를 의식한 진짜 표퓰리즘이었습니다. '무상보육'은 찬성하나 그 이면에 있던 추진 방안의 문제점을 짚어 보겠습니다. (후략)

■ 생각나누기

보육정책이 우선이니 보육재정을 투입하여야 한다.	
좋은 정책도 우선 재정을 마련한 후 실시하여야 한다.	

출처: 진실의 길(http://www.poweroftruth.net).

(2) 취학 전 무상 및 누리과정

1999년 만 5세아 무상보육이 추진된 배경은 부모의 소득에 관계없이 모든 아동이 차별받지 않고 초등학교 입학 직전까지 건강하고 안전하며 보육환경에서 밝고 건전하게 성장하여야 한다는 취지였다. 앞서 살펴본 전계층 무상보육이 실현되기까지와는 별개로 만 5세아 취학 전 무상보육과 누리과정에 대한 과정을 연도별로 표로 정리하여 살펴보고자 한다.

표 12-2 시기별 취학 전 무상보육료 지원 내용

시기	취학 전 무상 및 누리과정 보육료 지원 변화 과정	비고
1999년 9월부터	취학 전 1년인 만 5세아 무상보육 추진 '중산층 육성 및 서민생활 안정대책'의 일환 농어촌지역부터 취학직전 1년의 무상교육 도입 이후 점차 확대하여 어린이집에도 동일 적용	교육과학 기술부
1999~2001년	농어촌 지역의 차상위 계층까지 지원	
2002년	전국 차상위 계층까지 확대	
2004년	도시근로자기구 월평균 수득의 70%까지 지원	
2005년	도시근로자가구 월평균 소득의 80% 수준까지 지원	도시,농촌 지원단가 일원화
2006년	도시근로자 가구 월평균 소득의 100% 수준까지 지원	
2009년 7월	하위 70%, 4인가족 소득인정액 436만 원까지 전액 지원	보육료 지원 대상 기준 변경
2012년	0-2세와 5세는 전 계층에 지원단가 전액 지원	지방교육 재정교부금 지원 월 22만 원
	3-4세 아동은 소득 하위 70%에 지원단가 전액 지원 3-4세 상위 30% 무상보육 적용(취업모, 다문화가정)	
2013년	3-5세 전계층 전액 지원	

출처: 보건복지부(2019). 보육사업안내.

누리과정 예산지원은 2014년까지 국고, 지방정부 및 교육재정교부금으로 지원하였다. 그러나 2015년부터는 모두 지방재정교부금으로 지원하고 있다. 5세는 2012년부터 모두 지방교육재정교부금으로 지원하며 2013년에는 3-4세의 소득상위 30%만 지원하였다. 그러나 2014년에는 4세아 소득하위 70%까지 모두 지방교육재정 교부금으로 지원하고 2015년에는 3세아도 모두 지방교육재정교부금으로 전환하여 모든 누리과정 아동 보육료를 지원하였다. 2013년 누리과정 전액 지원 당시 보육료 22만 원을 점차적으로 월 30만 원까지 인상하기로 하였으나 누리과정 지원 예산에 대해 부처 간 합의가 이뤄지지 못해 해마다 어린이집에는 지원을 하지 못한다는 교육청 교육감들의 거부권 행사가 있었다. 보육 사업에 대한 예산은 국고보조금과 지방자치단체의 분담금으로 구성된다. 지방정부 분담금은 광역지자체와 기초지자체가 다시 분담한다. 재정 분담 비율 비율은 사업에 따라 차이가 나고, 시군구 지방정부에 따라 차이가 나지만 대체로 서울 시 20:80이고 이외 지역은 50:50 가량이다. 중앙정부와 시・도교육청이 예산 편성을 서로 떠밀면서 보육대란이 벌어졌고 제때 예산 지원을 못 받은 어린이집과 유치원이 폐업하거나 집단 휴업 사태로 이어졌었다. 2018년부터는 누리과정 예산을 100% 국고로 지원하게 되었고 2013년 누리과정 도입 후 예산부담으로 인해 수년 간 이어진 갈등은 종료되었다. 예를 들어 2018년 어린이집과 유치원의 누리과정 총 예산 3조 8927억 원에 대해 유치원 비용은 기존대로 시도교육청 예산으로 부담하고, 어린이집 누리과정 비용 2조 586억 원은 모두 국가가 부담하게 되었다. 부모에게는 월 22만 원의 보육료를 지원하고 어린이집에게는 운영비로 방과후 비용을 월 7만 원을 추가로 지원한다. 같은 누리과정 사업예산이더라도 어떤 대상에게 지원하느냐에 따라 보육재정의 사업비 구분은 달라진다.

살펴보기

누리과정 소요재원 및 관리체계

누리과정을 도입하며 보건복지부와 지자체 일반회계에서 부담하던 예산을 '12년부터 지방교육재정교부금으로 지원하고 있다. 2015년부터 누리과정 재원 전액을 지방교육재정교부금으로 일원화하였다. 다만, 2017년 1월부터 2019년 12월까지는 유아교육지원특별회 계법에 따른 유아교육지원 특별회계에서 부담하고 아동 1인당 22만 원은 보육료, 7만 원은 만 3-5세 담당교사 처우개선비 및 누리과정 운영지원비로 활용한다.
관리체계는 복지부에서 지자체로, 지자체(시·도 및 시·군·구) 어린이집으로 한 현행 체계 유지하고 업무 흐름도는 아래와 같다.

업무흐름도

1일(24시) 보조금 지급 목록 산출	⇒	10일까지 신청	⇒	11일 예산 산출	⇒	17일까지 보조금 정정 (처우개선비 추가,삭제)	⇒	18일 보조금 생성 예산 및 단가 확인 확정	⇒	보조금 지급
시스템		어린이집		시스템		시·군·구		시·도		시·군·구

※ 공휴일 등으로 인하여 지급일정 변경 가능

출처: 보건복지부(2019). 보육사업안내.

2) 가정양육수당 지원현황

가정양육수당은 2009년에 처음 도입된 제도로 어린이집을 이용하지 않는 24개월 미만 아동을 집에서 양육하는 부모나 친권자 등 아동의 보호자에게 현금 급여로 지급하는 것이다. 양육수당이 도입된 배경은 영유아가 어린이집 미이용 시 실질적으로 국가로부터 재정지원을 받을 수 있는 방법이 없었기 때문이다. 어린이집 이용 가정은 어린이집 보육료 지원 혜택을 받는 반면, 어린이집을 이용하지 않는 미이용 가정은 지원 혜택을 제공할 방법이 없었다. 또한 어린이집을 반드시 이용할 필요가 없는 전업주부 가정의 영아들이 양육수당 지급으로 가정 내 양육을 받을 기회를 확대하고자 한 점도 도입 배경 중 하나이다.

세계 여러 나라는 육아지원 서비스가 현금 지원이나 시간 등 다양한 형태로 추진되고 있다. 우리나라의 자녀양육 재정지원의 기본적인 방식은 어린이집 서비스 이용에 따른 영유아 보육비용 지원을 통한 부모 부담 경감에 집중한 수요자 지원을 중심으로 하고 있다. 2003년까지는 선별적 보육지원 정책이었으며 2009년에 들어서 서비스 미이용자에 대한 현금 지원으로 양육수당 제도를 도입하였고, 2013년에는 전계층 무상보육을 실현하였다.

무상보육의 근간이 되는 영유아보육법 제 34조에서는 제1항에서 "국가와 지방자치단체는 영유아에 대한 보육을 무상으로 하되, 그 내용 및 범위는 대통령령으로 정한다."고 하였으며, 제 3항에서는 " 제1항에 따른 무상보육 실시에 드는 비용은 대통령령으로 정하는 바에 따라 국가나 지방자치단체가 부담하거나 보조하여야 한다."고 명확하게 법적으로 바우처 방식의 수요자 지원 원칙을 밝히고 있다. 선진국들은 대부분이 영유아기에 대한 공적 재정 투자를 확대하여 생애초기 교육격차를 해소하고, 질 높은 유아교육 · 보육서비스를 제공함으로써 양질의 인재 육성을 통한 국가 경쟁력 강화에 주력하고 있다.

최근 보육재정에서 단기간에 많은 변화들이 이루어지는 과정에서 영유아와 부모들에 대한 혜택은 매우 큰 폭으로 증가했다. 영유아와 부모들에 대한 재정지원이 확대되면서 수요자에 대한 지원이라는 기본 방향이 설정되어 부모에게 직접적으로 지원되는 보육재정은 전체 예산액의 78%를 차지하고 있다. 나머지 22%의 예산은 시설 및 운영 등 기관에 대한 지원으로 이루어지고 있다. 영유아기 재정투자 규모가 이제 GDP 대비 1%를 넘고 있다. 육아지원 서비스 이용률은 크게 증가하여 출산율이 2012년에 1.3 수준까지 올랐다가 전연령 전계층 무상보육과 양육수당이 도입된 2013년에 1.19로 다시 낮아졌고 여성취업률도 증가 속도 역시 크게 변화가 없었다.

서문희 외(2014)는 영유아기 재정 투자로 저출산 해소에 대한 성과가 낮았으나 이러한 정책은 단기적으로 효과를 보기 어렵고 특히 서비스 비용 지원 하나의 정책으로 출산력 제고 효과를 기대하는 데는 한계가 있다. 정책의 한계 이외에도 아직 정부 지원금이 표준보육비용에 미치지 못하는 등 앞으로 재정 투자가 필요한 부분이 많다고 하였다. 육아에 따른 경제적 부담을 줄이도록 아동수당 도입이 거론되고 있다. 각 정당은 다양한 '아동수당세' 정책을 내세우며 유아 교육과 보육예산에 대한 논의도 활발히 진행 중이다. 가정양육 수당에 대해 살펴보며 어린이집을 이용하지 않는 가정에는 어떤 비용이 어떤 과정을 통해 지원되는지 살펴보고자 한다.

살펴보기

가정 양육수당 지원

서비스 지원대상은 보육료나 유아학비 또는 종일제 아이돌봄서비스 등을 지원받지 않고 가정에서 양육되는 모든 영유아이다. 다만 가정 양육수당 지원 아동이 해외에 90일 이상 체류하는 경우에는 영유아보육법 제34조의 2 제3항에 따라 양육수당 지원이 정지된다. 따라서 해외에 90일 이상 체류가 예정될 때 서비스 지급 정지 신청이 반드시 필요하다.

연령기준은 만 6세가 되는 해의 12월까지로 초등학교 입학 직전을 의미하고 선정기준은 별도의 소득재산기준 없이 모든 해당 연령의 영유아들을 포함한다. 서비스 내용은 양육수당 지원금을 의미하며 각 연령별 지원액은 아래의 표와 같다.

<table>
<tr><th>연령(개월)</th><th>양육수당</th><th>연령(개월)</th><th>농어촌양육수당</th><th>연령(개월)</th><th>장애아동
양육수당</th></tr>
<tr><td>0-11</td><td>200천 원</td><td>0-11</td><td>200천 원</td><td rowspan="3">0~35</td><td rowspan="3">200천 원</td></tr>
<tr><td>12-23</td><td>150천 원</td><td>12-23</td><td>177천 원</td></tr>
<tr><td>24-35</td><td>100천 원</td><td>24-35</td><td>156천 원</td></tr>
<tr><td rowspan="4">36 개월
이상
-
84개월 미만</td><td>100천 원</td><td>36-47</td><td>129천 원</td><td rowspan="4">36개월 이상
-
84개월 미만</td><td rowspan="4">100천 원</td></tr>
<tr><td>100천 원</td><td rowspan="3">48개월 이상
-
84개월 미만</td><td>100천 원</td></tr>
<tr><td>100천 원</td><td>100천 원</td></tr>
<tr><td>100천 원</td><td>100천 원</td></tr>
</table>

서비스 이용 및 신청방법은 읍/면/동 주민센터를 방문하거나, 인터넷 사이트를 통한 온라인 신청 복지로(http://www.bokjiro.go.kr)로 신청 가능하며 문의는 보건복지콜센터 129번으로 문의하면 항상 콜센터 상담원이 자세히 안내한다.

다만, 본 가정양육수당은 아이돌봄서비스, 만 0-5세 보육료 지원사업, 장애아 보육료 지원, 방과후 보육료 지원, 시간연장형 보육료 지원, 만 3-5세 누리과정 지원 사업비와 중복해서 신청할 수 없다.

출처: 보건복지부(2019). 보육사업안내.

가정 양육수당은 보건복지부 보육사업기획과에서 주관하며 사업의 목적은 가정 양육 부모의 양육 부담 경감 및 부모 선택권 제고를 위함이다.

모든 신청에 대한 절차는 복지로(http://www.bokjiro.go.kr)에서 자세히 안내하고 있다.

2009년 가정양육수당이 도입된 이후 2013년 이후 현재까지 지원 대상 및 금액은 변동 없으며 양육수당 지원 제도에 따른 예산과 규모의 변화는 아래와 같다.

연도	예산(억원)	규모(천명)	지원대상 및 금액
2009	32,390	110	차상위 이하, 0-1세, 월 10만 원
2010	65,644	113	-
2011	89,791	98	차상위 이하 0세아(20만 원) 1세아(15만 원) 2세아(10만 원)
2012	88,712	96	농어촌, 장애아동 지원 강화
2013	880,950	1,193	전계층 확대
2014	1,215,319	1,012	-

출처: 서문희 외(2014). 영유아 교육-보육 재정증가 추이와 효과.

우리나라 보육재정의 78%를 차지하는 보육료 및 가정 양육수당과 관련된 주요 내용을 2018년 기준으로 제시하였다. 자세한 내용을 읽어보며 국민으로서 받는 다양한 혜택에 대해 관심을 갖고 추가적으로 보완해야 할 정책적 아이디어를 논의해 보자.

3 기관 운영 보육예산지원

어린이집이 확충을 위한 정부의 노력은 매년 보육사업 계획을 통해 노력하고 있으며 재정지원도 크게 증가하였고, 보육예산의 70% 이상이 국공립 및 법인 등 정부지원어린이집에 집중되었다. 그러나 여전히 국공립 및 법인·법인 외 보육시설이 14%에도 미치지 못하고 있으며 보육예산의 대부분이 국공립어린이집에 투자되었는데도 국공립 보육서비스의 비중은 크게 낮은 수준에 있다. 하지만 가장 큰 문제는 보육서비스가 민간시장에 의해 점유되고 있어 대부분 국공립과 법인 외 어린이집이 아닌 민간이나 가정어린이집을 이용할 수밖에 없다. 이는 부모의 선택권이 다양하게 보장되지 못하는 것과 지속적으로 보육서비스의 질적 수준에 대한 요구와 함께 보육의 공공성에 대해서도 지적받는 이유이다.

2018년부터 5개년 간 추진되는 제3차 보육중장기 계획에서 40%까지 확충하겠다고 하였다. 국공립어린이집의 확충도 필요한 과제이지만 더 시급한 문제는 국공립어린이집 운영자에게 지원되는 인건비와 운영비는 아동 수에 비례해서 지원되지 않고 있다. 이러한 제한적인 재정 지원은 보육서비스 수요자를 유치하기 위한 어린이집 운영자의 노력이 미약할 수 있기 때문에 보육의 질적 수준과 보육예산의 효율적 집행에 걸림돌이 되고 있다.

읽어보기

OECD 국가별 보육사업 유형 비교

보육서비스 제공방식과 정부지원의 형태는 국가마다 정부의 역할 정도에 따라 접근방식이 다르다. OECD 국가들은 일반적으로 만 5세 이하 영유아의 보육을 정부가 직접 책임지거나 보육료에 대한 보조금을 지급하고 있다. 지금 현재 보육재정 집행을 살펴볼 때 우리나라는 아래의 세 가지 유형 중 어디에 속할까?

요인	공공서비스 제공방식	책임공유 접근방식	시장 중심적 접근방식
조세부담률	높음(35% 이상)	중간(30~35%)	낮음(25% 이하)
공급업자	일부 영리시설 스웨덴, 덴마크는 영리시설 거의 없음	국립과 민간이 혼재 영리시설 존재	민간시설 70% 이상 영리시설 다수 존재
보육정책의 핵심내용	정부에 의한 서비스, 시설 인프라 구축	유급 육아휴직, 부모의 자녀양육을 국가가 보조	저소득층에 대한 보육료 보조금, 세액공제
국가철학	사회민주주의	시장중심+사회중심	시장주의
해당국가	북유럽국, 네덜란드, 벨기에, 프랑스, 동유럽 일부국가	독일, 스페인, 일본	미국, 캐나다, 호주

출처: 김현숙(2006). 영유아 보육재정 지출방식.

보육사업을 유형별로 살펴보면, 공공서비스 제공방식, 책임공유 접근방식, 시장 중심적 접근방식 등 세 가지로 분류할 수 있다. 북유럽 국가들이나 프랑스, 네덜란드와 같은 국가들은 직접적인 서비스 공급방식을 채택하고 있는데, 이들 나라의 조세부담률은 35% 이상에 달한다. 반면 미국, 호주, 캐나다와 같은 국가들은 시장 중심적 서비스 접근방식을 채택하고 있으며, 25% 이하의 낮은 조세부담률을 유지하면서 저소득층에 대한 보육료 보조금, 세액공제와 같은 보육정책을 사용하고 있다. 우리나라는 시장 중심적 접근방식에 가장 근접한 특성을 가지고 있으며, 우리나라 조세부담률(2004년 기준 19.5%)로는 북유럽식의 공공서비스 방식을 채택하기에는 무리가 있다(김현숙, 2006). OECD 국가들은 몇 가지의 정책수단을 혼합하여 보육에 대한 보조금을 다양하게 지급하고 있다. 수요자 보조금 즉, 부모에게 직접적인 지원을 하는 국가들에서는 세액공제제도를 많이 이용한다. 또한 우리나라와 반대로 국공립어린이집이 큰 비중을 차지하고 있는 나라들에서는 운영비 지원을 대부분 국가가 부담을 한다. 우리나라도 초기에는 선택적 보육으로 저소득층에 대한 보육료를 직접 보조하는 형태로 이루어졌으나, 현재는 무상보육과 함께 국공립 확충에 대한 노력을 지속적으로 하고 있다. 다음은 국공립 및 법인 외 어린이집과 프로그램 별 인건비 지원 즉, 취약보육(시간연장, 영아전담, 장애아동, 농어촌 등) 어린이집에 지원되는 인건비 지원과 다양한 보육사업에 맞게 지원되는 운영비 지원에 대해 살펴보고자 한다.

해보기

보육예산(어린이집별) 지원사업 분류

지원사업명		지원사업명	
국공립·법인어린이집 등 지원	인/운	농촌공동아이돌봄센터 설치 및 운영	인/운
장애아 보육 지원	인/운	이동식 놀이교실 지원	인/운
영아전담어린이집 지원	인/운	농촌 보육교사 특별근무수당 지원	인/운
시간연장형 어린이집 지원	인/운	교사근무환경개선비 및 교사겸직원장 지원	인/운
방과후 어린이집	인/운	어린이집 대체교사 지원	인/운
기본보육료 지원	인/운	어린이집 보조교사 지원	인/운
차량운영비 지원	인/운	공공형 어린이집 지원	인/운
교재·교구비 지원	인/운	농어촌 소재 법인어린이집 지원	인/운
어린이집 기능보강비 지원	인/운	–	–

위 표에 제시된 보육예산의 지원사업명을 보고 운영비 지원인지(운), 인건비 지원인지(인)에 대해 보육사업 내용을 살펴 각각 표기해보자. 보육재정은 이론적 내용보다는 실무에 대한 워크숍 활동이 이해하기 더 빠르고 매년 보육사업의 내용은 정책변화에 따라 진화하므로 이를 실제 업무에 적용해 낼 수 있는 안목이 필요하다.

1) 인건비 지원현황

어린이집에 대한 인건비 지원은 국공립 및 법인 중심의 인건비 지원과 프로그램별 인건비 지원, 대체교사 인건비 지원으로 구분된다. 정부지원시설 인건비 지급은 국공립, 법인어린이집 보육교직원과 취약보육을 담당하는 민간어린이집 교사를 주된 대상으로 한다. 국공립 및 법인어린이집의 경우는 2004년까지 유아반 교사 인건비의 45%, 원장과 영아반 교사는 90%까지 인건비를 지급하였다. 2005년 보육료 지원 단가 조정 이후 유아교사는 30%, 원장과 영아는 80%로 인건비 지원비율을 현행과 같이 축소시켰다.

표 12-3 국공립어린이집 등의 인건비 지원 기준

<table>
<tr><th>직위</th><th colspan="2">지원비율</th><th>세부 내용</th></tr>
<tr><td>원장</td><td colspan="2">인건비 80% 지원</td><td>정원 21인 이상 어린이집 중 현원 20인 이하
정원 20인 이하 어린이집으로서 원장이 보육교사를 겸직하지 않을 경우 미지원
현원 기준 미만 시 감소 해당 월까지만 인건비 지원</td></tr>
<tr><td rowspan="2">보육교사</td><td>영아반</td><td>인건비의 80% 지원</td><td>- 0세 반 : 아동 3명을 기준으로 최소 2명 이상
- 1세 반 : 아동 5명을 기준으로 최소 3명 이상
- 2세 반 : 아동 7명을 기준으로 최소 4명 이상</td></tr>
<tr><td>유아반</td><td>인건비의 30% 지원</td><td>- 3세 반 : 아동 15명을 기준으로 최소 8명 이상
- 4세 이상 : 아동 20명을 기준으로 최소 11명 이상</td></tr>
</table>

출처: 보건복지부(2019). 보육사업안내.

인건비 지원 원칙은 국공립, 사회복지법인, 법인 · 단체 등, 영아전담 · 장애아전문어린이집 등 정부인건비지원어린이집을 운영하는 자는 "2018년 보육교직원 인건비 지원기준"에 따라 교직원 인건비를 지급한다. 직장어린이집(공공기관 또는 고용보험기금으로부터 운영비를 지원받는 어린이집)도 동 지급 기준 이상을 준수하여야 한다. 정부지원어린이집을 운영하는 자는 관계법령이 정하는 바에 따라 국민연금, 국민건강보험, 산업재해보험, 고용보험에 가입하고 보험료를 납부하여야 하며 퇴직급여 제도를 설정하여 운영한다. 다만 민간어린이집 중 장애아통합 교사 인건비, 시간연장 교사 인건비, 대체교사 인건비 등을 지원받는

시설은 정부지원어린이집이 아니다. 인건비 지원은 신축비를 국고로 지원한 국공립어린이집은 별도 승인 없이 지원한다. 또한 시 · 도 또는 시 · 군 · 구가 자체 설치한 국공립어린이집은 매년 3월 말까지 승인 신청하고, 승인을 받은 경우에 한하여 국고지원을 받을 수 있다.

국공립어린이집 인건비 지원 비율의 감소 이유는 참여정부 시절인 2003년 아동별 지원으로 기본방향이 설정된 제2차 육아지원방안을 추진하며 민간보육시설 기본보조금 지원을 위한 재원마련이 필요했기 때문이다. 80% 이상의 민간어린이집(가정어린이집 포함)이 주도하는 보육서비스의 질적 수준을 국공립어린이집 수준으로 끌어 올리는데 목적을 두었다. 민간어린이집을 지원하기 위해서 많은 영유아들의 인원수에 비례한 아동별 지원방식으로 전환하게 되었다. 이외에 추가 지원으로 농어촌 및 폐광 지역, 도서 벽지 어린이집에는 보육교사 및 취사부 각 1명씩 인건비 100%를 지원하였다. 이명박 정부는 2009년부터는 중소도시와 대도시에서 평가인증을 받은 시설은 취사부 1인의 인건비를 지원하였다. 보육재정 지원사업은 정책의 변화에 따라 그 시기와 인건비 지정시설에 대한 선정기준이 각기 다르지만 지원이 결정된 이후에는 지속적으로 지원을 계속 유지하며 신규 어린이집을 계속 확충해 나가고 있다.

표 12-4 기타 인건비 지원 기준

인건비 지원사업	세부 내용
농어촌 등 취약 지역	농어촌 지역(읍·면 지역), 폐광 지역, 도서 벽지 지역 시설 보육교사(시설 내 평균) 1인의 월 지급액의 100% 지원 조리원 별도 채용 시 월 지급액의 100% 1명에 한하여 지원
중소도시·대도시 평가인증 통과 어린이집 조리원 지원	평가인증발표일이 속한 달의 익월부터 지원 조리원 별도 채용 시 월 지급액의 100% 1명에 한하여 지원
인건비 지원 어린이집 대체 보육교직원 인건비	기존 인건비 지원 어린이집의 출산휴가, 육아휴직, 산재휴직에 대한 대체인건비 동일 지원
법인 단체 등(지원) 어린이집 인건비 지원	• 종교법인: 예산 및 결산을 종교법인의 대표에게 제출하고, 이사회의 의결을 거쳐 확정한 시설에 한함 • 학교 내 설치 어린이집 : 현원의 1/2 이상을 지역 주민 자녀 보육하는 경우에만 지원

출처: 보건복지부(2019). 보육사업안내.

이 밖에 취약보육을 담당하는 영아 전담, 장애아 전문, 장애아 통합, 시간연장형, 방과 후 보육에 대한 인건비를 지급하고 있다. 취약보육 인건비 지원은 프로그램별 인건비 지원이라고도 한다. 영아전담어린이집의 경우 원장과 교사 인건비의 90%를 지원하였고 인건비 하향조정을 거쳐서 현재 80%로 지원하고 있다. 원래 영아만을 보육해야 하지만 출산 수준 저하 등을 이유로 현재는 시설 정원의 40%까지 유아를 보육할 수 있다.

표 12-5 취약보육 인건비 지원 사업

취약 보육 인건비 사업	세부 내용
영아보육	영아전담어린이집 제도 원장과 교사 인건비 90% 지원하였으나 80%로 낮아짐
민간 영아반 보육교사 지원	2002년에 하반기 추경으로 도입된 제도 영아전담 어린이집으로 지정받지 못한 어린이집 영아 기본보육료 지원 사업 도입 후 폐지
시간연장 보육	시간연장 교사 월 급여형 지원 보육교사 근무수당 지원 2가지 형태로 구분하여 지원
어린이집 보육교사 처우개선비 지원	교사 통장으로 비로 입금 회계에는 포함되지 않으므로 보육교사 특별수당으로 구분

출처: 보건복지부(2019). 보육사업안내.

영아전담어린이집에 대한 인건비 지원 사업은 영아보육 기피 현상을 보임에 따라서 영아보육을 활성화하기 위한 방법으로 추진된 제도이며 2004년 이전까지도 지정되었다. 지원대상은 민간어린이집 중에서 영아전담어린이집으로 지정받았거나 국고보조금으로 영아 전담 신축비를 지원받은 시설이다. 원래는 영아보육을 전담하여야 하나 출산 수준 저하 등의 이유로 현재는 시설 정원 범위 내 40%까지 유아를 보육할 수 있다.

영아전담어린이집 지정이 예산 관계로 확대되지 못하자, 민간어린이집에 영아보육을 활성화하기 위하여 민간어린이집에 인건비 지원을 도입하였다. 민간 영아반 보육교사 지원사업 초기에는 영아 10명 이상을 보육하는 민간어린이집에 월 36만 원을 지원하였고 2004년에는 반당 135,000원으로 변경하여 지원하였다. 이후 아동 1인당으로 지원하다가 기본 보육료로 정착되었다. 2018년 현재 기본 보육료는 아동 1인당 연령별로 지원하고 있으나 이는 운영비 지원이므로 인건비 지원과는 다르다. 세부적인 기본보육료 지원은 이후 운영비 지원에서 자세히 살펴보도록 한다.

2003년 시행된 시간연장 보육은 맞벌이 가정에 맞는 보육서비스 환경을 조성하려는 목적으로 취업모의 양육지원을 위한 제도이다. 시간연장 교사의 인건비 지원 방식은 시간연장 교사 월 급여형 지원과 보육교사 근무수당 지원으로 구분된다. 월 급여 지원은 민간어린이집의 경우 정액 지원하고 국공립어린이집은 인건비의 80%(2003년에는 인건비의 90%를 지원하였으나 2006년부터 지원율이 80%로 축소)를 지원하고 있다. 국공립에 비해 취약보육 서비스의 이행률이 낮은 민간어린이집은 시간연장 어린이집으로 지정이 되고 보육서비스의 실적이 유지될 경우 정액 지급을 하고 있다. 시간연장반 근무수당 지원은 2010년에 도입된 제도로 시간연장 보육교사에게 근무수당으로 월 30만 원을 지원하고 있다.

인건비 지원으로 볼 수 없는 다른 성격의 인건비 지원이 있다. 보육교사 개인당 지급되는 보육교사 처우개선수당은 교사 급여통장으로 바로 입금되므로 어린이집 회계에 계상되지 않는 비과세 소득이라는 점에서 어린이집 인건비 지원이라는 보조금 성격과는 다르다. 어린이집 보육교사 처우개선비 지원은 2009년부터 근무환경이 열악한 농어촌 지역 보육교사에게 월 11만 원의 특별근무수당을 지급하였고, 이는 2012년 농어촌특별근무수당은 농업특별회계로 이관되었다. 보건복지부는 농업식품축산부터 농어업인 보육료와 양육수당 지원사업을 이관 받았고, 농어촌 보육교사 특별근무수당과 소규모 어린이집 설치사업을 농림부로 넘겨 주었다. 일반 보육교사 근무환경 개선비는 2011년에 월 5만 원을 확보하였고, 2012년 누리과정 실시로 누리과정 담당 교사는 처우개선비로 월 30만 원이 지급되었다. 그리하여 일반 보육교사 수당은 근무환경개선비라는 이름으로 2013년에 월 12만 원, 2014년 월 15만 원, 2018년 월 22만 원으로 인상되어 지급되고 있다. 지원대상은 시간연장형 교사, 방과후 교사, 24시간 교사이고, 어린이집에서 직접 채용한 대체교사도 지원대상 기준을 충족하는 경우에만 지원한다. 한편, 소규모 어린이집 원장으로 보육교사를 겸직하고 있는 사람에게는 당초 5만 원에서 2013년부터 월 7만 5천 원을 지원하였다.

대체교사 지원사업은 보육교사 연가 사용시 육아종합지원센터에서 채용된 대체교사를 파견하는 제도이다. 어린이집 대체교사 지원은 인력을 지원하거나 혹은 지원인력이 충분하지 않을 경우에 어린이집에서 직접 대체인력을 선정하고 이를 사전에 시 · 군 · 구 의 승인을 받아 배치할 수 있다. 대체교사 지원은 지원단가와 실제 지급 인건비에 차이를 보여서 대체교사 공급이 수요를 따라가지 못하는 예산상 한계가 있지만 서울특별시, 경기도를 비롯한 일부 지방자치단체에서는 특화사업으로 대체교사 지원을 실시하고 있기도 하다.

살펴보기

대체교사 지원사업 사유별 우선순위

구분	우선 순위	지원 사유	지원 일수	비고
상시	1	보수교육 (직무교육 우선 지원)	5일 최대 10일	사전 신청
	2	연가 (본인 결혼 우선 지원)	1-5일 최대 5일	
	3	예비군 훈련	훈련 기간	
		건강검진	1일	
긴급	최우선	아동학대 후속조치를 위한 긴급보육 지원 등 (아동학대로 인한 격리조치 등)	기간 제한없음	수시 신청
	가족상	배우자, 본인 및 배우자의 부모	5일	
		본인 및 배우자의 조부모·외조부모	2일	
		자녀와 그 자녀의 배우자	2일	
		본인 및 배우자의 형제자매	1일	
	본인 질병 등 사고	감염성 질환, 긴급 수술, 교통사고 등	1-5일 최대 10일	
	모성보호	인공수정 또는 체외수정 등 난임치료	1일 최대 3일	
		유산 (~11주 미만(5일)/12-15주(10일))	5일 최대 10일	
		임산부·영유아·미숙아 등의 건강관리 등 (산전관리, 건강검진, 예방접종 등)	1일 최대 3일	

출처: 보건복지부(2019). 보육사업안내.

마지막으로 어린이집 보조교사 인건비 지원 사업이 있다. 민간 · 가정어린이집에서 영아반을 3개 반 이상 운영하고 평가인증을 유지하고 있으며 현재 재원 영유아가 정원 대비 80% 이상 재원 중일 경우 해당된다. 또한 장애아 전문 어린이집이거나 장애 통합 어린이집으로 현재 장애아동 6명 이상을 보육하는 어린이집에 지원하고 있다. 다만, 사업의 시기를 매년 1년으로 제한하고 있고 선정에 있어 시 · 군 · 구 예산에 맞게 지정하고 있다.

2) 운영비 지원현황

공공형 어린이집은 우수한 어린이집을 선정하여 운영비를 지원하고 보다 강화된 운영기준을 적용하여 양질의 보육을 영유아에게 제공하는 우수 보육인프라로서 기능할 수 있도록 하는 제도이다. 2011년 하반기부터 우수한 민간 가정어린이집의 품질을 향상시키고 공공성을 강화함으로써 보육의 공공 인프라를 확대하기 위한 목적으로 공공형 어린이집 사업이 시행되었다. 사업대상 어린이집 유형은 「영유아보육법」 제10조의 어린이집으로 보육사업안내에 따라 인건비를 지원받는 정부인건비지원 어린이집과 공공기관 또는 고용보험기금으로부터 운영비를 지원받는 직장어린이집을 제외하고 있다.

표 12-6 공공형 어린이집 운영현황

	2011	2012	2013	2016	2018
공공형 어린이집	582개소	127개소	753개소	1.949개소	2,400개소 내외 운영 예정

출처: 보건복지부(2018). 공공형 어린이집 매뉴얼.

공공형 어린이집의 선정, 운영 및 취소 등 세부기준 등 상세사항은 「공공형어린이집 매뉴얼」을 참고하도록 한다. 공공형 어린이집의 운영조건으로 평가인증 유효기간 내의 점수를 90.00점 이상 유지하여야 한다. 입소 영유아들 중 취약계층을 우선 보육하여야 하고 그 대상 영유아들에게 입소 우선순위 부여한다. 부모로부터 받는 보육료는 반드시 정부지원 단가(국공립어린이집 보육료)와 동일하게 수납하여야 한다. 보육교사 월 급여를 국공립

어린이집 1호봉(최저 수준임) 이상으로 지급하는 것이 공공형 어린이집 공인실사 신청 이전에 선행되어 운영되어야 한다. 공공형 어린이집으로 지정된 이후에는 한국보육진흥원과 사후 품질관리 의무 참여 등이 있지만 다음의 표와 같이 운영비 지원을 받을 수 있어 많은 민간 · 가정어린이집이 적극적으로 참여를 하고 있으며 본 사업은 공영형 사립유치원사업으로까지 벤치마킹되었다.

표 12-7 공공형 어린이집의 운영비 지원 내용

사업명	지원 세부 내용
운영비 지원	전월 현황자료를 토대로 산출, 월 최대 1,000만 원까지 지급 교사인건비, 유아반운영비, 교육·환경개선비
지자체 특수시책 예산 (자체지방비) 지원	공공형 어린이집은 정부에서 운영비를 지원하는 정부지원시설 해당 지자체의 예산 범위 내에서 운영비, 보육교직원 인건비, 환경개선비 등을 우선적으로 지원할 수 있음 ▶선정요건 및 공공형 어린이집 운영기준은 보조금 교부조건에 해당
공공형 어린이집 품질관리	(보육진흥원 위탁) 교직원 자질 제고 : 원장 및 교사 연수 어린이집 운영의 투명성 제고 : 재무회계 개별 컨설팅 및 소그룹 교육

출처: 보건복지부(2018). 공공형 어린이집 매뉴얼.

공공형 어린이집은 사실상 서울형 어린이집과 부산형 어린이집으로 시작된 사업이다. 일반적인 모든 어린이집은 시 · 군 · 구 담당 공무원의 지도감독을 받고 있지만, 공공형 어린이집의 경우 한국보육진흥원의 사후 품질관리를 받고 있다. 한국보육진흥원의 수준 높은 보육전문가들의 지속적인 교육과 컨설팅을 실시하고 있다. 이러한 보육전문인력의 지도과 품질관리를 통해 공공형 어린이집의 서비스 수준을 관리하는 방식이 일정한 효과를 거두고 있는 것으로 나타났다. 백선정 외(2016)는 학부모에 대한 인식조사 연구를 통해 공공형 어린이집을 이용하는 학부모들은 보육프로그램의 질, 교사 수준 등의 항목에 대해서는 국공립어린이집보다 공공형 어린이집의 만족도가 더욱 높다고 보고하였다.

이 밖에 보육사업 예산으로 운영되기는 하지만 보건복지부의 예산이 아닌 농림축산식품부(농촌복지여성과)의 예산으로 운영되고 있는 사업에는 농촌 공동 아이 돌봄센터 설치 및

운영사업과 이동식 놀이교실 지원이 있다. 앞서 살펴본 농촌 보육교사 특별근무수당 지원 사업과 농어촌 소재 법인어린이집 지원 사업 등이 있다. 직접 서비스를 제공하는 인력을 투입하여 사업을 운영하거나 혹은 법인어린이집 지원사업처럼 일정한 기준이 되는 농어촌 소재 사회복지법인어린이집에 대해 냉·난방비, 급간식비, 교재교구비, 공과금, 차량운행비, 교직원 인건비 등의 운영비 일부를 어린이집 규모(정원) 및 정원충족률에 따라 차등 지원한다.

3) 국고보조율

앞서 살펴본 대로 중앙정부에서 보육재정을 분배할 때는 국비와 지방비로 구분한다. 국비는 각 지방정부의 재정 자주도(혹은 재정자립도)에 맞게 분배하게 된다. 중앙정부의 사업에 대해 지방정부에서는 국고보조율을 참고하여 각 기초자치단체별로 재정 자립도에 맞게 차등보조율을 적용하고 있다. 다음은 서울특별시의 보육사업에 대한 국고 보조율(2018년 기준) 현황에 대한 공문과 관련 세부적 보조율 배정 자료이다.

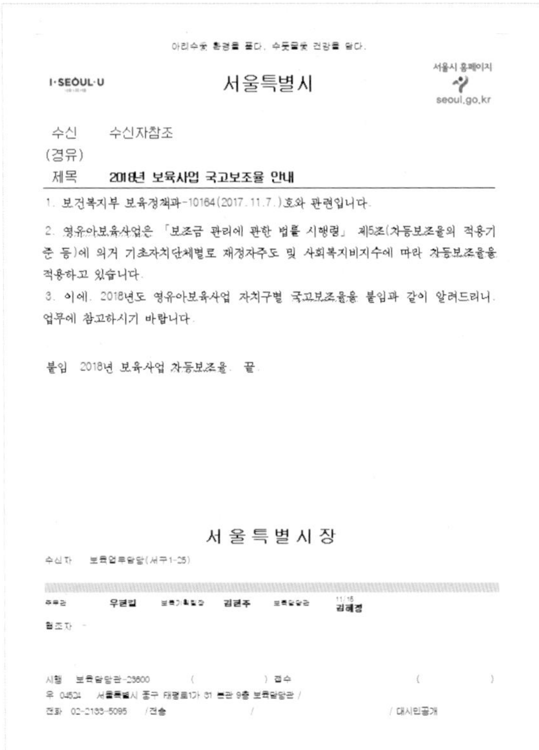

아리수로 환경을 품다, 수돗물로 건강을 담다.

I·SEOUL·U

서울특별시

서울시 홈페이지
seoul.go.kr

수신 수신자참조
(경유)
제목 2018년 보육사업 국고보조율 안내

1. 보건복지부 보육정책과-10164(2017.11.7.)호와 관련입니다.

2. 영유아보육사업은 「보조금 관리에 관한 법률 시행령」 제5조(차등보조율의 적용기준 등)에 의거 기초자치단체별로 재정자주도 및 사회복지비지수에 따라 차등보조율을 적용하고 있습니다.

3. 이에, 2018년도 영유아보육사업 자치구별 국고보조율을 붙임과 같이 알려드리니, 업무에 참고하시기 바랍니다.

붙임 2018년 보육사업 차등보조율. 끝.

서울특별시장

수신자 보육업무담당(서구1-25)

우윤입 김권주 11/16 김혜경

협조자 -

시행 보육담당관-23600 ( ) 접수 ( )
우 04524 서울특별시 중구 태평로1가 31 본관 9층 보육담당관 /
전화 02-2133-5095 /전송 / / 대시민공개

표 12-8 2018년 보육사업 국고보조율(보육료, 양육수당)

기관명	재정자주도및사회복지비지수(2016년 최종)				국고보조율(%)		
	순계규모(백만원)		사회복지비지수(%)	재정자주도(%)	2018년		
	세출예산순계	사회복지비순계			기준보조율	증감	차등보조율
서울특별시	16,670,946	3,293,547	19.8	74.0	35.0	0.0	35.0
종로구	409,486	112,698	27.5	60.7	35.0	10.0	45.0
중구	439,387	112,200	25.5	60.5	35.0	10.0	45.0
용산구	369,442	143,187	38.8	54.8	35.0	10.0	45.0
성동구	454,784	185,550	40.8	54.1	35.0	10.0	45.0
광진구	455,719	185,716	40.8	52.1	35.0	10.0	45.0
동대문구	507,460	248,605	49.0	50.6	35.0	10.0	45.0
중랑구	537,695	268,473	49.9	46.6	35.0	10.0	45.0
성북구	603,537	285,568	47.3	47.6	35.0	10.0	45.0
강북구	524,872	256,597	48.9	45.6	35.0	10.0	45.0
도봉구	484,332	233,293	48.2	48.1	35.0	10.0	45.0
노원구	777,965	426,855	54.9	42.5	35.0	10.0	45.0
은평구	615,776	335,915	54.6	43.5	35.0	10.0	45.0
서대문구	481,767	198,271	41.2	50.5	35.0	10.0	45.0
마포구	557,349	229,853	41.2	48.7	35.0	10.0	45.0
양천구	607,069	266,648	43.9	49.8	35.0	10.0	45.0
강서구	705,996	391,834	55.5	41.2	35.0	10.0	45.0
구로구	540,377	267,273	49.5	47.1	35.0	10.0	45.0
금천구	397,490	182,033	45.8	50.1	35.0	10.0	45.0
영등포구	516,270	230,897	44.7	53.0	35.0	10.0	45.0
동작구	503,499	232,439	46.2	46.3	35.0	10.0	45.0
관악구	574,697	294,054	51.2	44.8	35.0	10.0	45.0
서초구	550,061	219,611	39.9	53.2	35.0	10.0	45.0
강남구	714,385	285,821	40.0	56.9	35.0	10.0	45.0
송파구	630,585	301,493	47.8	49.4	35.0	10.0	45.0
강동구	565,796	257,396	45.5	47.1	35.0	10.0	45.0

표 12-9 2018년 보육사업 국고보조율(어린이집 교원양성, 보육교직원 인건비 및 운영지원, 공공형 어린이집 지원)

기관명	재정자주도및사회복지비지수(2016년 최종)				국고보조율(%)		
	순계규모(백만원)		사회복지비지수(%)	재정자주도(%)	2018년		
	세출예산 순계	사회복지비 순계			기준 보조율	증감	차등 보조율
서울특별시	16,670,946	3,293,547	19.8	74.0	20.0	0.0	20.0
종로구	409,486	112,698	27.5	60.7	20.0	10.0	30.0
중구	439,387	112,200	25.5	60.5	20.0	10.0	30.0
용산구	369,442	143,187	38.8	54.8	20.0	10.0	30.0
성동구	454,784	185,550	40.8	54.1	20.0	10.0	30.0
광진구	455,719	185,716	40.8	52.1	20.0	10.0	30.0
동대문구	507,460	248,605	49.0	50.6	20.0	10.0	30.0
중랑구	537,695	268,473	49.9	46.6	20.0	10.0	30.0
성북구	603,537	285,568	47.3	47.6	20.0	10.0	30.0
강북구	524,872	256,597	48.9	45.6	20.0	10.0	30.0
도봉구	484,332	233,293	48.2	48.1	20.0	10.0	30.0
노원구	777,965	426,855	54.9	42.5	20.0	10.0	30.0
은평구	615,776	335,915	54.6	43.5	20.0	10.0	30.0
서대문구	481,767	198,271	41.2	50.5	20.0	10.0	30.0
마포구	557,349	229,853	41.2	48.7	20.0	10.0	30.0
양천구	607,069	266,648	43.9	49.8	20.0	10.0	30.0
강서구	705,996	391,834	55.5	41.2	20.0	10.0	30.0
구로구	540,377	267,273	49.5	47.1	20.0	10.0	30.0
금천구	397,490	182,033	45.8	50.1	20.0	10.0	30.0
영등포구	516,270	230,897	44.7	53.0	20.0	10.0	30.0
동작구	503,499	232,439	46.2	46.3	20.0	10.0	30.0
관악구	574,697	294,054	51.2	44.8	20.0	10.0	30.0
서초구	550,061	219,611	39.9	53.2	20.0	10.0	30.0
강남구	714,385	285,821	40.0	56.9	20.0	10.0	30.0
송파구	630,585	301,493	47.8	49.4	20.0	10.0	30.0
강동구	565,796	257,396	45.5	47.1	20.0	10.0	30.0

4 보육재정의 문제점 및 대안

읽어보기

우리나라 보육재정의 문제점

우리나라 보육재정의 문제점은 크게 보육재정의 재원 부족과 재정 지원에서의 효율적 배분 문제로 분석하고 있다(서문희 외, 2014).

① 보육재정의 재원 부족

보육정책이 실현되는 현장에서 제공되는 보육서비스의 질 향상을 목적으로 보육재정이 지원되어야 한다. 국공립과 민간어린이집의 양적 불균형과 도시 지역과 도서 지역 간 양적·질적 차이 등을 극복해내기 위해서는 보육재정에서의 시설 공급을 위한 설립비용의 국가재정 확충이 필요하고 이에 대한 재원 마련을 위한 보육 정책이 보완되어야 한다.

② 재정 지원에서의 효율적 배분 문제

우리나라의 모든 정책은 대학교 입시에 초점이 맞춰져 있어 정상적인 초중등 교육실현이 어려운 만큼 보육을 위한 정책은 상대적으로 우선순위에서 밀려 있어 재정지원 부분에의 지원도 적었다. 하지만, 최근 저출산 문제와 맞물려 영유아기의 중요성에 대한 사회적 관심도가 증대되고 이에 따라 보육재정 지원도 늘어났으며 더욱 확대될 예정이다.

서문희 외(2014)는 우리나라의 보육재정의 문제점으로 크게 재원의 부족과 재정의 효율적 분배라고 하였다. 보육사업이 2004년 이전에는 선택적 보육정책으로 전개되면서 시설 운영지원에 집중하였고 2004년 법개정 이후에는 선택적 복지에서 보편적 복지로의 전환을 하였다. 이는 기관 중심의 보육사업을 가족 중심 영유아 중심으로 전환하여 학부모에게 선택권을 주었다는 것에 큰 의미가 있다. 기관 중심이었던 보육정책으로 인하여 보육재정의 분배는 2004년 이전까지는 보육시설 운영지원이 예산분배 중 가장 큰 비중을 차지했었다. 하지만 2005년 이후 영유아 가정 보육료 지원이 가장 많은 비중을 차지하고 있다.

이러한 예산배정의 비율은 기관별 운영비 지원에서 가정별 보육료 지원으로의 변화라는 것을 시사하고 있다.

앞서 우리나라의 보육예산 중 가장 큰 비중을 차지하는 예산이 영유아 가정에 대한 보육료 지원임을 확인하였다. 다음의 표는 2000년부터 2014년까지의 연도별 국고지원 예산 규모이다. 앞서 살펴본 각 연도별로 재정의 확보와 예산분배의 효율성의 관점에서 살펴보도록 한다.

표 12-10 연도별 국고지원 예산 규모

(단위: 백만 원, %)

구분	보육시설 운영지원	영유아 보육료 지원	보육시설 기능보강	보육 인프라 구축	평가 인증	어린이집 지원	양육수당	기타	전체	GDP 대비 비율
2000	88,778	50,768	1,202	733	-	3,932	-	546	145,959	0.02
2001	97,878	66,254	1,220	733	-	3,932	-	546	170,563	0.03
2002	105,164	97,446	2,070	708	-	4,014	-	878	210,280	0.03
2003	169,240	117,143	6,587	1,735	100	4,156	-	978	**299,939**	0.01
2004	218,693	152,444	20,821	2,627	100	9,155	-	5,466	**404,997**	0.02
2005	262,243	267,088	50,420	2,763	600	11,511	-	5,466	600,091	0.07
2006	297,193	438,554	34,268	4,488	1,580	14,925	-	-	791,008	0.09
2007	382,578	593,605	41,729	4,235	7,378	13,763	-	2,877	1,046,165	0.11
2008	549,747	807,851	24,039	5,658	11,987	14,364	-	10,000	**1,423,646**	0.14
2009	343,856	1,282,168	21,437	29,787	4,191	15,301	8,100	-	1,704,840	0.16
2010	349,023	1,632,240	9,438	12,181	3,401	55,093	65,664	-	2,127,510	0.18
2011	395,023	1,934,611	14,650	16,250	4,975	23,077	89,794	-	2,478,380	0.20
2012	423,153	2,391,291	11,867	15,377	6,026	78,207	102,646	-	**3,028,567**	0.24
2013	444,463	2,598,219	23,610	26,990	6,668	150,445	880,950	-	**4,131,345**	0.32
2014	467,111	3,333,018	41,432	18,268	8,600	189,061	1,215,319	-	**5,273,819**	0.39

출처: 서문희 외(2014). 영유아교육 보육재정 증가 추이와 효과.

읽어보기

보육재정과 관련된 선행연구의 고찰

육아정책연구소는 유아교육 및 보육 사업을 위한 재정에 대하여 2004년부터 2014년까지 10여 년의 분석을 보고하였다. 다음의 관련 선행연구들에서 제언하는 다양한 문제해결 방안에 대해 살펴보고 각자의 의견을 제시해 보도록 한다.

연구자	연구 결과 및 제언
최성은·우석진 (2009)	보육정책은 보육의 공공성 강화와 양질의 보육서비스 제공이라는 목표 하에 수행, 보육정책 확대는 주로 보육료 부담 완화를 위해 지원대상, 지원수준을 확대하고 그에 명확한 정책방향 수립이 필요하다고 주장
김수정 (2002)	프랑스, 영국, 스웨덴, 미국 등 서구 복지국가가 여성을 어떠한 방식으로 통합하였고 통합의 기제는 어떻게 변화하였는지를 가족지원체제를 중심으로 분석
현진권 (2008)	민간 보육서비스의 질이 낮은 근본적인 원인은 시장규제에 있다고 보고, 영리법인의 시장진입 및 규제 철폐를 통해 민간 보육서비스 질적 수준 유지, 일정소득 이하의 계층은 정부지원 확대 실시하고 시장기능에 의해 해결될 수 있도록 정부와 시장의 적정한 역할분담 주장
이삼식 외 (2010)	보육·교육비 지원, 세제 지원, 국공립보육시설 확충, 직장보육시설 확충, 산전 후 휴가제도 및 육아휴직제도 등의 효과성과 출산율 제고 효과를 분석하여 자녀양육부담, 경감 정책 마련과 보육인프라 확충, 일·가정의 양립정책에 대한 필요성을 주장 보육·교육비 지원, 세제 지원, 육아휴직제도가 출산율 제고에 효과 있고 국공립 등 보육시설 확충, 산전후 휴가제도는 출산율 제고에 효과 미미
허남재·석재은 (2011)	정부지출이 급격히 증가된 보육료 지원사업의 정책효과 분석, 모의 취업 여부와 관계없이 가구소득에 따라 결정되는 보육료 수급자격, 취업모일수록 보육료지원 혜택을 받을 가능성이 낮음, 보육료 지원제도 취업모에게 전혀 친화적이지 않음
안종범 외 (2010)	조세부담률을 높이지 않을 경우 장기재정위험도 분석, 복지지출 증가에 따른 재정위험을 없애기 위한 조세부담률은 2050년까지 GDP대비 40%, 국민부담율은 GDP대비 50%수준 보고, 조세부담률과 국민부담률 수준을 이처럼 높이기 힘든 상황 국민적 합의가 가능한 적정 수준의 조세부담 정도와 복지재정지출 적정조합
성효용 (2010)	조세 및 재정 정책의 개편방향 모색하고 여성인력이 기업성과에 미치는 영향을 실증적으로 분석, 여성인력 활용이 증가할수록 기업의 재무성과와 경제의 효율성 증가 국가경쟁력 제고 차원에서 조세 및 재정 정책에 내재된 성차별적 요소는 시정되어야 함을 강조, 양성평등의 원칙에 위배되는 조세제도의 개편과 질적 수준이 높은 정부의 성인지적 예산이 편성되어야 함을 강조

육아정책연구소(2014)의 보고서에는 위와 관련된 보육재정 관련 선행연구들 이외에 보육정책과 관련하여 보육교직원의 자질 향상, 보육인프라 확충 등 각 부분에 초점을 두고 논의한 경우와 정책 전반에 걸친 연구들에 대해 소개하고 있다. 서문회 외(2014)는 선행연구 분석 결과에 대해 보육교직원들의 자질 향상과 처우 문제 등에 대한 개선방안이 필요한 점, 대부분의 연구들이 보육정책의 연혁과 전반적인 현황에 대해 개괄적으로만 제시하고 보육정책의 효과적인 활성화에 대한 방안 제시가 부족한 점, 전체적으로는 보육정책 수립에 대한 재정 확대 및 재원 마련 방안에 대한 검토가 부족하다고 하였다. 결론적으로 보육환경 개선 및 보육료 지원 등 확대된 보육재정 지출에 관한 성과의 검토를 위한 평가에 중요성을 간과하였으며, 현 정책의 문제점에 대한 보육정책적 대안 제시에 그친 부분이 많았다고 보고하였다. 이는 지원예산이 지원목적에 적합하게 사용되고 있는지, 지원 누락 등이 발생하지 않는지에 대한 피드백을 위한 체계가 정립되어야만 보육재정의 경제적 효과 제고를 위한 방안을 마련할 때 효율적이라는 뜻이다.

많은 선행연구에서는 우리나라의 보육재정에 대한 가장 큰 문제점으로 정책목표의 혼선을 지적하고 있다. 즉, 보육재정의 확보나 효율적 집행이 복지부 · 교육부 · 노동부 등 여러 부처로 흩어져 추진되고 있어 나타나는 것을 문제점으로 지적하였다. 이러한 정책의 혼선은 부처 간 협의를 통해 정책 우선순위를 정하는 것이 중요하다. 정책의 우선순위 결정보다도 중요한 기본 원칙은 보편적 공보육 체계를 유지해야만 한다. 하지만 아직도 민간 의존률이 높다는 점이 시급한 해결과제이며 OECD 국가들의 평균과 비교할 때 우리나라의 보육예산은 아직도 낮은 수준이므로 점진적인 보육재정의 확대가 필요하다. 이런 문제점을 바로 인식하고 향후 보육재정의 확대와 효율적 분배에 대한 방안 마련 후속 연구가 진행될 필요가 있다.

해보기

보육재정 검토하기

■ 우리는 앞 장에서 보육관련 법을 비롯하여 보육사업(설치 및 운영)과 보육인력들을 살펴보았다. 앞서 살펴본 내용을 기준으로 하여 2019년의 보육예산은 재정확보와 재정의 효율적 분배가 잘 이루어졌는지를 살펴볼 필요가 있다. 2019년 보육예산의 세부적인 내용을 검색하여 찾아보자.

■ 다음의 자료를 살펴보고 여러분의 다양한 의견들을 수렴해보록 하자.

재정확보는 어느 사업 분야에서 어느 정도 규모로 확충해야 하는가? 이미 분배된 예산의 규모가 효율적으로 공정하고 균형적으로 잘 분배되었는가? 등에 대한 관점으로 살펴보도록 하자.

참고문헌

김익균, 이창수(2011). 보육정책론. 교문사.

김진영(2012). 우리나라 유아교유 및 보육지출 규모와 공부담 비중에 대한 평가: OECD 국가와 비교. 한국경제연구원.

김현숙(2006). 영유아 보육재정 지출방식: 기본보조금에 대한 검토, 재정포럼, 제119호, 한국조세연구원.

박혜진(2013). 보육재정 지원의 효과성 제고를 위한 연구. 고려대학교 대학원 석사학위 청구논문.

백선정, 김미정, 정혜진(2016). 경기도 보육재정 효율화 방안. 경기도가족여성연구원.

보건복지부(2019). 보육사업 안내. 보건복지부.

보건복지부(2018). 공공형 어린이집 매뉴얼.

서문희, 이혜진(2014). 영유아 교육 · 보육 재정 증가 추이와 효과: 2004-2014. 육아정책연구소.

서정윤(2016). 무상보육정책에 대한 비판적 고찰: 젠더레짐을 중심으로. 이화여자대학교 대학원 석사학위 청구논문.

이채정(2017). 영유아양육지원정책 분석: 보육료·유아학비 및 가정양육수당 지원을 중심으로. 국회 예산정책처.

참고자료

서울신문(2012.7.20.). 보육료 선별적 지원 카드 '만지작' [보육제도 개선 공개토론회] http://www.seoul.co.kr/news/newsView.php?id=20120720011028

진실의 길(http://www.poweroftruth.net)

국회의원 최도자(http://www.choidoja.com/community/13952)

키즈맘(2017.11.15.). https://kizmom.hankyung.com/news/view.html?aid=201711153935o

Part VI

보육정책 실제와 미래

제13장 보육정책분석 및 대안형성 1

1 복지국가의 유형

복지국가의 위기와 이에 따른 재편을 바라는 시대적 요구에 의해 복지국가의 황금기가 도래하였다. 복지국가의 황금기는 1950년대에서 1970년대 이전까지의 시기로, 경제성장을 기반으로 복지국가도 함께 성장하였다. 국가가 국민의 복지에 대한 책무성을 강화하고 복지의 혜택을 받는 수혜자의 범위와 규모를 확대해 나가면서 선별적 복지에서 누구나 아무런 조건 없이 혜택을 받는 보편적 복지가 확립되었다는 것이 특징이다. 1970년대 이후 석유파동(1973-1974)으로 인해 전 세계적으로 경제적 위기가 촉발하였다. 경제성장이 감소하고 복지지출이 증가하게 되면서 복지혜택을 받아야 할 수급자와 복지비용을 부담해야 할 납입자 간의 불균형이 발생하였다. 사회적 연대가치와 신념은 약화되었고 국가는 고용 없는 성장으로 인해 재정 압박이 더욱 가중되었다. 이로 인해 시장경제를 통제하는 국가의 영향력은 감소하였고 국가의 범위를 뛰어넘는 복지가 과연 실현 가능할 것인가에 대한 불안감이 높아져 갔다. 즉, 복지국가 유형과 관계없이 복지국가 자체가 위기에 봉착했다는 인식이 확대된 것이다.

앞서 2장에서 살펴본 바와 같이 Esping-Andersen은 서구 유럽 국가의 정치-이데올기적 전통에 근거하여 복지국가 유형을 자유주의 복지체제, 보수주의 복지체제, 시민주의 복지체제로 구분한다. 미국이나 영국 같은 자유주의 복지국가와 북유럽 시민주의 복지국가의 차이점은 중산층의 복지 욕구와 사회적 위험을 누가 보장을 해주는가가 기준이 된다. 국민의 개인적인 요구나 위기에 대해 민간이나 개인 차원에서 보장해 주거나 스스로 해결해야 한다면 자유주의 국가에 가까운 것이다. 반대로 국민의 개인적인 요구나 위기에 대해 공공복지가 중산층에게도 사회적 보호를 제공한다면 유럽식, 스칸디나비아식이라고 보고 시민주의 복지국가라고 한다. 즉, 개인의 요구와 위기를 지원하는 복지를 누가 먼저 제공했는지 선후관계가 중요하다. 자유주의의 민간 복지와 시민주의의 공공복지는 서로 상충 관계다. 하나가 먼저 시작된다면 다른 하나가 도입되기 어렵기 때문이다.

다음은 Esping이 분류한 복지국가의 유형별 대표적인 국가의 보육정책에 대하여 살펴보고자 한다. 구체적으로 자유주의 복지국가로는 미국과 영국을, 보수주의 복지국가로는 독일과 프랑스를, 시민주의 복지국가로는 핀란드와 스웨덴을 살펴볼 것이다.

2 자유주의 국가의 보육정책

1) 미국

미합중국(The United States of America), 즉 미국은 2018년 7월 기준으로 백인(76.6%), 흑인(13.4%) 및 다민족들로 구성된 이민국가로서 대통령 중심제 연방공화국이다. 입법부인 의회는 상원과 하원으로 구성되며 주별 대표성을 고려해 미국 내 50개의 주에서 2명씩 선출된다. 상원과 하원은 상하관계에 있는 것이 아니며 대부분의 입법은 상원과 하원의 과반수 찬성이 있어야만 통과된다. 법안 제출은 우리나라와 달리 의원만이 할 수 있으므로 행정부가 제안하는 법률도 의원이 제출하게 된다. 제출된 법안은 우선 소관 상임위원회에서 심의하고 위원회를 통과한 법안은 공청회와 같은 여론수렴 과정을 거쳐 본회의에서 심의받게 된다. 상원 및 하원에서 통과된 법률안은 대통령의 서명이 있어야 발효가 되며 대통령은 의회에서 통과된 법안에 대해 거부권을 행사할 수 있다. 따라서 미국은 주 정부로 이루어진 연방국가이면서도 위와 같은 정치구조로 인하여 보육정책에 대해 중앙 정부가 직접 주도하거나 일괄적인 적용을 하지 않는다.

미국의 보육정책은 시장화 전략과 빈곤가족을 대상으로 한 제한적인 공보육을 제공하여 이원화된 구조로 구성되어 있다. 개인주의와 가족의 사생활을 존중하는 사회적 분위기로 인해 자녀양육 문제를 국가적인 책임이라기보다는 개별 가족의 문제로 본다. 이로 인해 전반적으로 요구하는 수준에 비해 제공되는 보육서비스의 수준이 매우 미흡하다. 미국은 매우 간접적인 방법으로 아동 양육을 지원하고 있다. 공공보육 서비스가 제한적으로 제공되고 있으며, 반대로 민간 보육시장이 발달되어 있어 미국 취업모 대부분은 아동보육서비스를 개별적으로 구매하고 있다. 보육서비스에 대한 구매의 경향과 비용은 구체적인 보육방법의 선택과 가족의 경제적 지위에 따라서 매우 다양하다. 개별 가족의 경제적 지위, 보육서비스에 대한 구매력에 따라 보육서비스의 접근성, 이용 가능성, 보육의 질 등이 결정되기 때문에 사회적·계층적 문제를 재생산하게 되는 문제를 근본적으로 안고 있다. 취업모의 54%가 개인적으로 보육비용(학령기전 아동)을 지불하고 있으며, 고소득층일수록 더 많이 구매하는 것으로 나타났다(홍승아, 2006).

미국의 영유아 보육·교육기관 유형은 크게 유치원, 유아원, 아동보호센터, 가정보육으로 나누어진다. 유치원은 전일제(공립, 사립), 반일제(공립), 취원 전(공립) 유치원이 있으며 유아원의 경우는 모두 사립이다. 아동보호센터는 설립주체에 따라 공립·비영리 사립·사립의 세 가지로 구분할 수 있다. 공립의 경우 정부지원 아동보호센터와 지역 내 아동보호센터가 있다. 비영리 사립의 경우, 기업 내 아동보호센터, 공동아동보호센터, 교회부설 아동보호센터가 있으며 영리를 목적으로 한 사립의 경우는 개인설립 아동보호센터와 아동보호가 있다. 그리고 가정보육에는 가정 내 탁아와 가정보육이 있다(나정 외, 2002).

1830년대 초기 미국의 보육정책의 출발점은 자선 사업가가 빈곤 아동을 대상으로 한 보육서비스이다. 1930년대의 경제 공항부터 국가의 역할이 대두되기 전까지는 보육은 가족의 책임이었다. 미국은 이민정책을 통해 많은 다민족들이 유입되면서 보육기관이 생기기 시작하였다. 보육기관은 이민 가족, 미망인 자녀, 빈곤 가정의 아동을 미국 시민으로 적응시키는 것이 운영목적이었다. 1930년대에는 경제공황으로 인해 긴급탁아소가 국고 부담으로 증설되었으며 1935년 사회보호법이 제정되기에 이르렀다. 이를 토대로 1937년까지 공립학교 안에 1900개의 탁아소가 설립되고 보육기관 확장에 공공 재정이 지원되었다. 제

2차 세계대전 동안에는 여성들이 전쟁 관련 사업에 대거 참여하게 되면서 보육 시설이 증가하게 되었고 보육 사업은 빈곤 계층을 위한 사회사업 수준에 머무르게 되었다.

1850년대 이후 보육정책은 성인의 빈곤퇴치 프로그램과 연계되어 시작되었다. 빈곤 가정의 부모를 위한 대표적인 복지 프로그램인 부양자녀를 가진 가족보조에서 어머니의 취업을 권장하는 정책까지 도입되었다. 초기 보육정책은 아동의 교육이나 복지를 위한 목적이기보다는 노동력의 수급 또는 복지 개혁을 위한 차원에서 수립되었던 것이다.

1964년 빈곤 아동의 성공적인 학교적응과 빈곤의 탈출을 목적으로 Head Start가 도입되었다. Head Start는 저소득층 영유아에게 사회성 및 학습능력을 함양할 수 있는 기회를 제공할 뿐 아니라 건강 및 영양 지원도 함께 제공함으로써 빈곤층 아동이 일반가정 아동과 동일선상에서 출발할 수 있도록 지원하는 포괄적 아동발달 프로그램이었다. Head Start는 종일제와 반일제로 구분되나, 최근 연방정부의 예산 삭감으로 인해 종일제 비중이 감소하였다. Head Start 수혜 대상은 총가구소득이 연방빈곤선 130% 이하인 가구 또는 공공부조를 받는 가정의 아동 및 장애 아동이다. 원래는 만 3-5세 유아를 대상으로 한 프로그램이었으나, 1994년부터 전체 예산의 일부를 만 3세 미만 영아를 위한 Early Head Start 프로그램을 운영하는 데 사용하고 있다(강성만 외, 2014). 주 정부와 민간에 의존한 미국의 보육정책은 Head Start를 시작으로 연방정부가 주도하였지만 다시 각 주마다의 상황에 맞는 다양한 보육제도와 정책으로 전환되었다. Head Start는 보육에 대한 정부의 지원이 제도적으로 보완되었다는 것에 의의가 있다. 하지만 연방정부의 지원으로 주정부와 연방정부가 보육에 대한 관심과 통제를 공유하였음에도 보육 대상은 여전히 저소득층 영유아계층을 주요 대상으로 하였다.

1980년대의 경제적 침체로 인하여 단순한 보호적 양육을 강조하게 되면서 아동의 건강, 양육과 영양에 대한 지원 프로그램 예산이 감소하였다. 미국은 보육보다는 교육의 방식으로 접근하여 빈민아동의 조기교육에 공공재원과 세금정책을 지원하며, 주로 빈곤아동의 사회경제적, 인적자본의 부족을 보완하고자 보상교육 프로그램을 제공한다(나정 외, 2002). 보육서비스의 제공은 주로 저임금층을 대상으로 한다. 아동의 보육비용을 직접 지원하거나, 보육서비스 구매력을 증대시킬 수 있는 방식으로 지원한다. 아동보육발달기금(CCDF)

을 통한 보육료 지원은 저소득층 가구의 부모가 취업이나 구직활동에 전념할 수 있도록 13세 미만 자녀의 보육을 지원하는 제도다. 지원대상 및 금액은 지역, 아동연령, 보육유형에 따라 다르다. 지원방식 및 전달체계는 현금지원, 서비스 위탁계약, 보육바우처 제공 등 각 주마다 다르다. 공보육의 대안으로는 일반 가족 대상 세액공제나 세금공제 등 세제혜택으로 보상해 준다. 세제혜택 규모는 소득 수준이나 자녀 수와 나이, 표준보육비용 지출 등을 기반으로 하여 차등지원 방식으로 제공된다. 수혜가구의 약 절반은 가구소득이 연방 빈곤선(3인 가족 기준 $18,530) 이하이며, 약 25%는 빈곤선 100~150%, 13%는 빈곤선 150% 이상이다. 아동 및 피부양 가족보호 세액공제 제도를 제외하고는 모두 저소득층을 대상으로 하는 프로그램으로 구성되어 있다(홍승아, 2006).

살펴보기

[미국] 워싱턴 D.C.의 유아학교(universal preschool) 도입의 효과

The Washington Post(2018. 9. 30.)

▶ 워싱턴 D.C.의 보육기관 비용은 미국 전 지역 중 가장 높은 것으로 알려져 있다. 이에 워싱턴 D,C, 교육구는 지난 2009년 유아학교를 도입하였으며, 이에 따라 지역 공립학교 및 차터스쿨(Charter school)에서 3~4세 아동을 대상으로 무료 유아교육 프로그램을 제공해오고 있다. 유아학교 등록이 의무는 아니지만, 통계에 따르면 현재 지역 아동의 약 80% 이상이 유아학교를 이용하고 있는 것으로 나타난다. 해당 정책은 부모들의 돌봄 부담과 보육비용 부담을 모두 덜어주었다는 긍정적 평가를 받고 있다.

▶ 미국의 자유주의 연구 센터인 미국진보센터(Centre for American Progress)는 유아학교의 도입이 어린 자녀를 둔 D.C. 지역 여성의 경제활동 참여율을 10%가량 높였다는 연구 결과를 발표하였다. 보통 유아교육 단계의 자녀를 둔 여성은 초등학생 자녀를 둔 여성에 비해 경제활동 참여율이 더 낮은 경향을 보이는데, 현재 워싱턴 D.C. 내 두 집단의 경제활동 참여율은 거의 비슷한 수준이다. 또한, 유아학교 도입 전 워싱턴 D.C. 지역 출산율은 65%였으나 유아학교 도입 후에는 76%로 증가했으며, 특히 저소득층 및 미혼모의 출산율이 많이 증가하였다.

출처: 교육정보네트워크 정보센터.

[미국의 보육정책]

	보상교육 및 취학전 예비교육	자산조사형 보육지원비	세금혜택	질적규제	학사일정
연방차원	헤드스타트: 자산조사형 보상교육 (3~4세 대상)		아동 및 피부양가족보호 세액공제: 아동보육비용에 대한 비환급성 세액공제		
연방 및 주 차원		아동보육 및 발달기금(CCDF): 자산조사형 지원 (3~4세 아동이 있는 근로자 부모) 한시적 빈곤가족부조 (TANF): 복지수급사 및 탈복지수급자 대상 자산조사형 지원 사회서비스 일괄 교부금 (SSBG): 저소득층 가족 대상 자산소사형 지원 부모	피부양 아동자원계획: 고용주가 제공하는 "유연적지출" (예: 소득세 등에서 보육비용 제외)		
주 차원	주 유아원: 4세 아동 대상 선별/보편 유아교육		아동보육 세액공제 (비환급성)	주 인가 및 규제: 보육기관 설립 및 건강, 안정, 질적 기준 제시	
주 및 지역차원					주 및 지역규제: 교사학생간 최소면담일, 학사일정 등 제시

출처: 홍승아(2006). 미국의 보육정책-시장화 전략과 잔여적 보육정책.

2) 영국

해보기

https://youtu.be/zypzWMP-Qx0

"확실한 시작(슈어스타트)을 하는 영국"
행복의 조건,
복지국가를 가다 4부 보육
EBS 다큐프라임, 2013.01.21.

▣ 영상을 시청한 후 영국의 보육 서비스와 우리나라의 보육 서비스에 대하여 비교해 보고 우리에게 주는 시사점에 대해서 이야기를 나누어보자. [영상 중 13분부터 시청]

1. 싱글맘 레이첼이 둘째와 함께 매일 방문하는 슈어스타트 센터에서는 무슨일을 하는가?
2. 부모와 아이를 함께 돕는 슈어스타트 센터 현장을 본 소감과 우리에게 주는 시사점은?

영국은 하나의 나라인 것처럼 보이지만 잉글랜드, 스코틀랜드, 웨일즈, 북아일랜드 이렇게 네 개의 단위로 나누어져 있으며 각각의 정부들이 있다. 보육제도의 경우에도 영국 전역에 걸쳐 공통적으로 발달된 것도 있지만 어떤 제도는 잉글랜드와 스코틀랜드가 다른 제도를 채택하고 있는 경우도 있다. 영국은 전통적으로 자녀의 양육은 부모의 책임으로 믿었기에 주로 가정양육을 위한 현금을 지원하고 있다. 1997년 노동당이 집권하면서 보육·교육 등 영유아 정책을 국가 전략 사업으로 규정하고 보육에 대한 정부의 책임을 강화하였다(이혜원, 2013). 기혼여성의 취업이 증가하고 시대의 요구에 따라 전통적 양육관이 조금씩 변화하여 아버지도 자녀를 돌봐 주고 있으나 여전히 자녀양육 문제는 어머니의 몫으로 남아 있다. 영국은 국가가 모든 영유아에 대한 지원을 하지만, 가장 필요로 하는 아동과 가족을 보다 적극적으로 지원한다. 즉, 모든 아동에 대한 보편적 양육 지원보다는 장애 및 빈곤, 문제아동 등 취약계층에 대한 지원에 중점을 준다.

1816년 산업혁명 이후 Owen은 방직공장 취업모 자녀들을 위해 18개월-10세 유아를 대상으로 하는 유아 학교를 설립하였다. 제1차 세계대전 중(1914-1918년)에는 100개 이상의 공립 보육기관(Public day care centre)이 설립되었다. 1918년에는 노동당 위원인 Margaret Mcmillan이 건강과 교육을 중요성을 주장하며 피셔(Fisher) 법안을 통과시켰다. 피셔 법안은 영국의 보육 분야가 독립적으로 발달하게 된 출발점이다.

1945년 이후 전쟁이 끝나고 여성들은 가정으로 되돌아가고, 보육기관은 문을 닫았다. 소수 보육기관(Day Nursery)만이 자녀양육의 유일한 대안이었다. 1950년대와 1960년대에는 모든 계층의 여성이 자녀 취학 전까지 자녀양육을 위해서 직장을 그만 두었으며 간혹 자녀 취학 후 시간제 직종에 재취업하였다. 1980년대 후반 경제 상태의 활성화와 청년층 인구감소로 인해 여성노동력이 필요하자 다시 보육에 대한 정부의 지원이 증가하기도 하였으나, 결국 정부는 최소한의 개입이라는 정책을 고수하였다.

최근 들어 보육문제는 공적 영역의 문제로 변화되면서 보육정책도 큰 변화를 보이고 있다. 1997년 노동당이 집권하면서 보육 및 영유아 정책을 국가 전략 사업으로 규정하고 보육에 대한 정부의 책임을 강화한 것이다. 1997년 교육고용부 산하에 아동국을 두어 이전까지 복지사업과 교육으로 분리되었넌 보육과 유아교육 서비스를 통합하여 일원화하고 업무를 총괄하였다. 영국은 양육을 개인의 책임에서 시작하였기에 1990년대 후반, 노동당 정부가 공공성을 확대하여 Sure Start를 도입하기 전 까지는 보육문제에 관심을 기울이지 않았다. 영국은 1999년부터 Sure Start를 통해 저소득층 아동에게 무상보육을 제공하기 시작하였다. 2000년대 중반부터는 만 3-4세 아동에게 주당 15시간의 무상교육을 제공함으로써 보육정책의 보편성을 강화하였다. Sure Start는 2004년 The Children Act 계획, 2006년 The Childcare Act 계획에 근거하여 만 5세 미만의 저소득층 아동에게 보육, 조기교육, 건강, 가족지원 서비스를 통합적으로 제공하였다. 이는 아동빈곤과 사회적 배제를 퇴치하고자 하는 목적으로 시행되어 전국에 약 800개의 Sure Start 센터를 설치, 통합적인 서비스를 제공하고 있다(권미경 외, 2012).

2006년 영유아 무료교육기간 및 주당 교육시간 확대 등을 골자로 하는 10개년 보육 교육전략 행동계획을 발간하여 일과 가정 양립을 위한 선택성과 탄력성, 14세 미만 아동을 위한 보육서비스 접근성, 보육 및 유아교육 서비스의 질, 보육 이용 가능성을 높이겠다는 목표를 세웠다. 2007년 10월에는 0-19세 아동을 위한 개혁안인 Children's Plan을 발표하였다(서문희 외, 2011). 담당 부서는 교육고용부에서 아동학교가족부로 2007년에 명칭이 변경되었다가 다시 2010년에 교육부로 명칭이 변경되었다(권미경, 2017). 유아교육과 보육기관의 등록은 교육기준청(OfSTED: The Office for Standards inEducation)에서 관리하는데 교육기준청 소속 담당관은 공·사립 유아교육기관을 감사하며, 영유아 관련 지원을 관리하고 있다(서문희 외, 2014).

영국은 저소득층에서 무상보육을 제공하고 있으나, 일반 아동이 이용할 수 있는 공보육 시설은 제한적이다. 종일제 보육기관 중 국공립 시설의 비율은 약 10%로 대부분의 시설을 민간이 운영하고 있다. 민간 중심의 공급구조 하에서 영국의 육아지원정책은 전통적으로 수요자의 보육비용을 경감하는 데 중점을 두어 왔다. 영국의 보육정책의 가장 큰 특징 중 하나는 비공식 보육을 인정하는 것으로 조부모나 친인척이 자녀를 돌볼 경우도 이를 인정하여 지원하고 있다(강경희 외, 2013; 강성만 외, 2014). 그 외 근로연계정책을 통한 보육서비스 지원, 보육기관에 대한 투자, 세제 개편 등을 통해 자녀가 있는 가구에 대한 경제적 지원이 확대되었다.

영국은 보육에 대한 국가의 책무성을 강화하여 저소득층 가정 유아, 장애 영아 대상으로 2세에 대한 조건부 무상교육을 실시하였다. 일 · 가정 양립 지원을 위해 직장에서 보육바우처 제도를 도입하여 일부 기업에서 계약을 통해 급여와 함께 제공하였다. OECD(2013) 기준으로 영국은 가족지원을 위한 공공 지출의 비율이 가장 높다. GDP 대비 전체 4.0% 수준이며 예산의 2.4%를 현금으로 지원하고 있어, 보육 · 교육서비스(1.4%), 세제지원(0.2%)보다 현금지원 비중이 높다. 영국의 아동 수당(child benefit)은 2013년 이전에는 가구소득과 관계없이 16세 미만 아동 가구에 대해 정책 지급하는 보편적 수당이었으나, 재정 절감 차원에서 2013년부터는 부모의 소득이 6만 파운드 미만 가구에 한하여, 자녀수를 고려한 차등 지원 형태의 현금을 제공한다(이혜원, 2013). 영국은 선별적인 차등 지원을 통해 저소득층 영유아 지원을 강화하였고 소득계층 간 불평등을 완화하였다. 이러한 아동관련 수당 및 세액 공제 제도는 늘어나는 사회부조비용을 줄였고 여성의 사회참여율을 높이는 경제적 효과로 나타났다(서문희 외, 2014). 이상을 통해 살펴보면, 아동수당, 아동세액공제, 만 3-4세 무상교육을 제외하면, 영국의 보육정책은 부모의 취업상태와 연계하여 제공된다는 특징을 가진다. 이는 근로를 장려하기 위한 정책이나, 부모 중 한 사람이라도 일하지 않는 가구는 이중의 취약성에 노출될 위험이 존재하기도 한다.

표 13-1 영국 영유아 보육· 교육기관 유형

	가정보육	유아원 (어린이집)	유치원	초등학교 내 유치원	기타
명칭	Home Cares, Childminder (family datcare)	Playgroup, Preschool/ Child Care	Nursery School	Reception Nursery Class	Sure Start Children's Centre 3-4세 Nursery School
나이	모든 연령	2-4세 / 0-4세	3-4세	4세	
비교	보육교사가 자신의 집에서 영유아를 돌봄	지역 사회나 비영리 단체가 부모의 협조로 조직하여 운영			

출처: 권미경(2017). 유럽 국가의 보육정책 현황과 시사점.

영국의 영유아 보육 · 교육기관 유형은 다양하다. 영국 영유아 기관은 크게 보육기관과 유아교육기관으로 나뉘는데, 만 5세에 의무교육이 시작된다. 가정보육(family daycare)은 5명 미만의 영유아를 가정보육사의 가정에서 돌보는 형태이다. 지역 사회나 비영리 단체가 부모의 협조 하에 조직하여 운영하는 유아원(playgroup, preschool/child care)이 있고 3-4세를 위한 유치원(nursery school)과 초등학교 내에 설치된 4세 유치원 학급(reception nursery class) 등이 있다. 보육서비스는 종일제 보육, 방과후 보육, 계절별 보육, 아동센터, 가정보육모로 구분되며, 조기교육 서비스는 유아학교, 유아학급(nursery classes), 예비학교(reception classes)가 있는 초등학교, 유아반은 없고 적응반이 있는 초등학교에서 제공된다. 보육서비스 공급 주체는 공공보다 민간 중심으로 공급이 이루어지고 있다. 2013년부터 교육부는 가정보육사에 대한 질적 수준 강화를 위해 가정보육사 에이전시(childminder-agencies)제도를 도입하였다. 가정보육사 에이전시는 가정보육사를 등록 관리하고, 회원과 학부모들에게 다양한 서비스를 제공하는 단체로 교육기준청(Ofsted)에서 지원한다. 그러나 민간의 상당수는 자원 기관이므로 실제 사립의 비중은 종일제센터가 2/3 수준으로 가장 높고 아동센터가 12% 정도로 가장 낮다.

살펴보기

[영국] 연구결과, 상대적으로 빈곤 가정의 아동일수록 유치원 무상교육 이용률이 낮아

The Independent(2018. 6. 12.)

▶ 런던정경대(London School of Economics, LSE)의 연구결과, 유치원 교육을 무상으로 이용할 수 있는 가능성이 일반 아동에 비해 빈곤 가정의 아동의 경우 1/3이 낮았고, 부유한 가정의 아동은 1/6이 낮은 것으로 나타났다. 빈부격차에 따른 무상유아교육 이용률의 격차는 학령전 교육이 대부분 사교육으로 이루어지는 지역에서 가장 컸던 반면에 학부모에게 추가비용을 청구하지 않는 슈어스타트 아동센터(Sure Start Children's Centres)나 초등학교부속 유치원들이 더 많이 있는 지역에서는 그 격차가 더 작았다. 이 연구보고서의 저자인 태미 캠프벨(Tammy Campbell) 박사는 이번 연구는 상대적으로 가계수입이 낮은 가정에게는 등록이나 점심 등의 추가비용이 장애가 되고 있다면서, 무상 유치원교육에 대한 접근에 차이가 발생하는 원인 중에는 무상보육 및 교육이 실제로는 무상이 아닌 경우가 많기 때문일 수 있다고 지적하였다.

▶ 이 연구에 따르면, 무상급식을 요청하는 빈곤층 아동의 경우 부유한 가정의 아동에 비해 무상 유치원교육이 제공되는 5학기 모두를 다닐 가능성이 13% 낮았다. 또한, 집에서도 영어를 쓰는 아동과 비교할 때 영어를 모국어로 사용하지 않는 아동의 가정은 무상교육이 제공되는 이 5학기를 모두 다니지 않을 가능성이 거의 3배나 높았다. 캠프벨 박사는 유치원 입학 대기리스트가 투명하지 않게 운영될 뿐만 아니라 이 업계의 시장이 복잡한 것은 상대적으로 적은 자원을 가진 부모들에게는 더 불리할지도 모른다고 예상하였다. 양질의 유치원 교육이 빈부격차를 해소하는 데 큰 도움이 될 수도 있다는 점에서 연구진들은 이번 연구결과에 대해 우려하였다.

출처: 교육정보네트워크 정보센터.

3 보수주의 국가의 보육정책

1) 독일

해보기

https://youtu.be/l76s0NQQy3g

"복지선진국 독일, 왜 출산율이 최하위일까?"

행복의 조건,
복지국가를 가다 4부 보육
EBS 다큐프라임, 2013.01.21

■ 영상을 시청한 후 독일의 보육 서비스와 우리나라의 보육 서비스에 대하여 비교해 보고 우리에게 주는 시사점에 대해서 이야기를 나누어보자.

1. 만 2세 미만 영아기 자녀를 위한 보육기관에 입학하려면 무엇이 필요한가?
2. 독일의 현장을 본 소감과 우리에게 주는 시사점은?

독일은 제2차 세계대전 후 40년간 서독과 동독으로 분단국가 체제가 지속되었다. 독일은 1990년 10월 3일 통일되었으나 보육정책은 정치적 · 사회적 이익 및 이념적 차이로 각기 추구하는 정책이 달랐다. 서독은 가족의 책임을 우선시하였고, 동독은 여성의 사회참여와 이를 지원하기 위한 공보육을 정책 목표로 삼았다. 서독은 전통적 양육관으로 인해 기혼여성의 취업률도 낮았고 특히 3세 미만의 유아를 위한 보육기관에 대한 요구가 낮은 반면 동독은 기혼여성의 취업을 적극적으로 장려하였고 일찍부터 집단보육이 발달했다. 영유아기의 집단생활의 경험은 영유아의 인식과 행동 발달에 큰 영향을 미친다고 믿었다. 통일 후 독일은 여성의 가정 내 역할 변화, 가족구조의 변화, 사회경제 변화로 인해 여성의 사회 진출이 증가하였다. 자연스럽게 보육에 대한 수요도 높아져 여성과 아동의 복지증진을 위한 제도 및 정책도 발전하고 있는 추세이다.

독일의 보육정책을 이해하기 위해서는 통일 전 서독과 동독의 보육제도를 이해할 필요가 있다. 서독과 동독으로 구분하여서 알아본 후 최근의 보육동향을 중심으로 살펴보고자 한다.

서독은 기혼여성의 취업률이 낮고 출산휴가 및 육아휴직제도 또한 미흡한 수준이었다. 서독은 집권당의 정책 노선에 따라 가족정책의 방향이 서로 달랐다. 제 2차 세계대전 직후 기민련의 집권 시는 기혼여성에게 전통적인 성역할과 가족의 양육책임이 강조되었다. 1969년 여성의 사회참여가 증가하고, 양성평등을 견지하는 사민당의 집권 시에는 가족친화적인 정책이 추진되었다. 기혼여성의 일과 가정의 양립 지원과 아동에 대한 평등한 교육 기회의 제공을 위한 정책의 일환으로 1979년 모친휴가법을 제정하였다. 1980년대 경제위기가 심화되자 서독은 보수적인 가족정책으로 다시 회귀하기도 하였다. 그러나 1985년 육아수당 및 육아휴직의 부여에 관한 법률을 통해 육아휴직은 남녀 구분 없이 신청할 수 있고 근로 여부에 관계없이 남녀 모두 육아휴직 기간에 육아수당을 지급받게 된다. 육아휴직은 2001년에 부모의 양육 기간으로 개칭되어 휴직 기간동 안에도 부모의 파트타임 취업을 가능케 함으로써 부의 양육분담을 장려하게 되었다(이진숙, 2008).

반면, 동독은 대체로 일관성 있는 가족정책을 추진해 왔다. 사회 및 정치적 이념이 아동의 집단 보육을 지지했기 때문에 동독에서는 육아휴직 등에 대한 법률도 일찍 제정되었으며 보육제도가 체계적으로 발달하였다. 독일에서 체계적인 보육제도가 발달한 것은 1945년 제2차 세계대전과 히틀러의 파시즘 붕괴 이후 동독에서 시작되었다. 전쟁 직후 보육기관의 주된 기능은 파괴된 도시와 경제를 재건하는 악조건 하에 있던 취업모의 자녀들을 돌보는 것이었다. 1949년 동독은 전쟁 직후 보육기관은 적절한 위생을 제공함으로써 영유아의 건강을 유지시키는 것에 가장 큰 관심을 두었다. 이러한 보육기관의 방향은 1980년대가 되어서야 위생과 건강에 대한 관심에서 교육과 발달에 대한 관심으로 전환되었다. 새로운 교육 프로그램의 개발되어 보육기관에 언어, 놀이, 창의적 활동을 위한 프로그램이 도입되었다.

통일 이후 독일은 서로 다른 정책을 고려하여 통합하려는 노력을 계속해 왔다. 그 결과 어린이 생계비 지원, 주택 및 임신과 양육을 위한 가족지원, 직업여성의 재취업 보장, 유아기 어린이들의 킨더가르텐(Kindergarten)에 대한 권리(1996년 새로 마련, 1998년부터 시행) 등을 강화하였다. 하지만 통일로 인한 지속적인 경제 침체는 독일 젊은이들이 결혼을 회피하는 이유가 되었고 이로 인해 출산율이 1% 대로 감소하였다. 통독 이후 출산율 저하와 고령화 등으로 사회적 문제가 제기되어 가족지원의 대상 범위를 지속적으로 확대하였다. 예를 들어 유치원의 운영시간을 늘리고, 방과후 프로그램을 확대 운영하였지만 1-3세 유아의 취원율에 있어 구서독 지역은 17.4%로 취원율이 매우 낮았고 구동독 지역은 48.1%로 독일 전체 영아의 보육기관 취원율은 총 23.1%에 불과하였다.

독일은 연방국가로서 강력한 지방자치제가 실시되고 있어 각 주는 자율적인 결정을 내리고 수행하고 있으며 독일의 보육정책은 아동교육, 모성보호, 취업모 정책, 가족문제 지원을 중심으로 확대되고 있다. 특히 취업모가 일과 가정을 병행할 수 있도록 정책을 유지하고 있기 때문에 독일의 육아지원은 결론적으로 가족지원 중심이다. 독일의 사회복지 시설 설립은 국가와 사회단체가 대부분을 자시하고 있으며, 개인이 설립하더라도 사회단체가 운영한다. 국가의 예산 및 종교세와 기부금으로 지원하고 있으나 보육료는 차등보육을 적용하여 사회와 부모의 책임부담을 공동으로 한다. 보육에 대한 지원과 수행에 있어서 연방(Bund), 지방(Land), 지역구(Kreis), 당사자(부모)의 역할이 뚜렷하게 구분된다. 예를 들어 유치원 지원금은 주, 설립자, 부모가 어떻게 서로 분담할 것인지 각 주는 선택하여 결정할 수 있다(이명환 외, 2010).

표 13-2 독일 육아지원기관의 유형

유형		취학연령	설립주체	운영형태
유아원		0-3세	종교단체 사회단체 지방자치단체	대부분이 종일제로 운영 가정이 아동양육을 책임지는 것이 전통이므로 통일 이후에도 취원율은 크게 증가하지 않음
유치원	유치원	3-6세	종교단체 사회단체 지방자치단체	오전반, 오후반, 종일반으로 놀이 중심 활동으로 운영함
	학교 유치원	5세 이상	초등학교 체제에 속함	학교에 입학하였으나, 적응이 어려운 경우 학교 유치원을 다닌 후 재입학이 가능함 초등학교 적응이 어려울 것으로 예상되는 아동이 미리 등록함 놀이보다는 학습 능력을 개발시키는 데 역점을 둠
	시작 학교	5-6세	초등학교 체제에 속함	유치원과 초등학교의 연계성 있는 교육을 실시함 놀이보다는 교과 중심 학습 형태로 운영함
호르트		방과후: 6-14세 유치원 혼합연령 : 3-14세		시간제한이 없고, 오후 5시까지 보호함 학교 수업이 없거나, 오전 수업이 일찍 끝났을 때도 시설 이용이 가능함 방학기간에도 계속 개방함

독일의 공식적인 보육·교육기관은 크게 3세 미만 영유아를 위한 보육기관(Kinderkrippen)과 4-6세 유아를 위한 유치원(Kindergarten), 그리고 7-11세의 취학아동을 대상으로 방과후 보육프로그램을 전담하고 있는 호르트(Hort)로 구분된다. 이들 세 가지 유형의 기관은 지역에 따라 각각 분리 설치되어 있거나 통합아동보육기관(Kindertagestaette 혹은 Kindergeseinrichtung; 아이를 종일 위탁하는 곳)이라 하여 종일제로 설치·운영되고 있으며, 최근에는 통합아동보육기관이 증가하고 있다. 이 밖에 학교생활 적응이 어려울 것으로 판단되는 아동을 대상으로 하는 학교유치원(Schulkindergarten)이 있다.

살펴보기

[독일] 연방 주별 취학 전 아동 돌봄 현황

빌둥스클릭, 슈피겔(2018. 8. 28.)

▶ 베텔스만 재단의 '취학 전 교육체계 주별 모니터링(Ländermonitor Frühkindliche Bildungssystem)'에 따르면 독일의 취학 전(0~3세 미만/3~ 취학 전(6세 미만)) 돌봄 참여비율이 지속해서 증가하고 있다. 돌봄의 질(Qualität)은 전체적으로 개선되고 있으나 거주 지역 및 동서 간 차이가 큰 것으로 나타났다.

▶ 2015년에 비해 3세 미만 아동의 돌봄 참여비율은 대폭 증가하여 76만 만 명의 3세 미만 아동이 돌봄을 받고 있고, 돌봄 교사 1인당 담당하는 아동의 수도 감소하였으나 11개 주에서는 감소하지 않았다.

▶ 베텔스만 재단은 이번 연구 결과를 토대로 2019년부터 효력이 발생하는 연방의 우수 아동 보육기관법을 강하게 비판하였다. 동법에 따라 연방은 2022년까지 55억 유로(약 7조 1,583억 원)를 지원하여 돌봄 교사 1인이 담당하는 아동 수 감소, 무상 돌봄의 시행, 훈육교사(돌봄 교사) 교육을 개선하고자 하였다. 그러나 베텔스만 재단은 동법이 연방 전제 주에 적용할 통일된 표준(기준)을 제시하지 않고 돌봄을 받는 아동의 수가 연방 주별로 차이가 있으나 이를 고려하지 않아 문제가 많다고 지적하였다.

▶ 베텔스만 재단은 독일 연방 전 지역에서 돌봄 교사 1인이 담당하는 3세 미만 아동의 수는 3명으로 3세에서 취학 전 아동의 수는 7.5명으로 감소하도록 취학 전 아동 돌봄(교육)을 개선하기 위해서는 매년 87억 유로(약 11조 3,232억 원)의 재정이 필요하다.

출처: 교육정보네트워크 정보센터.

2) 프랑스

해보기

https://www.youtube.com/watch?v=YNaTPmzQ4iE

세계 출산률 1위 '보육의 천국 프랑스'
행복의 조건,
복지국가를 가다 4부 보육
EBS 다큐프라임, 2013.01.21.

■ **영상을 시청한 후 프랑스의 보육 서비스와 우니나라의 보육 서비스에 대하여 비교해 보고 우리에게 주는 시사점에 대해서 토론해보자.**

1. 마른렌이 신뢰하는 프랑스의 보육제도는 우리나라와 어떻게 다른가?
2. 프랑스 교사의 관리 체계는 우리나라와 어떻게 다른가?
3. 국공립 기관의 확충률이 높은 프랑스는 보육기관을 선택할 때의 기준은 무엇인가?

프랑스는 유럽 중서부에 위치하고 있고 우리나라(남한)의 6.8배 크기로 대통령 중심제와 의원 내각제가 혼합되었다. 세계적으로 최근 20년 동안 다른 국가들이 저출산의 위기를 경험할 때 프랑스의 출산율은 지속적으로 증가하였다. 프랑스는 제2차 세계대전 직후부터 저출산에 대응한 적극적인 출산장려정책을 주도하였다. 프랑스의 출산율은 폭넓은 가족친화정책과 출산장려정책을 시행하고 있기 때문에 유지되고 있다. 출산장려정책은 출산휴가에서부터 가족수당 제공, 세제지원을 하며, 특히 다자녀 출산에 대한 경제적 지원 제공이 핵심이다. 가족친화정책은 출생된 자녀들 중 영아에 대해 노동시장 정책과 연계하여 보육지원(부모 보조금)을 통해 가정보육을 활성화하는 방향으로 추진하였다. 유아에 대하여 공공 교육기관을 통해 무상교육을 제공하는 이원화된 지원을 한다. 이러한 다각적인 정책을 통해 높은 출산율을 유지하면서도 여성의 경제활동참가율을 유지하고 있다. 프랑스의 출산율은 현재 2.0명으로 아일랜드와 더불어 유럽 최고 수준이다.

프랑스는 다른 어떤 나라보다 보육의 역사가 길고 체제도 잘 갖추어져 있는데 이는 유모제도로부터 시작된다. 높은 영아 사망률을 감소시키기 유모에 의한 아동 양육제도가 조직화되었고 이를 지역 자선단체가 지원하며 시작되었다. 유모에 대한 보육이 활성화되면서 이를 법제화하여 유모의 자격관리나 보육방안이 마련된 것이다. 프랑스의 영유아보육시설은 1770년 Oberlin에 의해 처음 시작되었다. Oberlin 목사 부부는 직업 때문에 자녀를 돌볼 수 없었던 여성들을 위해 아이들을 안전하게 보호하였고 영유아들에게 뜨개질, 바느질, 실 감기와 같이 손을 사용하는 활동을 지도하였다. 이는 노동자들의 아이들을 거리의 위험으로부터 보호하기 위한 것으로서 자선사업 또는 구빈사업에 목적을 둔 것이었지만 부모 외의 타인에 의해 이루어지는 교육 및 보호기능을 제공했다는 의미에서 보육기관으로 볼 수 있다(정미라 외, 2009).

1801년 빈민 구제 사업으로 아동 위탁소(Chambre de dépot)를 설립하였다. 아동 위탁소는 6개월 이상의 영아만을 보호대상으로 하였다. 이후 1825년에는 생후 16개월부터 6세 빈곤계층으로 보호대상을 확대하였다가 추후 모성학교(École maternelle)로 발전하였다. 19세기를 거치면서 공립 보육기관들이 생겨났지만 시설과 설비가 빈약했고 자격을 갖춘 교사가 부족했기 때문에 효과적인 운영이 어려웠다. 공립 보육기관의 보육대상은 저소득층의 자녀들이이므로 영유아의 신체적 건강과 위생을 중심으로 돌봄을 제공했다. 1874년에는 최초의 아동보호법이 제정되었고, 1880년대에는 내무부가 보육기관의 위생 및 운영 일반에 관한 많은 문제섬을 김독을 하게 되며 국가의 관심과 제도로 포함되었다.

프랑스에서 보육기관이 제도적으로 설립된 시기는 1884년로 집단보육의 유형이 도입되면서 보육에 대한 국가의 책무성을 갖춘 공동육아 형태가 되었다. Marbeau는 엄마 역할을 대신 수행하기 위해 아이들이 보육하는 크레쉬를 처음 설립하였으며, 보육사업을 가족복지의 일환으로 추진하였다. 크레쉬는 1840년대 약 20여개에서 점차 증가하였으나 1880년대부터는 크레쉬의 운영에 대한 비판적 의견이 나타났다. 크레쉬로 인해 집단보육의 형태가 지속되면서 영유아는 어머니와 정서적 단절을 겪는다는 비판 때문이었다(정미라 외, 1998). 하지만 사회와 가족 구조의 변화, 여성의 사회참여 증가 등으로 인해 본격적인 보육기관으로 발전하게 되었다. 여성의 사회참여율 증가로 인해 보육기관은 사회적 필요로 인해 양적으로 급증하였고 점차 보육기관의 질적 수준에 대한 요구가 증가하였다. 그 결과 1960년에 이르러 프랑스의 보육기관은 보육기관의 시설 및 기능의 다양화, 보육인력의 자격 및 시설기준이 강화되었다. 1982년 지방분권정책의 수립으로 중앙집권적 형태의 보육행정체제는 지방분권적 체제로 전환되어 국가는 보육관련 법령공포나 법령조성을 통해 보육정책 방향을 제시하고 중앙 지휘자로서의 역할을 수행하며, 지방자치단체는 보육기관의 설립 · 시설인가 및 개축심사를 담당하고 보육기관의 관리 및 감독을 수행하게 되었다. 1990년에는 국가의 이익을 위해 아동에게 가치를 부여하는 의식이 가족과 아동을 보호하는 사회적 정책을 발전시키는 원동력이 되었다. 그 결과 아동 및 가족에 대한 사회의 다양한 지원정책을 발전시키게 되었다. 2000년에는 그동안 고질적인 문제로 지적되었던 유아학교와 초등학교의 연계성 및 일관성 결여문제를 해결해 주는 '만 6세 이하의 유아를 보육하는 기관 및 시설에 관한 데크레(Décret)'란 부제가 달린 영유아 보육기관 운영에 관해 법령이 제정 · 공포되었다.

프랑스는 영아기와 유아기로 나누어 보호와 교육의 통합서비스를 제공하되 행정 전달체계는 현재 우리의 경우와 유사하게 이원화 체제로 운영된다. 보육은 노동고용건강부에서, 시설의 설립 및 운영 관리와 직접적으로 관계된 제반 업무는 지방정부의 책임으로 지역의 사회 보건국에서 관장하며, 유아교육은 교육부에서 관장한다(서문희 외, 2014; 신윤정, 2012). 지방정부 산하 각 지자체에서는 지역에 설립되는 보육기관의 건축비, 경비, 운영비를 부담하고 가정보육의 허가나 지원에 대한 책임을 진다. 프랑스는 영아에게는 양질의 공보육을 제공하거나 가정보육 시 부모 보조금을 지급하고, 유아에게는 유아교육기관을 통해 무상교육을 제공하는 공교육체계가 확고하게 정립된 국가이다(이혜원, 2013). 영아가 이용하는 보육기관은 크게 보육원, 일시보육기관, 가정보육으로 구분된다. 보육원은 모성휴가가 끝난 만 3개월부터 만 3세 미만의 영아를 부모가 일하는 시간에 보육하는 기관으로 지방자치단체, 기업, 부모협동조합 등이 가족수당기금으로 운영한다. 유아들은 만 3세부터 초등학교 입학 전 만 5세까지는 유아교육기관인 모성학교에 다니며 만 2세에게도 모성학교 입학은 허용된다. 그러나 너무 어린 나이에 학교 시스템에 적응하는 것을 우려하여 크레쉬와 모성학교를 연결하는 전이학급 또는 연계학급으로 운영한다(서문희 외, 2014).

보육기관 크레쉬 유형은 집단보육, 가정보육, 부모 및 직장어린이집으로 구분할 수 있으며, 유형마다 보육 가능한 영유아 인원이 정해져 있고 보육기관의 70%가 공립이며, 나머지는 비영리 단체가 설치 운영한다. 가정 보육모는 보육모의 집에서 1-4명의 영유아를 돌보거나 영유아의 집으로 방문하여 돌봄을 제공하는 가정 내 보육모가 있다(신윤정, 2012). 어머니의 취업 여부에 따라 종일제 또는 시간제 보육을 이용할 수 있고, 보육료는 무상이 아니며 이용하는 보육 시간에 따라 본인 부담금을 지불하고 이는 소득 수준과 자녀 수에 따라 차등을 두고 있다. 프랑스의 보육료는 맞벌이 여부보다는 소득 수준을 고려하여 수당과 보육료를 차등지원하거나 부모가 부담한다. 하지만 이렇게 지급한 보육료는 한 자녀당 최대 50% 를 세금 환급으로 지원한다. 3세 이상 유아에 대해서는 무상교육을 제공하여, 거의 공립인 3-5세를 위한 유치원 모성학교에서는 모든 아동 대상 주 4일 24시간 교육을 실시하며, 일반적으로 초등학교 옆이나 안에 설치되어 있다. 3-5세 유아 대상 보육 서비스는 방과 후 및 휴일에 부모가 직접 돌보지 못하는 경우에 한해 이루어지며 점심 급식비용과 연장보육료나 방과 후 보육료는 부모의 소득에 비례해서 부모가 부담한다(신윤정, 2012).

표 13-3 프랑스 영유 보육기관 유형

	보육사	보육기관			공립유치원
명칭	가정 보육모 가정내 보육모	크레쉬	일시보육	시간제보육	모성학교
나이	6세 이하	2개월-3세	6세 미만	2-6세 혹은 빙과후 이동	3-5세 전부 및 2세 중 일부

서문희(2011)는 프랑스의 육아지원 특징은 저출산극복을 위한 다양한 수당지원체계를 위해 GDP 4%를 다양한 양육수단으로 지원한다고 보고하였다. 프랑스 육아지원의 특징은 저출산 극복을 목적으로 다양한 수당 지원 체계가 마련되었다. 프랑스의 출산휴가는 16주이며 부성휴가는 유급으로 최대 11일이다. 여성 육아휴직은 1977년부터 시행되어 1984년에는 부 또는 모가 육아휴직을 이용할 수 있게 되었고, 1994년부터는 둘째 자녀, 2003년부터는 첫째 자녀 출산으로 확대되었다. 2006년부터는 육아휴직의 유동적 사용이

가능해져 최저임금의 60%를 받으며 1년간 휴직하거나 최저임금의 35%를 받으며 최대 3년 동안 휴직하는 것 중 선택이 가능하다. 육아휴직 급여는 가족수당기금(CNAF)에서 부담하며, 고용주의 경제적 부담은 없지만, 육아휴직이 끝난 후 여성이 복귀할 때까지 일자리를 보장해 줄 의무를 가진다. 또한 자녀가 3세가 될 때까지 자녀를 돌보기 위해 노동시간을 단축하거나 일자리를 그만둘 경우 부모수당이 제공된다. 프랑스의 아동수당은 둘째 자녀가 출생한 후부터 그 자녀가 20세가 될 때까지 제공되며, 두 명의 자녀가 있는 가구에는 월 127유로, 세 명의 자녀가 있는 가구에는 월 289유로, 네 명 이상의 자녀에 대해서는 자녀당 월 162유로가 추가로 제공된다. 아동수당은 가구소득과 무관한 보편적 수당이나, 가구소득에 따라 3명 이상의 자녀를 둔 가구에 대해서 그 자녀가 3-21세일 경우 월 165유로의 가족보충수당이 추가적으로 지급된다. 가족보충수당의 소득한도는 부양자녀가 3명일 때 연 35,483유로, 부양자녀가 4명 이상일 때 연 41,408유로이다. 아동수당 외 가족수당으로는 출산수당, 입양수당, 기초수당, 편부모수당, 장애아동 교육수당, 주거수당 등이 있는데, 이는 가구소득에 따른 선별적 수당이다. 그 외 세제혜택은 가족단위로 지원된다. 프랑스의 납세 단위는 개인이 아니라 가족이며, 각 가구원에게는 일정 점수가 부여된다. 이에 따라 3명 이상의 자녀를 둔 가구일수록 과세 대상 소득이 작아져 결과적으로 세금감면 혜택을 누린다.

표 13-4 프랑스의 아동수당 외 가족수당

종류	내용	지원 수준
출산수당	출산 관련 비용을 지원	출산 시 916.70유로
입양수당	만 3세 미만 자녀 입양	입양 시 183.34유로
기초수당	출산수당이 지급된 후 만 3세가 될 때까지	매월 181.52유로
편부모 수당	한 자녀	월 712유로
	둘째 이상	추가로 월 189유로
장애아동	교육수당	월 127~1,060유로
	주거수당	월평균 210유로

소득계층과 상관없이 동일하게 지급하던 가족수당을 2015년부터 가구소득에 따른 차등지원으로 변경하였지만 프랑스에 거주하는 모든 부모에게는 가족수당 등의 서비스를 제공한다. 하지만 영아의 경우 가정에서 부모가 직접 양육하는 비율이 높으며, 취업부모인 경우에도 27%가 부모가 직접 양육하고 있다. 또한 아버지 육아휴직을 활성화하기 위한 제도적 노력을 하고 있다. 이는 육아휴직의 사용으로 인해 가능한 것으로 볼 수 있어 우리나라 보육정책에 주는 시사점이 크다(서문희 외, 2011).

살펴보기

[프랑스] 유치원 대토론회: 3세부터 의무교육화

교육부(2018. 3. 26.)

▶ 지난 3월 27~28일 양일간 유치원 대토론회가 개최되었다. 이 토론회는 '진정한 언어교육과 성장을 위한 학교'로서 유치원 과정을 재고하기 위하여 개최하였다. 이틀간 진행된 대토론회에는 약 400여 명의 교육 관계자가 참석한 가운데 다양한 현장 경험과 사례를 나누며 지식을 공유하였다.

▶ 현재 프랑스에는 252만 2,282명이 유치원에 다니고 있으며, 이들 중 9만 2,885명은 3세 미만의 어린이다. 유치원 교사는 8만 5,678명, 보조교사는 5만 2,000명으로 집계되었다. 전국적으로 1만 4,131개의 유치원이 있으며, 학급은 9만 3,134개이다. 학급 당 학생 수는 평균 25.3명이다.

▶ 현재 OECD와 유럽연합은 유치원 교육으로 다음의 두 모델을 제시하고 있다.
① 취학전 연령의 아동 모두를 위한 통합 구조
② 3세 미만, 3~6세로 연령을 구분하는 구조

▶ 에마뉘엘 마크롱 대통령은 유치원 대토론회에서 2019년부터 현행 6세부터인 의무교육 연령을 낮추어 3세부터 의무교육을 적용할 것을 발표하였다. 이는 16세 이전에 읽기, 쓰기, 셈하기가 능숙하지 않은 상태로 학교를 중퇴하는 학생 중 80%가 이미 초등학교 1학년 시기부터 학업에 어려움을 겪은 것으로 조사되었기 때문이다. 따라서 유아를 공공정책의 주요 대상으로 삼고 언어 몰입 교육을 통해 초등학교 1학년에서 균등한 기회가 주어질 수 있도록 하는 것이 필요하다고 할 수 있다.

출처: 교육정보네트워크 정보센터.

4 시민주의 국가의 보육정책

1) 핀란드

해보기

https://youtu.be/zypzWMP-Qx0

"태어나는 순간 복지가 시작되는 나라 핀란드"

행복의 조건,

복지국가를 가다 4부 보육

EBS 다큐프라임, 2013.01.21.

■ **영상을 시청한 후 핀란드의 보육 서비스와 우리나라의 보육 서비스에 대하여 비교해 보고 우리에게 주는 시사점에 대해서 이야기를 나누어보자.**

1. 니나가 받은 마더박스에는 무엇이 들어 있고 우리나라와는 어떻게 다른가?
2. 배워야 할 목표가 없고 배우고 싶은 것을 배우는 핀란드 유치원 현장을 본 소감은?

핀란드는 면적의 1/3이 북극권에 속한 나라로 북부 유럽의 스웨덴과 러시아 사이에 자리 잡은 스칸디나비아반도 북동쪽에 위치해 있다. 공화제 국가로 행정구역은 6개 지역(lääni), 20개 주(maakunta)로 구분하고 영유아는 42만 명으로 총 인구 대비 10% 수준이다. 최근 출산율은 평균 1.8명이고 여성경제활동 참여율은 지난 10년 동안 큰 변동 없이 55.0%이다. 이는 스웨덴이나 노르웨이보다는 낮지만 프랑스, 독일에 비해서는 높으며 참고로 우리나라 여성경제활동 참가율은 52.2% 수준이다(국가통계포털, 2018).

핀란드는 1945년까지만 해도 산업이 잘 발달하지 않았고, 천연자원도 풍부하지 않은 상황이었다. 전체 인구의 60% 이상이 임업 및 농업에 종사하여 대다수 국민은 2-3년제 공민학교(civic schools)를 졸업하고 직업고등학교에 진학한다. 핀란드 교육제도는 11세에 대학 진학과 직업교육 여부가 결정되는 정통적이고 보수적인 복선제 체제를 채택하여 대학입학을 위한 문법학교(grammar schools)에는 25%의 학생만이 진학한다. 이러한 체제는 1963년 핀란드 의회에서 국가 경제발전을 위해 공교육을 강화하기로 결정한 것이다(정일용, 2012).

1973년 보육법(Chukdreb's Day Care Act)의 제정으로 지자체는 중앙정부와 협력하여 보육기관의 운영과 재정에 대한 책임을 갖게 되었다. 유치원과 보육기관에 대하여 국가지원의 보장이 확실해지고 유치원과 탁아소가 합쳐진 데이케어센터(Day Care Center)가 정립되었다. 이는 생활 환경적 요인에 대한 법규규정을 통해 교육목표를 확립하고 부모와 아동의 균형 있고 건강한 성장이라는 목적을 관련 조항을 통해 분명히 명시하고자 한 것이다. 이를 통해 영유아의 보육과 교육서비스를 제공하여 아동의 발달을 다양하게 지원하고 개개인의 처한 상황에 맞춤 환경을 제공해 줌으로써 유아교육제도의 체제를 정비하게 되었다(신동주, 2015). 특히 1973년 아동보육법에서는 보육서비스의 조직 및 제공 의무는 지방자치정부에 있으며, 지방자치정부는 보육기관이나 가정어린이집의 형태로 보육서비스를 제공하고, 지방자치당국이 보육기관 혹은 감독 가정보육의 형태로 학령 전 아동을 위한 보육제도를 마련할 것을 명시하였다(이윤진 외, 2015).

1996년 개정된 보육법에서는 취학전 자녀가 있는 부모에게 공립보육기관을 이용할 수 있는 권리를 부여했다. 핀란드의 보육은 사회서비스의 일종으로서 보건사회부(MInistry of Social Affairs and Health)가 주무부서이다. 그러나 2007년 보건사회서비스의 대대적인 재개편으로 보육서비스가 사회서비스나 교육 서비스 안에 편입되었다. 핀란드는 유치원과 보육원이 결합된 형태로 'kindergarten'이라고 하지 않고 'daycare center'라고 부른다. Day care centeres는 연령 통합형으로, 종일제 보육기관이며 0-5세의 교육을 담당하고 있다. Kindetgarten은 연령 통합형으로, 종일제 보육기관으로 1-5세 교육을 담당하고 있다. Family day care는 가정 내 보육으로, 4명까지 담당할 수 있으며 0-3세 교육을 담당하고 있다. Preschool class는 초등학교나 유치원에 소속된 유아학급(초등준비학급)으로 종일제를 택하고 있다. Home care는 가정에서 돌보는 것으로 월 450~780유로를 지급하는데, 경제수준에 따라 차등 지원된다. 지역당국은 초등학교의 의무교육이 시작되기 전 유아들을 위한 교육기관을 제공할 의무를 지니고 있으므로 학교, 데이케어 센터, 가정 데이케어, 그

외의 적절한 장소 등으로 결정한다. 일부 지자체에서는 이미 보육이 학교 교육과 동일한 부서에서 관장되고, 정부 차원에서도 보육업무의 교육부 이관 문제가 활발히 논의되었다. 2001년부터는 전체 취학 직전 유아교육이 교육문화부로 이관하고 2013년에는 유보통합을 하였다(곽노의, 2017).

핀란드는 영유아의 발달, 성장, 배움을 위한 최상의 환경과 포괄적 복지혜택의 환경 속에 행동의 자유와 행복을 누릴 권리제공을 받기 위한 제도적 시스템에 중점을 두고 있다. 평생보육(care)과 교육(education)이 교수법(teaching)과 함께 어우러져 연령발달 정도나 상황, 요구 등에 적절한 보육과 교육에 중점을 두고 가족과 사회 복지, 교육당국, 지역사회, 관계조직등과 광범위한 네트워크를 형성하여 협력에 중점을 둔다. 2015년부터 발효된 새로운 아동보육법은 핀란드 유아의 안녕과 발달증진 가능의 서비스를 제공하는 데 목적이 있다. 이 법은 유초연계 교육을 강조하였고 의무교육연령을 만 7세에서 만 6세로 낮추었다. 이는 영유아의 발달적 특성과 학교급 간의 연속성을 추구하고 있다(신동주, 2015). 핀란드의 유아교육과 보육시스템을 그림으로 살펴보자.

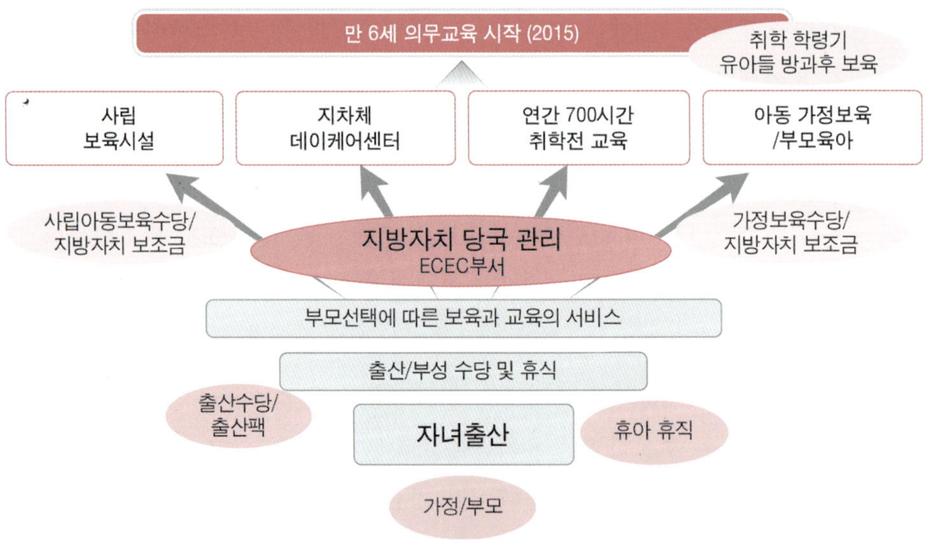

출처: 한국교육연구네트워크 총서기획팀(2010). 핀란드 교육혁명.

그림 13-1 핀란드의 ECEC 시스템

핀란드의 유아교육과 보육(ECEC)시스템을 살펴보면 첫째, 임신과 출산지원제도에 있어서 다양한 복지서비스와 수당을 정부지원 사회복지기관에서 책임지고 지원하고 있다. 평등사회 구현의 일환으로 임신출산과 동시에 무료 산모 육아용품인 '엄마상자'의 선물을 통한 물품이 지원된다. 또한 출산휴가, 아버지휴가, 부모휴가, 시간제 육아휴직, 일시적 육아휴직, 가족원 돌봄을 위한 일시적 육아휴직, 육아휴직과 가정휴직 등의 다양한 사회복지적 시스템의 체계적이고 탄탄한 출산제도와 함께, 출산수당과 아동을 보육하는 모든 부모의 소득과 재산에 상관없이 일률적 일정 금액을 지급하는 아동수당, 자녀 돌봄을 위한 가정양육수당으로 부모의 직접양육을 위한 제도가 핀란드의 가장 특징적인 제도이다. 지방자치 당국의 ECEC부서의 관리를 통해 부모선택에 따른 수요자의 측면에서 보육과 교육의 서비스 수준의 질을 높이는 것이 핀란드 유아교육제도의 핵심이다(이윤진 외, 2015).

핀란드의 보육정책은 육아를 위한 부모의 선택권을 존중하고 관련 제도를 개선해 오면서 이루어진 상태다. 부모는 48주 동안의 육아휴직 이후 자녀가 의무교육인 초등학교 입학하기 전까지 세 가지 선택권을 가진다. 첫째, 육아휴직을 이용하여 부모 중 한 사람이 가정에서 아동양육수당(child home care allowance)을 받으면서 양육하는 경우이다.

둘째, 민간보육기관을 이용하는 경우 민간보육수당(prevate childcare allowances)을 받는 것이다.

마지막으로 공립보육기관(municipal day care)을 이용하는 것이다. 이 이외에도 육아를 위해 시간제로 이용 가능한 놀이집단, 놀이터, 개방형 어린이집, 가족공원 같은 다양한 공사립 서비스들이 있다. 핀란드에서는 자녀가 만 3세가 될 때까지는 대부분 가정에서 부모가 직접 양육한다(권미경 외, 2012). 핀란드의 보육재정 투자 비율은 3세 미만 영아에게는 GDP 대비 0.7%를, 3세 이상 아동을 위해서는 GDP 대비 0.2%로 매우 높다. 1995년 452개 지자체 중에서 33개 지자체 14개 지역에서 바우처를 도입했는데 부모와 시설 간의 계약에 근거하여 지자체가 관리 기구를 통해 시설에 보조금을 지불하는 형식이었다. 이는 사립시설에 대한 부모만족도를 높였고, 도입 2년만에 사보육수당(private care allowance)으로 확대하여 전국단위 보조금 수준으로 적용하였다(한유미, 2014). 그 후, 6세 이하 취학 전 자녀가 있는 모든 부모에게 공립 교육, 보육 시설을 이용할 수 있는 권리를 부여하였다. 국가의 보육료에 대한 정해진 기준은 없으나 부모의 소득 수준에 따라 보육료를 달리 적용하고 있어 부담률이 높지 않다.

OECD 국가들의 보육료 보조금

국가	프로그램	care유형	자격요건	혜택비율	연평균 보조규모	연간비용
핀란드	사립보육서비스 이용 수당	• 사립보육 기관 이용자	• 부모는 수당을 신청만 함. 직접적인 수령자는 보육서비스 제공자	• 0-6세 아동의 2%	• 기본수당은 매월 자녀 1명당 117,73유로 • 추가 수당은 가구소득에 따라 1가구당 매월 자녀 1명 기준으로 134,55 유로까지 지급	
독일		• 사립가정 보육서비스 • 지자체가 승인한 보육서비스센터	• 저소득층에 대한 보조금으로 제한			
	소득공제		• 일하는 편부모와, 부부 중 한쪽이 장애가 있거나 병든 경우			
영국	근로가구 세액공제와 장애인 세액공제	• 보육서비스 인가시설	• 저소득 가정, 중산층 가정	• 근로가구 세액공제 적용은 약 62-65% (공식적인 조사는 없음)	• 양육비용의 초대 70%까지(1자녀의 경우 135 파운드, 2자녀 이상은 200파운드가 한도)	3억 파운드
		• 특별보조금 지원: 보건부와 지자체 사회서비스부에서 결정				
미국	Dependent Care Tax Credit	• 모든 유로 보육서비스	• 일하는 부모		• 자녀 1명당 $2,499비용(한도 $4,800)을 신청: 최대 세액공제는 1명당 최대 $720까지(일반적으로 부모는 자녀 보육서비스 비용의 60%를 부담하는 것으로 평가됨)	16억불 (1999)
	아동양육 및 발달 기금을 가지고 공적 재정지원이 이루어지는 복지시스템에 의한 특별 보조금 지원	• 인가받은 보육서비스	• 일하는 부모 소득이 해당 비이 중간계층 소득의 85%에 미치지 못하는 가정		• 수업료에 따라 신축적으로 보조	32억불 (1999)

출처: 조세연구원(2005). 재인용.

살펴보기

[핀란드] 증가하는 핀란드 영·유아교육 참여율

OPH(2018. 9. 18.)

▶ 핀란드 영·유아교육기관 참여율은 OECD 평균에 미치지 못하며, 노르딕국가 평균보다는 한참 아래지만 2000년 이래 참여율이 꾸준히 높아지고 있다.

▶ 핀란드에서는 학부모가 원하기만 하면 취학 이전 모든 아이에 대한 영·유아교육 및 돌봄(ECEC) 보조금을 받을 수 있다. 그리고 지방정부는 수요에 맞는 교육을 제공할 법적 의무를 가지고 있으며 취학전 과정에서 프리스쿨(초등학교 취학 전 1년 과정)을 제외하고는 모두 의무교육이 아닌 자발적인 과정이다.

▶ 2016년 기준, 만 1–6세 아동의 68%가 영·유아교육 및 돌봄에 참여하였다. 이 중 다수인 76%의 어린이가 각 지역의 영·유아교육기관에 다니는 것으로 나타났으며, 이는 꾸준히 증가 중이다. 반면 가정에서 실시되는 영·유아교육과정은 2000년 32%에서 2016년 10% 아래로 낮아졌다.

▶ 공립이 아닌 사설 영·유아교육기관에 다니는 어린이의 수도 증가하여 지방정부는 사립기관에 대해 서비스 바우처를 제공하거나 아예 교육서비스 제공을 구입할 수도 있다. 각 가정은 사립에 다닐 경우 비용 일부분을 지방정부에서 보조받게 됨. 2016년 기준 14%의 어린이가 사립 기관에 다니고 있다.

▶ 여전히 다른 노르딕국가의 영·유아교육 및 돌봄 참여율에 비하면 핀란드의 참여율은 낮은 편이다. 3–5세 어린이를 대상으로 핀란드의 유아교육 참여율은 79%를 보이고 있지만, 덴마크는 98%, 스웨덴은 96%로 큰 차이를 보인다.

출처: 교육정보네트워크 정보센터.

2) 스웨덴

해보자

https://youtu.be/l76s0NQQy3g

"아버지 육아휴직이 일상적인 스웨덴 "
행복의 조건,
복지국가를 가다 4부 보육
EBS 다큐프라임, 2013.01.21

■ **영상을 시청한 후 스웨덴의 보육 서비스와 우리나라의 보육 서비스에 대하여 비교해 보고 우리에게 주는 시사점에 대해서 토론해보자. [영상 중 6분부터 시청]**

1. 요리하는 아빠 요나스에게 주는 월급은 어디에서 주는가?
2. 스웨덴의 안전한 삶의 댓가는 세금과 정부에 대한 신뢰에서 출발한다는 스웨덴 국민의 세금에 대한 다양한 인터뷰는 우리에게 어떤 시사점을 주는가?

스웨덴은 스칸디나비아반도 동쪽에 위치하고 있으며 알래스카 남부 그린란드와 동일한 위도에 위치하나 이들 지역보다는 기후가 훨씬 따뜻하다. 입헌군주제로 국가원수가 실권자이다. 사회민주주의 복지국가로 분류되는 스웨덴은 그 특유의 평등과 연대의식을 토대로 정책을 펼치고 있다. 스웨덴은 여성 경제활동 참가율은 79%로 OECD 최고 수준이다. 동시에 합계출산율도 1.9명으로 다른 유럽 국가에 비해 높다. 일반적인 지원정책은 저소득계층에게만 집중되지만 스웨덴은 그렇지 않다. 스웨덴의 보육정책은 저비용, 정부의 체계적 관리, 우수한 보육프로그램, 가족의 폭넓은 선택 등의 형태로 요약할 수 있는데, 이는 공공의 책임과 양성 평등의 원칙, 아동의 권리를 깊이 고려해서 만든 정책의 결과다. 그 결과 스웨덴 기혼여성의 고용율은 70% 이상으로 매우 높으며 대부분 시간제 근로(39.6%)로 육아와 일을 병행할 수 있다. 스웨덴 가족 정책 원칙은 현금지원과 지원의 공평성을 확대한 것으로 1970년대부터 97년까지 아동보육은 보건복지부에서 관장하였다가 1998년부터 7세 이하의 아동 보육, 교육 목표 및 재정 구조는 교육부가 관장하고 있다. 부모가 취업 또는 학업 중인 가정의 1-12세의 아동은 보육관리 및 수혜 권리가 법적으로 보장되어 있다.

스웨덴은 산업화 이후 빈민 아동과 기아 문제를 해결하기 위한 대책으로서의 보육제도로 출발하였다. 17세기 빈민 고아 대상 아동 보육 제도기 도시의 빈민 고아를 위한 고아원이 설립되고 이 시설에서 일부 제한된 수의 빈민 아동들이 보호를 받았다. 1930년대에 이르러서는 민간 보육시설에서 주택조합회원들의 자녀를 위한 유치원 운동과 관련된 시설이 설립되었다. 1930년대에 복지국가의 건설이라는 국가목표와 함께 교육개혁을 시작하여 의무교육을 9년으로 연장하고 종합제학교로 운영하자는 실험 통일학교법을 통과시켰다. 이러한 교육개혁은 1940년부터 1972년 보편주의 아동 보육제도 도입기까지 유지되었다. 보편주의 아동보육제도란 스웨덴 전체 아동들의 보호와 교육에 대한 사회적 책임을 수행하기 위한 공적 제도를 의미한다. 1950년대에는 새로운 단일학교제도가 고안 · 채택되고 의무교육은 7세부터 9개년 간으로 규정하였다. 1960년에 아동복지법이 개정되었고 1975년 보육의 목적을 "가정과 긴밀히 협조하여 아동의 전인적 인성 발달과 신체적 · 사회적 발달을 도모하는 것"으로 규정하고, 지자체로 하여금 모든 6세 아동에게 연간 최소 525시간의 무상보육을 제공할 것을 명시한 취학전 교육법(Preschool Act)이 제정되었다. 이 법에는 여성의 취업권에 대한 진보적 의식과 여성의 정치적 영향력의 증대되어 국민들의 아동에 대한 관점의 변화와 진보성이 포함되었다. 이 법은 1977년 아동법(Child Act)으로 대치되고 다시 1982년 사회복지법(Social Service Act)으로 통합되었는데, 1996년 보육의 주무부서가 교육과학부로 이관되면서 보육에 관한 법도 교육법(School Act)으로 바뀌었다. 교육법에 따라 2003년 만 4-5세를 위한 보편적 ECEC 서비스에 대한 정부법안이 제정되어 부모의 여건과 관계없이 모든 스웨덴 아동들이 서비스를 이용할 수 있는 권리를 부여받게 된 것이다(최윤경 외, 2015).

스웨덴은 세계적인 사회복지 국가답게 4살부터 대학교육까지 무상 교육을 실시하고 전국적으로 단일 체계 교육과정을 운영한다. 스웨덴에서 무상교육을 실시하고 있는 이유는 부모의 능력 차이가 자녀에 영향을 미치면 안 된다는 평등주의 원칙에서 비롯된다. 이러한 평등주의 원칙은 스웨덴의 복지 정책의 가장 큰 핵심이라고 할 수 있다. 제도적으로 부모가 육아에 대한 걱정 없이 직장이나 학업에 전념할 수 있다. 1995년에 통과된 학교법(School Act)은 보육교사의 자격조건과 보육 시 아동 집단의 크기와 구성에 대한 정부의 엄격한 감독 의무를 규정하였다. 1996년 교육과 보호를 통합한 '에듀 케어' 개념은 체계적인 교육과 보육이 제도적으로 보장되는 가족복지정책의 핵심이다. 스웨덴의 민간 보육기관은 비영리 기관, 부모협동체에 의해 운영되었는데 이 곳은 중앙 정부로부터 지원금이 제공되고, 지방 자치 단체로부터 보조를 받을 수 있다. 그 어떤 단체도 기금 지원 없이 순전히 사적으로 운영되는 보육시설은 거의 없다. 7세 미만의 모든 아동에 대해 교육과 보호를 담당하는 행정 부서가 보건사회부로 일원화되었기에 30년이라는 짧은 기간에 효과적으로 보육정책이 확대되었다. 스웨덴은 인종, 출신, 연령에 관계없이 동등한 교육을 받을 수 있으며 이는 외국인에게도 똑같이 적용된다. 1998년 이후 시행된 국가 교육이수과정(National Curriculum)은 유아원 수업과 보육놀이 센터에 적용하였다. 국가교육사무소(National Agency for Education)는 보육관련 감독 기능을 맡고 있으며, 교육 이수과정이 다루지 못하는 가정 내 보육, 개방형 유아원, 개방형 보육놀이 시설 등에 대한 보육 지침서를 개발하여 보급하였다(한유미, 2014).

여성에게는 출산수당과 1년 간 육아 휴직이 가능하며 남편은 한 달 간 육아 휴가가 가능하다. 1-3세의 영유아는 부모의 소득에 따라 보육료를 부담하나 4세부터는 유아학교를 이용하고 7세 전에 프리스쿨을 이용한다. 프리스쿨은 학습보다는 특별 활동을 통해 창의력을 키우며 초등학교 진학을 준비한다. 놀이를 통해 사회성과 적응력을 키워 초등학교에 쉽게 적응할 수 있게 도움을 준다. 4세 이상 아동의 오전 3시간의 교육비는 국가가 부담하고 오후 5시경까지는 자체 또는 외부기관에서 운영하는 Free Time이라는 여가 프로그램에 참여한다. 이는 부모 부담이 원칙이나 정부는 최고액을 정해 나머지는 정부나 시가 보조하도록 하고 있다. 보육료는 소득에 따라 차등적으로 지원하지만 첫째 아이에서 둘째, 셋째 아이로 갈수록 교육비도 감소하므로 자녀가 많아도 교육비 부담이 크지 않다. 스웨덴의 보육서비스 유형은 미취학 아동을 대상으로 유아원, 가정내 보육, 개방형 유아원이 있다. 취학 아동을 대상으로 한 보육놀이센터, 가정내 보육, 개방형 보육 놀이시설이 있다. 1968년 국가보육위원회가 보육은 교육과 연결될 때 가장 훌륭한 결과를 보인다는 보고서를 채택하면서 강조되었다.

표 13-5 스웨덴의 보육기관 유형

유형	연령	특징
푀르스콜라	만 1-5세 아동	부모가 학업, 취업 중에 있거나 특별 보호 대상 전체의 약 75% 공립시설
가정내보육 (famlly day care)	1-5세 아동	부모의 요구에 따라
개방형 푀르스콜라	전업주부의 만 1-5세 자녀	가정 내에서 부모의 보호 아래 있는 아동
보육놀이센터 (lelsure-time center)	7-12세 취학 아동	시간제 운영
개방형 보육놀이시설 (open leisure -time activity)	10-12세 아동	보육놀이 센터와 가정내 보육의 대안 및 보충 보육 형태
민간보육기관 (prlvate care)	4-5세 아동	종교단체 및 비영리단체에서 운영 부모협동체에 의한 보육기관

스웨덴의 보육정책에서 특징은 취업모와 미취업모를 구분하는 정책을 시행하고 있다는 점이다. 스웨덴의 유아학교는 부모의 취입, 힉업 상태에 따라 이용 시간이 구분된다. 부모가 취업, 학업 중인 경우 90%의 지방자치단체에서 유아학교 이용 시간을 주당 40시간으로 규정하고 있는 반면, 미취업 및 육아휴직 중인 부모의 자녀는 이용 시간이 주당 15시간으로 제한된다. 2000년 이전까지만 해도 많은 지자체에서 전업주부나 육아휴직 중인 여성의 자녀는 유아학교를 이용할 수 없도록 하였던 것과 비교하면 정부 지원이 많이 확대된 수준이지만, 스웨덴의 보육정책이 취업모를 우선으로 하고 있음을 반영하는 요소이다. 수요자에 대한 지원은 1999년부터 보육비용 상한제를 도입하여 가구의 보육비용 완화에 중점을 두고 있다. 2002년까지는 보육료 상한제 도입을 각 지자체에 자율적으로 맡기다가

2003년부터 모든 지방정부에서 의무화하고 있다. 2002년까지는 스웨덴 각 지자체에서 합리적 수준으로 이용 비용을 결정하되 지자체에서 자체적으로 보육료 상한선을 도입할 경우 지출 증가를 보조하기 위해 중앙정부로부터 추가적인 재정지원을 받을 수 있었다. 보육료 상한제에 의해 기관 이용에 대한 부모부담 비용은 가구소득의 3% 이내 또는 최대 월 SEK1,260(약 140유로, 2013년 기준)으로 규정되어 있다. 보육료 상한선은 자녀의 출생순위에 따라 상이하여 다자녀가구에 대한 추가적 혜택이 제공된다. 보육료 상한제는 공립시설 이용뿐 아니라 사립시설 이용에도 동일하게 적용되며, 대리양육자를 이용한 가정보육 이용 시에도 부모는 실제 비용의 약 15%만 부담한다(문무경, 2013).

살펴보기

[스웨덴] 선행학습 없는 교육

박두영 한국연구재단 국제협력기획팀 팀장

▶ 스웨덴은 GDP 대비 공교육 비율이 6.5%이다. 중요한 점은 이 중에서 민간 부담률이 0.2%로 대부분의 교육을 국가가 부담한다는 점이다. 같은 북유럽 국가인 노르웨이, 핀란드 역시 민간 부담률이 0.1%를 넘지 않는다.

▶ 스웨덴 교육의 또다른 특징 중의 하나는 선행학습이 없다는 점이다. 이는 북유럽 국가의 공통점이기도 하다. 스웨덴의 대학 진학률은 40% 정도이다. 이러한 수치는 대학 입시를 위한 사교육과 선행교육이 필요 없다는 것을 의미하기도 한다. 스웨덴에서는 중·고등학교 교육을 대학 입시를 위한 과정으로 생각하지 않고 자신의 특기를 발견하고 인생에 있어서 어떤 직업을 가질 것인지를 결정하는 시기로 생각한다. 학생들은 이미 중학교에서 자신의 적성을 발견하고, 향후 직업에 따라 IT 고등학교, 항공고등학교 등으로 진로를 정하기 때문에 굳이 대학 진학을 위해 선행학습을 할 필요가 없는 것이다. 스웨덴 사람들의 의식에는 공부는 대학에 가서 한다는 인식이 심어져 있기 때문에 일단 대학에 들어가고 난 다음부터는 무척 열심히 공부한다.

▶ 스웨덴 고등학교의 교육과정은 철저히 공교육 위주의 학교 공부가 중심이며, 특별히 과외나 학원에 등록하여 별도의 수업을 받는 경우가 없다. 또한, 대부분의 스웨덴 고등교육기관은 정부가 운영하고 있다. 대학 진학률은 약 40% 정도이지만, 대학 진학률이 낮다고 해서 학력 수준이 낮은 것은 결코 아니다. 2011년도 타임지가 발표한 대학 순위 자료를 보면,

카롤린스카(32위), 룬드대(80위), 웁살라대(107위), 스톡홀름대(131위), 스웨덴왕립공대(187위)가 나와 있다. 학부 수업은 스웨덴어 수업이 원칙이나 필요에 따라 영어로 수업을 하는 경우도 있으며, 특히, 교환학생과 국제석사과정이 있는 경우 영어로 수업을 한다.

▶ 대학 진학률이 낮은 이유는 스웨덴의 조세제도와도 연관이 있다. 가령 고등학교를 졸업한 후 적은 급여를 받는 자는 급여의 30% 정도를 세금으로 납부한다. 대학을 졸업한 후에 의사, 변호사, 국회의원 등 급여가 높은 사람은 60% 정도로 많은 세금을 납부한다. 이에 따라 굳이 대학에 가지 않아도 되는 사회 분위기가 조성되어 있다. 한편, 스웨덴 사람의 대부분은 고등학교를 배움의 마지막 단계로 생각하기 때문에 고등학교 졸업식을 우리의 대학 졸업식보다도 훨씬 요란하고 성대하게 치른다. 고등학교 졸업이 시작되는 매년 6월에는 고등학교 졸업생들이 트럭 등 각종 차를 빌려 타고 시내를 행진하는 모습이 종종 눈에 띈다.

출처: 교육정보네트워크 정보센터.

참고문헌

강경희, 전홍주(2013). OECD 국가의 양육지원 정책과 출산율 분석, 한국보육지원학회지, 9(6).

강성만, 정병국, 임우영(2014). 우리나라의 바람직한 보육정책 방안. 2014년도 국회사무처 연구용역보고서. (사)입법정책연구회.

곽노의(2017), 핀란드의 유아 교육과 보육 통합과정에 관한 연구, 한국초등교육, 28(1). 서울교육대학교 초등교육연구원.

권미경(2017). 유럽 국가의 보육정책 현황과 시사점. 한국경제연구원.

권미경, 도남희, 황성은(2012). OECD 회원국의 보육서비스: 보육유형, 보육교직원, 보육비용을 중심으로. 육아정책연구소.

나정, 장영숙(2002). 미국의 유아교육과 보호정책. 양서원.

문무경(2013). 선진 육아정책 동향 분석 및 활용방안 연구. 육아정책연구소.

서문희, 김미숙, 박세경, 최은영, 임정기(2014). 여성 사회활동증진을 위한 보육환경 개선 방안 연구. 한국보건사회연구원.

서문희, 송신영(2011). 우리나라의 보육실태와 외국 사례-공립보육기관, 보육비용 지원, 양육수당을 중심으로. 육아정책연구소.

신동주(2015). 핀란드의 유아교육 교원양성제도 연구: 우리나라의 유아교육교원양성제도에 주는 시사점을 중심으로. 한국교원교육학회, 32(4).한국교원교육연구.

신윤정(2012). 프랑스 영유아 보육 정책 현황과 시사점. 한국보건사회연구원.

이명환, 박수연(2010) 독일의 육아정책. 육아정책 연구소.

이윤진, 정도상(2015). 핀란드의 육아정책2. 육아정책연구소. 78.

이진숙(2008). 독일의 일-가족 양립정책에 대한 연구 - 보육지원을 중심으로. 한·독사회과학논총, 18(3).

이혜원(2013) 보육정책의 효과와 개선방향. 한국조세재정연구원.

정미라, 신은수, 박은혜, 권정윤, 전홍주(2009). 미국과 영국의 유아교육 효과연구 결과가 한국 유아교육 발전에 주는 시사점. 유아교육학논집. 12(5). 한국영유아교원교육학회.

정미라, 양옥승, 김영옥, 홍혜경, 지성애, 이차숙, 이옥, 위영희, 박경자, 김현희(1998). 세계의 보육제도. 양서원.

정일용 (2012). 핀란드 교육의 특징과 교육혁신의 성공요인. 한국교육개발원.

최윤경, 김윤화, 이혜민(2015). 스웨덴의 육아정책(II). 육아정책연구소.

한국교육연구네트워크 총서기획팀(2010). 핀란드 교육혁명.

한유미(2010). 북유럽의 육아지원 정책. '한국과 북유럽 국가의 보육정책 비교' 세미나자료집.

2010. 11. 30. 서울한국노총, 국제세미나실.
한유미(2014).스웨덴과 핀란드의 공보육제도. 한국스칸디나비아학회, 14.
홍승아(2006). 미국의 보육정책-시장화 전략과 잔여적 보육정책. 여성연구 제70호. 한국여성정책 연구원.

참고자료

교육정보네트워크 정보센터 www. edpolicy.kedi.re.kr 2018년 6월 10일 인출.
통계청 국가통계포털. http://m.kosis.kr/index.jsp 2018년 5월 30일 인출.
유튜브 https://youtu.be/zypzWMP-Qx0
복지국가를 가다 4부 보육 EBS 다큐프라임, 2013.01.21.

제14장
보육정책분석 및 대안형성 2

1 우리나라 보육정책의 주요 쟁점

우리나라의 역사를 시작으로 하여 본서에서는 보육정책과 관련된 기본적 내용을 살펴보았고 앞서 13장에서는 세계 주요 나라의 보육정책에 대해서도 알아보았다. 앞으로는 보육정책이 나아갈 방향을 모색하기 위해 주요 쟁점들을 분석해보고 자료 조사와 발표를 통해 보육정책에 대해 보다 주도적으로 관심을 갖고 실질적 대안을 생각해 보도록 한다.

해보기

■ 앞에서 살펴본 다양한 보육정책과 관련된 내용 중에서 어떤 쟁점들이 기억에 나는가? 관심이 있거나 특별히 기억에 남았던 내용에 대한 여러분의 의견을 기술해보자.

1) 유보통합

2012년 국가수준 통합교육과정인 누리과정이 제정 · 공포됨으로써 유치원과 어린이집의 교육과정은 통합되었으나 여전히 유아교육과 보육은 이분화되어 운영되고 있다. 이에 정부는 2014년 2월 국무조정실에 유아교육 · 보육 통합추진단을 창단하고 3단계에 이르는 통합 정책 추진 계획을 발표하였다. 1단계에서는 정보공시 결제카드 통합, 2단계에서는 재무회계 및 시설 기준 통합, 3단계에서는 교사양성자격 통합 및 처우 격차 해소, 관리부처 통합 등을 순차적으로 실시하기로 하였다.

유보통합 추진과제

▲ **(1단계)** 정보공시, 평가체계, 재무회계규칙 등 품질개선 기반 구축·조정
▲ **(2단계)** 영유아 교육·보육 현장의 규제·운영환경 등 통합·정비방안 마련
▲ **(3단계)** 교사, 재원, 관리부처 등 통합·정비방안 마련

그러나 당초 계획이었던 2016년 내 통합 추진은 이뤄지지 못했으며 통합추진단은 추후 통합 계획에 대하여 함구하고 있는 실정이다. 다음의 관련 기사를 읽고 유보통합 추진이 어떻게 진행되어 왔고 현재 어떤 쟁점이 논의되고 있는지 직접 조사하여 발표해 보자.

읽어보기

'교육부, 복지부 주도권 다툼에 유보통합 3년째 제자리'

정부는 지난 2014년 3년 내에 유치원과 어린이집의 교사, 관리부처 통합 방안을 모두 마련한다는 목표를 세웠지만 전체 통합 8개 과제 중 보육료 결제카드, 정보공시 체계를 합친 게 전부다. 정부는 연내 통합은 포기하고 내년에 유치원과 어린이집 통합 평가 지표와 재무회계 규칙을 합치기로 하는 등 유보통합 추진기간을 연장하기로 했다. 결국 내년에도 유치원과 어린이집은 관리 체계는 나뉜 상태에서 예산만 일원화한 기형적 형태로 운영이 불가피해 누리과정 예산부족 사태가 반복될 것으로 보인다.

◇ 통합추진단 해산시 통합 장기화 불가피

정부는 지난 2014년 국무총리실 산하에 유보통합 추진단을 구성해 올해까지 유치원과 어린이집 평가 체계, 교사 양성 시스템 통합을 비롯해 교육부와 복지부간 업무통합을 추진할 계획이었다. 하지만 통합 마지막 해인 현재까지도 한발짝도 나가지 못하고 있다. 가장 중요한 유보통합을

이끌 주관 부처 선정이나 교사들 자격과 통합 작업은 아직 논의조차 시작하지 못한 상태다. 교육부와 복지부는 유보통합에만 의견을 같이 했을 뿐 합의점을 찾지 못하고 있다. 주관부서 결정, 부처간 인력통합 등 후속작업에 걸리는 시간을 감안하면 유보통합이 마무리될 시점을 가늠하기 어렵다. 통합 실무를 맡고 있는 '영유아 교육·보육 통합추진단'의 공식 기한은 내년 1월까지다. 아직 통합 방안이 나오지 않은 상황에서 추진단이 해산하면 유보통합 작업이 장기화될 것이라는 우려가 높다. 국무조정실 관계자는 "연내 통합이 목표였지만 인력 이동 규모가 크고 막대한 예산이 소요되기 때문에 세부적으로 논의해야 할 사항이 많아 부처간 협의에 시간이 많이 걸리고 있다"고 말했다. (후략)

이데일리 김덕기 기자 2016. 9. 29.

해보기

▣ 여러분은 유아교육과 보육정책이 이원화(유치원과 어린이집)되어 운영되고 있는 것에 대하여 어떻게 생각하고 있습니까?

생각을 아래에 기술하고 다함께 토론해 보자.

지금처럼 이원화되어 특색있게 운영되어도 좋다	여러 가지 이유로 인해 통합하는 것이 좋다

▣ 유보통합에 대하여 조사하여 발표한 팀의 의견을 잘 경청하고 궁금한 사항이나 의견을 기술한 후 다함께 토론해 보자.

2) 표준보육비용

표준보육비용은 어린이집을 통해 만 0세-만 5세의 영유아에게 제공되는 보육 서비스에 필요한 투입비용을 추산한 것으로 영유아를 일정 기준으로 보육하는 데 소요되는 비용을 의미한다. "표준"의 의미는 다음 세 가지로 정의할 수 있다(김현숙 외, 2008).

"표준"에 대한 정의

1. 현실적인 운영비용: 시설의 현실적 운영비를 감안
2. 영유아 보육법령의 준수와 사회기준 충족: 법령의 내용을 준수하고 권장사항을 고려
3. 보육서비스의 내용과 수준이 사회가 합의한 수준에 도달하도록 함: 영유아보육서비스의 질을 향상시키기 위해 교사의 인건비 개선을 반영한 비용을 제시하면서 동시에 현실적인 수준을 고려하며 비용의 제1안과 제2안을 제시하여 사회적 욕구의 다양성을 수렴

양질의 보육서비스를 제공하기 위해서는 객관적이고 합리적인 표준보육비용 산정이 최우선으로 필요하다. 현행 영유아 표준보육비용에 대한 정부의 기준은 유아의 경우 1990년대 초반부터 사용되던 부모의 보육료 단가를 매년 물가상승률 3%를 기준으로 업데이트하는 수준에서 벗어나지 못하고 있다. 영아의 경우에는 기본보조금과 기존의 차등보육료 지원액의 기초였던 부모의 보육료 단가를 더한 금액만큼 보육료가 책정되었다. 유아에 대한 표준보육비용도 영아의 표준교육비용과 함께 제시되었으나 유아에 대한 정부의 투입예산은 유아 표준보육비용 수준만큼 조정되어 확대되지는 못한 상태이다.

표준보육비용을 산출할 때 영유아의 연령별 차이와 보육기관의 규모에 따른 차이, 보육교직원의 인건비, 건축비 및 건물수선유지비로 이루어진 시설설치비 항목을 가감을 통해 반영해야 한다. 또한 보육기관 이용시간에 따른 비용의 차이도 보육기관 운영 현실에 적합하게 조정하여 제시할 필요가 있다. 지역별 차이, 부지구입비나 임대료, 차량운영관련 비용 등의 형태도 고려될 필요가 있고 취약보육인 영아 전담, 장애아 전담, 시간연장, 시간제 보육등의 상황도 반영될 필요가 있다.

읽어보기

[교육논단] 유구종 교수 "누리과정비 인상 약속 지켜라"

한국열린유아교육학회장을 맡고 있는 유구종 국립강릉원주대학교 교수는 "유치원 유아학비, 어린이집 보육료 지원 22만 원을 30만 원으로 상향하겠다는 정부 발표가 이번 국·공립유치원 확대 정책 40% 발표로 퇴색되지 않기를 바란다"면서 이 같이 말했다. 유 교수는 "누리과정비가 5년 동안 한 번도 인상되지 않았는데 또 2018년도에도 인상되지 않고 누리과정비가 22만 원으로 동결된다는 것은 공교육에 대한 의지 부족으로밖에 해석되지 않는다는 지적은 적절하다"고 꼬집었다. 그는 이어 "어린이집 교사를 21만 명으로 추산할 경우 이들의 처우를 유치원 수준으로 끌어올리기 위해서는 추가로 연간 약 1700억 원이 소요되는데 영유아기의 비용 대비 편익을 감안하면 그리 많은 재원이 아니고 충분히 추진 가능할 것"이라고 강조했다.

베이비타임즈　2017. 12. 5.

해보기

2019년 보육비를 조사하여 기록해 보자.

국가에서 책정된 표준보육비용을 각 연령별로 기록하고 반별 정원을 기록한 후 각 연령당 교사의 인건비(1호봉 기준)를 기록해보자. 인건비 미지원 민간, 가정어린이집이 현재 인건비 지원 국공립어린이집보다 많은 현 상황에서 반당 지원금까지 합산하여 각 연령별 수입과 관련하여 교사의 인건비 지출을 산정하여 보자.

■ **현실을 반영하여 수준높은 보육의 질을 유지하기 위해 적정한 비용으로 책정되어 있는지 여러분의 생각을 아래에 기술하고 다 함께 토론해 보자.**

연령	보육료	기본보조금	반별 정원
만 0세			
만 1세			
만 2세			
만 3-5세 유아			
장애 영유아			

■ 표준보육비용에 대하여 조사하여 발표한 팀의 의견을 잘 경청한 후 궁금한 사항이나 의견이 있으면 기술하고 다 함께 토론해 보자.

3) 국공립어린이집 확충

우리나라의 보육정책은 민간보육의 급격한 양적팽창 이후 이에 대한 반작용으로 국가의 책무성이 대두되었다. 보육의 질적 수준 제고에 대한 요구로 국공립어린이집 확충은 한국 보육정책 논의마다 빠짐없이 등장하는 주요 정책과제가 되었다. 그러나 과도한 예산부담, 부지확보의 어려움, 민간의 반발 등을 이유로 국공립어린이집 확충은 더디게 이루어지고 있다(서문희 외, 2007; 관계부처합동, 2012). 더구나 지난 10년간 중앙정부의 정책 추진방향은 부모의 비용부담 완화와 민간어린이집의 질 향상 중심이었고 보육정책 추진과정에서 국공립어린이집 확충 비중은 더욱 축소되었다.

반면 서울시는 보육정책의 최우선 과제로 국공립어린이집 확충을 적극적으로 추진하기 시작하였다. 특히 국공립어린이집 확충의 장애요인으로 제기되었던 비용 부담, 민간반발 등의 문제를 해소하고 비용 절감과 함께 민간 부문과의 상생을 도모한 확충 방식은 정책추진의 큰 동력이 되었다. 2012년부터 2016년까지 총 4,839억 원의 예산을 소요하여 761개의 국공립어린이집을 지었고, 2017년 300개소를 추가 확충하였고 또한 2020년까지 750개소를 추가 확충할 계획에 있다. 확충계획이 완료되면 2020년 국공립어린이집 비율은 전체 어린이집 수 대비 약 33%, 정원 수 대비 약 50%가 된다(서울시, 2016). 사회적 합의에 따른 목표치로 언급되어 왔던 '국공립어린이집 30%'를 초과 달성하는 한국 보육정책의 큰 성과이자 이후 보육 공급체계 전반에 큰 변화를 가져올 수 있는 획기적인 출발점이 될 것이다.

읽어보기

文 대통령 "내년도 국공립어린이집 450개 더 만들겠다"

문 대통령은 1일 국회에서 열린 2019년도 예산안 시정연설에서 "국공립어린이집과 유치원이 여전히 많이 부족하다"며 "내년에 국공립어린이집 450개를 더 만들겠으며 국공립 유치원 1000개 학급 확충도 내년으로 앞당겨 추진하겠다"고 선언했다.

또 "아동의 학습권을 보장하고, 교사의 처우개선으로 더 좋은 교육이 이뤄지도록 하겠고 초등학교 입학 후 온종일 돌봄도 대폭 확대하겠다"고 강조했다.

문 대통령은 "이를 위해 내년에는 올해보다 50% 증가한 8조 7000억 원을 생활 SOC에 지원할 것"이라며 "아이 돌봄 서비스 지원 대상을 두 배로 늘리고, 사용시간도 연 600시간에서 720시간으로 확대했다"고 말했다.

김지현 키즈맘 기자 2018. 7. 11.

참고〉〉 참여연대의 예산 분석자료(14장 1쪽 자료 참고)를 보면 인건비 예산의 증액은 반영되었으나 국공립 확충에 대한 예산은 감소된 것으로 보고한 것을 참고하면 450개소의 확충이 전체 보육기관 대비 국공립 비율에는 큰 영향력을 주지 않는다.

해보기

국공립어린이집 확충을 위한 방안 모색

서울시 국공립어린이집 확충 성과 분석 및 미래 전략 방안 마련(김송이 외, 2017)연구 보고서를 참고하여 지방정부로서 선도적으로 국공립어린이집을 확충해나가는 방안에 대하여 살펴봅시다.

서울시의 경우는 2018년 "국공립어린이집 +1000 확충"사업이 종료되었고 현 정부는 어린이집 이용아동 대비 40%까지 국공립어린이집 확충이 정책 공약이므로 본 방안을 모색하는 것이 필요합니다.

중앙정부의 정책추진을 위해 지방정부인 서울시의 다각적 국공립어린이집 확충 방식을 살펴볼 필요가 있습니다. 서울시는 종교법인, 개인 등 일부 전문성과 공공성 등이 보장되지 못한 위탁체들이 증가하면서 민간어린이집과의 차별성 확보, 국공립어린이집의 공공성 및 서비스 질 담보 등에 대한 우려가 제기되었습니다. 이를 위해 어떤 대안과 방안을 모색하며 국공립어린이집 확충을 위한 정책을 진행하고 있는지 살펴 볼 필요가 있습니다.

▣ 현실을 반영하여 학부모들이 원하는 "누구나 이용할 수 있는 국공립어린이집" 의 사업을 실현할 수 있는지 여러분의 생각을 아래에 기술하고 다함께 토론해 보자.

▣ 국공립어린이집 확충 방안에 대하여 조사하여 발표한 팀의 의견을 잘 경청하고 궁금한 사항이나 의견이 있으면 기술하고 다함께 토론해 보자.

4) 표준보육시간(맞춤형 VS 종일제)

그동안 표준보육시간 자체에 대한 명문 규정 없이 어린이집이 주 6일 이상, 하루에 12시간 이상 운영하도록 영유아보육법 시행규칙에 규정되어 왔으나 제3차 중장기보육 기본계획(2018 – 2022)을 통해 보육운영체계 개편 방안으로 '국가가 기본 보장하는 표준보육시간제 도입'이 이루어졌다. 어린이집 표준보육시간은 종일제를 기준으로 한다. 종일제란 오전 7시 30분부터 저녁 7시 30분까지 12시간 기준을 명확히 설정하고 표준보육시간으로 정의한다(보건복지부, 2018). 저녁 7시 30분 이후 시간에 제공되는 보육서비스는 시간연장보육이라 하여 연장된 시간만큼의 보육료를 지원하고 있다. 시간연장 보육서비스는 이용자의 편의를 도모하는 반면에 보육교직원의 과다한 근로 및 열악한 처우를 야기하여 보육의 질적 개선에 방해요소로 지적되고 있다. 따라서 표준보육시간에 대한 기준을 명확히 하여 현재 맞춤형(1일 6시간)과 종일제(1일 6시간 이상 12시간)로 구분된 보육료 지원을 현실화할 필요가 있다. 또한 '어린이집 이용 현황, 교사의 8시간 근로여건 보장 등을 고려하여 보육시간 · 운영시간 · 이용시간 간 명확한 개념 구분이 필요하다. 덧붙여 부모가 필요에 맞춰 어린이집을 이용할 수 있도록 표준보육시간을 도입하고, 표준보육시간을 기준으로 이용시간 다양화하는 내용 등에 대한 정의가 필요하다. 앞으로의 보육정책은 더욱 영유아 존중 보육, 아동권리 기반의 보육정책으로 나아가야 한다는 관점을 가지고 표준보육시간 기준 설정과 관련된 현실적인 쟁점을 중심으로 대안을 모색할 필요가 있다.

읽어보기

최00 의원, 표준보육시간 도입 추진 토론회 개최

영유아와 학부모의 어린이집 이용을 더욱 편리하게 하고 보육교직원의 장시간 근로문제를 해결하기 위한 정책토론회가 열렸다. '표준보육시간 도입 추진을 위한 정책토론회'를 열어 표준보육시간 도입 필요성과 방안을 논의하고 모색한다.

이번 토론회는 서00 교수의 '표준보육시간 도입 관련 논의'를 주제로 발제 후 어린이집 학부모와 보육교사 및 원장, 육아정책연구소와 보건복지부 등 보육현장 관련자와 관계부처에서 토론자로 참석하여 현행 어린이집 운영에 대한 문제점과 개선방향에 대해 토론하였다. 표준보육시간에 대한 기준이 없는 가운데 어린이집은 주 6일 이상, 하루에 12시간 이상 운영하도록 영유아보육법 시행규칙에 규정하고 있어 어린이집 운영과 보육시간에 대해 혼란이 초래되고 보육교직원이 장시간 근로에 시달리는 요인으로 지적되고 있다. 토론회를 주최한 최00 의원은 "표준보육시간제를 도입하여 표준보육시간을 기준으로 보육과정을 운영하고 표준보육시간 이후는 시간연장보육 활성화가 필요하다"며 "아이와 학부모, 보육교직원 모두가 만족할 수 있는 제도 개선을 위한 구체적인 방안을 강구하는 자리가 되었다"고 밝혔다.

http://www.choidoja.com/community/15898

표준보육시간이 국가가 무상 이용을 보장하는 보육시간이라고 볼 때 보육의 질 확보는 재정투자 우선 순위의 정책과제로 취급할 것인가와 연결된 고도의 정치적 사안이다(서영숙, 2018). 맞춤형 보육제도는 영아의 장시간 보육에 대한 문제의식과 국가재정의 효율적 사용에 대한 관심을 가지고 가정양육 지원을 장려하고자 시작된 제도였다. 현장 관계자와 학부모들의 엄청난 반발을 예측하여 상당히 정교하게 제도의 틀을 마련하고자 하였다. 그러나 제3차 중장기보육 기본계획에는 표준보육시간 운영과 관련하여 영유아 표준보육시간제를 도입할 경우 맞춤형 보육과 다르게 보육시간을 적용한다는 구체적 설명은 없다. 또한 이용시간 다양화의 예로는 6시간, 8시간, 10시간, 12시간을 제시하였지만 이 시간 중 어느 하나로 정할 것인가에 대해서는 구체적 언급이 없다. 영유아 동일 표준보육시간 설정의 경우 10시간이나 12시간은 영유아 발달상 모두에게 바람직하지 않다. 영유아 모두 '1일 8시간'으로 표준보육시간으로 정하는 것은 특히 현행 종일반 무상지원 정책의 후퇴로 보여 영유아 부모의 엄청난 반발이 예상된다. 영유아 모두 '1일 6시간'을 표준보육시간으로 하는 것은 현행 맞춤형 보육이 '1일 6시간 + 긴급보육 바우처 월 15시간'을 무상으로 제공하고 있어 영아 부모들도 쉽게 동의하기는 어렵다. 현행 맞춤형 보육제도의 폐기까지 제기된 만큼 영아의 경우 적어도 현행 제도를 유지하거나 그 이상의 추가 지원이 필요하다(서영숙, 2018).

해보기

표준 보육시간이 왜 필요할까?

▣ 유치원과 비교하여 어린이집의 운영시간을 조사해 보자.

	유치원	어린이집
기본 운영시간		
아침 시간연장 시간		
저녁 시간연장 시간		
교사 평균 근로시간		
그 외 (휴일, 24시, 시간제 등)		

▣ 현실을 반영하여 수준 높은 보육의 질을 유지하기 위해 적정한 시간으로 운영되고 있는지 학부모의 입장, 운영자(원장)의 입장, 보육교직원의 입장에 따라 다양한 여러분의 생각을 아래에 기술하고 다함께 토론해 보자.

학부모	
운영자(원장)	
보육교직원	

▣ 표준보육시간(서영숙, 2018)에 대하여 조사하여 발표한 팀의 의견을 잘 경청하고 궁금한 사항이나 의견이 있으면 기술하고 다함께 토론해 보자.

5) 누리과정비 인상

정부는 2012년 누리과정에 대한 국가책임을 실현하고, 무엇보다도 누리과정의 질 개선을 통한 저출산 해소를 위해서는 누리과정비를 유아 1인당 30만 원까지 지원하고자 계획하였다. 이는 우리나라 만 3-5세 유아라면 누구나 꿈과 희망을 마음껏 펼칠 수 있도록 국가가 공정한 교육기회를 보장한다는 누리과정의 도입 목적에 부합하는 것이다. 하지만 2018년 현재 22만 원으로 동결된 채 지원되고 있어 지속적으로 누리과정 비용에 대한 인상이 요구되고 있다. 어린이집 누리과정비 인상은 양질의 보육서비스 제공을 위한 필요조건이다. 현재 누리과정 비용에는 보육교직원의 실제 경력 및 호봉, 기타 교직원의 인건비, 시간외 수당, 건강한 급간식 제공을 위한 적정 재료비 등이 제대로 반영되지 않았을 뿐만 아니라 최저임금 인상 등 물가상승 요인도 반영되지 않았다. 이러한 맥락에서 볼 때 2013년 이후 지금까지 동결된 누리과정비는 현재의 보육현실에 맞게 인상해야 할 것이다(백선희, 2018).

유치원 누리과정과의 격차 해소를 위한 처우개선비 별도 지원의 필요성도 누리과정의 취지와는 달리 누리과정 도입 당시부터 현재까지 어린이집에 재원하고 있는 영유아와 부모, 보육교직원은 낮은 누리과정비 단가, 차별적인 처우개선비 지원, 지원 없는 장시간 보육 등으로 인한 불이익을 받고 있다. 최소한 유치원 수준을 참고하여 어린이집 누리과정에 필요한 비용과 인적 자원을 지원해야 한다. 어린이집 누리과정비 인상뿐 아니라 운영비와 구분한 별도의 처우개선비 지급, 장시간 보육에 필요한 보조교사의 확대 등 구체적인 지원방안이 필요한 시점이다.

누리과정 재정 지원현황을 보면, 국공립 유치원은 6만 원, 사립유치원과 어린이집은 22만 원의 보육료를 지원하고 있다. 종일반을 이용할 경우에는 여기에 추가하여 국공립유치원은 5만 원, 사립유치원과 어린이집에는 7만 원을 추가로 지원하고 있다. 하지만 유치원에 직접 지원하는 학급당 경비 등의 지원을 목적으로 한 학급 운영비는 유치원만 25만 원이 추가 지급되고 있다. 또한 유치원 사립유치원 교사에게는 교직수당으로 25만 원을, 인건비 보조를 위해서는 21만 원을, 담임수당으로는 13만 원을 포함하여 총 1인당 59만 원의 교사지원금을 지원하고 있다. 반면, 어린이집 보육교직원에는 각 지자체마다 상이한 처우개선비, 복리후생비 등 각기 다른 수당으로 지급되고 있는 현실이다. 보육교직원의 처우개선은 보육의 질 개선, 저출산 및 보육부담 해소를 위한 필수 요건이므로 운영비와 별도 예산을 편성하여 안정적으로 지급할 필요가 있다. 유치원과 달리 어린이집 누리과정 운영비에서만 교사수당을 공제하고 있는 부조리부터 가장 먼저 시정해야 한다. 왜냐하면, 누리과정운영비 7만 원은 100% 아이들을 위한 비용이기 때문이다. 보육예산은 아이들에게 최우선으로 제공되어야 하고 그 후에는 보육교직원을 위한 복지로 집행할 수 있도록 재무회계규칙에도 명시되어 있다.

읽어보기

"6년째 동결된 누리과정 보육료 인상하라"

- 21일,'경기도 누리과정 운영비 인상 대책 마련 촉구 건의안' 상임위 가결 -

이OO 도의원(자유한국당, 비례)이 발의한 「누리과정 운영비 인상 및 현실적인 보육료 지원을 위한 대책 마련 촉구 건의안」이 21일 해당 상임위인 여성가족교육협력위원회에서 가결되었다.

본 건의안은 최근 6년간 동결된 누리과정 지원액을 인상하고, 향후 현실적인 보육료 지원을 위한 연차별 인상계획 등 구체적인 대책을 마련할 것을 촉구하는 것이 주요 내용이다.

이 의원은 "문재인 정부는 국정과제의 하나인 '미래세대 투자를 통한 저출산 극복'을 위한 실천과제로서 '보육 · 양육에 대한 사회적 책임 강화'를 제시했으면서도 누리과정 운영비 지원단가는 6년째 동결되었다"면서 "가정의 보육비와 교육비의 부담을 낮추어주는 것이 저출산 문제 해결의 핵심이라는 점을 고려할 때, 누리과정 운영비는 반드시 인상되어야 한다."고 제정 취지를 밝혔다.

해당 상임위는 "누리과정이 영유아 보육 및 교육에 대한 국가의 책임을 강화하기 위하여 도입되었고, 국가가 연차별 학부모 지원 금액 인상계획을 발표하고도 이행되지 않고 있는 현 실정의 개선을 촉구하는 본 건의안은 타당하다"고 밝혔다.

경기 미디어리포트 뉴스 박정훈 기자 2018. 2. 21.

해보기

■ 누리과정은 국가의 책무성이 강화된 제도로 강력한 국가의 의지가 실현된 제도이다. 하지만 2013년 전면 도입 이후, 재정적인 이유로 유치원과 어린이집의 교사들이 차별받고 있다. 이를 해결하기 위한 여러분들의 의견에 대해 서로 토론해 보자.

앞으로 나아갈 방향을 위해 보육정책에 대한 주요 쟁점 중에서 유보통합, 표준보육비용의 현실화, 국공립어린이집의 확충, 표준보육시간, 누리과정 보육료의 인상 등에 대하여 살펴보았다. 그중 4가지 주요 쟁점에 대해서도 팀별 과제수행을 통해 스스로 정책의 현안과 문제점과 나아갈 방향을 도출해 보았다. 그 외에도 관심이 있거나 현재 사회적으로 이슈가 되고 있는 정책들에 대해서도 다각적인 방안을 모색해 볼 필요가 있다. 보육정책은 시대의 요구와 흐름에 따라서 진행되는 속도가 매우 빠르다. 또한 보육서비스의 제공자와 수요자의 입장에서 다르고, 보육재정을 투입하는 국가와 이에 대한 수혜를 받게 되는 영유아, 부모, 기관운영자, 기관 근로자 등 각각의 입장 차이가 크다. 그 만큼 모두에게 충족한 보육정책이 실현되는 것이 어렵다고 볼 수 있겠다. 따라서 세계 주요 국가들의 보육정책을 기초로 하여 이 시대에서 요구되는 의견을 수렴하고 나아가 미래 세대를 위한 보육정책이 추진되어야 한다. 이를 통해 저출산을 극복하여 인재를 양성하여 국가 경쟁력을 키우고 미래의 주인공 영유아들이 건강하게 성장하여 기성세대로 자리를 잡아 다음 세대로 사회를 유지해 나갈 수 있다. 이 책을 통해 보육정책에 관심을 갖는 보육전공자가 확대되고 보육현장에서 끊임없이 보육정책에 대해 참여하며 함께 만들어가는 것이야말로 보육정책의 첫 단추가 될 것이다.

참고문헌

김현숙, 서병선(2008). 보육지원체계개편화 방안연구. 육아정책연구소.

백선희(2018) 육아정책 브리핑. 육아정책연구소.

보건복지부(2019). 보육사업 안내. 보건복지부.

서문희, 송신영(2011). 우리나라의 보육실태와 외국 사례-공립보육기관, 보육비용 지원, 양육수당을 중심으로. 육아정책연구소.

박은미(2016). 서울시 보육서비스지원센터 중장기 계획 수립 연구. 서울여성가족재단.

찾아보기

ㅈ

| 저자소개 |

김진욱
서울대학교 대학원 아동학 박사
서울대학교 생활과학대학 어린이집 원장
강서구 보육정책심의위원
現) 명지대학교 아동학과 교수
저서: 『영유아 동작교육』, 『보육교사인성론』

박유정
Cornell University, Department of Human Development 박사
서울대학교 생활과학대학 어린이집 교사
現) 서울대학교 아동가족학과 교수
저서: 『서울대어린이집 무엇을 배우나』, 『아동학 강의』

이미애
명지대학교 대학원 아동학 박사
서울특별시 보육정책위원
서울특별시 서울의료원 원장
서울시교육청 시민감사관
現) 모아맘 보육재단 이사
저서: 『관찰과 평가』, 『초임보육교사 취업진로 내비게이션』

윤소정
명지대학교 대학원 아동학 박사수료
現) 명지대학교 영유아보육지원센터 선임연구원

❙ 보육정책론 ❙

1판 1쇄 인쇄 2019년 3월 1일
1판 1쇄 발행 2019년 3월 2일

지 은 이 | 김진욱 · 박유정 · 이미애 · 윤소정
발 행 인 | 박철용
발 행 처 | 양서원
주　　소 | 경기도 파주시 직지길 522 파주출판도시
전　　화 | 031-955-8000(代)
팩　　스 | 031-955-8005
홈페이지 | www.yswpub.co.kr
이 메 일 | yswpub@chol.com
출판등록 | 1987년 11월 24일 제 406-2003-037 호

ISBN 978-89-994-0888-5

정가 20,000원